中国法制史丛书
高明士 主编

明镜高悬
南宋县衙的狱讼

刘馨珺 著

北京大学出版社
PEKING UNIVERSITY PRESS

北京市版权局著作权合同登记号　图字:01-2006-5171
图书在版编目(CIP)数据

明镜高悬:南宋县衙的狱讼/刘馨珺著. —北京:北京大学出版社,2007.9
(中国法制史丛书)
ISBN 978-7-301-12662-2

Ⅰ.明… Ⅱ.刘… Ⅲ.法制史-研究-中国-南宋 Ⅳ.D929.442

中国版本图书馆 CIP 数据核字(2007)第 130944 号

本书为(台湾)五南图书出版股份有限公司授权北京大学出版社在中国内地出版发行简体字版本。

书　　　名：明镜高悬——南宋县衙的狱讼
著作责任者：刘馨珺 著
责 任 编 辑：明　辉　李　霞
标 准 书 号：ISBN 978-7-301-12662-2/D·1847
出 版 发 行：北京大学出版社
地　　　址：北京市海淀区成府路 205 号　100871
网　　　址：http://www.pup.cn
电　　　话：邮购部 62752015　发行部 62750672　编辑部 62752027
　　　　　　出版部 62754962
电 子 邮 箱：law@pup.pku.edu.cn
印 　刷 　者：三河市新世纪印务有限公司
经 　销 　者：新华书店
　　　　　　730 毫米×980 毫米　16 开本　26 印张　384 千字
　　　　　　2007 年 9 月第 1 版　2007 年 9 月第 1 次印刷
定　　　价：42.00 元

未经许可,不得以任何方式复制或抄袭本书之部分或全部内容。
版权所有,侵权必究
举报电话:010-62752024　电子邮箱:fd@pup.pku.edu.cn

《中国法制史丛书》总序

法制史的定义为何？历来学界有许多不同说法，此处无意讨论该项问题，但以历代法律及其制度、思想为基本范围，大致无异议。本丛书所选取的研究成果，主要也是属于这一类。法律是基于社会的需要而产生，所以法制史也是历史学研究的范畴之一，这一点在学界也无异议。但因法律与政治关系密切，尤其中国二千余年的专制统治，更是史无前例。在这个意义下的法律如何理解，实是很严肃的史学研究课题。

历史是过去所发生的事，历史学研究就是在释明过去的真相，进而为人类累积智识，减少错误。不幸在历史上可发现许多事物常被野心家或政客利用，而成为政治的工具，法律是格外明显。于是历史的演变常陷入一种吊诡的发展，此即历史不断在教训不知历史教训的人。这种悲剧，本来是可以避免的，终于无法避免，是因为人们不重视历史及其研究而导致的后果。

《大戴礼记·礼察篇》说："礼者，禁于将然之前；而法者，禁于已然之后。"（参看《汉书·贾谊传》）这是汉以来常被引用说明礼刑合一的名言。到后汉更有所谓"礼之所去，刑之所取，失礼则入刑，相为表里者也"（《后汉书·陈宠传》）。这意思是说一个人的行为，在礼刑约束下，是无所逃于天地之间。礼刑交互为用的规范，的确影响此后二千年间的国家社会秩序。其间的变化，只是在于礼刑二者的轻重而已。在法制史上，唐律被认为是引礼入律最具体且最有代表性的法典，也是自古以来保存最完整的文献。因此，将唐律视为中国法制史研究的基础典籍，并不为过。

我个人于1976年从日本回台湾任教后，即于大学部、研究所课程穿插若干法制史教材；1994年以后，更以校际整合方式组成"唐律研读会"，解读《唐律疏议》，迄今该团队已经在五南图书出版公司出版两册研究专著，同时有多位成员以法制史作为学位论文,而获得甚高评价。因此,本丛书拟选取若干册刊行,以飨读者。同时邀请著名法学者台湾政治大学法律学系陈惠馨教授,讨论有关法制史教学与身份法研究;而拙著则为关于隋唐礼律的研究,借以贡献学界。

五南图书出版公司杨荣川先生弘扬法律与教育研究之热心,不遗余力,使本丛书得以顺利出版,由衷感谢。是为序。

高明士
2005 年 2 月谨识

自　序

　　本书是由我的博士论文修订而成的，付梓刊行之际，真是百味杂陈。面对三年前的作品，总觉得不够成熟，颇有想焚书的冲动。然而，透过它的一字一句，那八年半里为了论文打拼的写作情景，却又历历在目。

　　当初会以"南宋县衙的狱讼"作为主题，其实有一些转折的过程。唐宋变革期、宋代社会流动等研究，一直都是学界重要的课题，也是吸引我一头栽入宋史的诱因。在硕士论文《南宋荆湖南路的变乱之研究》中，我从变乱的角度切入地方社会的研究，自此之后，宋代基层社会的众生百态，便令我好奇不已，尤其是地方行政机关的运作。在地方衙门千头万绪的业务中，又以司法的故事最引人入胜，除了不少血淋淋的人命案件，更有许多为争夺财物而撕裂亲情的家庭纠纷，细细读来，仿佛就是现实社会中的一幕。

　　我常设想，具有民胞物与之胸怀的宋代士大夫，他们是如何处理这些市井小民、野夫村妇的鄙事呢？一向饱读圣贤书的官员怎么面对这些非关国家存亡的打官司案件呢？他们又如何看待和贴近这些为了猥琐的纷争而上衙门的人呢？如果我是那长年沉浸于举业的士子，一朝成为官员，我有能力去分辨错综复杂的人际关系吗？宋代的制度设计又是如何训练与要求地方官的呢？我这不食人间烟火的书呆子如何符合朝廷的规定，能够不出差错而且尽力服务人群呢？

　　面对心中如此多的疑问与想法，我知道若要解决这些问题，所需涉猎的史料绝不仅止于《刑统》、《折狱龟鉴》、《官箴》、《清明集》等相关的法制文书而已。所以，在刚入博士班的一两年间，我阅读了大量的宋人文集与墓志、碑刻资料，也不时地思索笔记小说与民间社会的关联。如此广泛地悠游于各种史料中，有些人或许会认为是在浪费工夫，所幸，我的指导老师王德毅教授很鼓励这种阅读史料的方法,喜欢读书的我遂更加乐在其中。事实证明,这两年的广泛阅读,对我日后撰写博士论文确实有很大的帮助。

求学期间,很庆幸能遇到许多良师。王德毅老师引导我进入宋史研究的领域,他经常花费很多心血,纠正我那些可笑的错误,尤其在史料的搜集与解读上,他更是逐字逐句地费心,如同父亲教养儿女一般,从不厌倦。梁庚尧老师是我博士班的指导委员之一,他非常有耐心地仔细读完我的论文初稿,并提供给我具体的修改意见,可以说也是我实质的指导教授。我那些脱缰的思绪得以不落入天马行空的想象世界,实在是有赖于梁老师的点拨。

高明士老师则是带领我涉入法制史和接触日本学术界的导师。十年前,我加入了高老师的"唐律研读会",关注的领域不仅扩及到法制史,时代也往上溯至唐代,不再只局限在宋代。高老师又请商政大法律系的黄源盛教授来开讲法制课程,这无疑是为我们这群历史人打通任、督二脉,得以在法制史领域持续耕耘与挖宝。在接受"中央研究院"培育计划时,张伟仁老师和黄宽重老师时常关心我写作的架构与进度,对我的论文章节安排给予了很多宝贵的意见。此外,有几位日本老师也对我助益良多,如斯波义信先生很热心地介绍东洋文库的藏书及研究状况,并且讨论目前世界性的学术。在北海道大学和津田(高桥)芳郎先生研讨《名公书判清明集》的种种,是令人难忘的时光,而研究中国现代法的专家铃木贤先生则指点我如何加强一些法学方向的思考。

为学不能无友!于撰写论文期间,孟淑慧、巫仁恕、邱仲麟、王俊中、唐立宗、蔡宗宪、吴雅婷、孙慧敏、张文昌、卢静仪等诸位学友,常常听我陈述构思,甚至讨论其中似懂非懂的想法。他们并非全是研究宋史或法制史,但是透过他们的提问,使我有机会一次次厘清构想,去芜存菁,建立论文的全貌。严雅美学妹在京都大学特地为我搜集与宋代刑具有关的"十王图",林圣智也热心地提供他在东京大学购得的《黄庭经图卷》,这些图片使得硬梆梆的论文增色许多。在日本一年,由于翁育瑄、王钰昌与青木敦的帮助,使我较快地适应了国外的学界与生活。而在博士论文修订成书的过程中,郑铭德与李如钧两位学弟细心地通读全文,提供了不少调整、修改的意见。承蒙大家的相挺,这一路走来,虽不敢说是得道多助,但应该也不致流于孤陋寡闻!

博士课程期间,我曾接受"蒋经国基金会"的奖助,以研究员的身份前往日本东京大学东洋文化研究所搜集资料。后来,因缘际会,赴日本北海道大学法学部担任助手一职。返台后,幸运地得到"'中央研究院'人文社会科学博士候选人培育计划"的奖学金,可以充分运用相应的资源与设备,在史语所专心撰写论文,又能就近请教相关领域的研究人员与学者,受益匪浅。在论文准备出版前,荣获"洪瑞焜先生学术著作暨博士论文奖助委员会"奖助,使出版的计划顺利地落实成真。对于所有曾经赞助过我的学术单位,特此一并鸣谢。

从大学、硕士到博士,走过了十八个年头,我至少已有半辈子的时间沉溺在历史学研究中。很感谢我的父母亲尊重、顺从我的选择,在这个利字当头的年代,他们不计较"钱"途,任我逍遥闯荡。若问年少时何以踏上"历史"这条路,这般陈年旧事,早已不知历经几次合理化的说明。若问为何选择"基层行政单位的司法程序"作为博士论文题目,或许是因为自幼看惯了苦学出身的父亲早出晚归,坚守警察的岗位和理想,却换来不太高的社会评价,甚至是负面的印象,意有不平,才会想为这些不太有名却曾真实存在的历史与人物做一番解释吧!

最后,我想把本书献给中风卧病三年的父亲——刘岠哲先生,希望爸爸能够克服病痛与后遗症,一字字大声地读完这本期待多年的学位论文。

刘馨珺序于嘉义
2004 年 8 月

摘　　要

　　本书的绪论是从地方人事行政、县令的职责与官僚体制、法律的内容与性质、法律与文化等问题中，揭开对南宋县衙"狱讼"研究的旨趣；结论认为南宋士大夫努力于地方"狱讼"制度与基层社会秩序的协调，可以说是宋人实践"理"学的重大成就。正文分作六章，第一章略论南宋地方司法行政制度作为背景基础，第二章至第五章探论县衙狱讼程序，第六章则综论县衙狱讼与南宋的社会文化。

　　第一章是县衙在地方狱讼制度中的角色，首先概述宋代地方"县、州、路"三级行政单位的狱讼官员之组织，论及县衙狱讼程序与南宋社会发展互动的重要性，感受到"亲民之官，作县不易"的压力。第二章是受词与追证，官司案件的成立与初步的侦办，析论南宋理学影响县令们的行政原则，不论处理刑案或诉讼案都有朝向理性化发展的趋势，官府经常向民众榜示"词诉次第，追会供证"的用意。第三章是系狱与推鞫，官司案件的深入追查与合法的刑讯，南宋县衙的监狱并非以剥夺犯罪者的自由为主要目的，乃是执行合法刑讯的场所，从"一夫在囚，破家灭身"可知入狱者的处境。第四章是听讼与定罪，县衙案件的审问过程与官员治讼的态度。官员一方面尽量做到"听讼，吾犹人也"的理想，另一方面也要考虑因时制宜的法令与人情。有道是"原情定罪，援法据理"，县官不能贸然定罪处刑。第五章是判决与科刑，结案与执行判决结果。本章量化《清明集》中 200 件"户婚差役"案牍后，析论南宋判决文中所谓"法意"与法条的关系，又检讨县衙如何"监还"具有争议性财物的方法，考证县衙所掌握"听读"、"示众"、"刺环"、"押出县界"与"永锁"等五项附加刑的权责与内容。第六章是县衙的"狱讼"与官民的生活，分别归纳狱讼对官、吏、民的生活之影响。说明"罢役配吏"如何成为地方势力的干人，如何强化"保人制度"的发展,民间宗族组织如何参与县衙的狱讼,地方土豪如何在狱讼过程中发展其新兴的势力,以及县官处理狱讼业务时,必须时时谨记"尔俸尔禄,民膏民脂"的官箴。

南宋县衙处理狱讼业务时,不只是官府与打官司人之间的司法活动而已,就县衙官吏而言,也必须要考虑行政、监察等相关法令的制约。就民众而言,如果懂得法律与衙门的行政流程,则更能掌握争取自身利益的机会。而南宋地方官僚虽然有相当大的行政压力,但是他们孜孜于讨论狱讼的原则与态度,努力建立县衙狱讼的合理性,值得大书特书。

本书的研究目的,是希望透过制度史的建构,了解"人"的生活秩序。从南宋县衙的"狱讼"制度研究中,可以看见打官司程序是复杂而繁琐的,而且审理狱讼又只是衙门众多业务中的一项而已。从中又可以看到身为南宋的县官们于案牍累形之际,仍然坚持许多狱讼之"理",努力改善地方衙门的行政,平息两造的纷争,致力于安定庶民的生活与秩序。即使在逐渐脱序的时代里,许多县官还是坚守职位,也不会放弃"据理"、"原情"治狱讼,这种士大夫"公心执法"的精神是可以肯定的。

目 录

绪论 …………………………………………………………………（1）
第一章　县衙在地方狱讼制度中的角色 ……………………………（19）
　第一节　地方衙门狱讼官员的组织概况 …………………………（20）
　第二节　南宋地方狱讼业务的动态关系 …………………………（34）
　第三节　南宋县衙狱讼事务的繁重 ………………………………（55）
　小　结　亲民之官，做县不易 ……………………………………（61）
第二章　受词与追证 …………………………………………………（64）
　第一节　受理的规定与程序 ………………………………………（65）
　第二节　追证的人员与原则 ………………………………………（84）
　第三节　争讼告罪的风气 …………………………………………（110）
　小　结　词诉次第，追会供证 ……………………………………（120）
第三章　系狱与推鞫 …………………………………………………（123）
　第一节　系狱的手续 ………………………………………………（124）
　第二节　推鞫的刑讯 ………………………………………………（141）
　第三节　牢狱的恐怖感 ……………………………………………（158）
　小　结　一夫在囚，破家灭身 ……………………………………（173）
第四章　听讼与定罪 …………………………………………………（175）
　第一节　审问的过程 ………………………………………………（176）
　第二节　"情理法"的运用 …………………………………………（194）
　第三节　"健讼"的罪与罚 …………………………………………（216）
　小　结　原情定罪，援法据理 ……………………………………（239）

第五章　判决与科刑 …………………………………………（240）
　　第一节　断由的制作 ………………………………………（243）
　　第二节　判决及其社会意义 ………………………………（264）
　　第三节　科刑及其社会功能 ………………………………（294）
　　小　结　照条给断，镂榜遍行 ……………………………（315）
第六章　县衙的"狱讼"与官民的生活 ………………………（319）
　　第一节　"狱讼"与县官的工作压力 ………………………（321）
　　第二节　"狱讼"与县衙公吏的专职化 ……………………（342）
　　第三节　"狱讼"与南宋庶民社会 …………………………（360）
　　小　结　尔俸尔禄，民膏民脂 ……………………………（377）
结　论 …………………………………………………………（381）

引用及参考书目 ………………………………………………（389）

图 表 目 次

图 1-1-1　州衙的行政官员组织及狱讼流程简图 ………………（30）
图 1-2-1　南宋狱讼理想"次第"图 ………………………………（54）
图 2-2-1　元代检验正背人形图 …………………………………（103）
图 4-2-1　"情理法"运用图 ………………………………………（215）
图 5-2-1　户婚差役区处图 ………………………………………（272）
图 5-2-2　称引法条比例图 ………………………………………（273）
图 5-2-3　处刑引用法条情形 ……………………………………（273）
图 5-2-4　户婚差役案引用"法意"图 ……………………………（274）

表 I　　　南宋"县衙"数 …………………………………………（4）
表 1-2-1　南宋初年"五推"制度的形成 …………………………（36）
表 1-2-2　目前所见高宗朝开放"越诉"法条年表 ………………（43）
表 2-1-1　《宋刑统》刑责减免年龄 ………………………………（75）
表 2-2-1　《清明集》县尉追证案例 ………………………………（88）
表 2-2-2　《清明集》主簿追证案例 ………………………………（89）
表 2-2-3　《清明集》勾追众证案例 ………………………………（98）
表 2-2-4　《清明集》强调"地头"追证案例 ………………………（101）
表 2-2-5　《清明集》参与看验的"人员"（非官）…………………（105）
表 2-2-6　《清明集》责状为证案例 ………………………………（107）
表 3-2-1　宋代衙门合法的禁系狱具 ……………………………（142）
表 3-2-2　宋代衙门合法的杖具 …………………………………（146）
表 4-2-1　《清明集》中"从轻判"案例 ……………………………（200）

表 4-2-2　南宋法定"继绝子"与"诸女"得户绝产承分额度 ………………………………………………（209）
表 4-3-1　《清明集》中出现"健讼"一词的判决文 ……（216）
表 5-1-1　《清明集》中"给断由"案例 ………………（242）
表 5-1-2　宋代中央颁制"断例"年表 …………………（246）
表 5-1-3　《清明集》中"不受理"之判及其引用法条 …（250）
表 5-2-1a　《清明集》之《赋役门》、《户婚门》中"未处刑的区处"之判 ……………………（264）
表 5-2-1b　《清明集》之《赋役门》、《户婚门》中"未处刑但警告"之判 ……………………（267）
表 5-2-1c　《清明集》之《赋役门》、《户婚门》中"处刑"之判 …………………………………（268）
表 5-2-2　量化《清明集》"差役户婚"案件引用法条 …（271）
表 5-2-3　南宋窃盗得财计赃定罪简表 ………………（280）
表 5-3-1　宋代"五刑"与折杖法对照表 ………………（294）
表 5-3-2　《清明集》中"监"还财物的案例 ……………（296）
表 5-3-3　《清明集》中"示众"处罚案例 ………………（303）
表 5-3-4　《清明集》中"押出县界"处罚案例 …………（308）
表 6-1-1　目前查见宋代上报朝廷的"狱空" ……………（334）
表 6-2-1　重禄公人受乞财物数值与徒刑 ……………（354）
表 6-3-1　目前可见南宋劝农文中的"息讼" …………（361）
表 6-3-2　目前可见南宋"健讼"的区域 …………………（373）

绪　　论

古今之民同一天性,岂有可行于昔,而不可行于今?
(《名公书判清明集》卷1《官吏门·申儆》真德秀"咨目呈两通判及职曹官",第2页)

本书的研究,希望透过制度史的建构,了解"人"的生活秩序。

一、研究动机

县衙是传统中国社会的亲民机关,县令是"亲民官之先"[1],直接面向社会的基层。自从秦始皇实行郡县立国的皇帝制度之后,县衙就随着统治势力推进到"中国"的各个角落,成为行政运作的最基本单位。唐宋以降,科举取士普遍施行,经过考试洗礼的读书人,也几乎都经历为地方父母官的知县一职。[2] 官僚系统诸衙门中,中国人对于"县"衙最熟悉不过了,如陶希圣(1899—1988)回忆其父身为清末知县时(1904—1911),提及县政之最重要者是刑名与钱谷,其印象中知县每天的工作行程:

> 吾父每日的工作,白天看案卷,办公文,晚饭后问案断案,夜间出城缉捕盗贼。至次日清晨回衙。……只要是居留县衙的时候,不仅视审听判,每晚皆在,并与幕宾长随,谈说刑名,虽当时见识有限而此后记忆仍清。
> (陶希圣:《清代县衙门刑事审判制度及程序》,第3页)

知县用力留心于"刑名",成了年少的陶希圣(5—12岁)最清晰的记忆,他剖析刑名之所以更胜于钱谷的缘故,大概是知县身为刑案的审判者,掌握了寻常百

---

[1] 王溥:《唐会要》卷69《县令》,第1217页。
[2] 参考齐觉生:《北宋县令制度之研究》,载《政大学报》1968年第18期。

姓的生死吧。

中国古代历史的转折分期,各家说法不一。但是不可否认的是,自宋代以后,人口的增加、官僚行政的制度、文化的定型造成今日所谓的"传统中国",已是学界形成的若干共识。早有学者提出"中国近八百年的文化,是以南宋为领导模式,以江浙一带为重心"③的假设。本书以南宋为研究的主题,并非否定南宋继承唐代、北宋的趋势而来。只是南宋版图缩小,尤其在政治地理的转移,以整个东南沿海地区作为根本,是中国历史在近代以前所少见的立国基础,其中官僚行政的重新调整在所难免,而调整的方向与内容,及其所形成的社会秩序也是本书的兴趣之一。

最初,本书拟以"地方人事行政"作为研究的内容。但是深入研读史料之后,发现宋代的地方行政机构分为路、州、县三级,县衙的层级最低,权限最小,业务范围却不少。而县衙的各项行政运作都攸关庶民生活,所以又将研究主体改成仅以县衙为单位。千头万绪的行政业务如何运作?各级衙门如何分工?县官如何培养自身的行政能力?官、吏与民如何互动?理想与现实间如何协调与包容?南宋县官的职事之繁重,当时人就有"县令难为"的感叹。④若以南宋县令的实务内容来理解县衙的人事行政,或许是比较提纲挈领的研究方向。

其实,唐代以来,县令的职务不仅止于刑名与钱谷。唐朝制度规定诸品县令之职:"皆掌导扬风化,抚字黎氓,敦四人之业,崇五土之祠,养鳏寡、恤孤穷,审察冤屈,躬亲狱讼,务知百姓之疾苦。"⑤换言之,县令既是地方行政长吏,在辖区内具有综理一切事务的权力。唐代前期的县令以编定户口籍账,确定丁中、户等,作为均田制和征收庸调及差派课役的依据,这可以说是县令的重要职掌。⑥当时县令的基本任务在于保证农民占有均田的土地,并且增加户口,以便稳定地提供赋税与兵徭。

---

③ 参考刘子健:《略论南宋的重要性》,原载《大陆杂志》第71卷第2期,载刘子健:《两宋史研究汇编》,台北:联经出版事业公司1987年版。
④ 祝穆编:《古今事文类聚》(外集)卷14,洪迈《芜湖县令厅壁记》。
⑤ 《唐六典》卷30,刘昫《旧唐书》卷48《食货志·两税》,第2093页。
⑥ 《唐会要》卷69《县令》,第308页。

中唐以后,随着土地、赋税制度的实际变化,县令所侧重的具体职掌也改变了,由于国家不再实施收田与授田的均田制,所以考课的项目则以限制逃亡与增加户口为主。⑦ 两税法实施后,土地所有权更进一步私有化,有些县衙还得负责为地主催租之事。⑧ 此外,"躬亲狱讼"审理各种刑事案件和民间纠纷,及"导扬风化,抚字黎氓"实行道德教化,也是唐代县令的重要工作。大致而言,在唐代的律令体制中,官员只要照章办事,执行上级下达的各项任务,就可以符合标准。所以一般衙门里的运作,比较依赖佐官和胥吏的经办,对于一县之长的能力要求并不高。⑨

后世认为,五代任官之辈"龌龊无能,以至昏耄不任驱策者,始注为县令"⑩。宋太祖惩前朝之失,采取收县权以削弱地方的措施,所以不将"权"集中在县令的手中。制度上,县衙不止是隶属州府所管辖,还得受到路级监司(安抚使、转运使、提点刑狱公事、提举常平公事)的节制。另一方面,县令要负起"管、教、养、卫"的责任。在北宋的剧邑繁区,出现过许多能力强的县令,其治绩举凡"革风俗、治剧邑、兴教化、革县政、制县豪、捕剧盗、修河工、收赋税、增户口"⑪,等等。

宋代的外官分"亲民"与"厘务"两种⑫,亲民官皆由中央派遣,不设正官,而厘务官则专治一事,直属中央。知县是以中央京朝官知地方事,县令则是由选人担任,不论知县或县令,都是亲民官。一般认为,宋太祖行中央集权后,就从制度上分散地方官的权力,连南宋的叶适(1150—1223)也说:"命文臣权知州州事,使名若不正,任若不久者,以轻其权。"⑬可见连知州都被设计为"轻权"之职,遑论对知县职权的限制。

---

⑦ 周绍良编:《唐代墓志汇编》,上海:上海古籍出版社1992年版,元和078号,元和时期(806—820)。
⑧ 《全唐诗》(北京:中华书局1996年版)中有若干描述基层行政人员催租及百姓们的愁苦,如白居易:《秦中吟十首之重赋》,13册,卷425,第4765页;柳宗元:《田家三首》,11册,卷353,第3955页;唐彦谦:《采桑女》,20册,卷671,第7680页,等等。
⑨ 参考刘后滨:《论唐代县令的选授》,载《中国历史博物馆馆刊》1997年第29卷。
⑩ 魏泰:《东轩笔录》卷3,第32页;并参见顾炎武:《日知录》卷9《知县》条。
⑪ 齐觉生:《北宋县令制度之研究》,载《政大学报》1969年第19期。
⑫ 《宋史》卷161《职官一·序言》,第3769页。
⑬ 顾炎武:《日知录》卷13《知州》。

南宋的版图缩小了,只有704县,相较于北宋而少了561县[14],县衙依人口数分等级,满1000户以上者设县令,其下则有丞、簿、尉等佐官,1000户左右的县则只有县令与尉,户不满400则只设主簿与县尉,以主簿知县事,而仅有200户的县只置主簿兼领令、尉。[15] 若是以三年一任来计算,南宋(1126—1278)约一百五十年的国祚,至少有35200人次担任县官。

县官的职责林林总总,朝廷的行政要求和县官的亲民经验必有落差,翻开南宋人的文集、笔记,谈论县衙长吏的要务者,亦不在少数。如陆九渊(1139—1192)曾在《祷雨文》说:

> 守令无暇抚字、以催科为政。论道经邦,承流宣化,徒为空言。簿书、期会、狱讼、财计,斯为实事,为日久矣。(陆九渊:《象山先生全集》卷26《石湾祷雨文》,第4页)

可见"实事"者有四,即"簿书、期会、狱讼、财计"。

真德秀(1178—1235)曾说:"何谓十害?曰断狱不公,听讼不审,惨酷用刑,淹延囚系,泛滥追乎,招引告讦,重叠催税,科罚取财,纵吏下乡,低价买物是也。"[16]其中或多或少都和狱讼有关系,又有撰著官箴者特别强调"狱讼":

> 令为民之父母,以慈爱为车,以明断为轨,而行之以公恕,斯得矣。今之为令者,知有财赋耳,知有簿书、期会耳,狱讼一事,已不皇悉尽其心,抚字云乎哉?教化云乎哉?(《昼帘绪论》"临民篇第二",第2页)

指出狱讼一事最攸关"抚字教化",当县令忙于朝廷规定的财赋、簿书与期会

---

[14] 表I 南宋"县衙"数

路名	浙西路	浙东路	福建路	江东路	江西路	湖南路	湖北路	京西路	广东路	广西路	海外四州	淮东路	淮西路	成都府路	夔州路	潼川府路	利州东路	利州西路	合计
州数	8	7	8	9	11	10	15	7	14	21	4	9	9	16	16	15	10	8	197
县数	39	42	49	43	56	40	43	14	40	62	9	20	31	61	41	56	42	16	704

【说明】根据祝穆、朱洙(宝祐四年[1256]进士)《宋本方舆胜览》统计。
北宋崇宁元年(1102)的县数为1265,参见梁方仲:《中国历代户口、田地、田赋统计》,上海:上海人民出版社1980年版,甲表89,第280—281页。他根据《宋史》卷85—90计算。

[15] 《宋史》卷158《选举四·铨法上》,第3697页。

[16] 《西山真文忠公文集》卷40"潭州谕同官咨目"。此篇即《清明集》卷1《官吏门·申儆》真德秀"咨目呈两通判及职曹官",第6页。

时，反而无法全力尽心于狱讼，实在有亏于父母官的职责。

构思至此，乃决定将研究内容从知县的诸项职务改成"狱讼"一项。若从古典文献寻绎"狱讼"一词，泛指司法诉讼，包括现代的刑事和民事案件，如《周礼》："县士掌野，各掌其县之民数，纠戒其令而听其狱讼，察其辞，辨其狱讼，异其死刑之罪而要之，三旬而听于朝。"[17]而称"讼狱者"是指打官司的人，如《孟子》："讼狱者，不之尧之子而之舜。"[18]打官司的过程中，又分成"争罪曰狱，争财曰讼"[19]。汉人郑玄认为，"讼谓以货财相告者"、"狱是相告以罪名也"[20]。

若论南宋县衙的行政实务，"狱讼"则不只是"听讼"与"治狱"而已![21] 入"狱"者不仅是涉及刑事案件，连投词争讼的告论人，有时也得"系狱"，或是官吏有行政缺失时，亦得刑讯受审。凡此总总，亦皆属县衙狱讼的范畴。所以本书是研究南宋县衙的"狱讼"，亦即县级的诉讼判决程序，虽然是以制度史作为研究的主题，但目的在于观察人群的互动过程，推想人民如何到官衙进行案件诉讼，探究官衙行政运作的程序，县官执行法律的依据与态度？庶民是如何过着生活？

曾几何时，人们记忆中的县衙是"击鼓鸣冤"的理刑之所，进出衙门者绝非良善之辈。时至今日，通俗戏剧还不断上演着"包公奇案"的异闻奇谈，目前认为传统中国的县衙具备的唯一功能，仅是缉捕盗匪、严整治安的机构，亦大有人在。尚且在更多人的印象中，传统中国的县官无非都是一些贪官，县衙里也尽是充斥污吏，构成中国传统"包容政治"的特点之一。[22] 然而平常的日子里，骇人听闻的杀人强盗或有之，但是县衙所面临的事务大多"不过民间鸡鸣得失"[23]的案子，虽非动摇中央的重大事件，却是庶民生活历史的重要面相之一。

---

[17] 《周礼注疏》卷35《秋官司寇·县士》，第56页。
[18] 《孟子》卷9《万章上》，第29页。
[19] 《周礼注疏》卷10《地官·大司徒》，第162页。
[20] 《周礼注疏》卷34《秋官司寇·大司寇》，第517页。
[21] 胡太初的《昼帘绪论》有15篇：尽己、临民、事上、僚寀、御吏、听讼、治狱、催科、理财、差役、赈恤、用刑、期限、势利、远嫌。
[22] 刘子健：《包容政治的特点》，载刘子健《两宋史研究汇编》，台北：联经出版事业公司1987年版。
[23] 刘克庄：《后村先生大全集》卷193《跋》，第18页。

二、研究文献回顾

历史研究融合了政治、经济、社会的诸多层面，难以一刀两面划分类别，不过随着时间的推移、史料的新解释与发现，历史研究的焦点变化，仍有其脉络可寻。以下针对与本书相关的近人论著，分成"制度"、"法律"、"法律文化"三项稍加说明。

（一）制度：县令、胥吏与官僚体制

20世纪50年代，日本学者宫崎市定一面强调唐宋变革期在中国史上的重要性，一方面认为中国制度方面的研究，尤其是地方制度的重要性与中央制度不相上下，但是传统史家对于地方制度的用力却显著薄弱。所以他以"宋代州县制度的由来及其特色"[24]作为抛砖引玉，希望能引起学界对地方制度史的注意。宫崎氏分析北宋农民的赋役负担与州县衙门的关系，由于五代藩镇的军事化，致使州县衙门的行政权力分割为州院（民政）和使院（军政）两套系统，地方官的权责的分配呈现出分歧的现象，人民亦重困于赋税与徭役。宫崎氏的研究提示了几项重点：一是宋代州县长吏的权责？二是宋代衙门的实际情况？三是宋代的官僚体制之变化？

有关宋代县衙长吏的研究，齐觉生曾发表两篇"宋代县令制度研究"[25]，虽然将县令的职责分为"本职"与"兼职"，其中的兼职又列举七项，"兼领营田、训练民兵、兼领市舶司、管理驿站、管理常平仓、监督县学、社会调查"，洋洋洒洒，却仍不脱"本职"的范围，即"掌总民政，劝课农桑，平决狱讼，有德泽禁令宣布于治境"。

齐氏的文章中收集了384件县令功绩，虽然加以分为"安民、赈济、治吏、断狱、劝农与惠农、治盗、治赋、抗敌、兴学、治豪、革风俗、治荒"十二类，但还是看不出制度如何运作。不过从其收集《宋史》的县令（包括县尉、主簿等长吏）资料中，读者可以联想地方长吏在推展行政业务的目的性，例如"治豪民、善断

---

[24]〔日〕宫崎市定：《宋代州县制度の由来とその特色—特に衙前变迁について—》，载《アジア史研究第四》，京都：同朋舍1980年版。

[25] 参考齐觉生：《北宋县令制度之研究》，载《政大学报》1968年第18期；《南宋县令制度之研究》，载《政大学报》1969年第19期。

狱";"听讼得情、催科不扰";"断争产、治豪民、惩豪吏";"善于擒盗、长于执法";"断诬伏、治县豪";"断诬告、行法治"、"决滞讼、理繁剧"、"断民争财、经界不实可自陈",等等,看似不同的治绩类别,仍能综合得出"平决狱讼"是一项重要目的。

20世纪70年代,徐道邻的《中国法制史论集》[26]中包括多篇关于宋朝的法律制度研究:《宋律佚文辑注》、《宋律中的审判制度》、《鞫谳分司考》、《宋朝的县级司法》、《翻异别勘考》、《宋朝的法律考试》、《宋朝刑事审判中的复核制》、《推勘考》、《宋朝的刑书》、《宋仁宗的书判拔萃十题》、《法学家苏东坡》,等等。徐氏肯定宋代是中国传统法律发展的高峰,其理由有三:一是法典的发展;二是宋朝皇帝懂法律与尊重法律;三是宋朝的考试制度把法律当作重要的科目。

此后,戴建国的《宋代刑事审判制度研究》[27]、杨廷福与钱元凯的《宋朝民事诉讼制度述略》[28]进一步探讨宋代的"审判制度"之程序,迄20世纪90年代,王云海、郭东旭等人陆续编撰推出宋代"司法制度"、"法制研究"的通论专书。[29]

地方行政制度与司法关系虽未形成讨论的焦点,却已有若干探讨如"职役"[30]、"人事行政"[31]、"官僚体制"[32]等专著,也有个别论文讨论宋代的役法、行政机关的承属、官僚系统的选任与考课等议题,但仍没有以县级衙门为单位,进一步分析其具体职事的交叉关系。

20世纪80年代,刘子健的《两宋史研究汇编》[33]阐述南宋安定的背景:"背

---

[26] 参考徐道邻:《中国法制史论集》,台北:志文出版社1975年版。
[27] 参考戴建国:《宋代刑事审判制度研究》,原载《文史》第31辑,中华书局1988年版,续载戴建国:《宋代法制初探》,哈尔滨:黑龙江人民出版社2000年版。
[28] 参考杨廷福、钱元凯:《宋朝民事诉讼制度述略》,载《宋史论辑》,郑州:中州画社1983年版,第145—146页。
[29] 参考王云海编:《宋代司法制度》,开封:河南大学出版社1992年版。本书是多人完成的作品,体例与论述庞杂,目的在于"揭示宋代贵族、官僚、地主在司法上的特权,以及君主专制主义中央集权制度下,司法特质与司法权的危害"(本书"后记")。郭东旭:《宋代法制研究》,保定:河北大学1997年版。本书既有司法诉讼的论述,亦包括法律的内容之探讨,如"经济法"、"财政法"、"财政管理法"、"宋代法的主体"、"宋代家庭婚姻法"、"宋代的物权法"、"宋代的债权法"。
[30] 参考黄繁光:《宋代民户的职役赋担》,中国文化大学博士论文,1980年。
[31] Lo, Winston Wan, *An Introduction to the Civil Service of Sung China*, University of Hawaii Press, 1987.
[32] 参考〔日〕梅原郁:《宋代官僚制度研究》,东京:同朋舍1975年版;邓小南:《宋代文官选任制度诸层面》,石家庄:河北教育出版社1993年版。
[33] 参考刘子健:《两宋史研究汇编》,台北:联经出版事业公司1987年版。

海立国与半壁山河的长期稳定"、"包容政治的特点"、"略论南宋的重要性"、"试论宋代行政难题"等等。综合其启发性的概念:一是南宋以现代的江苏、安徽南部、浙江和福建作为建国的基本地带,此地区的官僚文化与地方人物的性格如"温和、善于辞令、巧于应付",造就了行政公文上的"圆通"、"圆到"的特质。二是"名实兼顾"、"名利的统治方式"、"充裕的财力"、"妥协的思想信念"等包容政治观,使得南宋君主用最缓最不费事的安排,巩固政权并达到内外上下安定的目的。三是儒家文化透过官僚行政、家族组织及教育而深入民间,并普遍维持了千年之久。

上述概念是广泛的,需要系统化的制度史研究以达成全面观察,才能使得地方制度史的研究不再是小格局的题目,而能成为活泼有趣的社会史。例如,柳立言《从官箴看宋代的地方官》[34]、马伯良《宋代的法律与秩序》[35]、王曾瑜《宋代的吏户》[36]等等的研究,是由不同的角色去理解宋代的法律执行状态。

(二)法律:法律内容与性质

宋朝的立法活动虽然频繁,法律的形式也很多样,包括如律、敕、令、格、式、例等等。[37]但是所遗留完整的法律文书却稀少而不成比例,于是宋代法律的实际运用显得模糊,因此学界有所争议。关于法律内容的争议有下列几项。

(1)《宋刑统》的法律地位及其使用年代的争议

由于《宋刑统》是继五代的遗规,以唐代律令为基本法典,再用五代的敕来补充或修正。而"神宗以律不足以周事情,凡律所不载者,一断于敕"[38],所以郭东旭认为,至此《宋刑统》的法律地位已是名存实亡,变成"存之以备用"的条法而已。换言之,《宋刑统》只是北宋前期的现行法,并非终宋的常法。[39] 不过,这

---

[34] 参考柳立言:《从官箴看宋代的地方官》,收入《国际宋史研讨会论文集》第一集,台北:中国文化大学1988年版。

[35] 参考 Brian E. McKnight, *Law and Order in Sung China*, Cambridge University Press, 1992。本书着重于强制性法律的执行,探究"犯罪"认定及罪犯"处置",所以强调南宋时,转运司对司法的重要性远不如提刑。愚在本书第一章中认为,监司是平行单位,虽然提刑是主掌"狱讼",但诉讼若涉及财政民事业务者,转运司仍有其不可忽略的地位。

[36] 参考王曾瑜:《宋代的吏户》,载《新史学》1993年第4期。

[37] 参考郭东旭:《宋代法制研究》,第17页。其中图表总计南北宋的法典数量有共有242类,南宋则占48种。

[38] 《宋史》卷199《刑法志一》,第4961页。

[39] 参考郭东旭:《宋代法制研究》,第24页。

种从明代丘濬的"以敕代律"之说,也曾受到学者的质疑,认为律是一种比较稳定的制裁性规范,其效力仍然优于敕。[40] 苗书梅更加肯定地说:"《宋刑统》中无论是唐律原文或是新增条法,都是以一代宪典(基本大法)的律文贯彻两宋始终的。"[41]

南宋的法律文书却规定:"诸敕令无例者从律(谓如见血为伤,强者加二等,加者不加入死之类),律无例及不同者从敕。"[42]说明了南宋还是存在运用律的原则[43],日本学者冈野诚就认为两宋所称的宋律就是《宋刑统》,其影响力贯穿至南宋。[44]

(2) 国法的性质之争议

以敕破律而编修大量的断例,是宋代法律运用的一大特色,南宋李心传(1167—1224)说:"国初但有刑统,谓之律。后有敕令格式与律并行,若不同,则从敕令格式。"[45]说明了皇权的实践,以及诏敕与国法的关系。

至于个别法令的讨论,如"令"中有关分家产的规定,尤其是女性财产所有权的办法。自20世纪50年代至20世纪70年代,引起日本学者仁井田升和滋贺秀三对国法的根本性质的争议。仁井田升认为,宋朝的国法中已采用江南的习惯法,所以女性才能拥有财产继承的权力;滋贺秀三则认为,看似女性拥有财产权的法条,只能算是国法中的特例,宋朝以"君臣、父子"的家族统治理念并未消失,换言之,从《唐律疏议》(以下简称《唐律》)以来的基本精神仍旧不变。终此一论战,学界大致是同意滋贺秀三的说法,不过近来有学者提出应该更仔细分析宋代判决文书中地方官所论述的原则,才能更进一步了解中国"法理情"的特质及审判特色。[46]

---

[40] 江必新、莫家齐:《"以敕代律"说质疑》,第69—71页。
[41] 薛梅卿:《宋刑统研究》,北京市:法律出版社1997年版,第150页。
[42] 谢深甫等撰:《庆元条法事类》卷73《刑狱门三·检断》"名例敕",第498页。
[43] 参考徐道邻:《宋律佚文辑注》,载徐道邻:《中国法制史论文集》,台北:志文出版社1975年版。
[44] 参考〔日〕冈野诚:《宋刑统》,载〔日〕滋贺秀三编《中国法制史—基本资料の研究》,东京:东京大学出版社1993年版。
[45] 李心传:《建炎以来朝野杂记》(甲集)卷4《制作·淳熙事类》,第123页。
[46] 参考〔日〕大泽正昭:《南宋の裁判と女性财产权》,载《历史学研究》1998年第717号。中文译本:〔日〕大泽正昭:《南宋的裁判与女性财产权》,刘馨珺译,载《大陆杂志》2000年第101卷第4期。

（3）中国的"民事法"之争议

长期以来日本学界就认为中国的法律形式（成文法）透过国家权力,将"君臣、父子"的尊卑等级与权利义务的不对等关系,作为人民普遍遵守的行为规范。同时透过司法行政机关的活动,日益渗透到人民的日常生活、风俗习惯与行为修养中去。形成法律与礼教、道德规范纠结,伦理的义务与法律责任相混。因此传统中国法律欠缺以实定法（成文法）作为裁判及保障个人权利的标准,清末近代化变法以前,中国没有产生与西方一样讲究"私人权利"的民事法典。[47]

在中国人的观念里,以法定的诉讼程序来解决人与人之间的争端,似乎不是正常的途径,因此日本学者称中国民事诉讼审判的原型是"父母官型诉讼",即滋贺秀三所提出的"教谕的调停"："从古以来中国的传统就譬喻:为政者如父母,人民是赤子。知县、知州被称为父母官、亲民官,意味着他是照顾地方秩序和福利的家长主人,知州、知县所担负的司法业务,不过是'行政一环的司法'。"[48]

不过,最近美国学者黄宗智等人反思："县官像一个调停人而非法官,这样的想法是基于认为清代民事诉讼中,官方法律制度并不关心民事的假设。"然而从案例上看来,黄宗智认为："县官们在处理民事纠纷时,事实上是严格按照清律的规定来做"、"一定诉讼案件无法在庭外和解而进入正式的法庭审理,他们总是毫不犹豫按照《大清律例》来审断"[49]。这一场关于县衙的民事审判之"法律依据与态度"的论战正方兴未艾。[50]

（三）法律文化:史料的新解释

1987 年,点校本《名公书判清明集》（以下简称《清明集》）出版之后,在宋

---

[47] 参考黄源盛：《沈家本法律思想与晚清刑律变迁》,台湾大学法律学研究所博士论文,1991 年。
[48] 参考〔日〕滋贺秀三：《清代中国の法と裁判》,东京:创文社 1984 年版。
[49] 参考〔美〕黄宗智：《民事审判与民间调解:清代的表达与实践》,北京:中国社会科学出版社 1998 年版。
[50] 1996 年,日美学者集会于日本镰仓讨论"后期帝政中国法社会文化",引发寺田浩明与黄宗智对于清末"法与法秩序"的激论。会议论文载《中国—社会と文化》1998 年 6 月号。

史研究界引起不小的关注,随着《清明集》的译注㉛成果陆续发表,相关的议题也源源不绝,如"豪强与地方官"㉜、"女性财产权"㉝、"继承与财产"㉞、"法律与社会"㉟,等等。

《清明集》的判决文书并不如明清时期的档案完整与丰富,而且并非全是县衙的判决,但是其中却透露出衙门间的上下关系,以及地方官判决"听讼"纠纷的态度。㊱在这一波波的讨论中,《清明集》的研究日显重要㊲,虽然也有学者利用其中的判文对宋代士大夫的执法意识进行若干探讨,但只是初步作业而已。㊳所以本书也希望提供宋代衙门的业务和庶民互动关系的研究,呼应明清史学者对于"衙门"角色的对话。

20世纪30年代以来,由于"时代区分论"、"阶级史观"的盛行,日本中国史学界激起一股讨论"社会史"的风潮。尤其是"士大夫"、"明清的乡绅论"成为通贯宋元到近代的问题中心。㊴1981年以后,日本的明清史学者把乡绅的注意力集中在"秩序"原理,展开针对传统中国地域社会的讨论,并检讨以往将"宋代以后的统治阶层看作地主的观点",重新认识并唤起人们注意士大夫作

㉛ 下列兹举美日学者译注宋版、明版《清明集》的成果:(1)梅原郁译注宋版《清明集》,京都:同朋舍1986年版。(2)以大泽正昭为主的清明集读书会译注明版《清明集》"人品门"(卷11),东京:汲古书院2000年版、"惩恶门"(卷12—14),东京:汲古书院1995年版。(3)高桥芳郎译注卷6、卷7"户婚门"(《北海道大学法学部纪要》1999—2000年第102、103号)。(4)Brian E. McKnight and James T. C. Liu, *The Enlightened Judgment: Ch'ing-ming Chi*, State University of New York Press, Albany, 1999。

㉜ 参考〔日〕赤城隆治:《南宋期の诉讼について—"健讼"と地方官》,载《史潮》1985年第16期。

㉝ 参考〔日〕大泽正昭:《南宋裁判与女性裁权》中提到柳田节子、高桥芳郎、永田三枝等人的论战。

㉞ 参考王善军:《从〈名公书判清明集〉看宋代的宗祧继承及其与财产继承的关系》,载《中国社会经济史研究》1998年第2期。

㉟ 参考宋代官箴研读会编:《宋代的法律与社会—〈名公书判清明集〉讨论》,台北:东大图书公司2001年版。

㊱ 例如〔日〕梅原郁编:《中国近世の法治と社会》,京都:京都大学人文科学研究所1993年版,载(1)〔日〕佐立治人:《〈清明集〉の"法意"と"人情"—诉讼当事人による法律解释の痕迹》。(2)〔日〕德永洋介:《南宋时代の纷争と裁判—主佃关系の现场から—》。

㊲ 〔日〕小川快之:《〈清明集〉と宋代史研究》,载《中国—社会と文化》2003年第18期。

㊳ 陈景良:《试论宋代士大夫司法活动中的德性原则与审判艺术—中国传统法律文化研究之二》,载《法学论坛》1997年第6期。陈景良:《试论宋代士大夫司法活动中的人文主义批判之精神》,载《法商研究》1997年第5期。

㊴ 参考刘俊文主编:《日本学者研究中国史论著选译》第2卷"专论",黄约瑟等译,北京:中华书局1992年版。收录了西嶋定生、谷川道雄、田中正俊的论文。又如王志强:《〈名公书判清明集〉法律思想初探》,载《法学研究》1997年第5期。

为文化、道德统治者的一层面。⁶⁰ 为了结合地域社会与乡绅研究,学者大量运用明清时期地方志书、文集、金石录等资料。

由于"乡绅统治与国家权力"议题上累积了若干成果,超越旧有主佃关系的研究课题,从乡绅与官府的关系入手,遂有乡绅与地方官的关系的问题意识,即其如何为"百姓之望"的民师、又如何"与官府勾结"、"把持官府"等探讨,并扩大讨论的层面:政治制度的审判、调停、治安维持、救恤等;文化思想的教育、教化、风俗、舆论等;经济史的市场交易等;乃至于如何形成中国特殊的历史情境。

20世纪50年代以降,中国学者张仲礼、萧公权等人⁶¹以英文著作说明"(明清)中国士绅"通过科举取得经济的特权与荣耀的地位。20世纪80年代,美国宋史学界虽然没有加入日本学界的社会史论战,却受到中国学者的英文著作之启发,从"唐宋士大夫的起源"另辟蹊径讨论"科举"与"家族"的发展,以探究两宋的士人文化和社会关联,试图发掘社会流动的差异,归纳类型为"北宋中央型士大夫"与"南宋的地方型士人",此一讨论影响20世纪90年代宋史学界也兴起研究"士人、家族与社会"的风气。⁶² 综观宋代的士人文化研究,学界大量使用文集、族谱,透过个别的家族史建构,用力于士人家族与中央朝廷、地方社会的关系。

不可否认,目前家族史的研究仍是台湾宋代社会文化史的重要课题。然而,阅读文集、传记等史料中,宋人的墓志铭不只记忆个人与家族的资料,还有当时如何成为读书人、士大夫、官僚的各项记录。名不见正史的士人入仕之后,几乎都成为亲民县官,不仅具有官僚的身份,也是地方社会的主角。举例而言,孝宗淳熙十三年(1186)姚江知县蒋纶卒于县衙内,他的事迹仅见于墓志铭,墓志中详细描述他为官的经历与态度:"君之在安仁,已能卓然有立,当路

---

⑥⁰ 〔日〕森正夫:《地域社会的视点—地域社会与领导》报告书,名古屋大学文学部东洋史研究室编1982年版。

⑥¹ 关于英文论述明清时期士绅的作品,从1950年代以来就不胜枚举,以下仅略举两部代表性作品:Chung-li Chang(张仲礼),*The Chinese Gentry*,University of Washington Press,1955;Kung-chuan Hsiao(萧公权),*Rural China,Imperial Control in the Nineteenth Gentry*,University of Washington Press,1960。

⑥² 参考李弘祺:《宋代官学教育与科举》,台北:联经出版事业公司1994年版。李弘祺在中译本导论中介绍美国史学界讨论宋代科举、教育与家族几本重要著作。

名公知己甚众,尽力所职。伤杀者验视必亲,人以不冤,盗贼不敢发,发亦辄得。"[63]再举女性墓志铭为例,陈宓(1171—1230)记载的母亲聂氏的事迹,写道:"每见治狱讼,若有所矜贷,则喜溢颜间。"[64]凡此记录,生动描写出士大夫官宦生活。

本书除了运用宋代法制相关的史料,如《唐律》、《宋刑统》、《宋会要》、《宋大诏令集》、《庆元条法事类》、《作邑自箴》、《州县提纲》、《昼帘绪论》、《清明集》等之外,还大量使用宋人的文集与传记资料,从宋人的墓志铭、记文、书信、奏议等,尝试重新审视宋代底层士人的仕宦理想之实践过程。

三、研究问题层面

当讨论地方制度与历史文化的关系时,所涉及官衙行政琐事的繁杂,可谓问题重重,很难以儒家理论和褒贬式的史论道破,亦无法用教条式的解释,简单化某一制度的缺失。而制度对于庶民生活及大众历史,又有不可忽略的影响性。

本书既然以县衙的诉讼判决程序为研究主题,衙门作为朝廷统治的工具,自有其一套符合朝廷管理与运作的方式。整体而言,宋代的官衙与官僚虽有多弊却无大乱。究竟县衙的承属关系、指挥系统和运作方式如何?诚是无可避免的制度问题。除厘清这些问题之外,人们与制度如何互动,实是本书最终企望。

本书希望深入四个层面,从若干个别案例的情节中,归纳出南宋地方行政制度后,分析官、吏与民之间相互关系,以及各项相关制度的实践。

第一层面:县衙的行政、司法角色

从县衙在地方行政机关的角色、宋朝司法的制度、案例受理的情况等,进一步分析宋代司法行政制度的根本理想及其所显现传统中国法制的特色。

就行政指挥系统而言,县衙是属于最基层的行政机关,在司法案件中,县

---

[63] 楼钥:《攻愧集》卷101《蒋德言墓志铭》,第11页。
[64] 陈宓:《复斋先生龙图陈公文集》(东京:据静嘉堂藏南宋楼抄本影照)卷23《魏国太夫人聂氏行述》。

衙可以自行处理哪些案件？承受上层机构的指挥协办哪些案件？因为赋税、徭役等行政业务，导致县衙必须经常处理哪些案件？凡此种种问题，都可说是县官听讼的范畴。

就现代的司法诉讼案件而言，约分为刑事与民事两大类。但是从《唐律》以来，中国的律书分类并无"民法"一门，至于"户婚"律的内容则是属于行政机关的"户口"与"婚姻"管理程序，不能等同于现代的民事法典。《清明集》的案例分类，不同于国家刑律法典的分类，其"赋役门"中有南宋常见的"纠役"案件，是行政制度所产生的"狱讼"案件。在"户婚门"中，则有为数可观的"争业"案件，是因为各种财产、契约等所产生的纠纷而走上打官司一途。《清明集》中其他门类的案件也都具有南宋的时空特性，不同于现代所说的"刑事诉讼"或"民事诉讼"。

传统中国的县衙如何处理不同案类？南宋县衙治理狱讼的法则为何？县衙的司法业务将受到哪些行政衙门监察？

第二层面：县衙狱讼的程序

关于人民如何进行诉讼、告论状式的写作格式、入狱者的手续、判决的程序、判决的执行与上诉等法律来源与应用。

就现代案件成立方面而言，可以分成告发与告诉，告发是对一些重大犯罪行为者的强制控告，而告诉则可以采取自诉、越诉、直诉与亲属代诉等形式。在传统中国的县衙是以维持基层秩序为优先考量的，对于一般人到衙门投词递状的限制、受理的法律、案情的侦办等，有哪些具体的措施？

地方官审判各类案件时，除了有一定的程序外，亦包含执法官员的法律素养。中国传统法律所呈现的内容，无论是国法、习惯或诉讼的步骤，都有重视维护群体的秩序与和谐的目的，并非以阐扬个人的权利与正义为主旨。尤其是官员处理民间纷争时，最能提供当今学界所讨论的若干课题，如"情、理、法"之审判态度是如何形成的？南宋的地方官听讼狱的相关法条有哪些？法律与社会价值观如何协调？虽然目前所见宋代完整的县衙案牍相当有限，但若干官僚治县的经历与事迹，以及《清明集》保留各级衙门的判决文书，都是宝贵的县衙狱讼材料，其中多少反映了执笔官员基本的司法行政态度和意见，或可用来扩张解释县官的司法原则。

第三层面：官吏的组织运作

执行法律的技术，是社会规范研究的一部分，中央朝廷透过衙门里的官员、吏人、乡村组织等，以实践国家的统治理念。

县衙的长官称知县或县令，其"掌字民治赋，平决狱讼"，是主要的司法官员。主簿厅、县尉司虽不是主管狱讼的单位，但由于主簿管理户口财产的簿书和催税的工作，当县令判决狱讼时，必须提供文书证明与相关法令。县尉则是以捕捉盗贼、维持治安为职，应该接受县令的指挥，又于主簿缺职的衙门中，往往由一官员担任簿尉，所以有更多的机会外出进行侦办、测量工作，回到县衙，甚至参与审判并书拟意见。县衙内官员职权的承属、分工与监察又是如何规定？

南宋叶适（1150—1223）："官无封建，吏有封建。"道出衙门里的官、吏经验传承与权力交替的情况。而官员也有抱怨："诸县不置推法司，吏受赇鬻狱，得以自肆。"⑥乍看之下，好像衙门里的吏人多是无从约束，尤其是他们从狱讼中捞得不少好处。但是制度典章中又有"公吏门"，法律的编修不断调整县衙各案所属公吏的权责，及订定选吏的原则。⑥ 究竟县衙狱讼吏人有哪些？官员如何交派狱讼业务？以及如何约束县吏们，不至于出大差池？

不论是刑案追捕或是争讼查证，除了由官员带领吏人外出办事之外，公吏役人还有独自承行业务的机会与责任，包括如手力、弓手、保长等，又随着日益剧增而且复杂繁难的狱讼业务，产生相对应的查验证据制度之演变，如产生书铺代笔、仵作验尸的规定等。地方衙门进行这些狱讼程序时，乡村基层组织如何与衙门配合？而其工作范围与责任又如何？

第四层面：庶民生活的关联

印象上，中国人提起衙门、牢狱就联想起灾祸、陷害、贿赂、倒霉、不光荣的事情，打起官司无疑是将使得平静的生活投注无限变数。

打官司的庶民，在制度的层层规范中，必须花费多少心力、财力和时间，才

---

⑥ 李心传：《建炎以来朝野杂记》（乙集）卷14《诸县推法司》，第991页。
⑥ 谢深甫等撰：《庆元条法事类》卷52《公吏门》，第490页。

能获得判决结果?明清时期,活跃于地方上的讼师们在宋代又具备何种形象?一般投词的诉状中,官衙决定受理与否的标准是什么?为什么平决狱讼成为地方官革弊兴利的行政要务?

宋朝法制的精神强调:"立法不贵太重,而贵力行。"[67]前人研究中,认为宋代司法运作是讲求法制的,但是在传统中国司法制度里,县衙是很重要的一级,却也是最薄弱的一环节。从宋代开始,司法制度的几项原则如推鞫、录问、检断的分权精神,在县令躬亲狱讼的职责中,各分权责的司法程序似乎无法实施,甚至互相冲突,因而影响到县级司法的发展[68],并且产生种种弊端,层出不穷。这些弊端对人民的生活有何冲击?南宋县衙的狱讼制度难道没有就此有所改革?

本书希冀关照上述四个层面,一方面以既有的研究文献为基础,探讨宋代司法行政制度的发展;一方面则秉持个人的兴趣所在,循序归纳分析南宋县衙狱讼的诸面相,并从微观的研究中,建构宏观的历史视野。

四、章节架构

本书的绪论是从地方人事行政、县令的职责与官僚体制、法律的内容与性质、法律与文化等问题中,揭开对南宋县衙"狱讼"研究的旨趣;结论认为南宋士大夫努力于地方"狱讼"制度与基层社会秩序的协调,可以说是宋人实践"理"学的重大成就。正文分作六章,第一章略论南宋地方司法行政制度以为背景基础;第六章综论县衙狱讼与南宋的社会文化;第二章至第五章则探论县衙狱讼程序。以下综合简述各章的题旨。

第一章,县衙在狱讼制度中的角色

首先概述宋代地方"县、州、路"三级行政单位的狱讼官员之组织。再归纳南宋的"五推"、"越诉"、"脱判"等制度,从而理解县衙与其上级衙门的动态关系,以及县衙官吏们的行政难题。就若干南宋县令的事迹,思索亲民官的角

---

[67] 徐松辑:《宋会要辑稿》帝系 11-4。
[68] 参考徐道邻:《宋代的县级司法》,载徐道邻:《中国法制史论集》,台北:志文出版社 1975 年版,第 146 页。

色。不论是讼牒的处理,还是由讼转狱的案件,其所衍生的监狱管理问题,都可见南宋县官的狱讼事务之繁重,以及县衙狱讼程序与南宋社会发展互动的重要性。

第二章,受词与追证

本章是有关官司案件的成立与初步的侦办。就官方的立场而言,法令规定县衙主动侦查重大刑案,以及接受词讼的时间必须考量以农立国的时序。就打官司者的立场而言,为了符合诉讼案件成立的要件,必须了解官府的相关规定。当案件成立之后,官府会进行侦查活动,而南宋理学影响县令们的行政原则,不论处理刑案或诉讼案都有向理性化发展的趋势,却也产生南宋末年争讼告罪的社会风气,甚至迄明清以下仍不见稍减。本章既陈述地方衙门的受词与追证之制度,又观察制度演变过程中逐渐形成中国特殊的法文化。

第三章,系狱与推鞫

本章探讨官司案件的深入追查与合法的刑讯。从南宋县衙系囚的分类中,得证传统中国牢狱的功能,并非以剥夺犯罪者的自由为主要目的,而是执行合法刑讯的场所。所谓"推鞫"是指刑讯,县衙依照法令完成系狱的手续,如此刑讯的结款才能有效成立。而合法的刑讯则视不同的犯罪情节者施予不同的禁系刑具,逼问口供的杖刑亦须合于法条的规定,官吏们不能滥刑或过度。有些南宋县令虽然力求改善牢狱的管理,但是一般人对县狱仍充满着恐怖感。

第四章,听讼与定罪

本章针对县衙案件的审问过程与官员治讼的态度。称"狱"案者,是指徒罪以上的案件。县衙虽然只能对狱案做初步的推鞫,但县衙案牍往往是各级衙门定罪的基本根据,所以县款送呈上级州衙之前,必须经过县衙内诸位官员的"录问",即使杖罪以下的投词诉讼案件,乃至于无罪的小纠纷,官府也要经过"引问"、"面审"、"劝谕"等审理的步骤。县令在审问过程中,一方面尽量做到"听讼,吾犹人也"的理想。另一方面也要考虑因时制宜的法令与人情。并由此推想南宋地方官僚面对狱讼案牍时,内心所浮现的"情、理、法"之构图,以及地方官处理"健讼之徒"的方法。

第五章，判决与科刑

本章是狱讼程序的结案与执行判决结果。凡经县衙处理的刑狱案，朝廷规定应该保留重要案款与判决文书，南宋高宗制定新法，发给进行户婚差役官司者一份判决结案的"断由"，以此作为继续上诉的证明文件。官员不论在书写刑狱或户婚案的判决文，都要遵守判决文所具备"情与法"的形式要件，即任何一位地方官在拟判时，必须详究案情与娴熟相关法令。而县衙的职权以结绝"户婚差役"案为多，本章量化《清明集》中 200 件"户婚差役"案牍，计算各项引用法条的情形后，析论南宋判决文中所谓"法意"与法条的关系，以及这类判决中常见的"出幼"之内涵，并尝试解释执法官员眼中兴讼"妇女"的行为能力。又检讨县衙执决杖、笞刑罚之外，如何"监还"具有争议性财物的方法。考证县衙所掌握"听读"、"示众"、"刺环"、"押出县界"与"永锁"等五项附加刑权责与内容。从个别案件的结绝中，综观县衙判决时所遭遇如"请托"、"把持"、"豪横"等阻力。

第六章，县衙的"狱讼"与官民的生活

本章分别归纳狱讼对官、吏、民的生活之影响。一论狱讼业务对县官所造成的工作压力中，谈南宋法条规定县令与丞、簿、尉等佐官如何完成适当的狱讼处理。从分析县令推动一般行政业务命令时，其所必须面对监司的考课问题，还有南宋地方官编纂"官箴"与晓示训俗榜文、"狱空"之美誉、治狱讼与果报说法等，探究县令工作压力的来源。二论狱讼业务促成县衙公吏的专职化中，谈公吏因狱讼业务而职务的分工较为明确。高宗以后，如何支给县衙若干公吏"重禄"，以及重禄吏人因公事乞取的法规。光宗朝以后，如何建置"县衙推法司"，从中了解如何立法阻止"罢役配吏"成为地方势力的干人。三论狱讼影响南宋庶民生活中，如何强化"保人制度"之发展，以保障安全的交易行为。而为了节省行政资源，民间宗族组织的"族长"如何参与县衙的狱讼。最后，申论地方土豪如何在狱讼过程中发展其新兴的势力。

史学的研究工作是持续性的，本书以"狱讼"探究宋代地方行政制度，以法制作为研究"社会史"的技艺（the Technology of History），将是来日继续研究的参考与动力。

第一章　县衙在地方狱讼制度中的角色

　　黄干(1152—1221)所写的判语中,有一篇涉及了分析家产纠纷的诉讼。这一件纠纷,始讼于嘉泰元年(1201),已经进行了好几回的判决:

　　　　嘉泰元年,拱辰死,拱武、拱礼始讼之于县,又三诉之宪台,又两诉之帅司,经本县郑知县、吉州董司法、提刑司金厅、本县韩知县、吉州知录及赵安抚六处定断。……六处之说各不同。然安抚之所定在后,既已行下本县,而刘仁谦、刘仁愿乃蔑视帅府所定,不肯照所断分析,郭氏所以又复有词也。(黄干:《勉斋集》卷33《郭氏刘拱礼诉刘仁谦等冒占田产》,第34页)

此案是发生于江西吉州境内的诉讼案件,可以看到当事人到县投词后,又三度到宪台(提刑司)、二度讼于帅司(安抚司),总共累积了6份判决文书,但因当事人还是不服,所以继续投诉。

　　南宋末年的《清明集》中,知湖南邵州的胡颖(绍定五年[1232]进士)所撰写的户绝财产诉讼判决文中,当事人为了一件案子,打遍地方衙门:

　　　　曾仕珍父子狼戾顽嚣,犯义犯刑,恬不知畏。本府未及结断,而遽经漕司;漕司方为索案,而又经帅司;帅司方为行下,而又经宪司。使其果抱屈抑,亦须候逐处官司施行了当,方可次第经陈,岂有首尾不及两月,而遍经诸司者。(《清明集》卷8《户婚门·检校》胡石壁"侵用已检校财产论如擅支朝廷封桩物法",第280页)

在这段记载中,我们看到一对父子不到两个月的时间,告状由州衙一直告到漕司(转运司)、帅司(安抚司)、宪司(提刑司)。

　　从上述两份判决文书中,显露出当事人锲而不舍地打官司的事实,让我们想要追问南宋一般地方上"打官司"的流程是如何进行的?在这一个流程中,各级地方衙门的司法职责如何?县衙所扮演的角色又如何?

第一节 地方衙门狱讼官员的组织概况

宋代的地方行政分为"路、州、县"三级制,路是最高行政单位①,而"路"并非单一行政机关,随着时代的演变而呈现逐渐增多的趋势。② 诸路重要的衙门包括转运司(漕司)、提点刑狱司(宪司)、提举常平茶盐司(仓司)、安抚司(帅司)。③ 这四个衙门大概的行政职掌是:转运司掌管"婚田与赋税";提刑司掌管"狱讼与经制";提举司掌管"常平与茶盐";安抚司掌管"兵将与盗贼",除了行政功能之外,又都具有"廉按吏治"的职责,所以也统称为"监司"。④

顾名思义,监司负责监控州县官吏,其权位高于州县的长官⑤,既掌各自行政之职,还有监察地方的责任,其中包含参与及监督州县衙门的刑狱、诉讼案件之审理。⑥ 至于州与县则有直接相统属的关系,以刑案审理为例,县衙处理的案件,如果是杖罪以下,在县可以审判终结,若是徒罪以上则必须将案件上呈至所属州衙。⑦ 无罪刑的案件是以发生地所属县衙为起点,县衙结绝不当之后,人户才能再诉于州衙,州衙结绝又不当,而后上诉于监司。⑧ 本节将概述南宋地方三级衙门处理狱讼业务的相关官员。

---

① 北宋"路"级行政单位是逐步形成。虽然太祖建隆二年(961)已有京畿东路之称(李焘:《续资治通鉴长编》[以下简称《长编》]卷2"建隆二年九月癸酉"条),但是直到太宗至道三年(997)始定天下为十五路(徐松辑:《宋会要辑稿》)。到了徽宗时期达到二十六路(《宋史》卷85《地理志一》)。南宋时期,版图缩小,全国划分为十七路。

② 参考白钢主编、朱瑞熙著:《中国政治制度通史》第6卷"宋代",北京:中华书局1996年版,第320—356页。贾玉英:《宋代监察制度》,开封:河南大学出版社1996年版,第八章"宋代路级监察制度",第299—406页。

③ 谢深甫:《庆元条法事类》卷4《职制门一·职掌》,第26页。

④ 目前学界对于"监司"包括哪些机构与官员?存在四种看法。参见贾玉英:《宋代监察制度》,第301页。愚以为南宋时期的监司是帅、漕、宪、仓。

⑤ 《宋会要》职官42之58,"朝廷委郡县于守令,总守令于监司"。

⑥ 有关监司的监察职能,参考贾玉英:《宋代监察制度》,第303—315页。

⑦ 《宋会要》刑法3之11—12。

⑧ 《宋会要》刑法3之31—32。

一、县衙

县衙的长官称为知县或县令，南宋人赵彦卫（隆兴元年，1163 进士）说："本朝以知县为高，令为次。"⑨知县或县令总治一县民政，包括"劝课农桑、平决狱讼、有德泽禁令则宣布于治境。凡户口、赋役、钱谷、给纳之事，皆掌之"⑩。北宋仁宗时期，要求县令必须常留在县衙内管理簿书、催督赋税、审理婚田词讼，上级衙门不得任意差出办事。后来又规定知县或县令除非为了鞫狱事宜，才可以外出。⑪ 不论差出与否，都和"婚田词讼"与"鞫狱"⑫的业务有关，县衙的"狱"与"讼"的重要性，不言而喻。

县级衙门的属官有三位：（1）县丞。仁宗天圣四年（1026）始设此官，但是小邑不置，主要是协助县令处理县政，是为县令的副手，北宋末年曾规定由"路"的转运司决定县丞的设置。⑬ 有时候基于"疆界阔远、词讼最多，委是难治"或是"催理税赋、受接民讼"等理由复置已经罢废的县丞⑭，由此可知县丞亦参与狱讼的事务。有的县丞在上级衙门指示下，"受牒鞫狱"，被派遣到邻州解决久滞的狱讼案件。⑮（2）主簿。顾名思义是专掌"稽考簿书"，小县且以"主簿兼县尉之职"。⑯ 实际上，因为很多户婚田土之讼必须检查簿书的记载，所以主簿也得"助令长详而决之"⑰。（3）县尉。负责率领弓手，追捕县内的盗贼及检验尸身，职位在主簿之下，北宋时曾经有诏令禁止县尉司置狱。⑱

南宋朱熹（1130—1200）主张：知县"每听词状，集属官都来，列位厅上，看有多少，均分之，各自判去"，而"此非独长官者省事，而属官亦各欲自效。兼是

---

⑨ 赵彦卫：《云麓漫钞》卷 3，第 44 页。
⑩ 《宋会要》职官 48 之 29。
⑪ 《宋会要》职官 48 之 27、《长编》卷 160"庆历七年（1047）六月辛酉"条。
⑫ 所谓"鞫"是专指狱中的审讯。参见徐道邻：《鞫谳分司考》，载徐道邻：《中国法制史论集》，第 114—128 页，至于"谳"，简单而言，是指检法、议定罪刑。
⑬ 《宋会要》职官 48 之 29："丞掌二令之职"《宋会要》职官 48 之 53—59 为"县丞"的资料汇编。
⑭ 《宋会要》职官 48 之 55—58。
⑮ 杨万里：《诚斋集》卷 122《罗元亨墓表》。
⑯ 《宋会要》职官 48 之 29。
⑰ 王禹偁：《小畜集》卷 16《单州成武县主簿厅（碑记）》。
⑱ 《宋大诏令集》卷 160《官制一》"置县尉诏（建隆三年十二月）"，第 604 页。又《宋会要》职官 48 之 29 及 60—91 为"县尉"资料汇编。又可参见王栐：《燕翼诒谋录》卷 1，第 9 页。

如簿尉初官,使之决狱听讼得熟,是亦教诲之也",使县衙诸官形成一个相辅听讼断狱团队。⑲ 虽然主簿与县尉都有参与司法的机会,不过知县还是县衙里最重要的司法官员。

二、州衙

州衙的组织相较于县衙,更加分工化。知州总领郡务,率举以法,包括"狱讼听断"之事。至于"属县事,令、丞所不能决者,总而治之,又不能决,则禀于所隶监司,及申省部。凡法令条制,先详意义,注于籍而行下所属"⑳。既有责任替属县解决难题,并且呈报上级衙门,又需编辑中央颁布的政令,推行于境内。知州之下设有通判,其职"掌倅贰郡政,凡兵民、钱谷、户口、赋役、狱讼听断之事,可否裁决,与知州通签书施行"㉑。一州之事若无通判签押,则无法结案。朱熹却说:"所在通判,大率避嫌,不敢与知州争事。"㉒暗示南宋的通判可能无法发挥制衡监察知州的作用了。

知州的主要属官有七位:判官、推官、兵马都监、录事参军、司理参军、司户参军、司法参军。㉓ 除了兵马都监为军政属官之外,判官与推官是为"幕职官",诸参军则为"曹官",他们都是州郡长贰的行政僚属,协助知州、通判治理包括狱讼在内的各项事务。㉔ 由于州县官的编制是根据所辖人口的多少,及辖区业务的繁简程度而订定,因此很难具体指出州衙内所有幕职及诸曹官的员额。㉕ 虽然幕职诸曹官的人员数不定,却是州衙中处理狱讼事务的重要官员,有必要个别说明其与狱讼相关的职掌。

幕职官中有签书判官公事(简称签判)、判官、推官及书记等,职掌州郡衙

---

⑲ 黎靖德编:《朱子语类》卷106《朱子三·外任》"漳州",第2647页。
⑳ 《宋会要》职官47之12。
㉑ 《宋会要》职官47之62。
㉒ 《朱子语类》卷106《朱子三、外任》"总论作郡",第2642页。
㉓ 《宋会要》职官47之11—12。
㉔ 苗书梅:《宋代州级行政属官初探》(发表于"国际宋史研讨会中国宋史研究会第九届年会",2000年)。州郡除了设有行政属官,尚有军政属官,包括都监、监押、巡检等等,称之为州司兵官;并设有教授主管学校教育;以及设置各种仓场库务堰闸等监当官,担负财税征收及管理职能。
㉕ 《宋史》卷167《职官志七》"幕职曹官等·幕职官",第3975页。又根据苗书梅《宋代州级行政属官初探》统计的幕职、诸曹官简表,幕职官的员额三四员为多,常州仅二员、而诸曹官四员为多,临安府与福州有五员(司理参军各置左、右一员)。

门各案文书的转发与催督之事,每天必须赴长官厅斟酌可否,协助知州、通判签署文书与施行,所以也能辨驳冤狱、断定诉讼案件。㉖

签判是幕职官中的长官,又称为"郡僚之长"㉗,地位居其他属官之上,如曾渐(1165—1206)签书江西南康军判官,"政纤巨,一佐其守。值旱饥,沿村劝粜。又决狱问囚,走旁郡,劳苦未辞。"㉘如果通判有阙,可以代理其职事,包括词状、讼牒的剖决。㉙ 傅瑾(1148—1222)调任湖南道州判官时,也兼摄通判数月,深受太守的看重,"舂陵郡计悉倚金幕,公不急不纵而办,狱讼繁伙尤难剖决,凡经剖晰,皆当事情。太守董公与几览其牍,喜曰:'非老练何以至此?'于郡有功多矣。"㉚判官既然如此重要,其所担任的行政责任相对提高,"狱讼不得自专,每有问,不以罪州,则以咎幕职"㉛,乃直接受到路级刑狱使者的纠正与监督。

幕职官虽各有其办公厅,每天仍需集合议事,而"幕职官联事合治之地"称为"金厅",旧称为"都厅"或"使院"。㉜ 金厅主要的工作是签押公文,所以户婚田土的讼牒应该先到本厅作初步的审验,如朱熹知潭州兼安抚使时,将州衙所收到的诉讼词状分类为二,其中"诉婚田地、诉分析、诉债负、斗打不见血,差役、陂塘,已上都厅引押"㉝。受理之后,金厅与州衙长官研议,或其送到他相关单位继续处理,当州衙作出最后判决时,金厅还得再签押公文,所以有时也负责书拟判决文、追呼词人诘问案情,但是不能违法用刑。㉞

㉖ 《宋史》卷167《职官七》"幕职诸曹等官·幕职官"。关于幕职判官、推官辨驳冤狱与断定诉讼案件,可参考苗书梅:《宋代州级行政属官初探》,第6—10页。
㉗ 周应合:《景定建康志》卷24《官守志一·职官厅》邓文举"签判题名",第1718页。
㉘ 叶适:《水心先生文集》卷21《中奉大夫尚书工部侍郎曾公墓志铭》,第8页。
㉙ 陈宓:《复斋先生龙图陈公文集》卷12《书札》"与江东徐提举札·又"、《宋会要》职官48之13。
㉚ 陈文蔚:《克斋集》卷12《傅县丞墓志铭》,第15页。
㉛ 韩元吉:《南涧甲乙稿》卷22《朝奉大夫知泰州宋公墓志铭》,第14页。
㉜ 施宿:《会稽志》卷1《金厅》,第6732页;潜说友《咸淳临安志》卷53《官寺二》"临安府·都厅",第3828页;《朱子语类》卷128《本朝二》"法制",第3074页;梁克家:《淳熙三山志》卷7《公廨类一》"职官厅",第7848页。
㉝ 《朱文公文集》卷100《公移》"约束榜",第14页。另一类则送"安抚使厅引押":"类状名色:官吏受财枉法,将吏侵克役使,杀人行劫,杀略奸盗,聚众斗打,或抵拒官司;豪家大姓侵扰占夺细民田业,奸污妇女,斗打见血。官员、士人、公人、军人、僧道执状,已上当使厅引押。"
㉞ 《清明集》中有许多是州衙金厅"所拟",仅举一二例。(1)卷4《户婚门·争业上》胡石壁"妄诉田业",第123页。(2)卷9《户婚门·取赎》"妄赎同姓亡殁田业"作者是不具名的"金厅",第319页。(3)卷1《官吏门·禁戢》胡石壁"约束州县属官不许违法用刑",第36页。

有关幕职官参与狱讼的事迹,如黄宗谅(1122—1198)任江东信州推官,"郡多以事委,君几于画诺,君老而益壮,剖析滞讼,案牍积山,推究无遗,据法予夺,不容一毫之私。二年间,类为四册,近五百事。"㉟赵伸夫(1162—1222)调浙东绍兴府观察推官时,知府"尝以休日至都厅,他幕僚无入者,而公独审问两词如常"㊱。又有浙东台州推官陈炜(1192—1268)善于理讼决冤,因而受荐改秩福建福州永福知县。㊲ 吴革通判临安府时,也曾称赞:"察推谓予夺田地之讼,所据在契照,所供在众证,此说极是。"㊳可见南宋州衙幕职官在地方狱讼业务的职能。

　　参军诸曹官分管各曹职事,他们不必每日赴长官厅议事与签押公文。以录事参军掌管"州院庶务,纠举诸曹稽违";司户参军掌管"户籍赋税、仓库受纳";司法参军掌管"议法断刑";司理参军掌管"讼狱勘鞫"㊴。

　　录事参军居于其他曹官之首,因为录参既纠举监督诸曹官,又掌州衙的重要印鉴。由于知州发下属县的公文书、司理院及属县的狱簿,都必须盖有"州印",此一"州印昼则付录事参军,暮则纳于长吏"。㊵所以州县的"刑狱"案牍都会经由录事参军的过目与盖印。

　　北宋以来,大州除了司理院设置监狱之外,另设"州院"(府称"府院"、军称"军院")作为监狱兼审讯机构㊶,以录事参军兼管,可见治狱是录参重要职责之一。㊷ 南宋乾道六年(1170)汪大猷(1120—1200)建言:"知录依司理例,以狱事为重,不兼他职。"㊸南宋人将"州院"狱空归功于知录,又视录事参军如刑曹"狱掾",亦认为"录事多典右狱"之职。㊹ 绍定元年(1228)真德秀《送周知录

㉟ 楼钥:《攻愧集》卷104《黄仲友墓志铭》,第8页。
㊱ 袁燮:《絜斋集》卷17《秘阁修撰赵君墓志铭》,第287页。
㊲ 刘克庄:《后村先生大全集》卷165《陈光仲常卿》,第5页。
㊳ 《清明集》卷6《户婚门·争屋业》吴恕斋"叔侄争",第188页。关于吴革的官职考证,参见〔日〕高桥芳郎:《名公书判清明集卷六户婚门译注稿(その二)》,载《北海道大学文学部纪要》2000年第48号第3期。
㊴ 朱瑞熙:《中国政治制度通史》第6卷"宋史",第308页。
㊵ 《宋会要》职官47之74、《长编》卷87"真宗大中祥符九年七月甲寅"条。
㊶ 《长编》卷72"真宗大中祥符四年十月癸卯"条,第1736页;《宋会要》职官47之74;文天祥:《文文山集》卷8《吉州右院狱空记》;《宋史》卷200《刑法三》,第4994页;及卷201《刑法三》,第5021页。
㊷ 薛季宣:《浪语集》卷33《故醴陵县丞江公墓志铭》。
㊸ 《宋史》卷167《职官七》"幕职诸曹等官·诸曹官",第3953页。
㊹ 王十朋:《梅溪集·后集》卷9"州院狱空赠知录孙昕",第8页;刘宰:《漫塘集》卷22《真州司法厅壁记》,第23页,"录事多典右狱,与刑曹均狱掾"。

之官序》称即将赴官的周知录为"狱掾",并勉周知录:"治狱之官,自昔难之。"㊺南宋末年的刘克庄(1187—1269)说:"录参以治狱为职,不宜使之催科。"㊻

司理参军主掌鞫狱的工作,宋太祖有鉴于五代司狱事者轻视人命,所以采用士人担任鞫狱者,有诏曰:"州府并置司寇参军,以新及第九经、五经及选人资序相当者充。"㊼太宗改司寇参军为司理参军,以士人充参军折狱辨讼,而且在全国较大的十六州内置有左、右司理两院。㊽端拱元年(988)进一步下诏:"司理参军不得兼膺他职。"㊾显示宋初朝廷对于狱官的重视。

南宋绍兴三十二年(1162)以后,鉴于"州县之官,检验一事,不肯亲临,往往多以事辞,率委之巡检,缘巡检武人,其间多出军伍,至有不识字画者,奸胥因得其便,往往是非曲直颠倒"。于是规定司理参军是州衙派出初验的"验尸"官。㊿高宗朝也要求司理参军与司法参军都必须"注经任及试中刑法人"充任[51],所以司理参军的素质不低。如黄洽(1104—1165)担任兴化军司理参军时,"问事既得其情,即复告以法所当得之罪",因此经由他推鞫呈上的案牍,"虽重辟,皆合爪扣颡"而没有发生冤狱。[52]

司理处理的案件以盗贼重大刑案为主,如李椿(1111—1183)调桂阳监司理参军,"盗发临武,将尉缚六十余人以献,公办理之,才六人抵死,它所活亦甚众"。此外,张巨泗父子三人被诬指通寇一案中,李椿"以数争狱事",虽失守意,"椿鞫其狱,竟直之"[53]。而徐玑(1162—1214)移永州司理,"兵官大执平民为贼,冀以成赏。君明其无罪,尽释之"[54]。王自成(1169—1221)任福建南剑州

㊺ 真德秀:《西山真文忠公集》卷28《送周知录之官序》,第18页。
㊻ 《后村先生大集》卷192《书判·江东臬司》"贵池县高廷坚等诉本州知录催理绢绵出给隔眼事",第1页。
㊼ 《燕翼诒谋录》卷1,第4页;《长编》卷14"开宝六年(973)七月壬子"条。
㊽ 《长编》卷20"太平兴国四年(979)四年十二月丁卯"条,第466页;张栻:《南轩集》《潭州重修右司理院记》。
㊾ 《长编》卷29"太宗端拱元年正月庚辰"条。
㊿ 《宋会要》职官3之77。有关"检验"验尸之法,参见本书第二章第二节。
[51] 《宋史》卷167《职官七》"幕职诸曹等官·诸曹官",第3953页。
[52] 朱熹:《朱文公文集》卷93《转运判官黄公墓碣铭》,第3页。
[53] 《朱文公文集》卷94《敷文阁直学士李公墓志铭》,第7页;《诚斋集》卷116《张侍郎传》。
[54] 叶适:《水心先生文集》卷21《徐文渊墓志铭》,第11页。

司理(理掾)时,"俗狠刑繁,君至剖谳无滞",又"尉有获盗上州者,君鞫其狱,尉托郡僚怀黄金为饷,君大惊,谢绝之",王自成虽然没有收贿,不过在上呈完成的狱案之后,仍提出县尉的功劳,使"尉论赏如格"⑤。从若干事例中,稍可得知县尉捕盗后,则送州衙的司理院,再由司理参军进行治狱推鞫。

但是在设有左、右司理两院之处,司理也参与户婚案件的审理。吴革通判临安府时,判决一件"遗嘱真伪"案,司理参军就曾拟案说明关系人的罪行。此案缘起于曾千钧生二女,并以曾文明之子曾秀郎过房为己子,曾千钧临终前亲书遗嘱,摽拨税钱给两女,当时有妻子、亲弟及过房之子共同签押同意书,并且将遗嘱拿到县衙印押为证。后来,曾文明却到府衙告称"遗嘱为伪,县印为私",否定曾千钧两女的财产拥有权。通判吴革写判决文说:"司理所拟甚明,且免施行,再不知悔,则不孝无父之罪,不可逃矣。"⑤由此推想,曾文明与曾秀郎应曾经送入"司理院"推问案情,所以司理撰写推问的案牍并呈送长官厅,此一文书成为通判拟写判决文的重要参考文件。

除此之外,当司理院负责户婚田产纠纷的推勘与分析案情时,同时也执行判决,并押下犯人到县衙,如姚珤(嘉定四年[1211]进士)判决一件"重叠交易"案时,提及"今江伸在右院已供"、"司理以为赌博与借皆是违法,欲追钱入官,却未为是"。最后判决:"帖右院押下县,监所供认钱、会还丘某,取领状申。"⑤

州衙内的"州院"和"司理院"都设有监狱。两狱院⑤的功能或稍有不同,一般送州衙的兴"讼"案件,若需要将当事人追到狱中推鞫实情者,往往由掌管州院的录事参军负责。⑤如范应铃处理一件由转运司送来的"争讼盗卖田产"的案子,此案从宝庆元年(1225)就开始缠讼,当事人余焱有诉状投递到县衙,讼黄子真"盗买"田产。虽然黄子真拿出契约到官,但案子"由县及州,下佥厅,

---

⑤ 《后村先生大全集》卷148《王翁元墓志铭》,第14页。
⑤ 《清明集》卷7《户婚门·女受分》吴恕斋"遗嘱与亲生女",第237页。
⑤ 《清明集》卷5《户婚门·争业下》姚立斋"重叠交易合监契内钱归还",第142页。
⑤ 龚延明编著:《宋代官制辞典》(北京:中华书局,1997),第548页,"左右司理院"条,"简称州两院"。愚以为州之两院是指州院及司理院的监狱。如《宋会要》刑法6之69,"(乾道)七年六月十日刑部准批下臣札子";"乞令诸州长吏每旬同当职官虑问州院、司理院禁囚"。
⑤ 林之奇:《拙斋文集》卷18《刘郎中伯任墓志铭》,第9页。另一史料,参见汪应辰:《文定集》卷23《显谟阁学士王公墓志》,第2页。

入州院,送法官,并作违法交易",州衙各单位一致认为黄子真买田行为不合法条规定,而强制黄子真接受余焱的买价,将田业还给余焱。黄子真不服判决,继续投诉到路级转运司。范应铃写的判决文说:"黄子真赍出赤契,计价二千贯,续据狱司勘鞫。"当范应铃审阅历来的案情与判决记录时,累积的案牍中就有"杨权县之说"、"历史君之说"、"狱官赵知录之说",可见黄子真曾被送州院的监狱中,接受狱官赵知录的审讯。[60]

另一件由黄干撰写"谢文学诉嫂黎氏立继"的判决文书,此案从嘉定三年(1210)开始论兴讼,五年之中由县衙到州衙的金厅,又从提刑司发回赣州的赵司法,由于提刑厌恶当事人谢骏如此"健讼"[61],"尝将谢骏枷禁州院",希望他能悛改息讼。[62]

以上"黄子真案"与"谢文学案"两例说明了婚田案件送到州衙之后,先到金厅审理案牍与契约文件,若无法解决,有可能将当事人先枷禁于"州院"鞫问案情,或是令其在狱中反省一番。

不过,"移鞫"应是州衙设立两个监狱的目的之一,也就是说,如果在州院审理不伏罪者,必须移往司理院再进行推鞫。[63] 或是案件复杂、罪犯人众多时,两狱可以分开鞫问,尽速完成留狱审讯的程序。南宋末年,福建路南剑州的顺昌县有"官氏母子"横行地方三十年,他们设置牢狱,缚捉私刑平民,殴人致死、胁人自缢、捕人拷掠,等等。后来官府"据今此词状百余纸,本州委司法同知县前去体究",搜集官氏母子的犯罪证据,并拿缉罪犯官日新及官衍。由于"乡民被害者数百人泣诉,若一一追逮,暑月摇扰淹延,合速与决遣。官日新送州院,官衍等送司理院"。[64] 可见官府基于避免牵扰被害乡民,而考量速决此案,所以将当事人分送两狱。虽然只提到罪犯送狱,但推测应该连同若干递状词人到两狱进行审讯。

司法参军的主要职能是在于"检查法条",以供知州等长官们照法判决。

---

[60] 《清明集》卷4《户婚门·争业上》范西堂"漕司送下互争田产",第120页。
[61] 本书第四章第三节讨论"健讼"之罚。
[62] 《勉斋集》卷33《判语》"谢文学诉嫂黎氏立继",第33页。
[63] 《朱文公文集》卷93《转运判官黄公墓碣铭》,第3页。
[64] 《清明集》卷12《惩恶门·豪横》刘寺丞"母子不法同恶相济",第471页。

身为州衙的检法官员,如果"检法不当,出入徒流罪以上者"而导致错误的判决时,必须受到行政的处罚。⑥ 原则上,司法参军应该检查所有与案件相关的对应法条,但不许提供判断的建议,对于州衙其他单位引用法条所做的拟判,亦不能参与意见。而南宋刘宰曾说:"汉太守自言奉三尺律令从事,今司法参军则奉三尺律令以与太守从事者。得其人则政平讼理,善劝人焉,淫人惧焉。"⑥

一件署名"司法拟"的文书,内容是处理荆湖北路鄂州通城县的"户绝争讼"案。吴琛有四女及一养子,其中长女及次女已嫁,二婿皆为吴家赘婿,三女则声称嫁给许氏,幼女二十八娘年及笄尚未出嫁,养子吴有龙于吴琛在世时,已娶妻阿李为室,生一子吴登。当吴有龙身死之后,在室幼女吴二十八娘到官陈词诉讼,希望能分得应有的财产。⑥ 司法检出"诸义子被论诉与自陈之法"、"异姓养子与除附法"、"户绝财产与在室女法"、"男女听婚嫁法"等分析案情,并提出官司的处理态度是"欲责吴登母子迎取其归,曲尽姑侄之礼,日下求偶,毋致迁延,再惹词诉",司法的文书最后却说:"所有案官引用户绝分拨女分之拟,本司难于检断。"⑥ 不判断其他单位检用法条的适当性,透露司法参军在检法的职责上必须拿捏"仅检出法条"的分寸。

南宋司法与司户二参军的职权混淆,因为乾道年间(1165—1173)有时"以司户兼司法"合并为一位参军。虽然乾道六年(1170)曾诏:"户曹初官,令专主

---

⑥ 《长编》卷73"真宗大中祥符三年四月丙辰"条,第1663页。
⑥ 《漫塘集》卷22《真州司法厅壁记》,第23页。
⑥ "吴氏户绝争讼"案关系图如下:

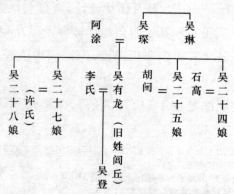

⑥ 《清明集》卷7《户婚门·立继》司法拟"立继有据不为户绝",第215页。

仓库。"⑩回复到北宋末年规定"本路财计,系逐州户曹专任其职"⑪的情形。不过孝宗以后,司法也还管财赋账簿业务,所以淳熙二年(1175)中央臣僚说:"祖宗时,有会计录备载天下财赋,出入有账,一州以司法掌之。"⑪

孝宗朝的官员如朱熹、韩元吉(1118—1187)描述的司法参军之职责,可看到当时法令赋予司法参军兼管常平仓库及"诸色账状"⑫。又如崔与之(1158—1239)任广西浔州司法参军时,因为葺治常平仓有功,而调官为淮西提刑司检法官。⑬沈连(1169—1226)调静江府司法参军时,检校常平仓,运用学廪整修大成殿,当时刑狱使者方信孺(1177—1222)"闻而善之,为助材焉"⑭。可见南宋司法参军的职责不只是检法而已。

司户参军原本掌管户籍与赋税,在州衙的行政流程上,可以参与辨验婚姻、户籍与田产争讼等的各种簿书⑮,而南宋初年司户与司法相互兼职的情形下,迄庆元六年(1200),周必大还认为"户曹掌州帑廪,或行狱讼事"⑯,仍视司户参军为州衙里处理诉讼的要员。从《清明集》中有些名公称许司户的拟笔合乎人情,特为详明公允⑰,可见南宋的司户也有负责拟写诉讼判决文书的工作。

幕职诸曹官除了有兼职的情形之外,较小的州军往往还有设官不全的景况。⑱南宋时期,地方官若能提出与"狱讼"业务相关的合理说法,进而要求增加幕职诸曹官的人员,朝廷也多能顺应这些地方官的建议。如嘉定元年(1208),知茂州的杨恩威以"在州文吏止有司户,仓库、狱讼于厥身"为理由,要

---

⑩ 《宋史》卷167《职官七》"幕职诸曹等官·诸曹官",第3953页;《宋会要》职官39之22。
⑪ 《宋会要》职官61之44—45。
⑪ 《宋会要》食货56之57。
⑫ 《朱子语类》卷106《总作郡论》,第2641页;《南涧甲乙稿》卷9《集议繁冗虚伪弊事》。
⑬ 《宋史》卷406《崔与之传》,第12257页。
⑭ 魏了翁:《鹤山先生大全文集》卷80《华容县丞奉议郎致仕沈君墓志铭》。
⑮ 《清明集》卷5《户婚门·争业下》"争山各执是非当参考旁证",第160页;同卷同案"经二十年而诉典买不平不得受理",第162页;同书卷7《户婚门·检校》吴恕斋"阿沈髙五二争租米",第238页。
⑯ 周必大:《文忠集》卷44《吉州司户(斤)缓斋箴(庆元庚申二月甲子)》,第5页。
⑰ 《清明集》有若干判决文提到司户拟笔,仅举《户婚门》中三例:(1)方秋崖"寺僧争田之妄",第127页。(2)卷7《立继》"先立已定不当以孽子易之",第206页。(3)卷7《立继》吴恕斋"不可以一人而为两家之后别行选立",第208页。
⑱ 法令上有规定依户口数设置录事、司法、司户等曹官,如《长编》卷11"开宝三年秋七月壬寅"条,第247页。偏远州军有司户参军兼推官的情形,如《宋会要》职官48之7记载,天圣五年(1027)高州没有监狱,"自来置司户参军一员,兼录参、司法事。"广南转运司要求添加推官一员,但中央没有允许,"只令司户参军兼知逐州推官厅公事。"

求增添推官一员。嘉定五年(1212),荆湖北路的转运司指出信阳军虽然只有信阳与罗山两县,"户口无多、狱讼稀少",不过因为设有"司理院"与"军院"两狱,而军院中却无正官,只是以判官兼之,又判官兼录参与司法,会产生:"既兼司法,即合检断,狱事既自勘鞫,而又自检断,岂无妨嫌?"于是朝廷加添司户参军一员。嘉定六年,知泸州的李大东奏言:"本州流徙复业之后,田畴交错,讼牒纷然,曹职官只有四员,节推专签厅,知录、司理掌狱事,日不暇给。"因此要求增添一员推官。⑦

行政官僚组织	知州、通判—	幕职金厅:签判、判官、推官、书记:签押公文
		曹官:录事参军:州院监狱
		司理参军:司理院
		司法参军:检法
		司户参军:检校簿籍与仓库
讼	金厅→司户→司法(知州、通判、签判)	
讼狱	金厅→州院或司理院(司理)→录参→司法→(知州、通判、签判)	
狱	司理院→州院→录参→司法→(知州、通判、签判)	

【说明】:"讼"是指讼牒案件;"讼狱"是指讼牒案件需进行文书、证人的追证,而当事人或牙保、邻人等证人可能得入狱;"狱"是指人命及重大斗杀案件。

图 1-1-1 州衙的行政官员组织及狱讼流程简图

从这些例子看出南宋朝廷注重州衙幕职诸曹官在狱讼方面的职能。相对于县衙的官员组织而言,州衙处理狱讼业务时,因为有较多的行政属官,所以司法的程序也较为完善。

三、监司

南宋的地方官有谓:"惟提点刑狱司则视诸司为独重,何则?刑狱民命所系,苟有过误,厥咎匪轻。"⑧因为提点刑狱司(简称提刑司)监察所属州县官吏处理狱讼有关的业务,详覆刑狱案牍,派遣官员至州县审问囚徒,还有收接转

---

⑦《宋会要》职官48之14—15。
⑧ 胡太初:《昼帘绪论》之《事上篇第三》,第4页。

运司审判不当的各类词诉，等等，可说是专管狱讼的监司。南宋高宗曾说："提点刑狱职在平反，尤当遍临所部。"更强调其"平反"的责任。[81]

高宗朝，杨椿（1094—1166）任湖北提点刑狱，境内的沅州太守李景山与通判丁涛不合交恶，州衙判官巩涼又离间两人，并且大兴狱案，加上地方峒民势盛不安，一时逮捕系狱者众多，正值暑夏，系囚的性命堪忧。杨椿上奏朝廷罢李景山、丁涛与巩涼三人，并说："吾职在平反，其可使无罪之人淹系至死哉？"[82] 这段话道出了南宋提刑对本身职责的认知，即是以狱政、人命为重。

提刑司的官员组织结构中，原本设有提刑使臣一至两位，凡设置两员提刑之处，其中一员必定以武臣"同"提点刑狱作为副提刑，不过武臣提刑却时废时置，到了南宋淳熙末年（1189），由于"武宪横于四方，至有六曹尚书典藩而被按者"，因而罢废武提刑，从此只以朝臣文官一员为提刑。[83] 提刑司中也有"金厅"接受签押各州"刑狱"公文[84]，提刑司的重要属官还有检法官和提刑干办公事。南宋时，提刑司的检法官不能随监司巡行，除非要切之事，才可以从设置两员的检法官中选一员"暂差干办"。[85] 他们协助提点刑狱处理来自州县的案牍、驳正冤案、指挥巡尉兵追捕地方盗贼，等等。[86]

淳熙三年（1176）的进士徐应龙历衡州法曹、湖南检法官。潭州获劫盗，首谋者虽已系狱，妄指逸者为首，吏获逸盗，以成宪"谳"于宪司，检法官徐应龙阅狱辞，谓："首从不明，法当奏。"引起提刑卢彦德的不悦，卢彦德是推荐徐应龙调遣任官的师长，当时卢彦德盛怒徐应龙不从己意，曰："君不欲出我门邪？"徐

---

[81] 关于提刑点刑狱司的研究，参考戴建国：《宋代的提点刑狱司》（原载《上海师范大学学报（哲学社会科学学报）》1989年第2期），载戴建国：《宋代法制初探》，哈尔滨：黑龙江人民出版社2000年版；贾玉英：《宋代监察制度》第八章"宋代路监察制度"，第355—372页。

[82] 杜大珪编：《名臣碑传琬琰之集·中卷》卷33，陈良祐撰《杨文公椿墓志铭》；又见于熊克：《中兴小纪》卷36"绍兴二十四年六月"条。

[83] 李心传：《建炎以来朝野杂记》卷11《武提刑》，第278页。关于文武提刑罢废情况可参考戴建国：《宋代的提点刑狱司》，第368页。

[84] 《清明集》卷1《官吏门·儆饬》"示幕属"，第23页。

[85] 关于提刑司的属官"检法官"及"提点刑狱干办公事"的设置时间及人员，参考贾玉英：《宋代监察制度》，第358页；及朱瑞熙：《中国政治制度通史》第六卷"宋代"，第331页。检法官不随本司巡行的规定，参见《庆元条法事类》卷6《职制三》"差出·职制令"。

[86] 关于提刑检法官的工作，仅举两例：（1）《攻媿集》卷91《直秘阁广东提刑徐公行状》，墓主徐子寅（1130—1195），第16页。（2）韩元吉：《南涧甲乙稿》卷21《中奉大夫举武夷山冲右观王公墓志铭》，第30页。

应龙曰:"以命傅文字,所不忍也。"⑧由此一生动记载,可见提刑司的检法官在复审程序中的职责。

至于提刑司内部的公文流程,类似于州衙,亦即所有的案牍必须先送金厅,金厅作初步的判断后,遇有疑问的案件,再送其他的属官处理,最后由提刑依据各方案牍作出判断。以江东提刑蔡杭⑧处理一件"子随母嫁而归宗"案为例,判决文一开始就说:"提干所拟,已得其情。"案件判决完毕后,又有文字问:"金厅所拟,分为三分之说,不知法意如何,别呈。"要求金厅再递上公文,说明分析案情的根据。本件案牍最后记载:"续金厅官拟再呈。奉台判,只依摽拨法。"⑨从这些断断续续的公文往来间,虽然无法完整建构出提刑司官员组织的全貌,但是就判决的流程看来,金厅协助处理案牍、拟写意见而分析案情的功能,亦不可忽略。

提点刑狱司除了本司属官助理其行政业务之外,也有权选差辖内州县属官处理狱讼案件及地方治安问题,所指定协助办案的官员不一定是狱官(录参与司理)、司法或巡尉,也可能是主管簿书、仓库的县主簿或州户曹。例如,淳熙五年(1178)进士黄畴若(1154—1222)任湖南永州祁阳县主簿时,邑有论诉僧人为盗且杀人的刑狱案件,案牍送达提刑司"移鞫治",交由黄畴若推鞫案情,黄畴若"疑其无证",与提刑马大同力争疑狱,不久果然捕获真盗。⑨ 又如,嘉定十三年(1220)进士李义山仕湖南衡州时,"尝以刑狱司檄,往常宁世忠峒谕峒人。"有人谓其母曰:"户曹且蹈不测。"连户曹也被派出抚谕不安定的峒民。⑨ 提刑司调度人手与其他监司类似,乃以能力为考量,凡是辖区内的州县属官皆可以派差委任。

监司是由宋朝中央外派到地方的监察单位,北宋随着诸监司建立的过程,规定其出巡的相关事宜。⑨ 南宋绍兴二十七年(1157)时,完成立法规定漕、宪

---

⑧ 《宋史》卷395《徐应龙传》,第12050页。
⑧ 关于当时蔡杭的职称,参见陈智超:《宋史研究的珍贵史料——明刻本〈名公书判清明集〉介绍》,载《清明集》附录七。
⑨ 《清明集》卷8《户婚门·归宗》蔡久轩"子随母嫁而归宗",第274页。
⑨ 《后村先生大全集》卷142《焕学尚书黄公》,第4页;《宋史》卷415《黄畴若传》。
⑨ 《鹤山先生大全文集》卷87《蒋恭人墓志铭》,第724页。
⑨ 诸监司的建立时间,参考朱瑞熙:《中国政治制度通史》第6卷"宋代",第322—327页。贾玉英:《宋代监察制度》第八章"宋代路级监察制度",及《宋代提举常平司制度初探》(载《中国史研究》1997年第3期)。

与仓等监司每年必须巡历辖区,并且针对"平反冤讼"、"搜访利害"、"荐举循吏"、"按劾奸赃"等,具状以闻奏于朝廷。⁹³ 而"监司每岁被旨分诣所部,检点催促结绝见禁罪人",是为了防范州县不当监禁,有助于平反冤讼。当监司巡历时,一方面考察狱政:"诸监司每岁检点州县禁囚,淹留不决,或有冤滥者,具当职官职位、姓名,按劾以闻。"另一方面:"遇诸州州院、司理院,并县禁罪人及品官、命妇公事,各徒以上者,虽非本司事,听审问。"⁹⁴

换言之,州县狱政处理不当时,也会受到提刑司以外的监司之纠举。如李道传(1170—1217)于嘉定七年(1214)任江东提举常平茶盐公事,以"部使者"考核属郡:"劾吏之贪纵者十余人;胥吏为民害者,大黥小逐百余人,狴狱不当系者二百余人尽释之,弛负钱一十余万缗,决讼牒二万纸,所过村落,细民愬事者,日夜坐而听焉,无不得其情而去。"⁹⁵

而诸监司所接受的狱讼案件,也可以移牒相关单位的方式进行处理,如转运司移牒平行的提刑司、提举司或是受其指挥而陪同巡历的诸州干办者。⁹⁶

此外,诸监司原本就有权接受与其职务相关的诉讼案牍,"即辞讼属本司,听受理。"⁹⁷嘉定十一年(1218),朝臣奏论当时的监司"不以按发奸赃为己能,惟以泛受词状为风采"的弊病,建议监司的金厅必须负起把关的工作:"自余词诉,须委签厅契勘,果隶本司,方与受理。若未经州县结绝者,且与立限催断,给与断由⁹⁸,听词人次第理诉,并不许他司越职干预。"⁹⁹也就是说,监司的签厅(金厅)辨别词状而决定受理与否之后,如果是州县尚未结案的案件,就由监司限时监督原来的地方衙门结案,等到州县结案完毕之后,陈词人若再有不服,才能依程序继续往上级衙门投诉。

---

⁹³ 《要录》卷178"绍兴二十七年十月丙午"条,第2939页。监司的巡历时,申填的"状式"则可见于《庆元条法事类》卷7《职制门四》"监司巡历・职制式・监司岁具巡按奏状",第87—88页。
⁹⁴ 《庆元条法事类》卷7《职制门四・监司巡历》"职制令",第81页。
⁹⁵ 《勉斋集》卷38《知果州李兵部墓志铭》,第24页。
⁹⁶ 《庆元条法事类》卷7《职制门四》"监司巡历・职制令",第81页。
⁹⁷ 《庆元条法事类》卷7《职制门四》"监司知通按举・职制令",第88页。
⁹⁸ "断由"是南宋官府给婚田差役之类的诉讼者一种证明文件。如《宋会要》刑法3之28。关于"断由"的问题,详见本书第五章第二节。
⁹⁹ 《宋会要》职官45之42。

诸监司的官员不是专职于狱讼业务,监司的佥厅[100]亦负责一些拟判工作,转运司的"主管文字"官如果"凡民讼之事,皆能灼见其情实,而民无不服",是值得荐举的政绩。[101] 或是主管账司官"滞讼见属,剖析无留难",也会受到漕、帅等监司之争荐。[102] 虽然如此,监司里处理狱讼的人员毕竟有限。如袁燮(1144—1224)曾任浙东帅属、福建常平属官,"滞讼如山,穷日夜翻阅,凡所予夺,无再愬者",略可见安抚司及常平司的属官也为讼牒所累形。[103]

虽然宪司以外的诸监司没有完整的狱讼官员组织,但由于宋代的监察制度赋予诸监司受理冤讼,因此狱讼案牍可以在监司之间及其他州县衙门转移,或由监司决定送回原审州县继续处理,影响南宋州县衙门处理"狱讼"的行政流程。下一节将从南宋"五推"、"越诉"的制度与"脱判"的现象,进一步观察地方衙门间处理"狱讼"业务的动态关系。

第二节　南宋地方狱讼业务的动态关系

监司制度是宋廷对州县进行监督的重要设计,所有的监司都是平行的单位,彼此不相统属:

> 照得各司案牍,除经朝廷及台部索取外,其同路监司止有关借之例,即无行下取索,如待州县下吏之理。本职自去冬入境,应诉婚田,念其取使司遥远,间与受状,不过催督州县施行而已。(《清明集》卷1《官吏门·申牒》蔡久轩"监司案牍不当言取索",第16页)

当时蔡杭是江东提刑,每年有例行巡历监督州县的职责。巡历的时候,他接受原本不属于提刑司管辖的"婚田"案件。后来转运司向提刑司索阅其中的案牍,蔡杭解释这些案件中,有些"皆是前政追人到司,久留不经出",因为州县系人久滞,

---

[100] 诸监司也有佥厅负责拟判,如《清明集》卷8《户婚门·立继类》李文溪"诸户绝而立继者官司不应没入其家入学",第25页。
[101] 《诚斋集》卷70《荐举吴师尹、廖保、徐文若、毛崇、鲍信叔政绩奏状》(绍熙二年[1191]九月十七日发奏),第5页。
[102] 《攻愧集》卷100《朝请大夫王君墓志铭》,第1页。
[103] 《西山真文忠公文集》卷47《显谟阁学士致仕赠龙图阁学士开府袁公行状》,第1页。

而不能结案,当事人出于无奈,于是向巡历的提刑司递送词状。蔡杭接受这类的案件,仅是遵守监司巡历中四大职责之一,即监督州县的"平反冤讼",不是有意僭犯转运司的职责。[104] 由于转运司向蔡杭的提刑司借阅案牍时,使用了"取索",以及"促吏牒解",宛如对待州县下吏一般,因而引发蔡杭的不满。

从蔡杭"牒报"转运司的公文里,透露出监司"鼎立"的现象。这种鼎立的情况,对于州县"狱讼"的影响,可以从嘉定十一年的臣僚论奏"部使者之职"看出:"故珥笔之吏,凡有词讼,今日经某司,则判曰(云云),明日经某司,则又判曰(云云),甲可乙否,彼是此非,遂致州县间无所适从。"[105]显示早在蔡杭以前,善于打官司的珥笔之人,就利用诸部使者监察州县的职能[106],一再投状诉讼,造成州县的行政压力。虽然监司平反冤讼并不是狱讼制度的常态,但是常见南宋人遍走诸司打官司,我们不免要追问,何以会造成此一现象?

一、五推

北宋以来,对于重大的刑狱案件处理,有"移推"的制度。[107] 但到北宋末年,移推别勘都还只是限于大辟死囚或品官之狱。[108] 南宋初年,重大狱案移推的次数在州县间就可达六七推以上。后来诸监司也被纳入刑狱推鞫的制度中,于是从提刑司专责的情况逐步发展成依提刑司、转运司、提举司与安抚司、邻路的监司差官负责的顺序(参见表 1-2-1),并且名之为"五推",如嘉定十四年(1221)知处州孔元忠的奏言:

> 在法,囚禁未伏则别推,若仍旧翻异,始则提刑司差官,继即转运司、提举司、安抚司或邻路监司差官,谓之五推。(《宋会要》职官 5 之 63)

五推的进行方式,是由负责的监司指定推勘官到州县狱中进行鞫问,再差录问

---

[104] 《清明集》卷 1《户婚门·申牒》蔡久轩"监司案牍不当言取索",第 16 页。
[105] 《宋会要》职官 45 之 42。
[106] 关于"珥笔"与"健讼"参见本书第四章第三节。
[107] 关于"移推"的制度考,参见徐道邻:《翻异别勘考》(载徐道邻:《中国法制史论集》,第 155—177 页)。这是专门就刑案而言的一项对犯人的保障。但愚以为南宋判户婚狱讼之类案件,也采取有冤情就移推的精神,所以一案可以在诸监司间辗转审判。
[108] 《宋会要》刑法 3 之 66。

官核对狱中的供状,除了本路提刑躬亲置司,根勘着实的情节之外,其他漕、仓、帅司及邻路监司则"于近便州军差职官以上"的州县官员担任推勘官。[109] 从五推制度的形成,一方面看出南宋对"雪冤"程序的保障,另一方面也显示出宪、漕、仓、帅诸司在刑狱制度上的重要性。

表 1-2-1　南宋初年"五推"制度的形成

时间	移推的次第	资料来源
高宗绍兴三十二年（1162）	县→州→提刑司	《宋会要》刑法 3 之 84
孝宗乾道二年（1166）	县→州→提刑司	《宋会要》刑法 3 之 84
乾道四年（1168）	县→州→提刑司→转运司→安抚司→邻路监司→朝廷	《宋会要》刑法 3 之 85
乾道七年（1171）	县→州→提刑司→大理寺	《宋会要》刑法 3 之 86
宁宗庆元四年（1198）	县→州→提刑司→转运司→提举司→安抚司→邻路监司	《宋会要》职官 5 之 57
嘉定十四年（1221）	县→州→提刑司→转运司→提举司→安抚司→邻路监司	《宋会要》职官 5 之 63

【说明】:时间栏标识的是首见史料的时间。

"五推"是针对刑狱禁囚为对象,如果罪犯不服而翻供者,可以在路级衙门进行五次审判的程序。此一制度虽是用之于刑案囚禁之人,但是"五推"的精神是否也在南宋的"狱讼"程序中发生作用?换言之,杖罪一百以下的户婚田土、轻微斗伤,或仅是契约纠纷的词讼,若是官府判断不公,形成"冤抑之事"[110],又是如何打官司?监司单位的受理次第与刑狱案件的次第有何不同?

一般诉讼的程序,当北宋只设转运司的时候,其规定是:"应论诉公事,不得蓦越,须先经本县勘问。该徒罪以上,送本州,杖罪以下,在县断遣,如不当,即经州论理。本州勘鞫,若县断不当,返送杖罪,并勘官吏情罪,依条施行。若本州区

---

[109] 《宋会要》职官 5 之 63;又《宋会要》职官 5 之 48。此处所言,虽然指的是邻路提刑司就近便州军差职官以上录问,而不是勘问,但是规范的是提刑司处理非本路刑狱业务,由是推论,当监司没有专门处理狱讼业务的人员时,应该也是比照此法选派"推官"。

[110] 《宋会要》刑法 3 之 38。

分不当,既经转运司陈状,专委官员,或躬亲往彼取勘,尽理施行。情理重者,备录申奏。"⑪可见杖罪以下的案件,在县衙结案之后,当事人若觉得判决不当时,才可以继续向州衙投诉,如果是县衙的判决有问题时,县衙承勘案件的官吏必须受到处分。若是州衙处理不当时,当事人可以向转运司递状陈诉,由转运司专案派员到诉讼当地了解案情,除非情节重大的案件,否则依规定完成结案。

北宋初年以来,人民向监司投词诉讼时,首先必须选择转运司,若转运司不接受,才可以转投诉于提刑司。仁宗景祐元年(1034)设置提刑司时,曾经通融,不须直接投诉转运司,而可以先投诉于提刑司,再由提刑司转送转运司:

> 检会条贯,诸色人诉论公事,称州军断遣不当,许于转运司理诉,转运司不理,许于提点刑狱陈诉者。虑诸色人方欲转运司披理,却值出巡⑫,地远难便披诉。自今如因提点刑狱巡到,诸般公事未经转运理断者,所诉事状显有枉屈,提点刑狱收接,牒送转运司,即不得收接常程公事。(《宋会要》刑法3之17—18)

自此以后,虽然进一步体贴人户投词的时机与距离,允许人户有明显冤屈的案件,又值遇提点刑狱司巡历时,就可以直接投词。不过,非关人命的词讼案件毕竟是属于转运司的"常程公事",提刑司不能僭越转运司的职能,所以转运司可算是处理人户词诉最主要的监司。

南宋初年,对于一般诉讼程序的规定仍继承北宋以来的制度,如孝宗隆兴二年(1164)三省所强调:

> 人户讼诉,在法先经所属,次本州,次转运司,次提点刑狱司,次尚书本部,次御史台,次尚书省。(《宋会要》刑法3之31)

也就是说,监司衙门处理诉讼的次第,是由转运司到提点刑狱司。然而高宗有一条绍兴令:"事已经断而理诉者,一年内听乞别勘。"显示朝廷重视给原审理不当而有冤情者伸雪的机会。⑬ 这种精神或许不只是影响孝宗、宁宗朝形成推

---

⑪ 《宋会要》刑法3之31。此为真宗咸平六年(1003)十一月十七日的诏书。
⑫ 景祐元年设立提刑司时,有令禁止转运司与提刑司设在同一州。参见《长编》卷114"景祐元年五月庚午"条,第2661页。
⑬ 《宋会要》刑法3之75。

勘狱囚的"五推"顺序而已,如宁宗朝青田主簿陈耆卿曾说:"民有不得其平,而求于州县,州县不能之,则于台、于省。"[114]这里的"台"是指外台,乃是相对于中央"尚书本部、御史台及尚书省"的"省","外台"就是监司,具有监察地方官吏行政的重要目的[115],不仅包含转运司与提点刑狱司,还有"提举司与安抚司"。如此看来,凡是人民有不平之诉时,漕、帅、宪、仓等四监司都是其求助的单位,于是到路徛打官司就变得有多样性的选择。

不过从北宋以来,朝廷规定人民投词以转运司为主,所以南宋的法令规定提刑司差出的官员接收词状后,必须将词状先牒送转运司,才算完成差出手续:

> 诸提刑狱司职事应差官者,差讫,关转运司所。即至州县,有词状披诉屈抑,虽未经转运司投状,亦许收接,牒送转运司施行。若事干机速者,虽非本职,听行讫报所属。(《庆元条法事类》卷6《职制三》"差出·职制令",第66页)

换言之,转运司是比提刑司更适合受理冤抑词状的行政单位。

这种行政分际的痕迹也可见于《清明集》的判决文中,江东提刑蔡杭接受一件"卑幼齐元龟为所生父卖业"案件,齐元龟诉讼生父盗卖其继绝之父的产业,此案已经由"本州金厅"判决结案,又由"提刑检法官"拟判,但是当蔡杭审阅所有的案牍之后,他对案情的看法指出,前两件判决有不合理之处,认为齐元龟应该可以争取被盗卖的产业。最后,他还坚持:"但本司不欲侵运司事,难以裁断,给据付齐元龟,仰更自经州陈诉。"[116]之前,虽然蔡杭曾表明提刑司与转运司是平行的单位,但在这一件"人子争继绝财产而讼生父"的案件里,提刑司拒绝给齐元龟判决,甚至要求齐元龟再回到州徛陈递诉状。由此,蔡杭表现出尊重转运司的职权。

监司各有负责的行政职务,而且讲究行政权责的分工与尊重。如提刑司处理州院呈上的狱案,当事人若是与兵将或盗贼有关时,提刑司必须遵守绍兴

---

[114] 陈耆卿:《筼窗集》卷4《奏请罪健讼》。
[115] 《清明集》卷1《官吏门·禁戢》沧洲"禁戢部民举扬知县德政",第37页;《黄氏日抄》卷79《词诉约束》,第2页。
[116] 《清明集》卷9《户婚门·违法交易》蔡久轩"卑幼为所生父卖业",第298页。

元年(1131)十一月的法规(指挥):"兵将盗贼尽属安抚司。"除了和安抚司互相配合,并且以安抚司为"大使"。[117]而诸监司受理词讼时,也有类似避免越权的原则。举例而言,提刑司是主管刑狱案件,即使南宋初年的法令规定民户诉讼的顺序是在漕司之后,但在南宋的判决案例中,有的提刑也申明"户婚不属本司"的态度,而将案件发回州衙审理。[118]或是坚称提刑司的受理是在提举司之后,才合于翻诉程序。

一篇署名叶宪"夫亡而有养子不得谓之户绝"的判决文中,叶宪接受寡妇阿甘的投词,其夫丁昌在世时曾养得三岁以下之子,不能算是"户绝"。[119]由于朱先向县衙举发丁昌是为绝户,在县衙的判决中,林知县以丁昌未办理"除附"[120],没有完成法令上的收养程序,判定丁昌是属于户绝,"便欲籍没其业"。而户绝的管理是属于提举司的业务[121],因此提刑的判决文写道:

> 本司所断,系据理据法,兼在提举司结绝之后翻诉,施行自有次第。本县不遵本司后断,乃辄将提举司元牒不当文移,混乱妄申,……其元给公据,责本县吏人监索解来,毁抹附案,仍给断由,附阿甘收执。牒提举司、本州各照会。(《清明集》卷8《户婚门·户绝》叶宪"夫亡而有养子不得谓之户绝",第272页)

可见提刑司并非主动涉入结案单位,是在相关的提举司等行政单位处理之后,当事人再投词翻诉,才作出判决。再者,当提刑司接受了这类案件时,一方面要求县衙呈送所有的相关文件,一方面又从案牍之中再作出新的判决,通知提举司及州衙等行政系统,亦可见当事人欲透过诉讼以改变错误的行政结果,借由打官司向行政系统争取自力救济的机会。

南宋末年的判决文书中提到诉讼的程序是:"自县而州,自州而监司,自监

---

[117] 《清明集》卷2《官吏门·受赃》宋自牧"巡检因究实取乞",第53页。参考刘馨珺:《南宋荆湖南路的变乱之研究》(硕士论文,1992年),台北:台湾大学文史丛刊,1993年版。
[118] 《清明集》卷9《户婚门·违法交易》蔡久轩"已出嫁母卖其子物业",第296页。
[119] 《唐律》卷12《户婚律》"立嫡违法",第238页。
[120] 除附的定义:"此谓人家养同宗子,两户各有人户,甲户无子,养乙户之子以为子,则除乙户子名籍,而附之于甲户,所以谓之除附。彼侯四贫民,未必有户,兼收养异姓三岁以下,法明许之即从其姓,初不问所来,何除附之有。"
[121] 《宋史》卷30《高宗本纪七》,第571页;《宋会要》职官43之32。

司而省部。"若干案件遵守如此顺序而拖延很久，甚至长达"滚滚二十余年，词讼始绝"[122]。造成这种现象的原因，恐怕不只是因为监司鼎立，还有各级衙门处理词状的方式，亦需要进一步了解。

淳熙五年（1178），知两浙西路平江府的单夔建议，词讼改送时，如果只是重审判决的"是非"，原审官员也转调他处，诸监司无需以刑狱移推的方式，差派新的官员到州县衙鞫狱，而是将案牍再送回原审衙门，交由新任的长官判断：

> 词讼改送，止欲别议是非，使不失实而已。若前断之官已移替，自不妨复之本处。于事既已无嫌，更得旧讼悉理，民无远赴之患。从之。（《宋会要》刑法3之35）

可见基于"民无远赴之患"的考量，为了方便打官司的民众，由上级送下来的词讼案件，可能又回到人户所属的基层衙门，重新进行审阅案卷或传唤相关人等，甚至执行判决的结果。换言之，不论是州衙、监司或中央部门受理词讼之后，县衙仍然无可避免"更得旧讼悉理"的责任。

由上述可知，南宋的县衙既是处理诉讼案件的起点，也是接受上级各衙门监督执行终审判决的单位。这是一种行政常态，显示出县衙的狱讼业务就不只是初审而已，还得负起执行结案的行政责任。

以一件"土地买卖与典赎"诉讼案为例[123]，当事人徐六三买了吴元祖一块土地之后，吴元昶又买吴元祖另一块相邻于徐六三的土地。吴元昶便以亲邻取赎的规定[124]，要求向徐六三买回吴元祖的土地。此案，已由"知县"和"县尉"各写下一份案牍。州衙认为知县说法为是，而县尉调查土地大小与买卖契约有出入，于是州衙交由原来县衙再斟酌实情，并拟出两项办法：一是令徐六三贴钱就买吴元昶的土地；一是拨还吴元昶在官府的钱，维持徐六三与吴元昶两人分买吴元祖土地的状况。新知县接获此公文，立刻遵照州衙的指示，先处理吴元昶的契约，在销毁契约的过程中，由于承办县吏徐和的粗心，把同一契约合

---

[122] 《清明集》卷13《惩恶门·妄诉》建倅"挟雠妄诉欺凌孤寡"，第504页。
[123] 《清明集》卷4《户婚门·争业上》"使州索案为吴辛讼县抹干照不当"，第109页。
[124] 关于亲邻取赎的"先买"权，参见〔日〕仁井田升：《中国法制史研究》第4部，东京：东京大学出版社1959—1964年版，以及本书第五章第一节。

法买卖的土地也呈上，造成知县的行政错误，导致吴辛越诉，向州衙投词"讼县"毁抹契约不当。

徐、吴的土地买卖案衍生出越诉，致使州衙"索案"责问县衙，县衙必须向州衙说明。在上呈的公文中，县衙一面抱怨吴辛："傥吴辛当时取覆，自当改正，初不必越诉于州，紊烦官府。"一面还得"引监吴元昶从公对定"被销毁契约中各项内容，最后又得缴回"元判"，并书写报告"申使州照会"。[125]综观该案过程，县衙只能执行州衙的判决，既不能惩罚伪造交易事实的当事人，也不能阻止当事人越诉的行为。

二、越诉

所谓"越诉"："凡诸词诉，皆从下始，从下至上，令有明文，谓应经县而越向州、府、省之类。其越诉及官司受者，各笞四十。"[126]乃是规定投词诉讼的顺序，如果不依顺序由下而上打官司，越诉者与受理衙门都触犯越诉罪刑。原则上，北宋是禁止户婚田土词讼的越诉[127]，南宋才逐渐开放民间可以越诉的法令。[128]于是有些人往往不经州县、监司等地方衙门结绝，径向更上级的单位投诉，形成诉讼管道的纷杂[129]，造成地方基层行政机关的运作压力。

北宋徽宗政和三年（1113），针对官司"置杖不如法，决罚多过数，伤肌肤，害钦恤之政"而允许受到官府决罚过数的犯罪者可以到尚书省进行"越诉"。[130]推想北宋末年朝廷颁下"许越诉"的初旨，是立意于"钦恤之政"与"官吏不如法"。南宋初年，曾经由刑部向高宗陈乞，在刑部"看详"法条后，立法保障凡是

---

[125] 《清明集》卷4《户婚门·争业上》"使州索案为吴辛讼县抹干照不当"，第110页。

[126] 《宋刑统》卷24《斗讼律》"越诉"门"议曰"，第379页。

[127] 法令是禁止越诉。不过，当官吏违法妨农时，朝廷也会要求地方衙门"毋得禁民越诉"，参见《长编》卷245"神宗熙宁六年（1073）五月壬辰"条，第5070页，可见神宗不同意司农寺先前"榜谕无令越诉"之禁。郭东旭：《宋代法制研究》，第596—609页，"越诉法的制定和民诉权的扩大"中认为北宋徽宗政和三年（1113）以后，已经有少数令敕开越诉之禁。愚以为这些越诉法令只是允许人户越诉现任官员公吏的违法，和神宗熙宁六年毋得禁民越诉妨农官吏是相似的。

[128] 〔日〕青木敦：《北宋末—南宋の法令に附された越诉规定について》（载《东洋史研究》1999年第58号）统计《庆元条法事类》残留39条越诉法令。

[129] 《宋会要》刑法3之31，孝宗隆兴二年，根据三省户部奏言，要求革除"许越诉事"。

[130] 《宋大诏令集》卷202《政事五十五·刑法下》"置杖不如法决罚过多许越诉御笔（政和三年十二月十一日）"，第749页。

"依条越诉"者,避免其受到所诉官吏的追扰与报复,若被诉官吏借故追逮越诉者到官府时,则科刑"杖八十到徒一年"[130]:

> 诸人户依条许越诉事,而被诉官司辄以他事拘摄追呼赴官者(家属同),杖八十。若枷禁捶拷者,加三等。(《宋会要》刑法3之25)

显示南宋对于越诉者的保护,朝廷透过越诉的机制,加强约束具有执法公权力的官吏。

南宋有些犯罪者利用朝廷"恤刑"开放越诉的旨意,逃避县衙的侦查与追捕,进行越诉并指控县衙违法刑讯。当上级衙门进行追究,形成县衙的压力,县衙从第一级的审判机关变成只能间接书拟案牍的行政单位,还得接受上级衙门的专人指导。例如一件"诱人卑妾雇卖"案牍,文书中主要包括两部分:一部分是"知县"的拟判;一部分是州衙"察推看详"审核知县的拟判。[131] 第一部分文书是由知县说明案情及审罪拟刑,县衙受理卓清夫讼梁自然拐诱其女使的诉状后,梁自然非但屡追不出,躲避县衙的追查,反而"经府入词,称本县将祖母绷吊",于是府衙"专人押下"梁自然到县衙,县衙呈报府衙有关梁自然的供招情况与犯罪事实。在公文中,知县一面提供判决意见,一面显得兢兢业业:"本县未敢专,辄申府",透露出县衙行政角色的弱势。

宁宗嘉泰三年(1203),知枢密院参知政事袁说友(1140—1204)在一份上奏的札子中,谈到民户诉讼的问题:

> 今之民讼,外有州县、监司,内有六部、台省,各有次第,不可蓦越。而顽民健讼,视官府如儿戏,自县而之监司,自州而之台部,此犹其小者耳。今州县未毕,越去监司、省部,径诉都省,以至拦马叫号,无所不及。夫以岩廊之重,乃使顽民敢于越诉,轻于干犯,岂不益愿中书之务哉?(袁说友:《东塘集》卷11《体权札子》,第1页)

袁说友认为,民户的诉讼程序已经被一些擅于打官司的顽民"玩弄"如儿戏,不

---

[130] 《宋刑统》卷1《名例律》"五刑·杖刑五"中杖八十加二等就到杖一百,是杖刑的最高者,所以若杖八十加三等时,即杖一百再加一等,为"徒刑"最低者。

[131] 《清明集》卷12《惩恶门·诱略》"诱人婢妾雇卖",第451页。

待地方级衙门的判决完毕,就直往中央所在地。其实,这正是南宋民讼的"越诉"风气。

关于南宋开放越诉的领域,有研究者分类为:"非法侵人物业,许人户越诉"、"典卖田产不即割税,听人户越诉"、"官吏受纳税租不依法,许人户越诉"、"籴买官物、非理科配,听人户越诉"、"私置税场,邀阻贩运,许客商越诉"、"官司私自科敛百姓,许人户越诉"、"官吏受理词讼违法,许人越诉",并且强调南宋朝廷开放越诉禁令的用意是:"试图通过细民的越诉,加强对不法官吏的监督,到宽恤民力,恢复生产,稳定统治"的目的。[133] 除此之外,从袁说友的札子中反映出另一问题,即州县衙门的狱讼程序之破坏,也是不可忽略的法律社会现象。

从南宋高宗朝有限的越诉诏令记录中,以民事为主体的立法仅有绍兴二十三年(1153):"民户典卖田地,毋得以佃户姓名私为关约,随契分付。得业者亦毋得勒令耕佃,如违,许越诉。"[134] 不过,南宋开放越诉的程度或许不能单单从

---

[133] 郭东旭:《宋代法制史》,第596—609页。
[134] 《要录》卷164"绍兴二十三年六月庚午"条,第2687页。关于高宗朝的"越诉"法令年表,参见表1-2-2。

表1-2-2　目前所见高宗朝开放"越诉"法条年表

时间	内容 官吏违法	内容 其他	指定越诉单位	资料来源
建炎四年(1130)	赃贪颇众		监司守令	《要录》卷37
绍兴一年(1131)	州县之吏多收贿		监司	《要录》卷49
绍兴二年(1132)	造簿之弊		监司隐庇不举发者,同罪	《群书考索·后集》53
绍兴四年(1134)	立法应人户于条许越诉			《宋会要》刑法3之26
绍兴五年(1135)	官员犯入己赃		宣抚司	《要录》卷90
绍兴七年(1137)	沿路毋得一毫扰民			《要录》卷110
绍兴二十一年(1151)	令民以苗米折钱		令监司觉察(有许越诉之意)	《要录》卷162
绍兴二十一年(1151)	县官替罢勒索百姓			《要录》卷162
绍兴二十三年(1153)		民户典卖田地契约		《要录》卷164
绍兴二十五年(1155)	私吞远州百姓缴纳土布		诏监司按劾,御史台弹奏	《要录》卷169
绍兴二十六年(1146)	论四川诸县预借赋税之弊		越诉他路	《要录》卷171
绍兴三十二年(1152)	大理寺推狱,多取贿赂		刑部长贰觉察	《要录》卷199
绍兴三十二年(1152)	令应犯贩私茶盐,不得信凭供指			
绍兴三十二年(1152)	自今除紧切干证外,不得泛滥追呼			《要录》卷200丁亥条

法条的计数得知,因为有些诏令是随事而立法,并且分散保存于各衙门的"指挥"[133]里,不见得编入全国性的诏敕之中,如绍兴二十七年(1157)御史周方崇所奏言:

> 民间词诉必有次第,经曰:若浇妄蓦越,则坐之以罪。苟情理大有屈抑,官司敢为容隐,乃设为越诉之法,而敕令该载者,止十数条。比年以来,一时越诉指挥亡虑百余件。(《宋会要》刑法3之29)

"百余件"的越诉指挥只是一时的约数而已,却可略知高宗朝开放民讼越诉的情况。事实上,南宋中期的法律类书还记载:"诸奉行手诏及宽恤事件违戾者,许人越诉。"[134]换言之,只要官吏们在行政上稍有疏忽时,都可以构成"许人越诉"的条件。

民讼越诉合法化的过程中,地方衙门间的公文又是如何递送呢?孝宗乾道二年(1166)由于州县衙门的结案效率太差,形成"比来民讼,至有一事经涉岁月,而州县终无了决者",所以朝臣们建议合法化监司受理民讼的越诉:

> 自今词诉,在州县半年以上不为结绝者,悉许监司受理,从之。(《宋会要》刑法3之32)

若州县衙门半年内不能结案时,一般人可以不依照词讼的次第,直接到监司投状诉讼,这种具越诉性质的打官司程序,不必受到"越诉"法的惩罚。当监司依法受理时,"若越过州诉,受词官人判付县勘当者,不坐。"[135]案件成立后,越诉及受理者皆不必受罚,而该案送回县衙处理的可能性相当高。

以一件发生于湖北鄂州通城县的"立继争产"案件为例[136],主角是年仅二十三岁就守寡的阿毛。端平元年(1234)阿毛的丈夫黄廷吉身死后,阿毛因为廷吉与长兄廷珍不合,而廷珍仅有一子黄汉龙,次兄廷新及弟廷寿都尚未有子,所以阿毛于当年从表姑廖氏家乞次子立为黄廷吉的后代,更名为黄臻。由于这一次的"立继"没有"除附"及"宗族之主"的证明,因而引起"黄景山"(阿毛

---

[133] "指挥"是上级单位下行的公文,包括皇帝行下各部的诏令。
[134] 《庆元条法事类》卷16《文书门一》"诏敕条制·辞讼令",第226页。
[135] 《宋刑统》卷24《斗讼律》"越诉"门,第378页。
[136] 《清明集》卷7《户婚门·立继》通城宰书拟"双立母命之子与同宗之子",第217页。

的娘家)、"黄仲元"(夫家)的诉讼,县衙给阿毛"县据"以证明曾经打官司。十八年后,廷新及廷寿才刚身亡,黄汉龙就鼓动其父廷珍向官府兴讼,论诉阿毛及黄臻的立继不合法,甚至"自州而县,自县而州,尽非廷珍正身,皆汉龙为之",最后还向提举司投讼。提举司判决从廷新与廷寿的子侄中挑选立继子,并与黄臻同为廷吉的后代,这一项判决交由县衙执行,县衙接获提举的命令后,循序选立黄廷新次子黄禹龙,并合法化两位立继者的身份及其财产的分配。

不料,黄禹龙的亲生母徐氏听信廷珍、汉龙及另一族人仲举的唆诱,而招回黄禹龙后,由徐氏、廷珍、仲举向州衙投词,诉讼阿毛与黄臻打骂赶逐黄禹龙,而黄仲举"于州衙已申之后",越诉到提举司。提举司的拟笔官员阅读所有的案卷后,建议将"黄汉龙系悖慢叔母毛氏之人,押追照原封案,从杖一百断"、"黄仲举勘杖八十"。最后提举判决:"引上两词人黄臻、黄仲举,当厅读示,先将黄仲举勘杖八十,断讫,并入匣,帖通县追黄汉龙赴司,拆案勘断。"[139]并要求县衙追捕黄汉龙到提举司结案。

由上述可知,越诉案件成立之后,县衙的司法工作并未中止,一方面调查、拟笔案情,另一方面还要完成上级衙门指派的命令,同时兼顾司法与行政的责

---

[139] 本案"双立母命之子与同宗之子"的判决文书共有三件:一是"通城宰书拟",关于黄廷珍论诉阿毛、黄臻的立继;二是"仓司拟笔",关于徐氏、廷珍、黄仲举论诉阿毛、黄臻打骂禹龙;三是"提举判",关于提举司指示州衙施行并立黄臻与黄禹龙,但徐氏"如再词,将黄禹龙遣逐,止留黄臻,以奉廷吉祭祀",仍给据付黄臻。

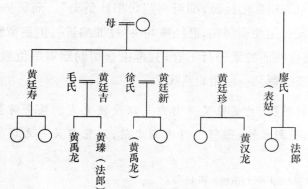

任,两项任务都不得疏忽。

人民越诉虽然有罪刑,但是朱熹认为南宋的民讼不依次第陈诉,是"往往县道不能结绝,遂至留滞,引惹词诉,兼又有人不候本县照限追会圆备予决,便即先行经州,紊烦官府"。⑩ 所以造成越诉的现象,问题在于官府拖延结案的时限。南宋的路级以上官府接受基层衙门没有结绝的越诉案件,如此一来,连中央机构的词讼也增多。嘉定三年(1210)臣僚的奏言中指出,越诉困扰各级行政机关:

> 词诉之法,自本属州县以至进状,其资次辽绝如此。今舍县而州,舍州而监司,等而上之,至于台省,乃有不候所由官司结绝,而直敢进状,或至伏阙。乞自今进状,如系台省未经结绝名件,许令缴奏取旨,行下所送官司,催趣从公结绝。如所断平允,即从断施行,如尚未尽,却行"一按追究",即不得径行追会根勘。(《宋会要》刑法3之40)

所提出的改进办法中,朝廷对于越诉投词人未加以惩罚,只是讲求官府改善审理的时限,若再送审的机关仍有不尽理想之处,就依照原审案牍仔细究理,不可任意将投词人勾追讯问。

南宋越诉的风气严重影响地方衙门狱讼的程序,部分地区的人民容易直接到中央进行越诉⑩,甚至得以脱罪。如吴势卿(淳祐元年[1240]进士)撰写的"豪民越经台部控扼监司"中,描述江南东路饶州的豪民"作奸犯科,州县不敢谁何者,监司才要究见分晓,自度不得志,即越经台部,埋头陈词,脱送他司。则其声价非特可与州郡相胜负,抑可与监司相胜负矣"。而吴势卿举出"留又一"的案例,留又一主使造伪契,已经被判决"杖罪编管",但是留又一却越诉到中央,乞从御史台将他的案子行下仓司,再由仓司向原审单位索案施压,使得吴势卿有受到豪民留又一控扼的感叹:

> 今仓司移牒,尤见留又一财力足以役使吏人。且仓司金厅明知省部送下事件,符到呈行,因何于符未到之前,只凭留又一之词,便索本司案,

---

⑩ 《朱文公文集》卷100《约束榜》,第14页。
⑪ 《要录》卷163"绍兴二十二年五月辛丑"条,第2658页。

如恐不及。又迫本州吏抱案,曾不移时。及他送下事,未闻如此之急者。留又一之计,欲急索去案,则本司不得以再催照断,而坐受其控扼耳。(《清明集》卷12《惩恶门·豪横》吴雨岩"豪民越经台部控扼监司",第458页)

这不是判决文,而是提刑司向刑部(台部)所申上的公文。从中可以看到吴势卿即使身任"监司",当他面对熟悉打官司流程的"豪民",亦显得相当无奈。尤其当一司向另一司索案审理,容易造成脱罪的判决事实,不只是司法的问题,更是行政系统间的问题,这种"脱判"问题有待申论。

三、脱判

南宋的《州县提纲》[142]中描写乡间有一些健讼者:"不待理断而妄饰其词,今日走郡,明日走监司,脱其转送或索案,则又因循迤逦以幸脱矣。此奸民所以终于得志,而良民受害。"此一官箴书提醒为官者应该小心"无使脱判以害良民"。也就是说,存心打官司的人向州衙、监司、中央投词,利用行政流程上的案牍转送或是衙门间的索案,可以获得若干"脱判执状,以为异时交争之证"[143]。

所谓脱判的"判"并不拘于判状而已,凡官府文书、公据等,可以作为诉讼证据,若有错误、疏漏者,就可以称为脱判。因此,《州县提纲》也提醒官员任何案牍必须用印:

> 田产之讼,官司考之契要,质之邻证,一时剖判,既已明白,无理者心服无词,有理者监系日久,一得判辄归,未必丐给断凭,元案张缝,率不用印。数年之后,前官既去,无理者或嘱元主案吏拆换,或赂贴吏窃去,兼主案吏若罢若死,辄隐若诈言不存,彼乃依前饰妄词争。有理者欲执前判,无所考据,则前判皆为虚设,凡事判案,须用官印,印缝仍候给断凭讫始放。(《州县提纲》卷2"案牍用印",第14页)

否则,打官司者既可从县衙原案张缝未用印,案牍作业程序有所脱漏,而"经营

---

[142] 陈襄:《州县提纲》卷2《告讦必惩》,第7页。
[143] 《州县提纲》卷2《执状勿遽判》,第12页。

于县据之出给"⑭,重新投牒讼;或是交结玩令黠吏,"取受税户钱物,私立遗嘱,造前官批判,盗用官印"⑮,有更多机会取得官府"脱给公据"⑯,争取私人利益的合法性;又或可利用诉讼管道的多元化,钻营各衙门间的行政漏洞,进而从"脱诉"取得诉讼上一时的优势⑰,致使地方衙门的司法行政难题丛生。以下兹就五方面说明"狱讼脱判"对县衙行政业务的影响。

（一）上级衙门的重审的方式是阅读历来的案牍,所以地方衙门资料的保存成为重要的行政问题。光宗立,陆九渊(1139—1192)差知湖北的荆门军,且于绍熙二年(1191)初领郡事。⑱ 在一封"与张监"的书信中,陆九渊提到"簿书捐绝,官府通弊",直到他任知军之后,荆门军的公文案牍才进行处理,"方令诸案就军资库各检寻本案文字,收附架阁库",军衙的文案得以完整不易脱漏矣。

有一件事却使陆九渊受到考验,因为监司使台索"屈诚彦公案",虽然荆门军衙申发该案牍到上级衙门已久,不过监司又续索"所毁公据、断由",由于陆九渊不曾开启县衙送来的封案,于是追呼长林县的县吏及负责的里正,有的里正还"老病,扶杖出头,势必抬舆,而后可前",众人终于回忆起"当时二人公据、断由皆已附案,今若不在,乃是案中漏失"。长林知县深知事态严重,亲监县吏搜寻,一阵慌乱中,找出了"断由一截":

> 长林见其事如此,重于发人,亲监县吏倒架搜寻,得断由一截,然情理尚可考,公据则竟不在。今且发断由去,一、二人皆知责俟命,若不妨裁断,得免解其人,尤幸。（陆九渊:《象山集》卷17《与张监·二》,第2页）

可见当监司要求索案时,成为州县衙门的重大业务。长林知县虽然幸运地找出断简残编的断由,却找不到另一项公据,只得要求负责该案的吏役人都必须待命,如果妨碍上级衙门的判决时,还得处罚行政失误的人员。⑲

（二）监司职责在于纠正州县衙门的错误判决,有些当事人上诉到监司之

---

⑭ 《清明集》卷8《户婚门·立继》王留耕"立昭穆相当人复欲私意遣还",第248页。
⑮ 《清明集》卷11《人品门·公吏》"黠吏为公私之蠹者合行徒配以警其余",第434页。
⑯ 《清明集》卷8《户婚门·立继》李文溪"利其田产自为尊长欲以亲孙为人后",第258页。
⑰ 《黄氏日抄》卷76《申御史台断吉州郭刘吉妄诉陈成状》,第1页。
⑱ 杨简:《慈湖遗书》卷5《象山先生行状》,第1页。
⑲ 《朱文公文集》卷100《约束榜》,第14页。

后,先将重要文件送到一监司,却向另监司控诉基层衙门的失误,既达到改变判决的目的,也使得基层衙门倍受监察的压力。

举一件发生于福建路建宁府建阳县的差役纠纷为例[139],最初被指定差役的王昌老,向知县纠论陈坦的限田与产钱较高,应该先服役。知县简单换算陈坦的产钱"十一四贯有余,若以每亩产钱十文为率,亦计有田一千余亩",而判决"王昌老所纠允当",并"从条告示陈坦应役"。

陈坦不服向管理差役的提举司投词[140],并将相关资料送到提举司。又向转运司递状,转运司的拟笔官员要求县衙"限十日监乡司从实根究,要见陈某目今见管佃田亩若干,或用产钱比算,亦合照乡例从实指定,无容乡司巧行卖弄"。

县衙接获此一公文后,追究乡司及勘会耆保后,从县衙"见管的产钱簿籍"及"烝尝簿籍"得出陈家共有田产钱"十五贯六百三十三文",但是县衙却无法换算实际田亩数,因为陈坦已经把契约、烝尝田的支书都送到提举司:

> 缘产钱视田美恶,多寡不等,合遵照使判,尽索陈某干照,计算顷亩,其陈某复乃推称原契等并发上提举司,致无可凭计算,反得以此罔惑官司。今使限已迫,合先具此因依申,乞使台监陈某就索原发去契书,送还金厅,就追所隶乡司江壬,见在本府销注,一并计算,听从明断施行。(《清明集》卷3《赋役门·限田》建阳丞"申发干照",第79页)

建阳丞作了上述的回复,既不能完成命令,又迫于时限,县衙显得很无奈与惶恐。最后署名为"章都运"的转运使[141]向提举司索到"案连"、"陈丞议一宗告敕"、"批书"、"分析田业干照"及追到乡司江壬之后,指责"本县令其(陈坦)应役,委是不公"。

---

[139] 《清明集》卷3《赋役门·限田》中留下本案判决过程中的四篇文书,分别是:关宰瑁"限田外合计产应役",第77页;拟笔"父官虽卑于祖祖子孙众而父只一子即合从父限田法";建阳丞"申发干照";"章都运台判"。

[140] 《宋会要》职官43之2。可见提举常平司初创时,就有管理差役的职能。南宋高宗绍兴十五年以前,虽然提举常平司的建置不定,不过仍时常强调提举常平司管理役法的职能,如《宋会要》食货66之75。

[141] 北宋设转运司时,设有转运使、都转运使等官,南宋末年所见的"都运"应该如北宋的规定"二省、五品以上任者",为转运司的长官。

综合此案的司法行政程序,建阳知县的初判固然显得草率,不过陈坦向诸监司投状的方式,不仅达成改判的目的,也让县衙核查、管理簿书等行政瑕疵显露无遗。

(三)基层衙门轻易出给公据为证,被归咎造成脱判的源头[153],或是"吏辈又于台判之外别出引牒,脱漏台判"[154],制造脱判的公据。

一件"福建路建宁府瓯宁县寡妇张氏论叔范遇争立继夺业事"案例[155],张氏向转运司投词前,本案已经过掌管户绝的提举司结案。[156] 提举司判:"谓若立文孙,则已分之业又厘而为四",而要求州县衙门必考虑两点:"一则不出父母之命,二则难强兄弟之从",才可作最后的判决。但是府衙的签厅却忽略这些提示而判决叔范遇的立继得理,并行下县衙以"继绝"结案。张氏不服判决结果,于是才再向转运司投词,邓运管(转运司管勾文字)参考张氏提供的断由,认为府衙签厅采用的文约有可疑之处:"此文约不正,何可照用?"正肇因于县衙出给除附公据及更改户籍资料,才导致签厅作出于理不通的判决。

最后,转运司要求"追毁文约公据",各房依照原来的分家书管业,若是执

---

[153] 《清明集》卷11《人品门·宗室》金厅"假宗室冒官爵",第400页。
[154] 《勉斋集》卷29《申抚州辨危教授诉熊祥》,第8页。
[155] 关于本案件的内容,大致是范通一有四子,长曰熙甫,次曰子敬,三曰遇,四曰述(善甫)。宗族关系图如下:

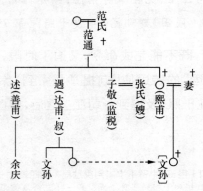

注:"+"表立继之家。

[156] 也就是县衙→府衙→提举司→府衙(签厅)→县衙→提举司。《清明集》卷8《户婚门·立继类》邓运管、姚立斋判"嫂讼其叔用意立继夺业"。姚立斋系哪一单位官员?〔日〕梅原郁:《名公书判清明集(译注)》(第41页)认为是都运的属官详检文字,不过都运并无详检文字的官员,愚以为姚立斋(姚玶,嘉定四年[1211]进士)曾任建宁府知府,此判是他任知府时所判。

意为范熙甫"立继",则于范遇一房以外推出立继之人。从此案中可以看出,转运司虽然改变范遇之子的继承身份,却将府衙签厅不当的判决归咎于县衙出给公据的疏失。

(四) 狱讼制度中,县衙不只是处理诉讼的案情与初审,还得应付当事人进行翻诉后,可能衍生的监察行政等问题。

以"王方论诉堂弟王子才搬传亲弟王平身后物,乞与命继"案为例。[53] 先是王方经县投词"指乞送主簿厅",要求官府代为追查王平的财物及为之命继。后来王子才也陈状称因为王平家贫,所以收为门首,看守赀库,这些行为都有契约簿历可以为证。县衙将两人的案件一并交由主簿厅处理。主簿调查之后,判定王方是"虚词无据",王子才亦不可再嚣讼。

王方不服判决,向县衙"入状痛毁主簿",于是在知县重新审理翻诉案件时,只有王子才到官,王方却是"累唤不到",以至于县衙不能结案,除了必须惩罚追唤王方的承差人,还得防范王方向监司诬诉的行动:

> 原其意向,只欲谋骗王子才之钱,既不如意,则经县陈词,不候结绝,而复讼于仓、宪使台,必欲有所利于己而后息讼。(《清明集》卷13《惩恶门·诬赖》天水"王方再经提刑司钉锢押下县",第516页)

从此篇署名为天水的判决文中,可以看到县衙一方面必须应付诉讼当事人的打官司程序,一方面又要负责司法结案的行政责任,所以预先在当事人尚未投词就"备申台府,如遇王方有词,乞押下结绝"。

果然如知县的预料,王方父子陆续向仓、宪两监司投状翻论。然而,判决文书分析王方只不过是利用狱讼程序欲谋骗王子才的钱财而已,而王方父子的举动,却让县衙的承差人被断锢,并且大费周章才完成结案。

---

[53] 关于本案,《清明集》卷13《惩恶门·诬赖》收录了四件文书,顺序是主簿拟"假为弟命继为欲诬赖其堂弟财物"、"又判"、"提举司判"、天水"王方再经提刑司钉锢押下县"。主簿的拟判是县衙最初的判决,而"天水"的身份不详,可以推测是:"赵氏"以天水作为郡望之雅称。(参考清明集研究会:《〈名公书判清明集〉惩恶门译注稿》,第176页。)据《名公书判清明集》收入天水的判决文共有五篇。除本篇之外,其他分别是卷8"已有亲子不应命继"、卷10"子与继母争业"、卷10"兄弟争葬父,责其亲旧调护同了办葬事"、卷10"官族雇妻"。从天水的判决文书判断,疑天水是知县。

（五）打官司的人不断投词，取得有利于自己的判决，因而造成"脱判"。[158] 有的当事人不依法将错误的判决断由或证明公据销毁，却另行打官司，形成健讼者投机的空间。

以陈铁与黄清仲的田地纠纷为例，黄文炳将田地典卖给陈经略，超过典卖取赎的时间后[159]，由于陈经略的继绝子孙陈铁遗失原有契约，而且砧基簿也存在长房之处，因此黄文炳之孙黄清仲向县投词向陈宅取赎。知县向当事人索证时，陈铁无契约书与砧基簿，所以知县"只凭黄清仲偏词"，依取赎为业之法出给黄清仲公据。陈铁上向转运司投词，转运司以陈铁无证仍依知县所断，"给据断由"与黄清仲为业。直至陈铁拿到砧基簿后，再向户部投词，才由户部及相关行政单位判决[160]，皆断业还陈氏，陈氏手中累积了"户部—府—西通判—转运司—提举司"等单位的断由。

虽然如此，黄清仲并未将田业还出，还强割他人布种田苗达四年之久，还借着握有两张转运司的断由而占耕，又向提举司投词：

> 使府不曾申索运司公据毁抹，又于嘉定十七年五月内隐匿户部送断一节，复经运司请断由，致运司上依原判，再出给断由，缘此占耕傅氏与黄成所耕田事用归。……堂堂上司，专为百姓伸雪冤枉，而清仲辄以累断明白之事，句句诬罔，脱判赖产……。（《清明集》卷13《惩恶门·诬赖》刑提干[161]拟"以累经结断明白六事诬罔脱判昏赖田业"，第509页）（以下称"黄清仲"案）

又想再度向提举司陈词重审，意图脱判赖产。

所幸刑提干"拖照案查，详究情节"，才识破黄清仲的诬罔。此案反映出任何衙门都可能出给脱判，当脱判一出，不只是拖长打官司的时间与流程，而且

---

[158] 陈著：《本堂集》卷54《申两浙转运司乞牒绍兴府并牒全府复回受魏彭嵊县已没入学养士田并根究魏彭状》，第3页。

[159] 本案只留下一篇案判文，即《清明集》卷13《惩恶门·诬赖》刑提干拟"以累经结断明白六事诬罔脱判赖田产"，第509页。

[160] 关于本案由户部送下的流程，地方衙门中，除了府衙之外，还送转运司与提举司结绝，愚以为本案原来是"土地典卖"的问题，应该是漕司主管的财政范畴，但是陈铁是继绝子孙，所以又送提举司。

[161] 此处的刑提干应该是姓刑的提举司干办公事。因为判决文最后："准提举台判，拟可谓详明，送案逐一施行，帖县给榜。"

脱判的层级愈高,县衙的公权力就愈无力,如本案转运司的第二张脱判,致使权轻的县衙始终无法为陈铁的寡妇傅氏讨回田业。

多元化的打官司管道,固然提供平反冤讼的机会,但是相对增加地方基层行政衙门的工作量,而且还造成有些人因此长年陷于打官司中。

以另一件"陈铁、傅氏"夫妇的田业诉讼案件为例[162],陈铁身亡以后,寡妻傅氏命继同宗三岁之侄为嗣,也经过官府的除附。族人陈鉴却兴词讼,判决文书说:"其所以苦傅氏者,可谓酷矣。"命继案之后,又因陈鉴侵占傅氏在浙西湖州吉安县的田产,于是傅氏准备亲自到"浙西六有司"[163]求直打官司,走到浙东的衢州,傅氏生病,随即返家身亡。陈鉴反而兴讼论诉命继子陈兴老违法交易:

> 今乃于傅氏已亡之后,又与黄渊交易违法之讼。讼之于县,已责退状,又复翻讼。讼之于州,已行结绝,又复兴词。今又上烦监司听受,下送本厅番定。……备申提举使台照会,奉提干批拟,欲照通判所申行。奉王提举台判,所拟可谓详审,察见陈鉴之嚚讼不存恤孤幼陈兴老之意,从申照行。(《清明集》卷13《惩恶门·妄诉》建倅"挟雠妄诉欺凌孤寡",第504页)(以下称"陈鉴"案)

可见陈鉴依"县→州→提举司"的程序打这场官司,是相当了解如何进行狱讼程序的健讼者。

综合上述两案而言,目前无法推测"黄清仲"与"陈鉴"两案发生的时间相差多久,仅知"黄清仲"案应早于"陈鉴"案,因为"黄清仲"案于陈铁在世就兴讼。两件案子都曾经过"提举司"审理,虽然提举常平官皆依从"拟判"者的见解,并且警告黄某与陈某如果再兴词讼,一定照律条科罪,而且两件判决文都还给陈铁夫妇公道,不过我们终究无法确定熟悉打官司流程的黄某与陈某是否就此终讼。

总而言之,南宋地方的狱讼程序,不只是司法的程序问题,还包括监察制

---

[162] 陈铁与傅氏夫妇在《清明集》的判决文中出现两次。《清明集》卷13《惩恶门·妄诉》建倅"挟雠妄诉欺凌孤寡",第504页,和同卷《惩恶门·诬赖》刑提干"以累经结断明白六事明白诬罔脱判赖田业",第509页。单单立继一案就"滚滚二十余年"。

[163] 疑为吉安县、湖州、浙西转运司、提举司、提刑司与安抚司,共六处。

度实践平反冤讼的理念,致使诸监司都可以参与"刑狱"与"词讼"的审理。而狱讼案件成立之后,杖罪以上案件的行政流程是:"县→州→提刑司→转运司→提举司→安抚司→邻路差官";至于杖罪以下案件的词诉狱讼程序,南宋孝宗朝规定人民在所属衙门结案后翻诉的顺序是:"县→州→转运司→提刑司→中央"。但是,提刑司的行政职责毕竟是主管重大刑狱,所以《清明集》的判决里,似乎隐约建立一种原则,即一般"户婚"及"赋役"等案件还是以转运司与提举司为主。州县若将案件往上申报时,必须依各监司的行政职能来呈送案件,以提举司主管"绝户、差役、农田水利"为例,此类案件地方衙门行政管理与狱讼的程序是:"县→州→提举司→其他监司"(参见图1-2-1)。当事人依此次第打官司,将不会构成越诉的行为。

不过上述的模式只是一种理想型,因为在"许越诉"的制度之下,许多诉讼当事人往往先向监司以上的衙门越诉,再送回州县衙门结绝。[⑯] 孝宗时,有些"下状人多于状后乞送某处定夺",还指定官员审理。[⑰] 而监司受理词状的情形很普遍,不见得是冤讼大案,例如朱熹在漳州时,有一年由提刑司送下来的词状就高达"二百四十三道",他认为除了有"官吏违法扰民"及"关系一方百姓公共利害"的案件之外,"亦有只是一时争竞些少钱米、田宅,以致相互诬赖,结成仇雠"[⑱]。这些案件显然很快就越诉到提刑司,再由提刑司交下州县处理。

狱	县→州→提刑司→转运司→提举司→安抚司→邻路差官
狱讼	县→州→转运司→提刑司→尚书本部→御史台→尚书省
讼与行政 (说明)	县→州→提举司→转运司 　　　　　　　→提刑司 　　　　　　　→安抚司

【说明】假设以"户绝争产、差役、农田水利"为例。

图1-2-1　南宋狱讼理想"次第"图

又如本章最初所举黄干判决刘氏兄弟间"冒占田产"的案例,该案从县越

---

⑯ 《勉斋集》卷37《肇庆府节度推官曾君行状》,第10页。
⑰ 王十朋:《梅溪集》卷25《与赵安抚辞定夺》,第13页。根据《文定集》卷23《龙图阁学士王公墓志铭》,第284页。
⑱ 《朱文公文集》卷100《漳州晓谕词讼榜》,第2页。

诉到提刑司、安抚司,其中提刑司受理三次,安抚司受理两次,每一次都交由不同的行政官僚进行审理判决,由于结果都不相同,造成当事人不断上诉。[167] 这是一件分割家产的纠纷,理论上应该由提举司受理,但县衙结案之后,当事人就上诉到提刑司,而且提刑司也受理成案,目前我们无法得知越诉到提刑司的理由为何[168],不过从此案的流程反映南宋监司受理案件时,并不固定执著于某类案件,只要当事人对判决有所不服,总有向监司投词的机会,似乎没有一个终审单位,这是该案累讼不决的原因之一。稍早于"刘氏兄弟"案件的年代里,湖南邵州"民有兄弟以产讼者,阅七八有司,至是三十年"的记载[169],也是类似刘氏兄弟争田产的缠讼案件。

咸淳九年(1273)身任江西提刑的黄震概叹:"当职交事之初,披阅讼牒,多非紧要。此等纵欲规害所怨,其自身亦岂能晏然而坐胜乎?"[170]就官府而言,这些讼牒多是无关紧要的案件,乃至于只是人民透过官府"规"害怨家而已,但是我们或许从江西人不断向路衙提刑司投词的举动中,观察到南宋部分地区的人民不惧于官府的威吓与刑罚,甚至积极利用制度争取自身利益的风气。

第三节 南宋县衙狱讼事务的繁重

朱熹推荐漳州龙溪知县翁德广时,称许他在县事中三大重要业务的政绩,朱熹写道:

---

[167] 《勉斋集》卷33《郭氏刘拱诉刘仁谦等冒占田产》,第34页。其诉讼流程及判决者和断由结果如下表:

次第	1	2	3	4	5	6
受理单位	本县	提刑司	提刑司	提刑司	安抚司	安抚司
判决者	郑知县	吉州董司法	提刑司金厅	本县韩知县	吉州知录	赵安抚
说法	A	B	A	C	B	C

【说明】A、B、C如下:
A:以为拱礼、拱武不当分郭氏自随之产,合全给与拱振。
B:拱辰不当独占刘下班所得郭氏随嫁之产,合均分与拱武、拱礼。
C:以为合以郭氏六贯文税钱析为二分,拱辰得其一,拱武、拱礼共得其一。

[168] 从第七次的判决文书的标题看来可能是以"冒占田产"的罪名再翻诉。
[169] 《诚斋集》卷132《故朝请郎贺州斛史君墓志铭》,第19页。
[170] 《黄氏日抄》卷79《榜谕诸州住行不切词诉》,第10页。

> 朝奉郎知龙溪县翁德广天资刚直,才气老成,不为赫赫可喜之名,而每有恳恳爱民之实。臣尝以县事大要者三察其施为,知其果有可称者,刑狱、词讼、财赋是也。县所解徒流以上罪率数十,臣取其案牍观之,见其亲画条目,委曲难问,必尽囚辞而后已,及州司理院再行审鞠,而囚卒无异词,皆以县之所鞠为得其情,是能上体国家之哀矜庶狱之意也。漳之四邑,龙溪为大,理诉之牒,日百余纸,巧伪诐谰,奸诈百出,德广乃随事处决,终朝而毕,人服其公,未尝有知责留禁之人,是能百姓无屈抑不伸之讼也。(《朱文公文集》卷19《荐知县翁德广状》,第238页)

朱熹所谓的县事大要者三,即"刑狱"、"词讼"与"财赋",而"狱讼"就占了三分之二,可见狱讼与知县之职责的关系。[171] 文中提及一年中由县送到"州衙司理院"徒流以上的狱案并不多见,而这些案子经过州衙的再审,囚人最后都没有翻供,所以翁知县的"狱政"值得嘉奖。再者,翁知县所掌治的龙溪县是漳州的大县,一日受牒有百余纸,翁知县尽力做到"随事处决,终朝而毕",使得百姓无屈抑不伸之讼。从这篇推荐文中得到的印象是,县狱大概每年有大案数十件,而牒诉案件每日却可达到百余件,可见讼牒的工作量大于刑狱案件。

然而,很多诉讼当事人到衙门投词时,因为"讼者始至填委",官府"虑其逸去,多先置于栅"[172],必须暂关于栅内,所以若遇到理讼无效率的知县,投词人无法在投状当日离开衙门,可能就得留滞于县狱中。[173] 在讼牒繁多的州郡,其属县容易出现"犴狱充斥"的景况。[174] 相对地,如果"民无讼牒,犴狱屡空"[175]、"诉牒日稀,囹圄数空,田里间无一吏迹"。[176] 相对说明了讼牒业务影响监狱的系囚人数。

南宋时期"甚至户婚词讼,亦皆有收禁"。[177] 投牒者成为滞狱审讯的系囚之一:

---

[171] 此种关系又见于《西山真文忠公文集》卷12《荐本路十知县政绩状》,第20页。
[172] 《州县提纲》卷2《栅不留人》,第10页。
[173] 洪适:《盘洲文集》卷46《第二札子》,第3页。
[174] 黄彦平:《三余集》卷4《先大夫述》,第15页。
[175] 《梅溪后集》卷19《诗·送丁惠安·序》,第14页。
[176] 《西山真文忠公文集》卷46《朝散大夫知常德府鲍公墓志铭》,第26页。
[177] 《宋史》卷200《刑法志二》,第4997页。

> 当职不才，误叨邑寄，两月之间，披阅讼牒几数千纸，毫末之争，动经岁月，赢粮弃业，跋涉道途，城市淹留，官府伺候，走卒斥辱，猾吏诛求，犴狱拘囚，箠楚业毒，何以堪忍？（《勉斋集》卷34《临川劝谕文》，第15页）

可见讼牒业务连带影响县狱与胥吏的管理，而知县的"狱讼"责任，实际上包含了人户因讼牒案件而入狱的种种问题。

嘉定十三年（1220）卒于福建福州宁德令任内的王必成，其墓志铭记载他在宁德小邑[⑰]的政迹：

> 前后积弊，民冤莫告。公至，竞来求直，讼牒日不下二百余，公剖决如流，庭无滞讼。台府积案牍九十余事，皆数年不决者，闻公精敏，悉以送公裁处详审，旬月尽决，讼者咸服。（《复斋陈公龙图文集》卷21《知县王公墓志铭》）

小县的讼牒都日不下二百余件，至于壮县剧邑，则有数百纸之多。如浙东温州的平阳县"土广人稠，词诉极多，每引放，不下六七百纸"，知县舒璘（1136—1199）曾说："只阅视太多，两目若眩耳。"[⑲]

又如，江西抚州临川县为江右剧邑，刘德礼（1145—1199）"视事之初，缿筒[⑳]一日五百纸"，由于他理讼有法，"不旬时，狱讼顿清"[㉑]。斛傺（1141—1202）知江西隆兴府丰城县时，每日讼牒也有四百纸，他从清晨卯时到辰时就开始第一阶段的讼牒处理，而且听讼常至废寝忘食：

> 逮令丰城，乃豫章剧，缿筒日四百纸。君卯出辰毕，老吏諓諓，退食再出，吏呼一人立庭下以试君，君顾曰："此非晨来？"民乐其宽，爱惜公藏，甚于家产，坐曹听讼，至忘寝食。（《诚斋集》卷132《故朝请郎贺州斛史君墓志铭》，第19页）

[⑰] 《复斋陈公龙图文集》卷21《知县王公墓志铭》，"宁德邑小而远台府"；又参见梁庚尧：《南宋的农村经济》，台北：联经出版事业公司1984年版，第29—30、44页。宁德县的总户口数（20749）占福州辖下12县中的第8位，宁德县的官户数仅占12县中的第10位（淳熙间只有36户）。

[⑲] 舒璘：《舒文靖集》卷上《答乔世用》，第38页。

[⑳] 缿筒就是衙门收讼牒的箱子，参考祝穆：《古今事文类聚别集》卷6《缿筒》，"赵广汉教为吏为缿（音项）筒，若今盛钱藏瓶，为小孔，可入而不可出。"此一典故见于班固《汉书》卷76《赵广汉传》。

[㉑] 《诚斋集》卷119《奉议郎临川知县刘君行状》，第22页。

从这些南宋的知县们每日受讼牒数百纸的情形看来,他们审阅剖判所耗费的精力与心力[182],经常自平明坐早衙,至常夜秉烛案头,阅览讼牍的疲累,以及牒讼苦多的压力,可想见一斑。[183]

地方衙门收受的讼牒林林总总各不相同,有"争田夺禾"、"盗屠耕牛"[184]、"冒耕"、"争役"、"斩墓木"、"伐墙桑"、"借人耕牛不还"[185]、"父子、兄弟、夫妇、亲戚,较铢锱之财"[186],等等。虽然这些案件造成县衙狱讼业务的繁重,但是南宋的县官若有"词讼不敢予决",则被视为"虽廉谨有余,然畏事太过"[187],不是一位亲民好官。地方官若"民有嚣讼,谕之以理,事至有司,敏于决遣"[188],才是值得荐称的。如卫玞(1090—1151)任州县官时,监司每每嘉叹其处理狱讼的态度:

> 三仕为令尹,民有讼入公庭,谆谆抚谕如教子弟,有可解解之,必不得已,象罪入刑焉。及通判镇江日,令职官不得有私,囚至则上之。公随事断遣,举当于理,由是狱无停囚,庭无滞讼,部使者每按临,无不嘉叹。(《后乐集》卷17《先祖考太师魏国公行状》,第9页)

对于诉讼的人民谕之以"理",断遣诸事也举当于"理"。

有亲民县官认为,人民向监司投词的风气,是为了达到冤讼求直的目的,地方官吏即使因此受到困扰,官府也不能惩治诉讼当事人,作为止讼之道。如包履常(1154—1217)宰江西吉州吉水县时,就实践了此一理念:

> 县之素狃于讼,少不得志,则遍走诸台,或请惩其尤者,君曰:"吾之于

---

[182] 兹举三例:(1)《攻愧集》卷100《朝请大夫致任王君墓志铭》,第1页。(2)《攻愧集》卷106《朝请大夫曹君墓志铭》,第7页。(3)卫泾:《后乐集》卷18《故朝散大夫主管华州云台观曾公墓志铭》,第13页。

[183] (1)葛胜仲:《丹阳集》卷16《阅讼忽疲起卧少顷复视事》,第2页。(2)《水心先生文集》卷19《中奉大夫太常少卿直秘阁致仕薛公墓志铭》,第4页。(3)《后村大全集》卷168《真西山文忠公行状》,第1页。(4)陆游:《剑南诗稿》卷12《数日诉牒苦多一甚戏作》,第14页。

[184] 蔡戡:《定斋集》卷13《隆兴府劝农文》,第11页。

[185] (1)吴泳:《鹤林集》卷39《宁国府劝农文》,第2页。(2)《朱文公文集》卷90《朝奉刘(龟年)公墓表》。(3)程珌:《洺水集》卷19《壬申富阳劝农文》,第5页。

[186] 高斯得:《耻堂存稿》卷5《谕俗文》,第32页。

[187] 《文忠集》卷197《丰叔贾谊·又(绍熙三年[1192])》,第16页。

[188] 《朱文公文集》卷19《同监司荐潘焘韩邈蔡咸方铨状》,第45页。

事求其是而已,县而是,台犹县也。非是,可使民有冤乎?"由是邑人察君之心,卒亦无反讼者。(《西山真文忠公文集》卷45《朝请郎通判平江事包君墓志铭》,第19页)

他不主张惩治遍走诸台的诉讼当事人,反躬自省县衙应该做好实事求是的判决工作。又如,萧硕(1142—1205)宰江东徽州婺源县时,虽然婺源县"地大民伙,以镂汤名闻于东南",不过萧硕"听断从容,洞达情法,有顽民终讼,欲反其说,处之以和,无所愤嫉"。[189] 可见他也是一位不以罪刑止讼的县宰。县宰依理受讼听断,或许是促成南宋人好讼求直的原因之一。

有些知县体认到县衙在地方衙门的重要角色,其所处理讼牒的案牍,往往是州衙与监司判断的来源,如黄干曾说:

> 监司、郡守与作县不同,作县是亲民最紧底处,每事可以立见底蕴,郡守则已隔一重,监司则又隔两重。监司、郡守之于人户词诉,但当只令索案,或且令具因依申,然后徐察其词之是非而处之。今若凭一纸状词,便为施行,鲜不十事而九失者,不可不察也。(《勉斋集》卷12《复吴胜之湖北运判柔胜》,第1页)

县衙与民众的距离最近,是最能深入地方进行调查者,所以县衙的官员不能只依据状词作出判决而已。

虽然南宋诉诸官府的讼牒,有"案牍在官"达数年甚或数十年而不决者。[190] 但其中确实有诉讼两造的身份财力相当悬殊,朱熹知湖南潭州时就曾说:"使司契勘,人户互诉婚田争地,多是有力上户之家占据他人物业,或是迁延不肯交钱退赎,或是抗拒不伏赴官理对,只要拖延衮入务限,使下户彼苦无结绝。"[191] 监司、知州亦重视诉讼当事人财势的差异,并且尽可能避免发生冤讼。如此一来,身为"亲民最紧底处"的知县应更加谨慎地调查案情。

---

[189] 曹彦约:《昌谷集》卷19《萧景苏墓志铭》,第4页。
[190] 兹举三例:(1)《西山真文忠公文集》卷45《监车辂院詹君墓铭》,第12页。(2)《朱文公文集》卷92《知南康军石君墓铭》,第4页。(3)《朱文公文集》卷92《岳州史君郭公墓碣铭》,第1页。
[191] 《朱文公文集》卷100《约束榜》,第14页。

一些上户豪民之家固然以其财势从诉讼过程中取得优势[192]，不过诉讼制度确实提供受委屈的人户可以向官府求直的机会，以一件孤女俞百六娘争取赎回父亲俞梁的田产案件为例。[193] 俞梁从开禧二年（1206）以后就将一块九亩三步的田地典给戴士壬，当俞梁死于绍定二年（1229）时，只有女儿俞百六娘及赘婿陈应龙继承绝产，由于阿俞夫妇不知道此田产的典卖情形，直到绍熙二年（1238）二月"始经县陈诉取赎"。县衙受理之后，戴士壬供称："绍定元年（1228）俞梁续将上件田已行卖断"，坚持不伏退赎。此案"展转五年，互诉于县，两经县判"："谓士壬执出俞梁典卖契字分明，应龙夫妇不应取赎。"陈应龙并未放弃取赎，复经府翻诉不已，而通判吴革察觉戴士壬假造契书，改变了县衙的判决，阿俞夫妇得以赎回户绝家产，却也没有太苛责千方百计造伪契的典主，反而同情典主耕种的心血，以及考虑陈应龙可能是受到其他财主的资助而兴讼，并防范他变卖赎回的田产等问题。

县官处理狱讼案件，有时不只是解决两造的纷争问题，甚至必须面对各种地方势力的挑战，如果处置得宜，既可以免去平民操兵抗争，还能获得民众与上级的肯定。例如颜颐仲（1188—1262）初为浙东衢州西安县丞时，"民有争水利死者，凶身逸去，祸延平人"，后来才由颜颐仲"屏骑微服知其人，捕论如法，疑狱遂决"。然而另一案中，几乎断送他的仕宦之途。由于"某甲豪霸一方，众讼之"，颜颐仲适摄县事，以此案属吏，县吏却一夕暴疾而亡，颜颐仲受惩而"对移"[194]江山主簿，因为民众庶道举留，才又归除西安知县。[195] 这一经历可能影响到颜颐仲日后留心细民的伸冤，他在淳祐六年（1246）向朝廷建议蠲除庆元府昌国县的砂岸钱[196]，状文中深论豪民如何占据沿海土地，并且取得官府的默认，形同合法。虽说海民含冤无所愬，不过又说见于词诉者愈多，可以想象官府仍然接受这一类案件的诉讼，而且借此掌握豪民在地方上的若干活动。

南宋有些人懂得寻求以"诉讼"揭露衙门官吏的失职，申诉官府执行各项

---

[192] 兹举二例：（1）《朱文公文集》卷94《敷文阁直学士李（椿）公墓志铭》，第7页。（2）《清明集》卷9《户婚门·取赎》胡石壁"典主迁延入务"，第317页。

[193] 《清明集》卷9《户婚门·取赎》吴恕斋"孤女赎父田"，第315页。

[194] 对于行政官员的调职处罚。参见本书第六章第一节。

[195] 《后村先生大全集》卷143《宝学颜尚书》，第13页。

[196] 罗浚：《宝庆四明志》卷2《学校·钱粮·知庆元军府事兼沿海制置副使颜颐仲状》，第14—15页。

业务的不合理待遇。当"县道有非理横科及预借官物者,必相率而次第陈讼"[97],或"争役之讼,多起于县家非泛科需,期限严迫,不时鞭挞,兼吏辈每限过取,役未满而家破,故力争以冀幸免"。[98] 若县衙官吏有不当作为,首当其冲受到民众的控诉,而"顽民妄状陈诉"使得南宋官员有"作邑诚未易"的警惕。[99]

虽然官府往往将递状告论公吏者形容成地方豪横[100],但是论诉官吏的告状中确实也有官员违法案件。例如,江西赣州某县县民黄澄等人向提刑司控诉县尉妄指民众为揽户,并且向他们催纳官物,非法追捕滞狱。叶提刑引用法条处罚县尉及县令:

> 在法:非州县而辄置狱,若县令容纵捕盗官置者,各杖一百,县尉且罚俸两月。(《清明集》卷3《赋役·催科》叶提刑笔"不许差兵卒下乡及禁狱罗织",第67页)

这是一件县民越诉伸冤成功的案例,县令纵容属下非法科敛刑求县民,导致狱政失当而受到惩罚。

小结 亲民之官,做县不易

宋代县衙虽只能判决杖罪以下的案件,但许多无罪刑的"听讼"案件在县衙进行判决后,投词人不满意判决时,就再向州衙以上的单位继续投状。至于徒罪以上的案件,即使县衙不能够判决,不过在州衙的判决案牍中也包括县衙拟写的"狱案"文书,甚至各级衙门的狱官推勘罪人的内容,或是犯罪的事实,亦皆以县衙的狱案为基础,如果县狱递送具有"出入人罪"的供款时,很容易造成往后各级衙门的冤狱判决。可见县衙"狱讼"是各级衙门的审判起点,在地方衙门的狱讼制度中具有重要的角色。

宋代地方"狱讼"官员的组织,就县衙而言,是以知县(县令)为主,而县丞、

---

[97] 袁采:《袁氏世范》卷2《官有科付之弊》,第28页。
[98] 《州县提纲》卷2《禁扰役人》,第17页。
[99] 《文忠集》卷187《南陵郭宰尧书(淳熙十四年,1187)》,第23页。
[100] 《清明集》卷12《惩恶门·豪横》吴雨岩"治豪横惩吏奸自是两事",第460页。

主簿及巡尉等县衙属官则各因其行政职务，或多或少有参与狱讼的责任。南宋孝宗朝（1163—1189），鉴于县衙"狱"与"讼"皆由知县独员负责主要的行政责任，所以进行若干方面的改革。在狱事方面，规定由县丞辅助知县入狱推勘的工作，如遇县丞有缺之处，则以主簿相助。在听讼方面，凡遇县衙理讼的日子，所有行政属官皆需齐聚于县衙长官厅，在分案的位置上拟判，并提供判决意见呈给县令。但是这些改革似乎未获彻底实行，所以迄南宋末年，知县仍必须孜孜矻矻于县衙的狱讼业务。

相形于县衙的狱讼官员组织，州衙的行政属官中，有金厅判官及诸曹官等幕职佐官可以分工协助知州。"金厅"负责州衙的公文之签收递送，也包括词状之类的案牍，所以无罪刑的诉讼案件，往往在金厅中由金书判官公事（签判）、察推或判官一起作出拟判。如果事属需要验证的案件，则交由诸曹官中的"司户参军"进行辨验工作。如果必须推鞫"罪人"的狱案，则交由掌管"州院"、"司理院"等的"录事参军"或"司理参军"进行刑讯，完成监狱的推勘之后，在"鞫"、"谳"分工的原则之下，狱案的供款必须交由"司法参军"审阅，并且检法拟判，最后才送到长官厅，由知州、通判及签判共同签押判决文书。所以州衙的狱讼官员比较完备，分别由狱官与检法官负担行政职责。

宋代的地方行政单位分为"路、州、县"三级。路衙虽是地方最高行政衙门，不过由于路衙是中央外派的行政单位，所以并非是固定或单一的衙门。在路级的诸多衙门中，有称"监司"者，除其衙门本身的行政工作之外，也对州县官僚进行监察考课。南宋的"监司"包括转运司（漕）、提点刑狱司（宪）、提举常平司（仓）和安抚司（帅），在南宋的考课制度中规定监司每年必须巡历辖境，从"平反冤讼"、"搜访利害"、"荐举循吏"与"按劾奸赃"等项目，具状闻于朝廷。是故除了由宪司掌管刑狱诉讼，漕、仓与帅等诸监司对于狱讼的判决也具有举足轻重的功能。

诸监司的狱讼官员组织及运用的情况相当特别。提刑司的组织中，有检法官负责审阅州衙缴上的重罪狱案，并且进行检法，案情不明时，可以到州衙的监狱里推勘犯人，调查案情，再回到提刑司作出判决。至于其他监司则各有其自身的行政功能，所以未具备专门处理刑狱案件的官员，如果接获由其他提刑司或其他监司转送的案件时,若与本身的行政业务相关者,如漕司之于财赋、民讼;仓司之于户绝、纠役;帅司之于盗贼、兵将等,监司内部的主管文字官员可以根据历来案牍作出判决。若是刑狱别推的案件,监司则抽调辖境内具有"清强"誉称的州县副贰及幕职佐官,如州衙的通判、金厅判官及诸曹官,以及各县衙的县丞、主簿、县尉。这些由监司指定的官员就必须到该州衙进行鞫狱或谳案的工作,而南宋有许多冤狱往往就是仰赖这些官员才得以平反。

孝宗、宁宗之际,发展出"五推"的法律规定。所谓的"五推"是针对刑狱案件而言,即在路级的审判过程中,犯人如果翻供时,就必须经由该路的"提刑司、转运司、提举司、安抚司及邻路差官"入狱推勘,才能进行最后的定罪。"五推"的精神也广泛运用于杖罪以下的诉讼案件,也就是经由所属的县衙审判之后,如果当事人有不服,可以依狱讼次第向州衙、转运司、提刑司等监司投诉。因此,南宋的打官司者在路衙的递状过程中,有了更多的选择。又因为监司具有监察州县的职责,再加上高宗以来开放"越诉"的条件,所以还有更多熟悉打官司的民众以"冤抑之事"的方式,向州衙以上的衙门越诉之后,使得县衙不但无法拒绝已经作出判决的案件,还得在监司的监察之下,重新审理、调查与判决。如此一来,县衙的狱讼业务更形加重,而且更容易出现各种"脱判"的行政漏洞。

南宋县衙每年主动送交州衙的徒罪以上刑狱案件不过十数件,但这并不代表县衙的狱政就显得轻松容易。因为到县衙打官司的人也不免滞留在县衙,或系或监或门留,等候完成两造的对词及干证者的供对。总之,投牒者也因为县官听讼的效率而可能受到县吏的拘留。南宋的县官收受讼牒的数量因地区而有所不同,不过连小邑每隔三五天受牒一次的分量也有百牒之多,只是初步审阅讼牒,县官就得耗费不少精力与时间。即使如此,我们还是看到若干县官们坚持以"理"治讼的态度,凡"民有嚻讼,谕之以理","随事断遣,举当于理"。其方法固然增加自身的工作量,对于嚻讼者亦莫可奈何,但从其所坚持的理想中,似乎透露出宋代地方官"不以罪刑止讼"的原则。

第二章　受词与追证

朱熹(1130—1200)在和门人谈到做官的经验时,提到他任"提举浙东常平"时曾经受理一件"子诉继母"的案例①:

> 昔为浙东仓时,绍兴有继母与夫之表弟通,遂为接脚夫②,擅用其家业,恣意破荡。其子不甘,来诉。初以其名分不便,却之。后赶至数十里外,其情甚切,遂与受理。……初追之急,其接脚夫即赴井,其有罪盖不可掩。(《朱子语类》卷106《浙东》,第2645页)

这故事透露出,原本孩子状告继母,是属于官府"不便"受理的案件,但后来朱熹还是受理该案。在调查的过程中,继母的接脚夫却赴井而亡。可见朱熹接受子诉继母的案件后,并没有使儿子因此受"告母"的大罪处罚。③ 也就是说,只要符合"受词"与"投词"的程序规定,案件仍可以成立,而且经由追证的过程,有罪者亦无所遁逃。

案件的成立,就官府的立场而言,是有"受词"的相关规定,虽然衙门有主动侦查重大刑案的责任,但是若未及时发觉,只能依讼牒的受词规定处理,至于投诉词状的案件又分成"一般"与"不测",不测案件中包含重大刑案的告发。就投词者而言,必须做到"投状"的准备,例如告诉人的身份与诉状的撰写等。一旦案件成立,官府要进行事实调查,即是追证的相关事宜。于此,将考察南

---

① 《朱子语类》卷106《浙东》,第2645页。这一段对话中,除了下列引朱熹所提的"浙东仓"受词一事之外,还有朱熹的门人所述两事:一件是"建阳簿权县(主簿掌县事)断离婚之事",另一件是"直卿之兄任某处,有继母与父不恤前妻之子,其子数人贫窭不能活,哀鸣于有司"。两事都属于"县衙"的案例。所以,朱熹所说的"浙东仓"受词一事,虽然层级高于县衙,不过其中的原则可视为具有某种程度的普遍性。

② 南宋称寡妇所招之后夫为接脚夫,参见〔日〕滋贺秀三:《中国家族法の原理》,东京:创文社1977年版,第619页。

③ 《宋刑统》卷23《斗讼律》"告祖父母父母"门,第364页。

宋衙门的受词、投词与追证之程序。

第一节 受理的规定与程序

一、重大刑案的侦办

官府受理诉讼案件有一定的步骤，有的案件不必等待告诉人的出现，衙门就有职责进行侦察。这类案件，大多是"人命"关天，尤其是发生在城市里的案件，很快就会引起官府的主动调查。④ 因为衙门有维持社会安全的责任，当官府人员发现命案后，应该主动办案。⑤

例如，一件发生于南宋高宗绍兴六年（1136）时不可思议的小道故事⑥，由于淮北的桑叶价昂，浙西江阴县民与妻相谋滥杀幼蚕，并以水路将桑叶运往邻近淮东泰州如皋县销售，当渡津胥吏例行检视抵岸运销的税物时，发现有死尸藏于桑叶中，于是管理渡津的县吏以为是杀人案件，而主动拘捕该民，并且将同船者一并带回县衙，进行狱事鞫问：

> 俄达岸津，吏登舟视税物，发其叶，见有死者，民就视之，乃厥子也，惊且哭。吏以为杀人，拘系之。鞫同舟者，皆莫知。问其所以来，民具道本末。（《夷坚甲志》卷5《江阴民》，第38页）

虽然养蚕农民应属命案的苦主，但是他陈述的案情有些疑点，所以县衙遣吏至其家搜查，却又发觉其妻的尸体。诸多证据显示此民有杀害妻子逃亡的可能事实，而县衙官吏面对人命关天的案件时，仍不敢冒然断罪。最后，该民竟然死于监狱之中。

---

④ 洪迈：《夷坚甲志》卷4《吴小员外》中记载了一则北宋首都开封府的离奇案情（第26页）。虽然是女鬼所遗留的血迹，不过由"街卒"查知若干关系人后，于是一干人等被收监推勘案情。开封府鞫问不出所以然，并且查证女鬼父母之证词，收监者才被释放。

⑤ 《漫塘集》卷33《纪通判行述》，第29页。平江府发生"沈三命案"，"时有沈三者夜殒于沈二十五之门，逻者执沈二十五以告，县上之州。"

⑥ 洪迈自言："此事与《三水小牍》载'王公直事'相类。"查考《太平广记》卷133《王公直》。此一故事与《江阴民》的故事非常神似，不过最后的结局有所不同，南宋县吏虽得江阴民之妻与子的尸体，仍不敢作为充分的证据送案至郡。

不过,有些人命案件并非即时被官府察觉,必须透过被害人的自诉。被害人若是身亡,只能由其亲属代为出面"告人罪"。《宋刑统》规定:"诸告人罪,皆须明注年月,指陈实事","即被杀、被盗及水火损败者,亦不得称疑,虽虚皆不反坐"⑦。换言之,投诉者必须能够"具体"指出事发的时间、物证、人证及陈述事实经过,透过投牒告状的方式,才能得到官府的受理。南宋初年,江东徽州婺源县盐商方客遇盗于芜湖⑧,被杀而且尸弃水中,数月后,方客显灵于家中,描述案情,并告知物证即尸首所在地,要其妻"急以告官"。方客之妻投状"具以事闻"于芜湖所在的太平州衙门,才使得官府可以办案,擒获盗贼。方客妻向"太平州"递状告论,并非家乡婺源县,是侦办原则之一,即受理的衙门必须是"案发"当地的。⑨

事实上,有些告发强盗之类的案件,由于无法符合官府受理的程序,被害人往往不愿主动到官。如南宋初年,张守所论商船在太平洲江中丁家洲一带遇盗的情形:

> 而或一二舟稍后即遭劫掠,前舟回视,骇愕而不敢赴救,又以被害舟船不见踪迹,则同伴虽欲投诉官司,无以验实,或反为己累,往往不复陈告。(张守:《毘陵集》卷7《乞措置丁家洲札》,第25页)

同伴若向衙门告发时,既然无法举出证据,又必须受到官府的留置查问,因此不愿报案。这种流动性盗贼的告论案件,官府向投诉人进行"验实"的程序,对投诉者而言,确实是重大的负担。

二、讼牒案件的受理

(一) 受状的日限

官府受理诉讼称为"引词"或"引状",受理的日子则称"引状日分"、"放词

---

⑦ 窦仪等撰:《宋刑统》卷24《斗讼律》"犯罪陈告"门"告人罪不得称疑"条,第373页。
⑧ 《夷坚甲志》卷4《方客遇盗》,第28页。
⑨ 此一原则也有例外,如何乔远:《闽书》卷140《闺阁志·古田县》载福州古田县"利氏女尼诉从兄"一案。就地点、时间、物证而言,利氏女都不合于投状的规定,若不是处州郡守"感其孝",官府很难受理本案。

状日"。⑩ 知县原本应该每天接受词状,不过从南宋末年胡太初的说法里⑪,可知大多数的县衙把受理的案件分为一般与不测两类,各有不同的受理时间。

所谓"不测"就是未能预料其发生的突发案件,如斗伤与灾盗之类,不必等待排日子就可以投牒。至于若非紧急的案件,县衙不见得会每天受词:

> 县道引词,类分三、八,始至之日,多者数百,少者亦百数。……然县道事多,若日日引词,则诉牒纷委。……设若斗殴杀伤,水火盗贼不测等事,亦俾待次,不亦晚乎。(胡太初:《昼帘绪论》《听讼篇第六》,第8页)

所谓"类分三、八"亦即接受词讼的日子以每月的"初三、初八、十三、十八、二十三、二十八"日为准。不只是县衙多以"三八"为受词的日子,连州衙处理辖县的词诉案件,也有类似的规则。如咸淳七年(1271)黄震知抚州的措施⑫,他将抚州的辖县分成六大区,每月依"类分三八"的顺序分区接受讼牒,以分散处理积压的讼牒。

衙门固定开放受理词状日的方法,并非法令的规定,仅是行政官僚的为官心得,因此每个人的做法不尽相同。如南宋中期,知成都灵泉县的高载曾说:"拘以定日,民有缓急,将焉愬?"既不是省讼的好方法,也不便于民。⑬

有人认为"不拘日子,即受,可免积压"。也有主张采取"间日"引词:

> 不若间日一次引词,却将乡分广狭分搭,遇一则引某乡状,遇三则引某乡状,遇五遇七遇九,各引某乡状,不得搀越,庶几事简易了。(《昼帘绪论》《听讼篇第六》,第8页)

胡太初认为这样的做法可以避免滞讼。但是隔日受词比每月受词六天多出了一倍半的时间,一般人很难有如此的精力,应该不是当时流行的做法。

明清时期的受词日又称"放告日",明末清初,大多数的州县为"三六九放告",晚清大多数的州县则有"三八放告"的趋势。⑭ 显然,从南宋以来,开放受

---

⑩ 方岳:《秋崖集》卷23《与蔡宪·又》,第39页;《朱文公文集》卷100《约束榜》,第14页。
⑪ 胡太初的《昼帘绪论》写于端平乙未(二年,1235),若干陈述可以视做是南宋末年的普遍情形。
⑫ 黄震:《黄氏日抄》卷78《词诉约束》,第16页。
⑬ 《鹤山先生大全文集》卷88《知灵泉县奉议郎致仕高君载行状》,第731页。
⑭ 参考郭建:《帝国缩影—中国历史上的衙门》,上海:新华书局1999年版,第197—198页。

词的时间是基层行政衙门必须斟酌的业务,而决定开放受词的天数则是行政长官的权力。

受理诉讼的时间是有时效限制的[15],还有为了配合农务而有"婚田入务"[16]的规定,有关"田宅婚姻债负"等纠纷,必须避开所谓农务的时间:

> 《准》杂令,谓诉田宅、婚姻、债负,起十月一日,至三月三十日检校,以外不合。若先有文案交相侵夺者,不在此例。
>
> 臣等参详,所有论竞田宅、婚姻、债负之类(债负谓法许征理者),取十月一日以后,许官司受理,至正月三十日住接词状,三月三十日以前断遣须毕,如未毕,具停滞刑狱事由奏闻。如是交相侵夺及诸般词讼,但不干田农人户者,所在官司随时受理断遣,不拘上件月日之限。(《宋刑统》卷13《户婚律》"婚田入务"门,第207页)

此项法令继承了后周的法令精神,从农业耕种的时令着眼立法。[17] 官府只能于十月一日至三月三十日处理相关的诉讼案件,而且真正受理词状的时间是从十月一日至正月三十日,至于地方衙门必须在两个月内(即三月三十日以前)处理完毕。换言之,一般农民一年当中只有四个月可以投讼。

南宋初年,绍兴令中指定每年二月一日以后,官府就不再接受与农业生产有关的诉讼,其实与北宋的规定并无差别[18],只是对特殊状况作了调整:

---

[15] 《庆元条法事类》卷16《文书门·赦降》"断狱令",第230页。规定赦降许诉雪的时效是"一年"。

[16] 有关入"务"限是"农务"抑"衙务"的讨论,见于日本学者高桥芳郎与植松正。高桥芳郎举《宋会要》刑法3之48认为是"农务"。见《务限の法と茶食人——宋代裁判制度研究(一)》,载《史朋》1991年第24期,第1—8页;而植松正认为是"裁判事务"的限制,见《务限の法と务停の法》(香川大·教育《研究报告》,1992年。若以南宋人罗愿:《罗鄂州小集》卷1《鄂州劝农文》,可知"务限"是指农作物生长期限。愚以为高桥芳郎与植松正的说法可以合而为一:"因农务而制定裁判事务的期限。"如《清明集》卷4《户婚门·争业上》"曾沂诉陈取典田未尽"(第104页),"入务"是入"务限"的意思。

[17] 关于法令的溯源,〔日〕仁井田升:《唐令拾遗》(东京:东京大学出版会1983年版)《十五、田宅婚姻债负》认为此令是为"开元二十五年令"。又,〔日〕高桥芳郎:《务限の法と茶食人——宋代裁判制度研究(一)》引用《旧五代史》卷117《周书八·世宗本纪四》"显德四年七月甲辰条"与《册府元龟》卷6《帝王部·立制度》及卷613《刑法部·定律令第五》"显德四年七月甲辰条"说明宋代法令渊源。两份史料大致相同。

[18] 〔日〕梅原郁译注:《名公书判清明集》(第134页)指出北宋的婚田入务时间是十月一日至三月三十,而南宋的统治区域地属南方,因为农作物的生产期,影响收受此类诉讼的时间少了一个月,如果仔细分析《宋刑统》律文,其实受词的时间是一致的。

绍兴二年(1232)三月十七日,两浙转运司言,准绍兴令,诸乡村以二月一日以后为入务,应诉田宅婚姻负债者勿受理,十月一日后为务开。窃详上条,入务不受理田宅等词诉,为恐追人理对,妨废农业。其人户典过田产,限满备赎,官司自合受理交还。缘形势豪右之家交易,故为拖延至务限,又贪取一年租课,致细民受害。

诏:应人户典过田产,如于入务限内,年限已满,备到元钱收赎,别无交互不明,并许收赎,如有词诉,亦许官司受理。余依条施行。(《宋会要》刑法3之46)

遇有典卖田产的纠纷时,往往富豪之家较容易利用法律,来展延取赎的时间。为了保护弱势的农民,所以有上引绍兴二年两浙转运司的建议,以及朝廷的诏令,典出的田产如果在务限之内期满,亦准收赎。倘若发生诉讼纠纷,官府不受"务限"的限制,也可以受理。虽有朝廷大臣还是坚持"法之有务限,要所以大为之防,今若一次决其防,不免于争竞",而主张只有"在务限前投状,自可申饬有司严行理赎,或寄钱在官,给据为凭业"。但是,朝廷还是依照户部的意见,维持调整后的办法。⑲

朝臣与户部之争,或许意味着南宋农村经济间的冲突正考验着官僚机构的行政机能。中央既要求地方官不得因勾追公事而妨碍农务⑳,却又不能坐视豪强侵夺贫农,所以孝宗隆兴元年(1163)四月二十四日,大理卿李洪有又上奏"务限之法"的活用:

务限之法,大要欲民不违农时,故凡入务而诉婚田之事者,州县勿得受理。然虑富强之家,乘时恣横,豪夺贫弱,于是又为之制,使交相侵夺者受理,不拘务限。比年以来,州县之官,务为苟且,往往借令文为说,入务之后,一切不问,遂使贫民横被豪夺者,无所申诉。欲望明饬州县,应婚田之讼,有下户豪强侵夺者,不得以务限为拘,如违,许人户越诉。(《宋会要》刑法3之48)

---

⑲ 《宋会要》刑法3之46。
⑳ 《要录》卷159"绍兴十九年正月甲午"条,第2575页。

他指出，虽有务限之法，但是为了保护贫弱者，也有"不得以务限为拘"的特别规定。可是地方官员却嫌麻烦，在入务之后，就有婚田诉讼一切不处理的情形，使得贫民为豪户所侵夺，因此他要求朝廷戒饬州县官员必须善体法意，不能以务限为借口，使得贫民有冤无所申诉。

再者，更有积极的地方官考量区域农业生产的特性，指出特别规定之可行。例如朱熹知潭州时，对属下各县的要求：

> 检准律令，诸婚田入务，若先有文案交相侵夺者，不在此例。况今本州多是禺田，只有早稻，收成之后，农家便自无事，可以出入理对，在田亦少施工，未获之利，自可退业以还有理之家。诸县争论田地词诉，可以承行理对，不必须候十月，使司已于六月十八日符长沙等一十二县遵守施行讫。（《朱文公文集》卷100《约束榜》，第22页）

他指出，潭州的禺田多种早稻，收成既早，诉讼当事人可以到衙门对质，而且早稻收成之后，农田空闲，没有收获的利益可以争执，理亏者退业也不成问题，所以特别规定可以执行，不必等待十月务开再处理田地诉讼案件。

南宋的统治理念以农务的作息为考量，所以立法上也针对刁蛮的典卖佃农进行规范：

> 在法：诸典卖田产，年限已满，业主于务限前收赎，而典主故作迁延占据者，杖一百。（《清明集》卷9《户婚门·收赎》胡石壁"典主迁延入务"，第318页）

法律在原则上仍然强调收赎典卖的田产必须在"务限前"。所以要到官府办理投词时，必须考虑官府的作业流程，只有及早投词，才能争取有利的取赎时间。以"阿龙取赎典与赵端的田业"案件为例[21]，阿龙是在十月一日以后投词，而县衙受理之后，于十二月作出判决，要阿龙在务开的时间内办理收赎。当阿龙拿着孙知县的判凭向赵端取赎时，赵端却推说已经进行耕种了，存心再拖到秋成才退还田业，于是阿龙又再度投词，其时间应该是隔年"一月三十日"的"务限"

---

[21] 《清明集》卷9《户婚门·收赎》胡石壁"典主迁延入务"，第317页。

之前,所以胡颖说阿龙投词皆在"入务之先",合于官府的受词规定。

(二) 受状的方式

如果是突发的刑事伤害案件,县衙门前设有通报的工具,提供民众遇上紧急事件时,以便于随时受理:

> 设若斗殴杀伤,水火盗贼不测等事……却如前说,置锣于县门之外,不以早晚,咸得自击。锣鸣,令即引问,与之施行。(《昼帘绪论》《听讼篇第六》,第9页)

不过县衙紧急报案的设备是非常简陋的,仅以"锣"鸣之。有的州衙则设有"屈牌",不必等待引词状日,供"有实负屈紧急事件之人,仰于此牌下跂立",州衙还安排吏人值班,"仰监牌使臣即时收领出头",立刻到州衙内进行处理。[22]

至于一般案件的受理方式,若干地方衙门在固定的引状日使用"受状箱"[23](或称鈤筒),由于受状箱内的诉状复杂,有的衙门另想出维持秩序的特别办法:

> 出箱受状,其间有作匿名假状投于箱中者,稠人杂遝,莫可辨认,兼有一人因便投不要紧数状,及代名数人者,要当于受状之日,引自西廊,整整而入,至庭下,且令小立,以序拨三四人,相续执状,亲付排状之吏,吏略加检视,令过东廊,听唤姓名,当厅而出,非惟可革匿名假名之弊,且一人止可听一状,健讼者不得因便投数词,以紊有司。(《州县提纲》卷2《受状不出箱》,第13页)

即受词状日,当事人亲自持状到官府,固定由西边的廊堂进入到衙门中,并且使其稍待之后,分成三四人为一组,陆续把诉状缴交给排讼状顺序的胥吏,该吏略作检查以后,让诉讼人通过东廊庑,静待传唤姓名,再从厅堂离开。此一方法,无非是要确立收受讼状时的秩序感,避免不符合诉讼条件者暗渡陈仓,

---

[22] 《朱文公文集》卷100《约束榜》,第14页。原本潭州鼓角楼有牌二面,东面系"军州官下马牌",西面系"人户词讼牌"。朱熹以知潭州兼荆湖南路安抚使到任,移西畔词讼牌于东,自新开雕"屈牌"一面,安在词讼牌之上,差使臣一员监当,并置历一道寸监管官,如有号牌之人,抄上姓名,押赴使府出头,取候台旨施行。

[23] 相似的方法,参见《黄氏日抄》卷78《词诉约束》,第2页。

徒增负责单位的业务。

衙门受理词状时的秩序维持,要靠地方官的管理能力。官府如果受理不依规定投递的案件,将会加重地方官的工作压力,所以一般是不受理匿名告状,由上引《州县提纲》可以看得出。早在《宋刑统》中已规定:"投匿名书告人罪者,流二千里。"[24]至于向巡历官员"遮道陈词"的情形[25],即使官府受理这种非常态的告状,可能先惩罚投状人不合规定的行为。杨简(1141—1226)曾记载一件"哑者执白纸"告状的故事:

> 向有郡守以善听讼称,有哑者执白纸,遽令枷项示众,乃密使人伺之道路,有云哑者诚屈,昨日遭某人拳,今日却枷项,伺者以言入,遂直其讼。太守以为得计,郡中亦称之,吾切不取,是部民习诈,非善教也。(杨简:《慈湖遗书》卷17《纪先训》,第1页)

从叙述中推测哑者立于道路拦轿,向郡守当面投空牒"白纸"伸冤[26],而善听讼的郡守将哑者枷项示众,并派人暗中观察打听哑者的告状冤情,并且直其所讼。善教化的杨简[27]却对故事中的郡守颇以为然,他认为郡守的做法会导致民众"习诈",而不依程序投词。

宋代的监司有巡历的职责,比较容易接受拦轿投状的案件[28],至于州县官,有些则会拒绝受理民户拦轿下状,这可能是因为州县衙门设有受理紧急案件的方式及装置,也与官府强调引状日分的秩序与规定有关。

孝宗时期,朱熹为浙东仓时,就曾在巡历台州接受"铁匠作头林明投白纸"告论台州知州唐仲友[29],但当他知潭州时,颁下的"约束榜"文中却有一项:

> 契勘人户,多有不问事节紧慢,不候行押词状日分,辄行拦轿下状,或投白纸。今立约束,拦轿状词并不受接。并所投白纸止是理诉婚田债负,

---

[24] 《宋刑统》卷24《斗讼律》"投匿名书告人罪"门,第370页。
[25] 《清明集》卷1《官吏门·禁戢》沧州"禁戢部民举扬知县德政",第37页。
[26] 《夷坚甲志》卷10《孟温舒》,第77页。此一故事是发生于山东雷泽县,疑为杨简所记载故事的原型。
[27] 《慈湖遗书·附录》钱时《宝谟阁学士正奉大夫慈湖先生行状》,第1页。
[28] 《黄氏日抄》卷76《按新城县令蹇雄申省状》,第815页。又参考本书第一章第二节。
[29] 《朱文公文集》卷19《按唐仲友第四状》,第1页。朱熹接受"白纸"告状后,"令(林明)当厅供",说出唐仲友要求私打造"衣甲、汤瓶、头盔"等等,以及林明不与依数打造,凡九次断决小杖。

> 即非紧切利害事件,亦非贫窭鳏寡孤独无告之人,显无忌惮,紊烦官府。自今后除贫窭、老病、幼小、寡妇,或被劫盗,并斗殴杀伤,事干人命,初词许于放词状日投白纸外,自余理诉婚田债负,或一时互争等事,人户须经书铺依式书状,听引词状日分陈理。(《朱文公文集》卷100《约束榜》,第16页)

他不受理拦轿的词状,也不受理"非紧切利害事件"或"非贫窭鳏寡孤独无告之人"的"白纸"㉚告状。此处"白纸"是未经书铺代书盖官印的诉状,朱熹曾经在受状时,收到"白纸三四十纸",其中就有书铺"不为写状"才投"白纸"的情形。㉛

还有一些令人侧目的投词方式,常见的就是做个"牌"喊冤㉜,不过此等词状有时也有其震撼的效果:

> 初据罗居汰坐牌伸冤,称被主家枷项一月,讯腿两次,传乡院号令,逼死其妻。当职一见词状,便知其妻之死不因于此,特欲借之以动官府之听,冀施行之力耳。(《清明集》卷9《户婚门·库本钱》"背主赖库本钱",第337页)

地方官虽然明知罗居汰"坐牌伸冤"的动机,却仍然接受他的词状。

有些人不只是夸大其词,还自我毁伤以图达到诉讼目的㉝,对于这种行为,北宋绍圣二年(1095)已规定:"诉事而自毁伤者,官不受理。"㉞不过地方官对这一类告状方式未必就完全不理会,所以这种情形仍然继续出现。南宋末年,

---

㉚ 〔日〕平田茂树:《南宋裁判制度小考——"朱文公文集"卷100"约束榜"を手挂かりとして——》,载《集刊东洋学》第66号,仙台:中国文史哲研究会1990年版,第133—147页。平田氏认为,"白纸"即"未经书铺依状式书写,书铺未盖印的诉状"。他又提到白纸与"白词"、"白状"类似。其中,"白状"是否为人户的词状,愚以为仍有待商榷。戴建国:《宋代刑事审判制度研究》(载戴建国:《宋代法制初探》,第199—245页)认为"白状"即"未经长官签押的原始起诉状",愚以为戴建国将"白状"称为"刑事起诉状"也有待商榷。《清明集》卷14《惩恶门·奸恶》检法书拟"把持公事欺骗良民过恶积山"(第525页),"唐梓,小人中之狼虎也。始者以骗赌,博得富室不肖子袁八钱八千贯成家,增长气势,交结公吏,计会允役,私置狱具,纵横乡落,不惟接受民户白词,亦且自撰白状,以鲍溪壑之欲。"唐梓非法受民户"未经合法程序的词状",自行撰写"未经官府程序的判状"。

㉛ 《朱文公文集》卷100《约束榜》,第14页。

㉜ 周密:《齐东野语》卷13《崔福》,第243页;《清明集》卷13《惩恶门·妄诉》翁浩堂"妄论人据母夺妹事",第499页。

㉝ 赵必璆:《覆瓿集》卷6《行状》。

㉞ 《宋会要》刑法3之21。

婺州处理一件以"立牌钉脚"方式告状的讼案后㉟，还必须以榜文强调，即使有冤难伸，也不能自残以博取官府的注意及歪曲事实细节，否则造成州县为了查案滥追关系人，增加州县衙的工作量，以及扰害州县百姓。因此，州县衙门受理之后，仍不忘张贴禁止的告示。

南宋时期，受词的流程不见得完全制度化，但身处于与民接触的第一线之县级衙门，公务运作确实力图条理化。虽然这是官府着眼于行政便利，不过也使得投词者似乎也有规矩可循。如南宋末年，知江西抚州的黄震就曾榜示不受理诉状的若干原因：

> 不经书铺不受，状无保识不受，状过二百字不受，一状诉两事不受，事不干己不受，告讦不受，经县未及月不受，年月姓名不的实不受，披纸枷、布枷，自毁咆哮，故为张皇不受，非单独、无子孙孤孀，辄以妇女出名不受。（《黄氏日抄》卷78《词诉约束》，第16页）

若要诉讼案件成立，投状人应该准备被接受的"形式要件"。由黄震的规定中，可见当时诉状的书写是有若干必要条件的，如要有书铺、保识人的证明，诉状不能超过两百字及一事一状，诉事内容和告诉人的关系，诉讼态度，等等。以下说明投词有关的条件。

三、投状人的准备

（一）年龄的条件

诉讼案件中，告诉人限制的条件。就行为能力而言㊱，并不是所有人都能够提出诉讼案件。如年龄、身体状况、性别等，其实早就有所规定。㊲《宋刑

㉟ 《清明集》卷12《惩恶门·妄诉》婺州"钉脚"，第503页。

㊱ 现代法律行为中，"行为能力"泛指行为人之行为具有法律之效力，无行为能力人之意思表示无效；刑事犯罪的"有责性"是指行为人对于其行为有责任性。所以罪刑认定与处罚上，称为"责任能力"。

㊲ 《唐律》中有些条文是规范行为能力和责任能力，例如总第30条"老小及疾有犯"条、总第31条"犯时未老疾"条、总第292条"略人略卖人"条。另可参考黄源盛：《唐律刑事责任的历史考察》，载《现代刑事法学与刑事责任——蔡教墩铭先生六秩晋五华诞祝寿论文集》，台北：国际刑法学会中华民国分会、财团法人刑事法杂志基金会，1997年；〔日〕仁井田升：《唐律における通则の规定とその来源》，载〔日〕仁井田升：《中国法制史研究·刑法》，东京：东京大学东洋文化研究所1959年版，第172—262页；蔡墩铭：《唐律与近世刑事立法之比较研究》，台北：中国学术著作奖助委员会1968年版。

统》沿袭《唐律》对于"七十岁以下、十五岁以上"的犯罪者,采取完全刑事责任能力的科刑原则。[38] 而在传统中国的狱讼里,投状人虽然不涉及犯罪,但是审判的过程中,仍有可能因调查案情而牵连入狱、审讯,所以官府必须考虑投状人的受刑能力。

北宋太祖乾德四年(966),因为人民争讼婚田时,为了规避诉讼时的牢狱拘禁及农务工作,让七八十岁"恃老不任杖责"的家长陈状,于是颁法规定除非"孤老茕独者",否则七十岁以上不能陈状[39],成为宋代投递婚田讼牒的上限年龄。太宗太平兴国二年(977),则强调告罪的特别规定,"八十岁以上、十岁以下"只能论告"谋反、逆、子孙不孝及同居之内为人侵犯者"。[40] 换言之,一般告罪者的年龄是以"八十岁以下"为准,如果"七十岁至八十岁"告人罪而不实者,是为法定上不堪任刑者,所以其罪刑移于能任刑的"次长家人"。[41]

雍熙四年(987),朝廷为考量"争讼之端不可不省,奸险之作抑亦多途,或有恃以高年多为虚诞者",而诏令:"七十以上不得论诉。"[42] 到了真宗祥符四年(1011),则将投牒的上限年龄规定为"七十岁":

> 诏:自今诉讼,民年七十已上及废疾者,不得投牒,并令以次家长代之,若已自犯罪及孤独者,论如律。(《长编》卷76"大中祥符四年九月庚辰"条[43],第1734页)

这一项规定应该广义包括"告人罪"与"婚田诉讼"。

至于投状的下限年龄,若从受刑能力的考虑,"十五岁"与"七十岁"同属于

---

[38] 《唐律》的规定又是根据《周礼》而来,如《唐律》卷4《名例律》"老小及疾有犯"(总第30条),第81页。参见表2-1-1。

表2-1-1 《宋刑统》刑责减免年龄

年龄范围	0—7	7—10	10—15	15—70	70—80	80—90	90—
刑责减免	死罪免刑	1. 死罪上请 2. 重罪收赎	流罪收赎	不能减免	流罪收赎	1. 死罪收赎 2. 重罪收赎	死罪免刑

[39] 《宋会要》刑法3之10。
[40] 《宋会要》刑法3之10。此项法律规定早见于《唐律》卷24《斗讼律》"囚不得举告他事"。
[41] 《宋会要》刑法3之10。
[42] 《宋会要》刑法3之11。
[43] 又见于《宋会要》刑法3之15。

"不合拷讯"、"法内不合加刑"一类。㊹ 南宋末年,十二岁的投牒者是属于"年幼,法不当为状首"者。㊺ 绍兴十三年(1143)对于"违法典卖田宅"的陈诉者的年龄有特别规定:

> 大理寺参详户部所申,违法典卖田宅陈诉者,依敕自十八岁理,限十年。系谓典卖田宅之时年小,后来长立,方知当时违法之类,即合依自十八岁理,限十年陈诉。其理三年限自陈,系谓陈乞恩赏理诉罪犯之类,与上件事理不相干,欲依本部看详施行。(《宋会要》刑法3之47—48)

即十八岁以后,当事人的判断能力较完备时,自诉违法典卖田产案件才可以成立。

为何以"十八岁"及"三年限自陈"?因为宋代可以典卖田宅的年龄是"十五岁"出幼之后,如果十五岁典卖自己分得的田产,并不算违法,所以法令只有将时间延后,才能使典卖田产而后悔的人,以自诉"交易违法"的形式立案。㊻ 此外,违法交易的案件中,当事人可能送进监狱勘鞫,即使自陈违法而乞求免罪,还是得忍受系监对词的考验,将年龄提高为十八岁,更能经得起入狱的鞫问。㊼ 综而言之,南宋投递典卖田土讼牒的年龄是"十八岁以上"。

(二) 身体的状况

所谓"重病笃疾"的定义,古今不同。㊽ 北宋《宋刑统》及南宋《庆元条法事类》沿用唐末对"残疾"、"废疾"与"笃疾"三种程度认定身体残缺的情况,其中

㊹ 《唐律》卷29《断狱律》"议请减老小疾不合拷讯",第55页;陈元靓:《事林广记辛集》卷10、别集卷4。

㊺ 《清明集》卷12《惩恶门·把持》方秋崖"惩教讼",第480页。

㊻ 关于十五岁可以出卖田产,详见本书第五章第一节有关"出幼"的讨论。

㊼ 叶孝信主编:《中国民法史》,上海:上海人民出版社1993年版,第329页。叶孝信认为此一诉讼能力是民事行为能力的规范。愚以为传统中国的"刑民"能力难以认定,但是此法的规定应该是从受刑能力着想,反而比较符合刑事责任能力。而当今法律是以十八岁为完全刑事责任能力,似有历史上偶然的巧合。

㊽ 陶百川编:《最新六法全书》《刑法·总则》第二章"刑事责任"第19条(心神丧失、精神耗弱人之责任能力):心神丧失人之行为不罚。称"重伤"者的定义,如《刑法·总则》第一章《法例》第10条(以上、以下、以内、公务人员、公文书、重伤之意义):称重伤者,谓左列伤害;一毁败一目或二目之视能。二毁败一耳或二耳之听能。三毁败语能、味能或嗅能。四毁败一肢以上之机能。五毁败生殖之机能。六其他于身体或健康有重大不治或难治之伤害。

"笃疾"是:"恶疾、癫狂、二支废、两目盲。"[49]北宋初年,曾依有司的建议,规定老年及"笃疾"论讼人所诉不实时,罪刑的处理方式:

> 自今应论讼人有笃疾及年七十以上,所诉不实,当坐其罪。而不任者,望移于家人之次长,又不任,即又移于其次。其论讼人若老及笃疾当其罪不任者,论如律。(《宋会要》刑法3之10)

规定了笃疾及七十岁以上者,如论讼不实,有罪而又不堪受刑罚时,应由家中年龄次长的人代为承受。真宗大中祥符四年(1011)确立年七十以上及"废疾"者不得投牒,而只能以次家长代为投状的法令[50],将包括有"痴哑、侏儒、腰脊折、一支废"的废疾与笃疾者皆列入不能投牒者。

北宋末年,也有些地方官将"孕妇"视为不堪受刑的人,所以禁止孕妇出面诉讼:

> 百姓年七十或笃疾及有孕妇人,并不得为状头。(《作邑自箴》卷6《劝谕民庶榜》及卷8《写状钞书铺约束》)

所谓"状头"就是诉状之首,亦即主要的诉讼人。由于诉讼有诬误时,状头必须承受诬告之罪,或是追证过程中,被拘监入禁,难免在狱中受刑,因此基于"妇人当刑禁者"必须小心处理的原则[51],将孕妇等同于"笃疾"身体之限制。

至于一般妇女可否作为"状头",虽然前引黄震的榜文规定"非单独、无子孙孤孀,辄以妇女出名不受",毕竟只是黄震的个人做法[52],若干案例中,有的

---

[49] 〔日〕仁井田升:《唐令拾遗》《户令第九》"残疾废疾笃疾"条,第136页;《宋刑统》卷12《户婚律》"脱漏增减户口"中的"恶疾"缺字,第187页;《庆元条法事类》卷74《刑狱门四》"老疾犯罪·户令",第517页,"诸一目盲、两耳聋、手无二指、足无三指、足无大拇指,秃疮无发,久漏下重,大瘿之类为残疾。痴哑、侏儒、腰脊折,一支废之类为废疾。恶疾、癫狂、二支废、两目盲之类为笃疾。"

[50] 参考前论(一)年龄的条件。

[51] 《州县提纲》卷3《勿轻禁人》,第8页。

[52] 民事诉讼制度史中,常以黄震的榜文说明妇女投词的限制。如张晋藩:《中国民事诉讼制度史》,成都:巴蜀书社1999年版,第61页。至于妇女不准告事,除非是寡妇家中没有合适的男性可以代诉,似乎迄元代仁宗皇庆二年(1313)才有全国性的法令,参见 Bridge, Bettine, Levirate Marriage and the Revival of Widow Chastity in Yuan China, in Asia Major, 3 series, vol.8.2: 107—146.

"寡妇"并不是独居或无子孙者,却也亲自入状[53],实乃因为法令并不以性别限制妇女投状。

(三)写状人与保识人

《宋刑统》依后周广顺二年(952)十月二十五日"敕"节文,要求一般的词状必须注明写状人及其住所,除非有不识文字及无法倩雇别人代笔者,才可以投递"白纸":

> 其所陈文状,或自己书,只于状后具言自书,或雇倩人书,亦于状后具写状人姓名,居住去处。如不识文字,及无人雇倩,亦许通过白纸。(《宋刑统》卷24《斗讼律》"越诉"门,第380页)

这是一条置于"越诉"法的特别规定,所以应该是当事人亲自"诣"官府投递"不具任何文字形式"的告状。

不过,北宋末年以来,"书铺"的公证业务逐渐包括了"代人写状"[54],对于识字而且又具有身份者,如"官人、进士、僧道及公人"之类,官衙"听亲书状",接受他们的状牒,至于一般人除非"贫窭、老病、幼小、寡妇,或被劫盗并斗殴杀伤",才可以在初词时,投下不合于官府规格的"白纸"词状[55]之外,否则得"各就书铺写状投陈"。[56]

经过每一任知县认证合格后,书铺才能为人写状子[57],而开设书铺必须具备下述的资格:

---

[53] 《清明集》中有许多妇女为诉状人的例子,仅举一二为证。卷7《户婚门·立继》仓司拟笔"双立母命之子与同宗之子",第221页;卷8《户婚门·立继类》胡石壁"叔教其嫂不愿立嗣意在吞并"(原题有误,应是子教母),第246页。

[54] 《作邑自箴》卷8《写状钞书铺户约束》。又参见陈智超:《宋代的书铺与讼师》(载《刘子健博士颂寿纪念宋史研究论集》,东京:宋史研究论文集刊行会,同朋舍,1989,第113—119页);戴建国:《宋代的公证机构——书铺》(原载《中国史研究》1988年第4期,载戴建国:《宋代法制初探》)。戴建国归纳书铺的功能:一、代人起草诉讼状;二、证明案件当事人供状;三、验证田产买卖契约;四、证明婚约;五、为参加礼部试举人办理应考手续;六、为参加铨试者和参选者办理审验手续。

[55] 所谓"不合规定的白纸词状",除了不依书铺写状规定的诉状外,还包括诉状内的证据不充分或当事人自行买"白纸"填写状词、契约公据,等等。从《清明集》之《户婚门》中,可找到若干例证:(1)卷4《争业上》"高七一状诉陈庆占田",第103页。(2)卷6《争田业》"争田业",第176页。(3)《立继》天水"已有亲子不应命继",第250页。(4)《分析》"母在不应以亲生子与抱养子析产",第278页。

[56] 《朱文公文集》卷100《约束榜》,第14页。

[57] 《清明集》卷13《惩恶门·把持》方秋崖"惩教讼",第479页。

> 告示写状书铺户,每名召土著人三名保识,自来有行止不曾犯徒刑,即不是吏人勒停、配军拣放、老疾不任科决及有荫赎之人,与本县典史不是亲戚,勘会得实,置簿并保人姓名籍定。各用木牌书状式,并约束事件挂门首。(状式、约束等在后)(《作邑自箴》卷3《处事》)

成为"写状书铺户"至少需要三名当地的保人保识,保人的名字与书铺户同时列入官府的籍簿中,以方便管理。

既然成为官府审查合格的书铺,就必须在官府受状之前,做好把关的工作:

> 据人户到铺写状,先须仔细审问,不得添借语言,多入闲辞,及论诉不干己事,若实有合诉之事,须是分明指定,某人行打或某人毁骂之类,即不得称疑,及虚立证见,妄攀人父母妻女赴官,意在凌辱,若勘见本情,其写状人亦勾勘。(《作邑自箴》卷8《写状钞书铺户约束》)

若有违法者,除了"毁劈木牌印子,更不得开张书铺"之外[58],因为具有经由官方认定的身份,所以如同公吏犯罪,情节重大者,必须受杖一百、编管、枷项令众的处分。[59]

经由书铺写成的状子,可否视成书铺公证"保识"?北宋末年,某些地方官似乎认定已完成了手续。[60]但是诉讼当事人毕竟有城乡之别,不见得都居住在城市里,乡下人入城到县衙诉讼之前,或许会找人商量与保识:

> 乡人之讼,其权皆在信听安停人,以为有理则争,以为无理则止。讼之初至,须取安停人委保,内有山谷愚民,顽不识法,自执偏见,不可告语者,要须追停保人戒谕,庶或息讼。(《州县提纲》卷2《戒谕停保人》,第12页)

---

[58]《作邑自箴》卷3《处事》。
[59]《清明集》卷11《人品门·公吏》"假作批朱",第422页。置于"公吏"类,可见书铺被《清明集》的编纂者视为官方身份的吏人。又戴建国:《宋代的公证机构——书铺》指出宋代的书铺有二项特点:"其一是民办而非官设机构;其二不是国家行政机构",作者认为书铺虽是民间机构,但是身份上的处罚却视作"半官方"人员。
[60]《作邑自箴》卷6《劝谕民庶榜》及卷8《写状钞书铺户约束》中皆未提到其他的保识人,只有榜谕庶民必须找有县给"木牌"的书铺写诉状,而书铺也应该"切在依禀,如违前项指挥,必定勘决,毁劈木艉子,更不得书写文字,的不虚示"。

衙门寄望安停人必须向乡野庶民说明法律诸多可能性,以期透过他们达到息讼。"安停人"可以担任"委保"的保人工作,至于这些"安停人"是由谁担任,并无足够资料可以充分说明。朱熹就曾指定书铺的"茶食人"[61]可以充当保识人:

> 人户陈状,本州给印子,面付茶食人开雕,并经茶食人保识,方听下状,以备追呼。若人户理涉虚妄,其犯人并书铺茶食人一例科罪。(《朱文公文集》卷100《约束榜》,第16页)

官府给予公印证明,由茶食人盖印保识之后,方可投状诉讼,而要进入朱熹管辖的潭州投状时,除了到书铺写状之外,也要经过茶食人的保识。若干判词中,茶食人的功能反而是负面的[62]:

> 成百四,特间巷小夫耳。始充茶食人,接受词讼,乃敢兜揽教唆,出入官府,与吏为市,专一打话公事,过度赃贿。(《清明集》卷12《惩恶门·把持》"教唆与吏为市",第476页)

成百四或许未具有地方官给的"保识印子",只因为职业之便,就充当起保人的工作。

黄震就要求"不经书铺不受,状无保识不受"。可见南宋末年,有些地方官双重要求投词要有"写状人"和"保识人",尤其是"告杀人罪"时,若非"的亲血属"者[63],"入词投保"是必要的条件。

以"王祥资给陈一诬告厉百一杀人"一案为例[64],厉百七本姓陈,入继为厉五一之子,和从兄厉百一的妻子私通。在某大雨夜里,厉百一追捕可疑之人,厉百七不慎失足落水身亡。厉百一于发现厉百七的尸体后,曾给厉百七的妻

---

[61]　"茶食人"究竟是什么行业,作者认为与书铺的营业有关。陈智超:《宋代的书铺与讼师》认为是"与书铺同一类人物"。〔日〕高桥芳郎:《务限の法と茶食人——宋代裁判制度研究(一)》认为是"担任保识的安停(茶食)人"。作者同意高桥芳郎的说法,茶食人的出现与"保人制度"的发展有关联,"保人制度"见于本书第六章第三节。至于《清明集》以外的"茶食人"资料,目前只见到两条,出处如下:(1)周必大:《文忠集》卷193《(淳熙二年)又乞与王弱岳祠札子》,第2页。(2)《黄氏日抄》卷79《江西提刑到任(咸淳九年三月初六日交割)·交割到任日镂榜约束》,第6页。

[62]　参见〔日〕高桥芳郎:《务限の法と茶食人——宋代裁判制度研究(一)》引述《清明集》卷1《官吏门·徽饬》"郡僚举措不当轻脱";卷12《惩恶门·豪横》"与贪令捃摭乡里私事用配军为爪牙丰殖归己·检法书拟"。

[63]　《清明集》卷13《惩恶门·告讦》刘后村"自撰大辟公事",第491页。

[64]　《清明集》卷13《惩恶门·告讦》"资给诬告人以杀人之罪",第487页。

母一笔钱。逾年余,王祥却先后诱使陈三及陈一入词。最初,死者的本生兄陈三告论不成,王祥又呼陈一入词。陈一与死者的关系不清楚,可能是族远亲,所以必须"投保"才能立案。从王祥带陈一到提刑司陈词,以及陈一的状稿上足以证明王祥是这一场官司的"资给"人等叙述看来,王祥很有可能就是陈一的"保识人"。

保识人有其担保的责任,若是诉讼当事人不愿出面时,衙门会将保识人押上问案,此外,投状人没有书写真实姓名,虽然有保识人的保证,即使官府接受审理,案件最后还是会被驳回而不受理。[65]

(四) 投状的费用

书铺是官方指定接受当事人"雇倩"代写诉状,具有营利性质。不是官府籍定写状的书铺,"不得书写状钞,却致邀难人户,多要钱物"[66]。反之,有官府印鉴的书铺向诉讼人收取写状费用是合理的,只是究竟必须准备多少钱?大概也没有定数。[67] 程珌(1164—1242)曾说:"以二尺之纸,设蒙阱之词,费不十金。"[68] 从乾道六年(1170)"雷击不孝子王四"的故事中,可知当时在江西抚州临川县基本的投状费用得花上"二百钱":

> 临川县后溪民王四,事父不孝,常加殴击,父欲诉于官,每为族人劝止。乾道六年六月,又如是,父不胜忿,走诣县自列。王四者持二百钱,遮道与之,曰:"以是为投状费。"盖言其无所畏惮也。(《夷坚丁志》卷8《雷击王四》,第58页)

二百钱大概是当地人约8—10天的"米粮"价钱。[69] 南宋有些投状人因"贫而无保",往往到衙门投递讼牒后,就被寄狱关留。[70]

---

[65] 《清明集》卷14《惩恶门·奸恶》蔡久轩"一状两名",第524页。
[66] 《作邑自箴》卷6《劝谕民庶榜》。
[67] 《朱文公文集》卷100《约束榜》,第14页。
[68] 《洺水集》卷9《书富春断案集后》,第11页。
[69] 关于南宋的米价,参考梁庚尧:《南宋的农村经济》,第238—245页。乾道六年,江西"平时"(非荒年)的米价约12—15钱/升之间,所以两百钱约可得到16—18升,一个人的食量以1.5—2升/天计,则可推出8—10天。
[70] 《州县提纲》卷2《察监系人》,第11页。

（五）诉状的格式

《作邑自箴》卷8《写状钞书铺户约束》及卷6《劝谕民庶榜》，不只是将标准的"状式"颁给书铺印刷，同时也贴榜告示庶民[71]，今复原如下：

> 状式
>
> 某乡、某村，耆长某人，耆分，第几等人户，姓某，见住处去县衙几里（如系客户，即云系某人客户）
>
> 所论人系某乡村居住，至县衙几里
>
> 右某年若干，在身有无疾、荫（妇人即云有无娠孕，及有无疾荫）
>
> 今为某事，伏乞县司施行。谨状
>
> 年　月　日　姓某押状

最后于年月日之前要清楚盖上书铺的印子。其中叙事文字不能太冗长，大概是"二百字到五百字"左右。[72] 用真楷来书写，如果有数字的文字时，必须以壹、贰……等大写字表示。[73] 由于若干陈状人会利用"新旧官交替之际，再将已经县断事烦紊官方"，所以有人建议新官初任时，陈状人必须在状内明确写上："今来所理会事，即未曾经本县理断，如后异同，甘罪不词"等文字。[74]

此外，朱熹也留下"州衙"的状式格式，虽然是属于州级单位，除了"诉某事合经潭州"、"无理越诉"、"候判府安抚修撰特赐台旨"不适用于县衙外，其他的要件应该都符合县衙，所以可视为南宋时期具体的诉状格式[75]：

> 状式
>
> 一、某县、某乡、某里、姓名
>
> 一、年几岁，有无疾、荫，合为状首，堪任杖责，系第几状（一、诉某事合经潭州）
>
> 一、即不是代名虚妄，（无理越诉）或隐匿前状，如违，甘伏断罪号令

---

[71]《作邑自箴》卷6《劝谕民庶榜》。
[72]《宋会要》刑法3之32。又《朱文公文集》卷100《约束榜》，第15页。
[73]《作邑自箴》卷8《写状钞书铺户约束》。
[74]《作邑自箴》卷6《劝谕民庶榜》。
[75]《朱文公文集》卷100《约束榜》，第17页。原文的"状式"并未隔行书写，愚参考《作邑自箴》后，制作而成。

一、右某(入事,明注年月,指涉某人某事尽实,限二百字)须至具状
披陈,伏(候判府安抚修撰特赐台旨)
　　年　月　日　姓某押状

两状式相比较之下,朱熹的状式必须书写"堪任杖责"的身体情况及"如违,甘伏断罪号令"的声明,应该与南宋任意投状诉讼的风气有关。官府制定统一的状式,要求论诉人提供必要的资讯,并定下具结,为官府和民众都提供了方便。[76]

当投词人准备妥当形式要件齐全的诉状,到官府投状之后,案件始得以成立。接下来,县衙就要进行处理。虽然理想上,县官在受词引状日时,应该"终朝而毕"才不至于滞讼。但是南宋处理诉讼而不流于积压的县官始终是少数,若想不滞讼,一方面必须精力充沛,另一方面还要能分类有术。[77] 由于拖延时间,久不能结案,所以南宋的县官面临着民众因不耐久等而一再投词的现象:

> 词讼在官,不与结绝,所以愈见多事。每一次受牒,新讼无几,而举词者往往居十之七八,徒费有司之阅视,徒劳人户之陈请,不若先行告示,凡有词在官,如易于剖析,即与施行,但有追会不齐,究实未到,合听有司区处,不应叠叠陈词,今以两月为期,如两月之外,不睹有司结绝,方许举词,不然并不收理。(《昼帘绪论》卷6"听讼篇第六",第9页)

原来阅状后,官府必须"追会"才能究实,而县衙人员如何进行追查证据,才能符合判决程序的进行?

---

[76] 衙门依各种业务,订定"状式",所以状式的种类繁多。《作邑自箴》卷9《判状印板》中列出"推税"、"析户"、"落丁"、"佃田"的状式。《朱文公文集》卷99《社仓事目》有"排保式";卷100《公移》有"看定文案申状式",等等。王之望《汉滨集》卷9《论部民诉经界书》中论及统一格式的"状式"可以弭除不必要的纠纷词讼,第15页。

[77] 《昼帘绪论》"听讼篇第六",第8页;《作邑自箴》卷2《处事》;《朱子语类》卷106《潭州》,第2657页。

第二节　追证的人员与原则

追证的原意为"勾追证逮",指追捕当事人及证人[78],而衍伸意为"官中受牒,必为追证",就是追查与案情相关的证据。[79]官府的"追证会实"[80],除了当事人及其所提供的人证与物证之外,还必须派遣人员实地勘验。本节将以法律规定与实例说明县衙有哪些追证人员与若干原则。

一、追证的官吏

县衙的官员因为职务的需要而外出,法令上规定常留一员,除非"俱阙"才由州派员到县衙权理县令的业务:

> 诸县令、丞、簿虽应差出,须常留一员在县(非时俱阙,州郡差官)。(《庆元条法事类》卷6《职制门三·权摄差委》"职制令",第70页)

可见县官中的"令、丞、簿、尉"中,县尉是被排除于必要留守的官员。究其立法之由,应该缘于县尉有其"主动"追证的职责。

宁宗嘉定八年(1215)间,魏了翁(1178—1237)守四川潼川府,因受朝廷之召而准备回临安,途中寄宿于中江县寺中,夜遇民宅失火,魏了翁巡视火场,看到当时的县尉邓应午"已率巡徼吏,奋身颜行,拔藩撤屋,不移瞬而火熄"。当魏了翁欲嘉奖邓应午时,则邓应午回答曰:

> 尉不当如是邪?尉敛板百寮底,诚卑且贱矣!然近民莫尉若也。讥盗、胗尸、追亡、擿伏,始一不谨,祸且蔓延,亦犹救焚,不务遏截,炎炎孰御?(《鹤山先生大全文集》卷84《监成都府钱引务邓君应午墓志》)

这一席话道出县尉的"要职",除了必须驰救偶发的火灾,平日就得"讥盗、胗尸、追亡、擿伏"。江西兴国军通山县簿尉李仁垕(1203—1230)也曾说:"尉以

---

[78] 文彦博:《潞公文集》卷30《奏久旱不追扰事(元祐五年[1090]五月)》,第5页;不著撰人:《宋史全文》卷34《淳祐八年(1248)二月乙亥》条。
[79] 《袁氏世范》卷1《收养亲戚当虑后患》,第28页;赵鼎:《赵忠正德文集》卷2《乞曲赦庚寇》。
[80] 《州县提纲》卷2《证会不足凭》,第8页。

弭盗为职，虽亡盗，备可弛乎？”(81)二者都道出县尉主动维护治安的职务。

进士出身曾为县尉的彭龟年（1142—1206）戒侄有诗曰：“作尉之难似胗尸，一生一死总吾为，是心倘有分毫歉，脱手翻车悔莫追。”(82)朱熹的门人陈宓（1171—1230）书信给赵县尉中说：“尉之职虽卑，而权与省部等，世不察也。今有杀人，尉必先视之，其轻重出入，定于一时之见。”(83)所以如此说，实因县尉是法定“杀伤公事”的侦办者，早在北宋真宗时已有如此的规定：

> 真宗咸平三年（1000）十月诏：今后杀伤公事，在县委尉，在州委司理参军。如阙正官，差以次官，画时部领一行人躬亲检验，委的要害致命去处，或的是病死之人，只仰命官一员画时检验，若是非理致命，及有他故，即检验毕，画时申州，差官覆检诣实，方可给与殡埋。（《宋会要》刑法6之1）

所以县尉不可避免地负责统筹规划重大案件的真相调查。

尤其是生死攸关的验尸相关诉讼案件，如赵师浔（1148—1199）初官浙东台州临海县尉的事迹：

> 邑民自经而有伤，又以移尸兴讼。令受私谒，谕君毋生事，君正色曰：“事干人命，今日正欲得实耳。”长揖而起，终直其事，人皆称平，令惭且不乐。（《攻愧集》卷104《赵深甫墓志铭》，第9页）

县令受私请，不愿处理“自残移尸”的案件，赵师浔以“事干人命”积极查办而得实，并且作出判决。而县尉追查人命案件时，尤其需要接触验尸工作。吕本中（1084—1145）的《官箴》曾记载黄兑谈及县尉检尸的经验与责任：“顷为县尉，每遇检尸，虽盛暑亦先饮少酒，捉鼻亲视。人命至重，不可避少臭秽，使人横死无所申诉也。”(84)

如果本县之县尉职缺时，验尸的工作就委任其次之官担当，而所谓其次之

---

(81) 《西山真文忠公集》卷46《南昌丞李君墓志铭》，第5页。
(82) 彭龟年：《止堂集》卷18《送徐仲洪尉南安八首》，第13页。
(83) 《复斋先生龙图陈公文集》卷17《送赵县尉时棣》。
(84) 吕本中：《官箴》。

官乃指县丞、主簿之类的官员⑧⑤，有关验尸的事实调查，在县衙则委于尉，阙县尉的情况下，则必须委簿、丞、监当官，但是县丞不能出县界，所以若需出县城验尸，就只能委主簿或监当官。若县尉、簿、丞、监当官皆阙，由县令亲自出县城亦不得过十里，因此就请邻近的县或巡检寨支援此等公事。

基层衙门的人员缺乏，容易造成侦查追证没有效率，就连武官出身的掌刑狱者都有改革之言，淳熙元年（1174）五月十七日，浙西提刑郑兴裔（1126—1199）⑧⑥："每见州县积玩成风，检验之法无复存，惟是任胥吏纳贿赂，出入律令。"⑧⑦于是针对确切检验尸体的制度奏言，由朝廷统一规模格目，并设立案件字号，便于案件处理的顺序。基本格目一式三本：一本由州县保存；一本存于被害人之家；一本则缴交提刑司，并且依步骤理案、存档。⑧⑧ 此一格式由刑部镂板颁下提刑司施行，成为南宋官府的固定公文形式，保存于《庆元条法事类》卷75《刑狱门五·验尸》"杂式"中。⑧⑨

此后，就县衙而言，县民身死，"事闻于县"，本县就得依法令"差县尉体究"，县尉与巡检必须申回"格目"给县衙及提刑司，作为县民身死衍生案件的证据。⑨⓪ 相对于北宋"落丁"的手续而言⑨①，乡民报请验尸是一种繁复程序，所以有"血属类不忍其亲以尺检，有责状一纸，即付浮屠家"，不为死者伸冤⑨②，或是出现"畏申官之费，即焚其尸"的案例。⑨③ 甚至有因官府主动侦查，将自杀检验列入刑案，而牵连亲人囚于县狱。如陈梦庚（1190—1226）知江西抚州时处理属邑宜黄县一件狱案：

> 宜黄人有得罪于父而缢死者，县囚其父三月。公亦一阅而纵之，仁而

---

⑧⑤ 《宋会要》刑法6之6。又见于《庆元条法事类》卷75《刑狱门五·验尸》"职制令"，第533页。但是缺"本"县界及"于"初验日。
⑧⑥ 《文忠集》卷70《武泰军节度使赠太尉郑公（兴裔）神道碑（嘉泰四年）》，第15页。
⑧⑦ 郑兴裔：《郑忠肃奏议遗集》卷上《请行检验法疏》，第15页。
⑧⑧ 《宋会要》刑法6之5。
⑧⑨ 《宋会要》刑法6之5—6，郑兴裔所有三大部分皆为《庆元条法事类》格式化。
⑨⓪ 《清明集》卷13《惩恶门·妄诉》翁浩堂"姊妄诉妹身死不明而其夫愿免检验"，第501页。同书同卷同类，翁浩堂"叔诬告侄女身死不明"。《后村先生大全集》卷192《建康府申已断平亮等宋四省身死》，第1页。
⑨① 《作邑自箴》卷9《落丁》，"本保勘会的实身死年月日，取邻结罪保状申，限 日"。
⑨② 《黄氏日抄》卷70《申县解回续收人状》，第1—3页。
⑨③ 洪迈：《容斋三笔》卷16《奏谳疑狱》，第602页。

能断,闻者以为法便民,奏上。(林希逸:《竹溪鬳斋十一稿续集》卷22《崇傅陈吏部墓志铭》,第3页)

大概是县衙检验"得罪于父"而缢死者的尸体之后,以疑狱立案,并将死者的父亲囚禁三个月之久。直到知州审阅处理县衙送来的狱案时,才释放了自杀者的父亲。

县尉执行法定的验尸工作,并且接受其上官的命令而追捕危害地方治安的罪犯[94],或是民众因故失踪,巡检与县尉就应该负起查访的责任。[95] 由于县尉有主动捕盗追凶的职责,一方面,有的县尉以无罪人送往衙门应付了事,造成追证过程中的冤狱。如范机(1130—1210)知浙西秀州(嘉兴府)崇德县时,因为一件"盗牛杀人"的狱案与县尉相左:

> 有盗牛杀人而逸者,尉逮其邻,抑使诬伏。君察其妄,释之。移尉使求真盗,尉大诟怒,至白部使者,以纵盗诋君。(《西山真文忠公文集》卷43《宋通直范君墓志铭》,第22页)

县尉妄将被杀者的邻人勾追逮捕到县衙,知县虽然释放无辜的邻人,但是却引起县尉的不满,甚至向监司投诉知县"纵盗"失识。

另一方面,因为县尉的职责与地方治安有关,是危险性高的工作[96],县尉也可说是最容易受暴力攻击的官员。如淳熙元年(1174),汪大猷(1120—1200)知隆兴府兼江南西路安抚使时,曾与提刑司共同接获一件吉州吉水县的武尉被伤案子:

> 吉民王氏雄于财,怒武尉之不容冒佃官地,诬诉于州。尉不屈,夜归过其门,使人折其足,事达于帅、宪。公同奏其事,且谓:"父子皆以赀得官,恐从末减,无以惩奸,乞先除其名。"(《攻愧集》卷88《敷文阁学士宣奉大夫致仕赠特进汪公行状》,第1页)

---

[94] 《水心先生文集》卷23《福建运使直显谟阁少卿赵公墓志铭》,第5页;《攻愧集》卷91《文华阁待制杨公行状》,第1页。

[95] 《后村先生大全集》卷150《杜郎中墓志铭》,第1页。

[96] 陈柏泉编:《江西出土墓志选编》《有宋江陵府松滋县簿(尉)翟公墓志铭》(编号59),第171—174页。

伤人者是以赀得官的富民，因为县衙武尉不容其“冒佃官田”一事，而使人埋伏于县尉夜归途中，并折断县尉之足。从这事件中不难看出县尉的职务所具有的危险性。

实务上，也有县尉“奉檄核富室之讼”(97)，也就是说，争财诉讼的追证亦交由县尉负责，“盖一县狱讼之大者，争讼则有定验，盗贼则有追捕，杀伤则有检证，皆倚办于县尉”(98)。县尉追证争财案件的工作中，必须经常去“打量”有纠纷的土地。(99)

正因为县尉负责证据的调查，其调查的结果也可以在初审判决作为证据的一部分(100)；或是打量土地时，发觉新的证人，也得勾追新证人到县衙。如嘉定十四年(1221)“胡楠与周春争产”案(101)，楠以诡户逃漏税被查觉之后，承认将土地置于“黄义方”名下，可是周春却拿出与“黄义方”交易的契约，“初事送尉司，展转两年，讫无成说。”直到上级衙门要求重审后，才解决了胡楠与周春的争占案件，但是胡楠又拿出黄义方的田产账册(砧基簿)，指出另有一处税田共十三号，经由县尉打量，发现只有十一号现存，于是要求佃田人徐五三“供”出

(97) 《西山真文忠公文集》卷46《朝奉大夫赐紫金鱼袋致仕滕公墓志铭》，第1页。
(98) 陈元晋：《渔墅类稿》卷1《乞换雩都武尉札子》，第2页。
(99) 表2-2-1《清明集》县尉外出追证的案例，例1、2、3、4、12。

表2-2-1 《清明集》县尉追证案例

编号	卷·门·类	(作者)篇名	案件性质	
			讼	狱
1	四·户婚·争业	使州索案为吴辛县抹干照不当	○	
2	四·户婚·争业	胡楠周春互争黄义方起立周通直田产	○	
3	五·户婚·争业	(刘后村)争山妄指界至	○	
4	八·户婚·女承分	(范西堂)处分遗孤田产	○	
5	十一·人品·士人	引试		○
6	十三·惩恶·告讦	自撰大辟之狱		○
7	十三·惩恶·告讦	(翁浩堂)姊妄诉妹身死不明而其夫愿免检验		○
8	十三·惩恶·告讦	(翁浩堂)叔诬告侄女身死不明		○
9	十三·惩恶·诬赖	以累经结断明白六事诬罔脱判赖田业	○	
10	十四·惩恶·奸恶	杀人放火		○
11	十四·惩恶·淫祠	(胡石壁)计嘱勿毁淫祠以为奸利		○
12	附录二勉斋集	白莲寺僧如琏论陂田	○	
13	附录二勉斋集	邹宗逸诉谢八官人违法刑害	○	

(100) 表2-2-1，案例1。
(101) 《清明集》卷4《户婚门·争业上》“胡楠周春互争黄义方起立周通直田产”，第113页。

田主姓名,还将田主"追"上衙门,"供"词"对"证胡楠所提的证据之可靠性。

　　县衙另一位容易被派遣外出的追证的官员是主簿(参见表 2-2-2)。除了如督捕剿寇的非常状况以外[102],平时主簿不必负责追证逮捕人犯的工作,也不能带武装的弓手出衙,但也有外出追查户婚田土案件时,却可能遇到强悍者"恐吓主簿于体究之时"[103]。而主簿外出调查案情,亦需要当地邻保的协助,"唤集邻保、两词,同登山究实"或是就地审问"引上"的重要证人[104],回衙门之后,草拟调查结果,作为知县判决的重要证据。以"傅良与沈百二筑篱争地界"一案为例[105],本文的判决就是根据"详主簿所申",判断出沈百二是无道理的一方,知县"委官审究",派遣主簿考对乔宅契书的记载,查视两屋原本地基的位置及访查邻里的证词,一切合乎追证的程序。

表 2-2-2 《清明集》主簿追证案例

编号	卷·门·类	(作者)篇名	案件性质	
			讼	狱
1	六·户婚·争田业	争田业	○	
2	六·户婚·争田业	王直之朱氏争地	○	
3	六·户婚·争界至	争地界	○	
4	八·户婚·孤幼	(胡石壁)叔父谋吞并幼侄财产	○	
5	九·户婚·坟墓	(赵知县判)主佃争墓地	○	
6	附录二	崇真观女道士论掘坟	○	
7	附录二	陈安节论陈安国盗卖田地事	○	

　　主簿平时主要是管理一县的赋税版籍。北宋官府卖出"钞旁"提供纳税人户申缴各项赋税,钞旁即是由官方统筹计划印造的凭据,又称为"由子"或"凭由"。[106] 主簿正是专管勾销县钞业务的官员:

　　　　诸县人户送纳税物,官司交讫合给朱钞,县钞即关主簿勾销,户钞即

---

[102] 《复斋先生龙图陈公文集》卷 23《蜀郡夫人赠东平郡夫人黄氏行状》。
[103] 《清明集》卷 8《户婚门·孤幼》胡石壁"叔父谋吞并幼侄财产",第 285 页。
[104] 《清明集》卷 9《户婚门·坟墓》莆阳"主佃争墓地",第 325 页。作者应该是名主簿。
[105] 《清明集》卷 6《户婚门·争界至》"争地界",第 198 页。
[106] 参见王德毅《南宋杂税考》,载王德毅《宋史研究论集》第 2 辑,台北:商务印书馆 1972 年版,第 315—370 页。每一钞旁称为一副,每副一式四份:一曰户钞,由纳税民户执凭;二曰县钞,关报县司注销税簿;三曰监钞,由收税官吏执掌;四曰仓钞,由仓库藏之。

付人户勾执照,使人户免致重叠追呼骚扰。(《朱文公文集》卷29《乞给由子与纳税户条目》,第25页)

而人户的不动产如土地、田宅之类等税产,是计算缴纳税物的主要根据,所以人户若有买卖或继承而变更户产的资料,及必须缴纳税契钱时,都应该到主簿厅办理手续。因此南宋有关土地买卖或财产的纠纷,在县陈词之后,往往"续送主簿厅",当主簿接手处理诉讼案件,进行由知县委任的初步审查工作。[107]

有些诉讼当事人熟悉县衙的行政作业,先向主簿厅请求户婚田土的"公据",作为日后打官司的证据。以"陈子国与陈希点父子与人争田"为例,陈子国于(某年)九月向主簿厅申请改"学粮租田"的公据,将聂瑜户改为陈文学户。迄十一月,真正的业主聂士元向县衙"论陈子国强占所买学粮租田",并接着到主簿厅陈词改正。当县衙欲追索陈子国及其所有的契约书与公据,并进行两造对证时,陈子国一直不出官,后来,他的儿子陈希点到官投状告论帅文先"不肯行使官会"及"多典过钱",不但经隔累月不出官对证,官府甚至把他们的干人收禁入狱,他们还是不出面。[108] 而主簿厅是可以受状改正户产的机构,主簿是出给相关"公据"的官员,如果主簿稍不留意而"以朱钞及官员公札为据",使得有心人士"欲以为异日论诉张本",反而造成县衙追证过程中的行政负担。

虽然在实例中,县尉"打量田土"是处理田产诉讼案件的追证工作之一,但是当县尉或巡检差派弓手、土军下乡,恐怕惹来民众的疑虑,不合适于勾追互诉案件词人。[109] 有地方官主张以"文引"交付保正执行勾追的任务,尤其是田讼的知证人:

弓手、土军等人,自非缉捕盗贼,追捉凶强,及干当紧切事务,巡、尉司皆不应辄差下乡,骚扰百姓。今陈世华等所争,特田业耳,罗闰不过知证人耳,此等词讼,州县之间,无日无之,若合追对,但以文引付之保正足矣,如何便差土军。(《清明集》卷11《人品门·公吏》"弓手土军非紧切事不

---

[107] 《勉斋集》卷33《陈安节论陈安国盗卖田地事》,第20页;《清明集》卷13《惩恶门·诬赖》天水"王方再经提刑司钉锢押下县",第516页。

[108] 《勉斋集》卷33《聂士元论陈希点占学租》(称"聂案")及《陈希点帅文先争田》(称"帅案"),第26页。"帅案"是陈希点于十月先告论帅文先不肯行使官会,"聂案"则是由聂士元提出告论。

[109] 《后村先生大全集》卷192《帖乐平县丞申乞帖巡辱追王敬仲等互诉家财事》,第5页。

应辄差下乡骚扰",第438页)

不具备武装的保正有时也被指定为打量土地的人员,并由其出面召集田邻共同勘会争讼的土地[110],所差"无碍保正"必须是当地且身份确定的保长里正,与召集而来的邻人共同"从公"、"对众"打量后,成为判决的证据,当然这些作证的邻保也就负起公证的责任。[111]

有些包括争业相殴、甚至杀伤的案件,并不需要官员出衙追证,只要由如里正之类的地方执役者到当地纠集邻人"会实":

> 固有今日携据而去,明日相殴而来,甚至杀伤者。有司追究,问之里正,则曰邻人,问之邻人,则曰里正。其实里正受赇,勒其为邻,而彼实不知,又或以佃者为邻,又或以亲戚为邻,故必为反复得实,仍勒里正结罪保明。(《州县提纲》卷2《请佃勿遽给》,第8页)

里正可以指定"邻人"一同进行实地会实,并出具盖有官府朱印的邻保"究实状"为证明[112],所以官府不需要勾追这一类诉讼官司的人证。

县衙的吏役人除了到当地集邻人会实之外,也必须接受文引(公文),负责"勾追证逮"的工作。[113]北宋末年,地方官员基于被勾追者的生计与盘缠着想,除非文引标示有"火急"字之外,受引承追两名以上者,其到官的时间尽可能一致:

> 承受引帖人,凡勾追两人已上,须约定时日,齐集出头,即不得先后勾呼,却于所在关留,枉费盘缠及妨营运。(文引上印火急字,及引内指定今逐旋勾追赴县者,即不须候足,径仰先到者出头。)(《作邑自箴》卷5《规矩》)

---

[110] 《清明集》卷5《户婚门·争业下》"经二十年而诉典卖不平不得受理",第162页。
[111] 《清明集》卷5《户婚门·争业下》人境"揩改文字"、人境"田邻侵界(以此知曹帅送一削)",第154页。
[112] 《州县提纲》卷2《再会须点差》,第9页;《清明集》卷4《惩恶门·争业上》胡石壁"随母嫁之子图谋亲子之业",第124页。邻保的究实状应该是由乡司或保长出具朱记成为官方文书。(《清明集》卷5《户婚门·争业下》刘后村"争山妄指界至",第157页)。梅原郁认为"保司"是类似乡书手和乡司,以及都保制度中的保正与保长。愚采梅原氏的看法,认为保司就是"保长、里正及乡司"。参见《名公书判清明集译注》,第245页。
[113] 《清明集》卷14《惩恶门·奸恶》检法书拟"把持公事欺骗良民过恶积山",第525页。

不过,绍兴十六年(1146)中央下诏:"诸鞫狱追到干证人,无罪遣还者,每程给米一升半,钱十五文。"[114]补偿勾追到官的无罪干证人。

南宋的保正有追逮词人的职责,而且追会有时限,除了"大辟、盗贼、冤抑者"不拘常限之外,"若初限例,与一二日追会,不至而辄挞之"[115],所以多有保正、里正、户长等执役之人无法完成这项公事而受罚者,如黄干曾说:

> 今乡村豪民遇有词诉追逮,率是累月以致年岁不肯出官,保正虚受杖责,使人户词诉无由结绝,官吏文移日见壅滞。(《勉斋集》卷33《龚仪久追不出》,第28页)

尤其是豪民久讼不肯出官,不只是使保正受杖,也造成了地方衙门的滞讼。

此外,有些里正于限内无法追逮窃盗到官,则必须负责赔偿被窃之家的损失。如浙东庆元府鄞县人何懋之遭窃盗一案:"盗入其室,箧胠无余。有司以责里正,不堪严急,请代输之。何公以为非义,质诸夫人,夫人曰:'如此,则非我遭寇,乃里正遭寇迩。'何公然之,遂不复诉。"[116]

若干官员审讼采取"官司尽人之词,索上一行人审究,其情节已自分明"。[117]故凡词状内被具名干系者,都有可能受追呼到衙门:

> 凡与一人竞诉,词内必牵引其父子兄弟七五人,甚至无涉之家,偶有宿憾,亦辄指其妇女为证,意谓未辨是非,且得追呼一扰,费耗其钱物,凌辱其妇女,此风最不可长,令须察其事势轻重,止将紧要人点追一两名。若妇女未可遽行追呼,且须下乡审责供状,待甚紧急,方可引追。(《昼帘绪论》《听讼篇第六》,第10页)

县令有决定勾追与否的权利。所以官箴书建议:"婚田斗殴之讼,择追紧切者,足矣。"[118]或是权宜:"差人诣镇、耆长等处,取责人户文状,须呼集邻保对众供写,不能书字,须令代写人对众读示,亲押花字,其代写人及邻保亦须系书,以

---

[114]《宋史》卷200《刑法二》,第4993页。
[115]《州县提纲》卷2《立限量远近》,第10页;又同书卷2《催状照前限》,第10页。
[116]《絜斋集》卷21《何夫人宣氏墓志铭》,第348页。
[117]《清明集》卷12《惩恶门·奸秽》刘后村"吏奸",第446页。
[118]《州县提纲》卷2《判状勿多追人》,第1页。

为证照。"[119]

二、追证的原则

追证是为了有助于判决工作的进行,宋代追证作为判决前的准备程序,哪些原则是当时追证官吏遵守的信念?

(一) 勾追对证

已发的盗杀事件,除了追捕罪犯之外,亦勾追取问与罪犯相干的证人、关系人及原告。这些被勾追到官的关系者,又称作"干连人"[120]、"干系人"[121]、"干证人"[122]或"干照人"[123]。北宋天禧二年(1018)曾下诏军巡院,如果所勘罪人供出重要干证人时,军巡院应该具公文呈报:"并具姓名、人数及所支证事状,申府勾追,候诏证毕,无非罪者,即时疏放。"[124]徽宗宣和元年(1119)及二年立法,约束拘禁追证会未圆的干连人之时日。其中,无罪干证人不能无故关留超过二日,被盗的告发人留置官府的时间亦不得超过五日。[125]

南宋绍兴四年(1134)二月二十三日,高宗颁下恩赦"德音",要求州县应该将无罪干证人责状先放:

> 德音:鞫狱干证人,无罪依条限,当日责状先放。访闻州县多将干证无罪人与正犯人一例禁系,动经旬月,公然乞取。盖缘当职官漫不觉察,平民受弊,自今监司常切觉察按劾,无令蹈习前弊,违例条法。(《宋会要》刑法6之63)

绍兴二十五年(1155),中央大理寺的官员也有"州县不得将无罪的干证人一例与收禁"的建议[126],宁宗嘉泰三年(1203)进一步颁赦,允许被违法拘留者经监司

---

[119] 《作邑自箴》卷5《规矩》。
[120] 《宋会要》刑法1之60,"绍熙四年(1193)七月八日指挥"。
[121] 《宋会要》刑法5之46,"(庆元)四年(1198)八月二日诏"。
[122] 《宋会要》刑法4之22,"(庆历六年[1046])审刑院大理寺言"。
[123] 《宋会要》刑法5之30,"(元符二年[1099])七月四日诏"。
[124] 《宋会要》刑法3之58—59。
[125] 《宋会要》刑法1之31,"(宣和元年)诏令尚书省立法"。《宋会要》刑法2之77—78,"(宣和二年四月)十八日诏"。
[126] 《要录》卷168"绍兴二十五年三月甲子"条,第2744页。

陈诉:

> 其干连人虽有罪,而于出入翻异称冤,情节元不相干者,录讫先断。近来州郡(疑为县)恐勘官到来,临期勾追迟缓,却将干证人尽行拘系,破家失业,或至死亡。可并令释放,着家知在。如违,许被拘人经监司陈诉。开禧二年(1206)、嘉定二年(1209)明堂赦亦如之。(《宋会要》刑法6之44)

由此可见,从北宋迄南宋,"不得长期留禁"是宋朝法制勾追证人的一贯精神。

不过,仍有地方官追逮滞留无罪的干证人,乃至于系狱致死者。宇文师献(1128—1174)知成都的绵州时,有一"佃人杀主之仆而诬其主"的案件,历经两任监司都无法理冤,而外台(监司)"执偏不释,主家死于狱者三人,其他无辜逮系死者,又以十数"[127]。可见无罪干系人难免被勾追到官,连《清明集》的名公们也有为了追捕罪犯而将犯人的父、子等亲属监锢,有长达四个月以上,借以逼迫罪犯出面。[128] 或是告论被劫的当事人在官府未捕获真盗之前,必须留置在牢房里,以"阿钟罗四六行劫"为例[129],府衙不只是要求县衙追捕尚未到案的罗四六等一行人,亦将投词的阿钟关在"厢牢"里,等候完成"对证"的程序。

官府追问证治的时间长短不一,即使曾经仕宦的洪适(1117—1184)遇到和庶民打官司,等待各级衙门完成追证,乃"逾月始定"。[130]而宋代的平民百姓则因作证而滞留牢狱,可想见一般人不甚乐意为证人。洪迈记载一件南宋初年的故事,饶州州吏李辛前往州衙的道途上与平民发生冲突,李辛当街将对方击毙:

> 观者如堵,恐累己,绝不言。辛舍去,街卒以为暴亡,呼其家人葬之。(《夷坚甲志》卷3《李辛偿冤》,第17页)

虽然目击者如堵,却都恐惧受累于作证人的追扰与李辛的暴力,所以竟然没有

---

[127] 张栻:《南轩集》卷41《宇文史君墓表》,第3页。
[128] 《清明集》卷13《惩恶门·妄诉》胡石壁"以劫夺财物诬执平人不应末减",同卷《诬赖》天水"王方再经提刑司钉锢押下县",第497页。
[129] 《清明集》卷13《惩恶门·拒追》胡石壁"峒民负险拒追",第506页。
[130] 《盘洲文集》卷7《诗五十二首》"过濠上·序",第5页。

人出面作证,巡街吏卒就以自然暴毙而草草结案了。

至于勾追女性干证人的相关规定,早在北宋真宗大中祥符七年(1014)有诏女证人若在千里之外,则于女证人所在衙门取问区断:

  诸州勘劾公事,干连女口当为证左者,千里之外勿追摄,移牒所在区断。(《长编》卷82"大中祥符正月"条,第1862页)[131]

因此州衙大多会将传唤取问女性证人的工作交由县衙处理。如果事到监司,监司衙门距离事发衙门较远时,官府可以勾追女性当事人的亲人到官说明。如胡石壁为福建监司时,处理一件"夫欲弃其妻"的离婚案,从此案过程中,将女性当事人虞氏留置在地方衙门,由其亲人到较远的衙门作证[132],如此的追证流程乃考量女性不便出远门,符合北宋以来体恤女性干连证人到官的旨意。

北宋的法律承袭《唐律》规定证人的要件,必须排除"同居兼容隐者,有年八十以上、十岁以下,及笃疾,皆不得令其为证"[133]。南宋孝宗淳熙四年(1177)曾实施"公事之追邻保,止及近邻"的原则。[134] 迄南宋中晚期,随县尉负责检验尸体的吏人却有以"远邻、老人、或妇人及未成丁人塞责",而无法找出重要的证人;还有杀人行凶者"恐切要干证人直供,有所妨碍,故令藏匿,自以亲密人或地客、佃客出官,套合诬证",是为官者不可不知的弊病。[135] 综合上述可知,官府视作重要的证人是以"近邻、成丁"为主,而且嫌疑犯的亲属与仆佃亦需排除于外。

现实中,勾追逮捕的人员有以不得为证者作证之事,制造冤狱,如光宗朝(1190—1194),江东徽州"歙县有妻杀夫系狱,以五岁女为证"一案[136];或常将无关紧要者解送到官,虚应故事,形成迁延判决的弊端。[137] 以"军人张震之妻阿

---

[131] 又参见《宋会要》刑法3之57。
[132] 《清明集》卷10《人伦门·夫妇》胡石壁"夫欲弃其妻诬以暧昧之事",第380页。
[133] 《唐律》卷29《断狱律》总474条"议请减老小疾不合拷讯",第551页;《宋刑统》卷29《断狱律》"不合拷讯者取众证为定"门,第472页。
[134] 《宋史全文》卷26上《淳熙四年十二月甲戌》条。
[135] 宋慈:《宋提刑洗冤集录》卷1《检覆总说下》。
[136] 《水心先生文集》卷21《宝谟阁待制知隆兴府徐公墓志铭》;《宋史》卷397《徐谊(1160—1237)本传》,第12083页。
[137] 如《后村先生大全集》卷160《英德赵使君》,第15页。

叶丢失于州城"为例[138]，负责巡守的厢卒只押上无干人以塞责，而推勘本案的吏人知情不勾追重要证人，以至于迟迟无法破案。

有关证人的人数问题，若只有孤证似难以成为证词。官箴有谓："斗殴必追证，而证不可凭一人之词。"[139]法律上"据众证定罪"的规定："称众者，三人以上，证明其事，始合定罪"，而且"若证不满三人，告者不反坐，被告之人亦不合入罪"。[140]可知"三人"之数是众证的最基本原则，如黄干处理"危教授论熊祥停盗"："危教授之所恃以论熊祥者，但有三人可以为证。"[141]或是文天祥（1236—1283）重审杨小三死事命案时，提出疑点之二："杀人无证，只据三人自说取，安知不是捏合。"[142]皆可证得至少三人成众证是南宋时期通行的原则。

干连人的待遇，甚至被视为有罪的"重囚"[143]，如宁宗朝，赵与欢在朝廷上说："死囚以取会驳勘，动涉岁时，类庾死，而干证者多毙逆旅。"[144]可见死囚、干证人多有死于追证中。以"危教授论熊祥停盗"一案为例[145]，危教授陈论案情时，具名指论熊祥所停的"盗人"是陈九、饶细七和舒九，当这三人主动到官作证辩解不是强盗时，却被押下县狱。其中，陈九终在狱中被捉缚打损以至于身死，而熊祥的两名侄子熊谦、熊渐也都因案被系于狱。最后黄干以"罪不相及，乞照赦疏放"，可知干连证人的入狱处境与罪人相差无几。

陈梦庚（1190—1226）知广东惠州，到官之日赫然发现衙内有系囚者众，皆是"韩达诉论赣客韩必和之死"案：

> 有重囚连逮在犴，人二十九，前死者不计也。公曰："韩必和赣客也，去管下九年，而后韩达诉尸无证，徒据黠卒陈猛一言。诘之，则曰传闻也。且见疑闻而信乎？"（《竹溪鬳斋十一稿续集》卷22《崇禧陈吏部墓志铭》，第3页）

---

[138] 《清明集》卷12《惩恶门·奸秽》婺州"兵士失妻推司受财不尽情根捉"，第449页。
[139] 《州县提纲》卷2《证会不足凭》，第8页。
[140] 《唐律》卷29《断狱律》"议请减老小疾不合拷讯"，及《宋刑统》卷29《断狱律》"不合拷讯者取众证为定"门，第472页。
[141] 《勉斋集》卷32《危教授论熊祥停盗》，第1页。
[142] 《文文山集》卷12《委金幕审问杨小三死事批牌判》。
[143] 即"情理重害"的囚徒，至于"情理重害"参见本书第四章第二节"定法"。
[144] 《宋史》卷413《赵与欢本传》，第12402页。
[145] 《勉斋集》卷32《危教授论熊祥停盗》，第1页。

县衙以军卒陈猛一言而成案，并追逮超过二十九位的干连人，甚至已有身死于狱中。陈梦庚委通判重新审鞫后，案情大白，二十九人皆释。因此陈梦庚有机会列事于朝，他就指出："惠民苦赣商之害，名为贩负，实则暴客，豪夺必空其庐，忿激多死于斗争，而诬讼捕系尤扰。"诬诉案件不只是捕系"尤扰"，其实也很容易发生干证人"无辜致死"之冤。(146)

一般非斗杀的诉讼案件，勾追到县衙对证者，理想上应止于两造词人。北宋末年的官箴不主张勾追当事人到官，"婚田暧昧者，只勾近邻、近亲人照证"；"买卖有契要，而辄相昏赖者，不必勾人，稍行根治，便见本情"(147)。虽然如此主张，陈词人似乎很难避免到官对证，甚至有县衙会借机向论诉户婚田土的词人催税，模糊了县衙理诉人户词讼的功能。从宣和五年（1123）中书省的奏言中，可以得知若干县官对于"陈过词状"的人户，"未论所诉事理如何，却先根刷陈状人户下积久"之税，非但不即刻处理陈状的内容，却先斤斤索讨陈状当事人户积欠的赋税，以至于：

> 百姓避惧，遂致不敢到官，披诉冤抑，或因对证，勾追人户到县，与词状分日引受，若遇事故，有迁延至五七日不能辨对了当，非理拘留，妨废农事。（《宋会要》刑法2之87）

有些衙门还将勾追词人到官对证的时间与引词状日分开，迁延留置陈词人。被留置的陈词人会交给称为承监人的衙吏监管，据有经验的官员观察，"承监人乞觅不如意，辄将词人锁之空室"，故意刁难，不允许陈词人召保。或是受到另一陈词者的贿赂，"以无保走窜妄申，官司不明，辄将其人寄狱者，多矣。"为了改善此弊，也有主张不能将无罪词人系狱，"果有贫而无保，须度事之轻重，或押下所属，追未至人。"(148)

将陈词人押下所属，不要滞留衙门，毕竟是官箴的理想主张。若是官府一日之内无法审讼完毕，只得将词人押下县衙临时收留室，甚至两方僵持日久，

(146) 《勉斋集》卷32《曾知府论黄国材停盗》，第5页。

(147) 《作邑自箴》卷2《处事》。"勾近邻、亲人照证"应该是官吏到地头招集"田地四邻"取证为状，符合典卖田产的"问亲邻"原则。

(148) 《州县提纲》卷1《察监系人》，第11页。

尚且受到知县判以"讯荆下狱"的威胁。以刘克庄(1187—1269)审理"女家已回定亲帖而翻悔"一案为例,刘克庄至少作出七次判决,第一判:"两争人押下评议,来日呈";第二判:"今晚更无定论,不免追人寄收";第四判:"定帖分明,条法分明,更不从长评议,又不贲出缣帖,必要讯荆下狱而后已";第七判:"照放,各给事由"。[149] 可见官府在未作出最后判决前,两造到官供证时,有时将受限制居住或入狱荆讯。

在田土交易的诉讼中,买卖契约上的牙保也列入必要勾追者(参见表2-2-3)。广义的牙保包括中间介绍人与写契约书的保明人,以"陈五与邓楫以田换田"案为例[150],曾少三与邓四六分别是游说者与写契人,他们曾经"送狱供对",此乃法律上规定重叠交易的买卖,知情的牙保应该负起赔偿责任与罪罚。[151] 所以牙保是必然的"干证人"。又如"丘庄盗卖田业"案[152],县司追到一行人究问的时间不一,盗卖者丘庄先入狱刑讯,与牙保丁千七、丘广德对证完毕之后,才得以出县狱。丘庄因该案又陆续到县衙"佐官厅"[153]继续供录案情,其他人则"着家听候审判"。

表2-2-3 《清明集》勾追众证案例

编号	卷·门·类	(作者)篇名	案件性质		
			讼	讼狱	狱
1	四·户婚·争业上	陈五诉郑楫白夺南原田不还钱		○	
2	五·户婚·争业下	(建阳佐官)从兄盗卖已死弟田业		○	
3	六·户婚·争田业	争田业		○	
4	六·户婚·争田业	(吴恕斋)诉侄盗卖田	○		
5	七·户婚·检校	(韩似斋)官为区处	○		
6	七·户婚·孤寡	(吴恕斋)宗族侵孤占产	○		
7	八·户婚·立继类	(拟笔)命继与立继不同	○		
8	九·户婚·争财	(莆阳)掌主与看库人互争		○	

---

[149] 《清明集》卷9《户婚门·婚嫁》刘后村"女家已回定帖而翻悔",第346页。
[150] 《清明集》卷4《户婚门·争业上》"陈五诉邓楫白夺南原田不还钱",第108页。
[151] 《清明集》卷5《户婚门·争业下》建阳佐官"从兄盗卖已死弟田业",第144页。又见于本书第六章第三节。
[152] 《清明集》卷5《户婚门·争业下》建阳佐官"从兄盗卖已死弟田业",第144页。
[153] 可能指"主簿厅"。

(续表)

编号	卷·门·类	（作者）篇名	案件性质 讼	案件性质 讼狱	案件性质 狱
9	十一·人品·厢巡	（胡石壁）约束厢巡不许辄擅生事拘执百姓			○
10	十二·惩恶·奸秽	（刘后村）吏奸			○
11	十二·惩恶·奸秽	（婺州）兵士失妻受财不尽情根捉			○
12	十二·惩恶·豪横	（宋自牧）与贪令捃摭乡里私事用配军为爪牙丰殖归己	○		
13	十三·惩恶·告讦	资给诬告人以杀人之罪	○		
14	十三·惩恶·妄诉	（翁浩堂）妻自走窜乃以劫掠诬人			○
15	十三·惩恶·妄诉	（翁浩堂）妄论人据母夺妹事	○		
16	十三·惩恶·妄诉	（翁浩堂）叔诬告侄女身死不明			○
17	十三·惩恶·妄诉	（婺州）钉脚	○		
18	十四·惩恶·奸恶	（胡石壁）合谋欺凌孤寡	○		
19	附录二·勉斋集	邹宗逸诉谢八官人违法刑害			○
20	附录二·勉斋集	徐莘首赌及吧民列状论徐莘		○	
21	附录二·勉斋集	徐家论陈家取去媳妇及田产		○	
22	附录三·后村先生大全集	饶州州院推勘朱超等为趣死程七五事			○
23	附录三·后村先生大全集	铅山县禁勘裴五四等为赖信溺死事			○
24	附录四·文文山集	委佥幕审问杨小三批牌判			○

  州衙可以视情况要求县衙递押争讼人及干证人，如果人数太多，权宜交由县衙追查，县衙不必同时勾追人证到官府，有时"各追人供对"，责写成供状[134]，虽然取问供责状不见得都在衙门完成[135]，不过，写成供状是追证最后的程序。有些谨慎的县官会在词人供责时，"当厅监视，能书者自书，不能者止令书铺附口为书。"[136]如果判决前没有将重要的干连人追证到官，致使供责的资料不完全，"供对"的程序出现瑕疵，这样的行政错误，连《清明集》里的名公也得自省

---

[134] 《清明集》卷6《户婚门·争田业》吴恕斋"诉侄盗卖田"，第183页。
[135] 《清明集》卷6《户婚门·争田业》"争田业"，第176页；《清明集》卷6《户婚门·争屋业》叶岩峰"舅甥争"，第191页；《勉斋集》卷33《张凯夫诉谢知府宅贪并田产》。
[136] 《昼帘绪论》"听讼篇第六"，第8页。

"此事当职元断未免疏略"。[157]

(二) 地头查证

不论是刑命斗杀的案件,或是田土户婚的纠纷,官府取得当地证物与证人之词,是判决前的重要工作。宋代的狱讼历久不决与"五推"精神之实践有关,因为官府在未能得到充分的证据之前,几乎没有一个单位可以遽然判决成立,所以如何搜证,成为重要的课题。以强盗案为例,北宋徽宗时[158],大理少卿任良弼就建议明著施行的法令:

> 州县推勘盗贼,多以止宿林野为词,不究囊橐之家。请自今应推强盗,而不究囊橐及所止之地名,各徒二年,不尽者减二等。(著)为令。从之。(《文献通考》卷167《刑六》,第1页)

从今以后,若只依靠证词推勘强盗案件,不详究查证囊橐之家(窝藏犯)及藏赃地点者,承办官吏必须受罚。这一项由朝廷强调实地物证的法令,成为基层衙门应当奉行的原则之一。

晁公谔(1105—1165)任建昌军新城县主簿时,"新城豪强犁人之墓,冤诉莫直,君得遗骸于田中,遂伸存亡之枉。"[159]又如曾游于朱熹之门的张彦清(1155—1218)在江西吉州安福县丞时,有广陂溉田数万顷废坏,并且为豪右所占据,因此他一方面请求整治,一方面"扶杖蹑屦往来泥潦中,居半岁,陂成田以常稔"。其认真的态度闻于监司,而受提点刑狱司委托处理一桩发生于福建的疑狱:

> 汀有疑狱,屡成而屡变,公被臬司命鞠之。未至一舍所,微服徒行,访田野间,具得其囚负冤状,至狱破械,将释之。吏争持不可,公弗听,巡尉及初鞠官惧得失入罚,则以希赏诋公,公曰:"吾欲雪无辜尔,赏非吾志也。"未几,真杀人者获于他邑,公亦绝口弗自言。(《西山真文忠公文集》卷46《知庆元县张公墓志铭》,第17页)

---

[157] 《清明集》卷9《户婚门·嫁娶》翁浩堂"女已受定而复雇当责还其夫",第345页。翁浩堂自责元断未免疏略是"缘不曾引上姜一娘供责"。

[158] 马端临:《文献通考》记载(大观)八年,但大观只有四年,从《文献通考》的编排方式看来,疑为大观三年(1109)下此诏令。

[159] 楼钥:《攻媿集》卷108《司法晁君墓志铭》,第7页。

从这一椿小故事看出追证官员"访田野间"求"冤状",成为证明系狱者无罪的重要关键。

至于田土之争的案件,更是强调到地头追证的过程。⑩ 赵师龙(1143—1193)是隆兴元年(1163)的进士,以承务郎监建康府粮料院时,曾经处理一件田讼,因此受到安抚使的赏识,而兼领录事参军。他处理此案的过程是"轻舟至田所,访之耆老",才写成报告书:

> 有民田在大江中流,讼久不决,官吏惮风涛之险,无亲临者,率不得其实。公轻舟至田所,访之耆老,曲直始明。帅阅其辞,称奖不已,疑狱多以属公,仍兼领狱掾。(《攻愧集》卷 102《知婺州赵公墓志铭》,第 14 页)

由于民田所在位置太过险恶,以往地方官吏无一人敢亲临地头,没有经过地头查访证人的程序,审判官员就无法撰写判决文。

(三)内外认证

从孝宗淳熙元年以来,法令规定凡是验尸者,必须经过县尉的初检,加强地方官对尸体检验的判断能力。楼钥(1137—1213)系登隆兴元年(1163)进士,淳熙年间知温州。有一刘生诉小商负钱十万,官府责求小商偿债,欠债之家以商溺死告于官,相干人等纷拿于庭,后来得一尸于水碛,官府"遂以为真死

---

⑩ 参见表 2-2-1 及表 2-2-4。

表 2-2-4 《清明集》强调"地头"追证案例

编号	卷·门·类	(作者)篇名	案件性质		
			讼	讼狱	狱
1	四·户婚·争业上	(吴恕斋)乘人之急夺其屋业		○	
2	四·户婚·争业下	(人境)揩改文字		○	
3	五·户婚·争业下	(人境)田邻侵界	○		
4	五·户婚·争业下	(刘后村)争山妄指界至	○		
5	六·户婚·争田业	争田业	○		
6	九·户婚·取赎	(拟笔)伪作坟墓取赎	○		
7	九·户婚·坟墓	(翁浩堂)争山及坟禁		○	
8	九·户婚·坟墓	(莆阳)主佃争墓地	○		
9	十一·人品·士人	(蔡久轩)引试			○
10	附录二·勉斋集	白莲寺僧如璡论陂田	○		
11	附录二·勉斋集	崇真观女道士论掘坟	○		
12	附录二·勉斋集	龚仪久追不出(起屋占坟)		○	
13	附录三·后村大全集	饶州川院申徐云二自刎身死事		○	

矣",不过楼钥却谓永嘉尉曰:

> 此事可疑者三:遗鞋于岸而足贯扉履,一也;豁流激急,形骸已散,二也;小人贪赏,知死者寡发,为假髻以实之,三也。意其流尸乎?彼方潜窜而商与会,故益其欺尔。不如姑资送之,若商实死,而密迹捕焉。(《絜斋集》卷11《资政殿大学士赠少师楼公行状》,第8页)

楼钥认为流尸被假充为欠债商人。由于他的判断正确,所以"尉如其策,果得之平阳道中,人以为神,遂正其罪"。在楼钥的分析中,虽然没有太多的医学专业,但是却充分表现出对外在环境的合理推论。

官员力求合理推论的精神,也使若干疑狱得以平反。理宗嘉熙四年(1240),刘克庄申奏池州通判厉髯翁平反江课儿命案时[60],提到厉髯翁侦办此案时,虽然三囚罪状已定,但他还是反复推敲其中的问题:

> 始者,吕义妄招将张琳雉网麻绳扣死课儿,今借雉网绳头比对行凶元绳,具见大小、长短之不类。始者,捕兵朱贵曾证行凶之夜鸣铃走传,与吕义等邂逅于途,今索递铺簿历挨究,当夜吕等三人各自走送文字,独朱贵在家,即无承传来历。可见州县已成之狱出于吏手,无非锻炼文致之所为。(《后村先生大全集》卷79《为池州通判厉髯翁申乞平反赏状》,第12页)

重新追证比对"凶绳"的大小、长短,又以"递铺历"(捕兵执勤的登记簿)来证明捕兵朱贵的口供有可疑之处,并且推翻狱吏刑讯所得的口供。

官员考察证据时,不只是辨证口供的真实性,亦需检测当事人的受伤程度:

> 今两造在庭,一以为有,一以为无,互执偏词,固皆难信。但罗居汰称五月十六日被讯一百,二十五日又讯三十,仅兼旬耳,当厅看验,了无瘢痕。又于厅前吏卒中唤一同时被讯之人,与之比视,此则形迹班班可考。由此观之,则其虚妄已不难见。(《清明集》卷9《户婚门·库本钱》"背主赖库本钱",第337页)

---

[60] 《后村先生大全集》卷79《按发张记等奏检》,第15页。

虽然每个人的伤口复原速度不一,但是透过"当厅看验"与"比较同时被讯之人"等两道程序之后,判决者才有信心作出罗汰居"虚妄不难见",由此略窥官员认证所寻求的合理之道。

从若干个案想象南宋县官认证的原则,有一些是官员个人谨慎的态度,力求直接证据之外的合理推论。有一些则是复审、移推制度下,纵有轻忽的县官以草率结案呈报上级,依然可以由外证的搜索改正冤狱。或许因为讲究证据的合理性,所以至南宋末年出现宋慈(1183—1246)的《洗冤集录》一书,提供验尸时的科学例证。[162] 宁宗嘉定四年(1211)颁布"检验正背人形图",这是原本先由湖广、广西提刑司刊印,附在检验格目上,一并发给检验官员,至此通行全国。[163] 目前在元人编《宋提刑洗冤集录》"圣朝颁降新例·洗冤录"中,收辑到最早的"检验正背人形图",可见后人推崇宋慈在尸体检验上的贡献(参见图2-2-1)。[164] 查究宋慈的生平,得知他与当时的理学官僚如黄干、真德秀、魏了翁、刘克庄等人多有往来,孜孜论质为官之道与术。[165] 据刘克庄描述宋慈撰写判决文的态度:

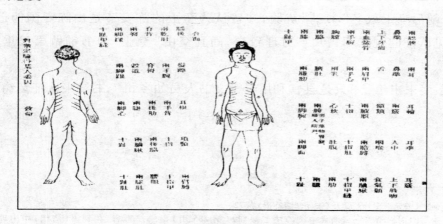

图 2-2-1　元代检验正背人形图

---

[162]　《四库全书总目》卷101《洗冤录二卷(永乐大典本)》。宋慈被誉为"宋代的法医",其《洗冤集录》对宋代检验制度的贡献至少有二:"一是法医鉴定;一是现场勘验"。
[163]　《宋会要》刑法 6 之 7"嘉定四年十二月二十二日,江西提刑似道奏言"。
[164]　《宋提刑洗冤集录》,第 3—6 页。"检验正背人形图"参见图 3-2-1。
[165]　《后村先生大全集》卷159《宋经略墓志铭》,第 4 页。

> 博记善览辞令,然不以浮文妨要。惟据案执笔,一扫千言,沉着痛快,哗健破胆。(《后村先生大全集》卷195《宋经略墓志铭》,第1页)

可见他讲究实际不浮、仔细详尽的推论,这种态度可以遏止地方上一些哗然生事的人。

乾道年间(1165—1173)登进士及第的李修己曾游于朱熹、张栻的门下,两任湖南潭州宁乡县令,颇有政声[66],朱熹和他谈到处理讼牒的原则:

> 谓李思永曰:"衡阳讼牒如何?"思永曰:"无根之讼甚多。"先生曰:"与他研穷道理,分别是非曲直,自然讼少,若厌其多,不与分别,愈见事多。"(《朱子语类》卷112《论官》,第2734页)

"无根之讼"不见得无理,朱熹认为应该与当事人"穷研道理"[67]。这种精神犹见于朱熹的女婿黄干知县的认证原则。以"阿江、陈安节论陈安国盗卖田产"一案为例[68],原案的论诉人阿江已经身亡,所以阿江在契约上的签名已无法勾追查证,只能追查被盗卖人陈安节与盗卖人陈安国。黄干先做字迹的辨认,随后唤上数名"书铺"辨验,亦皆认为契上的陈安节是由陈安国伪造。可见认证的过程不只知县穷理致之,尚且交由"专业"的书铺做第二重的确认。

南宋末年,不只是县官利用专管文书人员如乡司[69]、书铺来认证契约簿

---

[66] 《宋元学案》卷72及《宋元学案补遗》卷72。
[67] 〔日〕滋贺秀三:《清代中国の法と裁判》(第285页)指出:"再者,在判语(清代)中出现的'理',若说完全没有朱子字中'理气'哲学的意味,亦不为过"。又(第299页注71)举出《判语录存》中李钧自言:"既长,乃以理学为宗"。但是滋贺氏认为不了解朱子学的人读李钧的判语,并不会产生理解上的困难,所以滋贺对于宋学所创造并成为流行常识的'理',不甚清楚。愚以为,南宋以来的"道学家"实践"理"的精神亦含有穷研道理、讲究证据性的层面。至于道学家的"天理"如何运用于判决过程中,参见本书第四章第二节。
[68] 《勉斋集》卷33《陈安节论陈安国盗卖田地事》,第20页。
[69] 《容斋三笔》卷4《吏胥悔洗文书》,第82页。"郡县胥吏,指易簿案,乡司尤甚。民已输租,朱批于户下矣,有所求不,复洗去之,邑官不能察,而又督理。"由于乡司掌管一县赋役簿书,所以赋役方面的诉讼就得依赖乡司的认证。

书[170]，而一般人亦懂得要求反复辨证"官凭文书"[171]的原则，取得更有利的证据，如"莫梦回、周八娘论林镕假造契书"一案[172]，由于莫君实身亡，其子莫梦回及所生母诉论嗣田为林镕所盗卖。官府追到林镕及一青梅园的契约，并且找到转卖给赵孟锂的两份契约。周八娘为了证明林镕盗卖，拿出莫君实临死的"遗嘱"[173]，乞求官府从中"辨验"莫君实的笔迹，官府如其所愿，比照一番后，成为破解林镕盗卖的证据之一。

（四）责状为证

从《唐律》以来，便有对于"欲构人罪，自依反坐之法"的规定。[174]而南宋乾道六年（1170）以后，特别订定"妄诉冒役科反坐刑名"之法。[175]陆游（1125—1209）认为施行反坐之法的用意：

> 臣窃详反坐之法，本谓如告人放火，而实不曾放火；告人杀人，而实不曾杀人。诬陷善良，情理重害，故反其所坐。（《渭南文集》卷5《奏筠州反坐百姓陈彦通诉人吏冒役状》，第9页）

---

[170] 参见表2-2-5。

表2-2-5 《清明集》参与看验的"人员"（非官）

编号	卷·门·类	（作者）篇名	案件性质/人员		
			讼	讼狱	狱
1	三·赋役·差役	产钱比白脚一倍歇役十年理为白脚	○乡司		
2	五·户婚·争业下	（翁浩堂）措擦关书包占山地	○书铺		
3	九·户婚·取赎	（吴恕斋）孤女赎父田	○书铺		
4	九·户婚·取赎	（拟笔）伪作坟墓取赎	○书		
5	九·户婚·婚嫁	（刘后村）女家已回定帖而翻悔	○书铺		
6	十二·惩恶·豪横	（宋自牧）结托州县蓄养罢吏配军夺人之产罪恶贯盈			○书铺
7	附录二·勉斋集	危教授论熊祥停盗			○医人
8	附录二·勉斋集	曾适张潜争		○医人	
9	附录二·勉斋集	陈安节论陈安国盗卖田地事	○书铺		

[171] 判决文中的"官凭文书"是指契照（契约书）。可从《清明集》得证：(1) 卷6《户婚门·争田业》"争田业"，第176页。(2) 卷9《户婚门·取赎》胡石壁"典买田业合照当来交易或见钱或钱会中半收赎"，第311页。(3) 卷10《人伦门·母子》"子与继母争业"，第365页。

[172] 《清明集》卷6《户婚门·争田业》韩竹坡"伪冒交易"，第172页。

[173] 南宋有法令要求遗嘱投契纳税，所以周八娘执出莫君实之遗嘱应该经过投契的程序。

[174] 《唐律》卷1《名例律》"十恶"，第12页。

[175] 《宋会要》刑法3之33。陆游：《渭南文集》卷5《奏筠州反坐百姓陈彦通通诉人吏冒役状》指出淳熙六年（1179）对陈彦通处刑即是引"乾道六年八月二日"的指挥。

其适用范围应当以告论"杀人放火"的诉牒为主。不过南宋时期,由于讼牒多有妄增事理的情况,所以有些地方官主张:"亦多要当明立榜文,严反坐之法,须令状尾明书'如虚甘伏反坐'六字。"[176]由此观之,朝廷的反坐之法最初限定对于"越诉冒役"者的惩治,后来地方官则认为在诬诉风行的年代里,应该在投词之初,广泛运用"反坐"状,要求当事人落款保证所告属实。甚至有官箴为了遏止县邑"内有畏反坐者,辄令老人、妇人入词"以规避刑责的情形,"故老人须追子,妇人须追夫,同结反坐后,追究"[177]。

绍熙四年(1193),陈居仁(1129—1197)知福建路建宁府时[178],曾描述当地把持诬诉为业者的各种情况,并向地方百姓告示"法禁":

> 郡苦多讼,盖有专以把持诬诉为业者,家已致饶,凿空造事,吏因为奸,日不暇给。公亲笔数百言,疏其情状,示以法禁,且戒属邑无轻受妄诉,受者先坐之,举必行之令,严反坐之法,自此龂讼顿清矣。(《攻愧集》卷89《华文阁直学士奉政大夫致仕赠金紫光禄大夫陈公行状》,第1页)

一方面对投词者施行"反坐"法令,另一方面亦管束轻易接受诬诉案件的县衙。

实际的案例中(参见表2-2-6),官府对于告论官员失职及亲属被害身死之事,追证之时,要求"词人责反坐状入案",这是符合乾道六年的立法的。如果投词者签下有虚的反坐状,最终由"提刑使台取自裁断"。[179]咸淳九年,江西提刑黄震曾立下榜文:

> 今当职第一以理雪民命为重,亦第一以痛革诬诉为急,仰县道发觉。官司遇此词诉,必审问的是被死人亲父母;或无父母、身未曾娶,的是被死人亲兄弟;或无父母、兄弟,的是被死人妻子;必单身人被死,方许次第有服纪,止一人出名作血属。须说被死来历证见,痕伤分晓,责反坐状,体验得实,即依条不移时填入格目。(《黄氏日抄》卷79《江西提刑司(咸淳九年三月初六日交割)交割到任镂榜约束》,第6页)

---

[176] 胡太初:《昼帘绪论》"听讼篇第六",第8页。
[177] 《州县提纲》卷2《诬告结反坐》,第5页。
[178] 《文忠集》卷64《文华阁直学士赠金紫光禄大夫陈公居仁神道碑(庆元五年)》,第1页。
[179] 《清明集》卷13《惩恶门·妄诉》翁浩堂"叔告侄女身死不明",第501页。

确认投词者的"血属"身份,而血属是依"父母、兄弟、妻子、有服纪"的关系排顺位,只能有一位血属出面投状,投状的血属必须详述被害经过,并责"反坐状"。如此做法,就是为了阻吓诬告的投词人,"果涉虚伪,断当以其罪罪之,则人知畏而不敢饰词矣"[180]。官府借责反坐状一方面厘清复杂的诉讼源流,另一方面使当事人别无节外生枝的机会。如翁甫受理"璩天佑论侄女身死不明"一案,首先要求璩天佑责反坐状后,而与先前"璩天佑论张崇仁娶侄女不当及兜占田产"两案合并处理,很快就洞察出璩天佑利用侄女身死的机会,复杂化"田产纠纷"案的企图。[181]

表 2-2-6 《清明集》责状为证案例

编号	卷·门·类	(作者)篇名	责状名称		
			反坐罪状	赏罚保明状	不得干预状
1	二·官吏·受赃	赃污	○	○	
2	三·赋役·差役	父母服阙合用析户		○	
3	五·户婚·争业下	(建金)侄假立叔契昏赖田业	性甫(叔)		
4	五·户婚·争业下	(人境)田邻侵界以此见知曹帅送一削		○	
5	六·户婚·争田业	(韩似斋)出业后买主以价高而反悔	○		
6	八·户婚·立继类	(刘后村)继绝子孙止得财产四分之一			○
7	八·户婚·检校	(吴雨岩)检校鳌幼财产			○
8	九·户婚·取赎	(拟笔)伪作坟墓取赎			
9	十三·惩恶·妄诉	叔诬告侄女身死不明	○	○	

打官司的过程中,当事人供责所留下的声明书,也可以作为日后同一案件的证明。以"贾性甫、贾文虎与贾宣之讼"为例[182],贾性甫娶其兄贾仲勉之妾严氏,严氏原本在仲勉家所生庶子贾文虎也过房给贾宁老,贾性甫讼文虎假立两

---

[180] 《昼帘绪论》"听讼篇第六",第8页。
[181] 《清明集》卷13《惩恶门·妄诉》翁浩堂"叔诬告侄女身死不明",第501页。
[182] 《清明集》卷5《户婚门·争业下》建金"侄假立叔契昏赖田业",第146页。

契,一是性甫之田典与文虎的"典契";一是仲勉拨田给严氏的"遗嘱"。贾性甫曾经两度到县衙投词,并且在县衙立下"罪状"声明没有贾文虎所谓的"遗嘱"。此处的"责罪状"应该是类似反坐状,即"如虚甘伏罪"的声明状。

南宋县民的纠役与嚣讼同样困扰地方行政[183],南宋初年,叶颙(1100—1167)曾经撰著《治县法》一编,书中注重如何管理辖县邑的乡、都保正,并切实督导乡司"具民之物力高下",若"当役者争承"时,知县才能够"启封参考"[184],显示乡司所登录的资料实乃县衙差役的根据。袁说友(1140—1204)论"纠役"的奏疏谈到地方官员接受部民的词讼中,纠役之弊甚于差役之弊,其原因在于"被纠者不一人,官司与之追呼,与之审证,犹未肯已也,又诉之诸司、省部焉。凡妄纠一人,有经涉一二年而不能决者"。[185] 为了改善此类诉讼的扰害,袁说友提出两项建议[186],其中一项就是要求乡司提供预行定差的名单,同时"结罪保明":

> 乞降睿旨,应诸乡保正长合满之前两月,令佐同责手分、乡司公共照物下高下,从条预行定差,结罪保明。令佐亲与审实,置籍抄上,候合替者既满,则直以前所预差者告示承替,其合替保正长,即与劈印日下住役,不必等候替人,若预被差者有所纠论,他日其词果,则元手分、乡司并作无心力勒罢,永不收叙。(《东塘集》卷9《纠役疏》,第15页)

就是签下"保明"状,若有不实则必须接受罪罚。迄南宋末年,此一"勒乡司供具本里合充一人姓名,责据保明"的原则,是处理纠役诉讼判决的重要程序。[187]

尚有官府追证时,为了厘清诉讼人的权利范围,对于特定的诉讼人"责状在官"。案例中有一种"不得干预状"(表2-2-4,例6与例7),责状者的共同特点是在"争产"诉讼中与当事人的关系,一是遗有财产的亲弟弟,一疑是守寡少妻的娘家亲人。[188] 就追证的意义而言,不得干预状就如同誓言文字化后,留在

---

[183] 《新编翰苑新书·别集》卷4《与南康游太守》书。
[184] 《文忠集》卷71《京西转运判官方君崧卿墓志铭》,第8页。
[185] 袁说友:《东塘集》卷9《纠役疏》,第15页。
[186] 同上。
[187] 《清明集》卷3《赋役门·差役》"父母服阕合用析户",第75页。
[188] 《清明集》卷8《户婚门·检校》吴雨岩"检校釐幼财产",第280页。

官府为证,所以应该具有法律效果,责状人"违从不应为"罪处置。[189] 这是官府用强制力约束人民的权利范围,进一步地处置有问题的财产,借此状限定浮滥的诉讼行为,简化官府的行政作业。[190]

总之,追证的原则并非始于南宋,但是南宋的官僚们不论是从制度或经验的传递中,似乎努力营造更具合理性的追证程序。这种理性的原则是为官者必须"清、慎、勤"[191],其中"勤"是成为尽职地方官僚的重要特质。如林大声(1079—1161)历知婺州武义县、摄温州平阳县。当时"诸县狱不得其平诉于州者,日数十牒"。由于林大声"断治皆自己出",所以他所治理的平阳县很快就安静无讼,而"州又以安乐、乐清二县累岁不决之讼"属之,据描写林大声处理由州送下的讼牒情形:"吏抱牍至累数榻,公一览则得其平,摘治顽校之舞法者,发疏冤愤之无告者,讼事一清。"[192]

薛扬祖(1147—1219)于绍熙元年(1190)宰婺州义乌县时,"以五鼓视事,夜漏下十刻始休,三岁之内,无日不然,以故庭无留讼,狱无滞囚。"[193]而如此长时间的工作量,并不是所有的县令可以做到的。但胡太初一再强调长官必须亲自阅读讼牒,"官"才能防止为"吏"所欺:

> 令每遇一事,惮于遍阅,率令吏摘撮供具,谓之事目。不知吏受人嘱,其理长者,不为具出。而理短者,反为声说,以此断决,多误。不若令自逐一披览案卷,切不要案吏具单。(《昼帘绪论》《听讼篇第六》,第11页)

虽然很多县令"将结断时,案吏则以案具始末情节引呈"而误判。[194] 不过从探究南宋官僚们在受词追证等实务上所建立的态度,可见他们总不忘于"理断公讼,必二竟俱至,券证齐备,详阅案牍,是非曲直了然于胸次,然后剖决"[195]。略可窥知南宋的地方官于行政、司法制度的努力。

---

[189] 《清明集》卷8《户婚门·检校》吴雨岩"检校婺幼财产",第280页。
[190] 《刘后村先生大全集》卷193《建昌县刘氏诉立嗣事》,第10页。
[191] 吕本中:《官箴》,第1页。
[192] 孙觌:《鸿庆居士集》卷37《左朝请大夫直秘阁林公墓志铭》,第25页。
[193] 《絜斋集》卷18《刑部中薛公墓志铭》,第299页。
[194] 《州县提纲》卷2《呈断凭元供》,第4页。
[195] 《州县提纲》卷2《详阅案牍》,第4页。

当南宋的地方官致力于"受词追证"原则化的同时,一方面利用如谕俗、劝农、词诉约束等诸项榜文等各种方式,教导民众了解身为南宋人若要到衙门告官时,必须遵循地方衙门若干规定,譬如找书铺及保识人、准备投状费等,在书铺、代笔状人的协助下,才能写出符合形式要件的诉状而立案。如此一来,为了成立案件,代笔人尽可避免《唐律》、《宋刑统》中"卑幼控告尊亲长"的规定,而不至于发生如北宋太宗端拱元年(988)"安崇绪诉继母,大理寺定崇绪讼母罪死"案件。[196]

南宋发生有关子女向尊长争夺财产的纠纷时,若依照程序向官府投状者,官府就必须进行处理,有些案件的结果甚至有未对提出诉讼的卑幼处以刑罚。究其原因,与其说是维护家庭和谐的统治理念之改变,不如说是受词追证的原则化发展后,争财的卑幼可以选择专门的代笔人负责写状、保识,找出规避刑责的方法,而从衙门依"理"取回若干财产,是有相当可能性的。如本章楔子引朱熹受理"子诉继母"的故事,朱熹虽有"不便"的想法,但是受词的程序与词状内容若无违法之处,朱熹也就未必失职。如此一来,官府便接受更多符合形式要件的词状,这或许是南宋亲属间争财纠纷的争讼日益增多的一大原因吧。

除此之外,南宋还有"争讼"案中,不免演变成竞相"告重罪"的社会现象,本文将于下一节继续讨论。

第三节 争讼告罪的风气

南宋县衙随时受理不测的刑命斗杀案件,至于农务有关的户婚田土案件,投词的时间只有四个月,再加上衙门并非天天受词的惯例,想要投牒打官司的人就必须使用技巧,才能使案件成立。胡太初指出:

> 词讼到官,类是增撰事理,妄以重罪诬人,如被殴必曰杀伤,索到财必曰劫夺,入其家必诬以作窃,侵坟界必诬以发墓,类此真实固有,而假此以觊有司之必与追治者亦多。(《昼帘绪论》"听讼篇第六",第 8 页)

---

[196] 事件记载见于《文献通考》卷 170 及《宋史》卷 201《刑法三》。王云海:《宋代司法制度》(第三章《起诉制度》"三、限制控告的措施",第 149 页)认为这一件案子是"突破同居不准首告的限制"。

官府所收的诉牒之中，往往有"增撰事理"，企图"重罪诬人"，所以属于真正的"重大刑案"并不多见。

有地方官劝诫后进"勿以科罚"的心态面对诉讼当事人，并应建立官府听讼的原则[⑲]，并试图以理治讼与息讼。只不过当官府受词追证的程序朝向有"理"可循的发展时，人民以投牒告状解决纠纷亦愈发流行，其中固然有当时人口成长、经济发展、国防战争的时代因素，但也有因制度而产生的若干特殊文化现象，本节尝试整理南宋的"索租"[⑲]、"停盗"、"乔大辟"等类型案件，说明南宋末年"争讼告罪"的风气。

一、索租

宋代县衙在"婚田务开"的时间内受理索租讼牒，如果佃客有逃租的情形，田主必须向官府投讼[⑳]，所以"田有逋租，未尝讼于官"者[㉑]，被视为地方急公好义之士的德行。至于主佃之间发生纠纷时，田主的经济能力普遍优于佃客，有可能发生如绍熙三年（1192）四明"富民迫胁佃户自刑"案，所以富民如果以强力胁迫佃户，会受到法律的制裁。[㉑]而当佃客的诉状只要符合投词要件，官府就必须接受两造的词状，并列为同案告诉人。如江西抚州宜黄县"佃人张椿与赵永互争田产"一案[㉒]，居住在淮西安庆府的赵宏将宜黄田产托其弟赵焕管理，赵焕却将土地捐献于州县学校，赵宏之男拿出安庆公文，要求官府归还田业，却引起佃人张椿争讼，希望官府不要归还田业，即使官员认为张椿为贪耕之利才提出诉状，他以佃人身份坚持诉讼赵永是否为赵宏之子，实在是有问题。不过从官府已经接受张椿的词状看来，佃人确实可以经由投状表达出自己意见。

---

⑲ 关于听讼的原则，参见本书第四章。宋代的官箴有强调对于"讼者"不要采取一味"科罚"而已。如《州县提纲》卷2《勿萌意科罚》，第3页。

⑲ 日本学界有关宋代农民各项问题的学术史讨论，自二次大战后历时长达三十年。其中索租、欠租与抗租就是一大议题。参见〔日〕宫泽知之：《宋代地主与农民的诸问题》，载刘俊文主编：《日本学者研究中国史论著选译》第2卷"专论"，北京：中华书局1993年版，第424—452页。

⑳ 有关南宋官府催理佃户欠租的研究，参见梁庚尧：《南宋的农村经济》，第137—138页。

㉑ 《攻媿集》卷103《周伯济墓志铭》，第20页。

㉑ 《宋会要》职官73之14："（绍熙三年十一月）二十五日诏"。

㉒ 《清明集》卷4《户婚门·争业上》"使州送宜黄县张椿与赵永互争田产"，第101页。

南宋婚田务开的时间是每年十月初一至隔年正月三十日。[213]而在农业社会中,一般的庶民积欠私债的案件与"索租"或许是相类似的,早在南宋初年,王十朋(1112—1171)就指出官府受理私债影响诉讼的虚实:

> 切见本府讼牒私债居多,往往其间不实者居半。盖缘受理之门既启,虚妄之诉遂兴,至有增数目以求判,赂胥吏以买直,所负无几,所费不赀。(《梅溪后集》卷25《与都提举论灾伤赈济》,第7页)

王十朋所指出发生问题的地区是浙东绍兴府,但是从南宋诸县衙讼牒与日俱增的情形看来,这也许是一种普遍的现象。因此婚田务开收受的私债词状之中,应该也有不少是虚妄增词、赂吏买直的情形。

有关田租、私债一类的"陈状索钱"案件,北宋县衙的处理原则是"违约不偿,自合严限催还,于法不合监禁";"不必究见本情,但只宽与日限"[214],佃户依日限还清欠租。南宋孝宗隆兴元年(1163)因遇荒年而下诏放免私租:

> 诏:灾伤之田,既放苗税,所有私租,亦合依例放免。若田主依前催理,许租户越诉。(《宋会要》食货63之21)

自此以后,这一条诏成为佃户向地方官请求蠲租的法源:"州县例以灾伤为之减其田租,而一时宽恤之,且使主家轻其租入,田租减矣,租入轻矣。"[215]佃户可以透过投词向官府提出放免的要求,如淳祐《语溪志》提到嘉兴府"崇德农亩,多非己产,天时旱潦,必诉有司,求蠲租"[216]的风俗。而南宋中晚期以后,有些佃户愈来愈熟悉到官投词的程序,乃至于"又有顽佃二十年不归田主之租者,又有妄首富家造曲者"[217]。

但无论如何,减免或催收私租都必须经由官府的处理。如嘉定九年(1216),叶适为赡买军田之法的规定:"或有抵顽佃户,欠谷数多,或日脚全未纳到,冬至后,委是难催之人。方许甲头具名申上,亦止合依田主论佃客欠租

---

[213] 《黄氏日抄》卷70《再申提刑司乞将索理归本县状》,第5页。
[214] 《作邑自箴》卷4《处事》。
[215] 《后乐集》卷10《论歉岁伏熟及旧逋》,第10页。
[216] 余丽元:《石门县志》卷11《杂类志·风俗》引淳祐辛亥(1251)刊行《语溪志》。
[217] 黄仲元:《莆阳黄仲元四如先生文稿》卷4《寿藏自志》。

谷体例,备牒本县追理。"⑱可见连官方赡军田的佃户若顽赖,税租难以催收时,还是必须依"田主论佃客租谷体例",牒送由县衙追理。虽然田非己有的佃户遇灾旱时,官府可以理解他们"倚锄仰天叹息"、"秧槁群趋,哄诉于官府之庭"的贫困悲情。⑲但是胡太初提醒从政者莫被"抑强扶弱"的观念蒙蔽对事实的判断:

> 夫挟贵以陵人固有之矣,亦岂无不骄者乎?挟富以傲物固有之矣,亦岂无好礼者乎?使其例以矫世绝俗为心,而不问其事之曲直非是,则此风既长,佃者得以抗主,强奴悍婢得以慢其弱子寡妻,以至奸猾之徒饰为蓝缕,而市井小辈凌辱衣冠,末流将奈何哉?(《昼帘绪论》"势利篇第十四",第24页)

也就是说,官员处理私租时,在剸贵沮富的同时,亦不可长"佃主抗租"之风。而宋人的笔记小说还将"常恃顽,抵赖主家租米"而入官诉讼者,最后被莫名"一火焚尽"藏谷的下场,解释为:"欺官瞒人,天网恢恢,疏而不漏。"⑳

南宋末年,浙西的索租冲突与纠纷较其他地区常见,有佃户因为灾荒而向地方官府要求投诉,致使官府颁布私租减免,但这不能视为全国索租政策的改变。㉑甚至田主为了打一场胜利的官司,请求官府理索欠租时,则以"占田",或是诬告佃户"抢截墓木"等强盗罪。㉒如开庆元年(1259),平江府吴县尉黄震向分析当地刑命案件时,写道:

> 某惟州县自十月止正月,皆受理人户索租之日。独浙右多不经县,而径以占田为名,越经转运,使台行下主管官,似不过寻常耳。自主管官行下巡尉司,辄捕若强盗,豪民猾干又属以阴谋囚杀之,以故村民尽死拒捕,非佃伤官兵,则官兵伤佃。否则,佃自缢自溺,而西闽人命,事因索租者十

---

⑱ 《水心先生别集》卷16《官吏诸军请求》。
⑲ 《宋会要》瑞异2之29"(嘉定八年[1215])七月二日,臣僚奏"。
⑳ 鲁应龙:《闲窗括异志》。
㉑ 〔日〕高桥芳郎:《宋代の抗租と公权力》,载《宋代の社会と文化》,东京:汲古书院1983年版,宋代史研究会研究报告第一集,第69—99页。
㉒ 《黄氏日抄》卷70《申提刑司乞免一路巡尉理索状·庚甲七月(景定元年[1260])孙宪任内》,第2—4页。

八九。(《黄氏日抄》卷84《附通新漕季厚斋》,第6页)

田主越诉到转运司,再由转运司直接行下主管官,并且交由县衙的尉司"追捕"欠租的村民,因此有欠租佃户身死于狱者,所以村民往往一见巡尉司便顽强拒捕,于是佃户与官兵相互杀伤,或是佃户自杀,这类案件约占提刑司中人命官司的八九成。可见,从田主索租演变成告论强盗罪,及造成佃户抗租、拒捕等社会脱序的重大刑案。

二、停盗

《宋刑统》规定:"主遣部曲、奴婢者,虽不取物,仍为首。"[23]意谓被告论停盗之主,是为犯罪之首。自北宋嘉祐六年(1061)以后,又逐步确立"盗贼重法",对于窝藏盗贼之家亦待以重刑[24],如神宗元丰七年(1084)所制定的法令:

> 囊橐之家:劫盗死罪、情重者斩,余皆配远恶处,籍其家资之半为赏,盗罪当徒、流者,配五百里,籍其家赀三之一为赏;窃盗三犯,杖配五百里,或邻州。虽非重法之地[25],而囊橐之人,并以重法论。(《长编》卷344"元丰七年三月乙巳"条,第8255页)

即使非重法之地,而囊橐之人,皆以重法论,则可见这条敕并无地区限制。而相对于停盗之家,被盗之人到官府的待遇迥然不同:

> (宣和二年〔1120〕四月)十八日,诏:今后应勾追被盗人到官对会,讫,便行疏放,或委有事故,听狱官具情由禀长吏,通不得过五日,庶几革去奸弊,仰刑部检详立法。(《宋会要》刑法2之78)

官府尽可能不为难告论被盗者到官对会(对质),即使案情不明,狱官也不能淹系超过五日。

---

[23] 《宋刑统》卷20《共盗并赃依首从》,第318页。

[24] 综合参见《长编》卷344"元丰七年三月乙巳"条,《宋史》卷199《刑法一》,第4978页;又如李心传:《旧闻证误》卷2,《长编》卷206"治平二年九月辛巳"条。

[25] 根据《长编》卷344"元丰七年三月乙巳"条,重法之地所指为"河北、京东、淮南及福建"等路。有关宋代重法地分的变化,参考〔日〕佐伯富:《宋代における重法地分について》,载〔日〕佐伯富:《中国史研究》(一),京都:京都大学文学部东洋史研究会1969年版。

所谓"停盗"重法论，在哲宗元祐元年（1086）有一条限定于京内"藏匿窃盗及指引资给"[216]的处罚，虽然是地区性的规定，不过仍可看出朝廷对于藏匿窃盗、指引及资给等"停盗"之人加重刑罚。在南宋绍兴二十八年（1258），本法成为"祖宗著令"："持杖强盗及资给亡命者，皆不以赦原请，论如律。"[217]充分说明朝廷对于停盗之人绝不宽宥的立法精神。

"资给停藏，养成后患"[218]，是地方官维护治区秩序时的忧虑，即不可不严行觉察防遏停盗之家，避免发生变乱事件，所以纠察停盗之家是属于军、政等业务范畴，攸关平民百姓的身家性命、财产安全。缉盗之职虽属巡检县尉，但是亲民的知州、知县有职责主动发觉贼窟及其背后的资给者。如陆九渊（1139—1192）知湖北荆门军时，尽心于捕盗之事，并将"此间平时为害之盗，今尽捕获。能为盗之人与停盗之家皆以密籍，在此苟有盗，亦不容不获也"[219]。使用特别的簿书籍记盗贼及停盗之家，防范有前科者再犯案。也有地方官对于"凡豪猾为贼囊橐者，穷治之"。[220]总之，县官必须以侦办重大刑案的态度，不遗余力逮捕"停盗"之家。

南宋有些地方盗贼"皆昼伏豪民之家，抵夜辄出"[221]，王庭珪（1080—1172）认为："今日所谓盗贼者，非有奸雄才智之人，徒操钼耰棘矜，依险阻劫财币耳。所至聚落复有豪民为之囊橐。"[222]或以为"私贩盗贼，虽乡村之恶少亡赖，必有大奸巨猾为之囊橐，常时固结，缓急相为表里"[223]，即"停盗"的豪民称得上是"奸雄才智之人"、"大奸巨猾"。由是可知，被告论"停盗"、"匿寇"[224]的当事人，在地方上应该是颇具财富与势力。如黄干在处理"曾知府论黄国材停盗"案时[225]，曾知府告论为盗者数人皆是破落之徒，所以黄干推论黄国材大概不是善良之

---

[216]《长编》卷392"元祐元年十一月戊寅"条，第9532页。
[217]《要录》卷180"绍兴二十八年十月壬辰"条，第2989页。
[218]《文忠集》卷137《论军政（淳熙二年六月十三日）》，第7页。
[219]《象山先生全集》卷17《与张监》，第1页。
[220]《宋史》卷247《宗室赵子潚传》，第8748页。
[221]《朱文公文集》卷93《运判宋公墓志铭》，并参见刘馨珺：《南宋荆湖南路的变乱之研究》第二章第三节。
[222]王庭珪：《卢溪文集》卷26《上李丞相书》，第4页。
[223]《后乐集》卷10《轮对札子·（又）二（论奸民、猾吏）》，第12页。
[224]《攻媿集》卷108《司法晁君墓志铭》，第7页。
[225]《勉斋集》卷32《曾知府论黄国材停盗》，第5页。

辈,这就是县官对于被告停盗者的"第一印象"吧。

"曾知府论黄国材停盗"一案,在经过黄干的调查之后,却有进一步的发现,原来黄国材是曾知府的亲戚。由于告论人曾知府平日为乡曲为非作歹,却都被黄国材所"把持",于是曾知府便想借由被盗一事向黄国材报复积怨,企图利用官府狱讼制度来铲除妨碍自身势力发展的对方。

另一件由也是黄干处理与"停盗"有关的案件[20],当事人危教授与熊祥互相告诉。先是危教授使人诬告熊祥"停藏",熊祥才"兴危教授之子殴人致死"之讼,如黄干向州衙分析案情,归究本案起缘,实因危教授欲吞并熊祥的土地。

由于危教授寄居官的特殊身份,他的投词方式是"(黄)干因捕蝗过其家"时,直接向黄干提出,并未符合到官投牒的受词规定,不过黄干"以寄居之故"[21],将案件交由巡尉司追捕,成为地方重大的盗贼案件。所以黄干向安抚司申呈的公文指出,最初黄干追出三名由"危教授行赂"及"危教授之子箠楚"的盗贼,并拘系熊祥。透过熊祥与三人在狱"供对",黄干才厘清危教授虽曾遭遇"窃盗",告论停盗乃借机报复不能如愿并买熊祥的土地之宿怨。本案经由县尉司的追证、刑讯捕获的三名盗贼后,又衍生出危教授行贿及其子殴人致死的案外案。

从黄干所处理两件告论停藏盗贼案子中,可见原本只是买卖田产的纠纷,却因告重罪的方式导致案件复杂化,还有人因诉讼、追证、推鞫的过程而致死。

三、乔大辟

光宗绍熙二年(1191),敕令局立一条法禁:"应尸虽经验,妄将傍人尸首告论到官,致拷掠无罪人诬服,因而在囚致死者,依诬告罪人法,其家属妄认者,以不应为重坐之,至死者加以徒刑,其承勘官司依故入人论罪。"[22]大辟案件是必须透过"检验"流程,才能确定立案与否。虽然孝宗朝完备检验公文的格目与程序,但从嘉泰二年(1202)的臣僚奏言可知县衙以下的"验尸"仍有不能落

---

[20]《勉斋集》卷32《危教授论熊祥停盗》,第1页。
[21] 有关寄居官户在地方的形象及和地方官的关系,参见梁庚尧:《豪横与长者:南宋官户与士人居乡的两种形象》,载梁庚尧:《宋代社会经济史论集(下)》,台北:允晨文化1997年版,第474—536页。
[22]《宋会要》刑法1之57。

实之处：

> 近日，大辟行凶之人，邻保逼令自尽，或使之说诱被死之家，赂之财物，不令到官。尝求其故，始则保甲惮检验之费，避证佐之劳，次则巡尉惮于检覆，又次则县道惮于鞫勘结解。上下蒙蔽，只欲省事，不知置立官府，本何所为？今若纵而不问，则是被杀人者反为妻子、亲戚乞钱之资，甚可痛也。(《文献通考》卷 167《刑六》，第 3 页)

有邻保惮于追证之苦，而群起逼令行凶者自杀。或是行凶者只要向保甲、邻人、死者家属通关节之后，亦可逃避被逮捕到官府。所以淳熙元年改革"验尸"制度之后，仍有许多人谋不赃的问题，一方面行凶者可以规避法律责任；相对地，另一方面亦有利于存心不良者制造"大辟狱案"。

南宋中期，黄干在一篇禁约"诬赖"的榜文中，指出顽民不惜轻生造成"大辟"凶案：

> 本府诸县公事，多有顽民自缢、自刎以诬赖人者。诸县便以为事干人命，收捉所赖之人，以为大辟凶身，差官检覆，禁系累月，又行结解。被赖之人本无大罪，而家已破荡矣。顽民习见一死，可以赖人，才有小忿，便辄轻生，死者既以无借而陨命，生者又以无辜而破家。(《勉斋集》卷 34《禁约顽民诬赖榜文》，第 23 页)

透过官府侦办重大刑案的收捉过程，诬赖、破败无辜的仇人之家。而自杀者轻生立案的方式，可说是自残投词的极端表现。

迄南宋末年，这种以人命诬赖之风仍未稍减，如黄震有一封致提刑的书信中，向监司说明州县有虚告杀人者而导致淹延追证：

> 今之小民或杀其儿女，若自经沟渎，及巨室借病死之邻人或其客户，以诬所怨之家。州县例以为重辟，淹延追证，瘐死率不十数人，至正事结绝无坐者，本轻末重，枉及无辜。俗谓之"乔大辟"。(《黄氏日抄》卷 84《通新宪翁舟山书同》，第 4 页)

这些案件有的是小民杀其家人，并佯装成自杀者；或是富家借病死之邻客，诬告所怨之家。

这种投词告论大辟之罪,浙西称为"乔大辟"。江东"以死事诬赖"也成为风俗,即"专以亲属之病者及废疾者诬赖报怨,以为骗胁之资"。㉙浙东婺州东阳"习俗顽嚚,好斗兴讼,固其常也。至若诬人以杀人之事,揆之于法,兹岂细事"。㉚江西"有哗徒专将'身死不明'四字把持村民,作血属经官,官司便作致死事"。㉛福建就是"折合之风":

> 或田主取偿于佃户,而佃户适有家人病死,乃以赖其金谷者;或财主索债于贷户,而贷户无还,乃杀其幼孩,以谋钱帛者;或屋主有责事于店客,而店客生憗,乃扼吭杀其病母,以劫白金数百两者;或良家产户、婢仆不幸婴病以卒,而其父母、兄弟、姑姨、叔伯,必把为奇货,群凑雇主之门,争攫珍贝者。(《北溪大全集》卷47《上傅寺丞论民间利病六条》,第3页)

各地告论大辟的风气演变成后来的"图赖"风俗,并影响明清法律"杀子孙及奴婢图赖人"的法律规定。㉜

人命官司造成图赖的案类,约分为三种:

一是官司往往称做"妄诉",即"凭伪饰虚,以无为有"㉝的词讼。因为"死有冤滥,自有血属能诉"㉞,提供原本有仇怨或诉讼在官的两造继续打官司之理由。如果两造双方或一方与死者有亲属关系,本身就有成为"当事人"的条件。从《清明集》卷13《惩恶门·妄诉》的案例中㉟,可归纳得知提出词讼者和死者都有亲属关系,或是"兄弟",或是"兄妹",或是"姊妹",或是"叔侄女"。而且两造的关系,或是"亲戚",或是"姻亲",或"原有嫌隙"、"有案在官"。总之,一条人命使得为原来打官司者"以为机会之来也"。

㉙ 《清明集》卷13《惩恶门·诬赖》蔡久轩"以死事诬赖",第508页。
㉚ 《清明集》卷13《惩恶门·告讦》"资给人诬告",第488页。
㉛ 《黄氏日抄》卷79《江西提刑司·交割到任日镂榜约束》,第6页。
㉜ 参见〔日〕三木聪:《传统中国における图赖—明清时代の福建の事例について一》,载历史学会编:《纷争と诉讼の文化史》,东京:青木书店2000年版,第361—391页。并参见本书第六章第三节。
㉝ 《清明集》卷13《惩恶门·妄诉》胡石壁"妄诉者断罪枷项令众候犯人替",第497页。
㉞ 《清明集》卷13《惩恶门·告讦》蔡久轩"诬讦",第485页。至于"血属"的范围,并非当今的直系、旁系之分,而是以"父母、兄弟、妻子、有服纪"的关系排顺位。
㉟ 有四例:(1)刘后村"妄以弟及弟妇致死诬执其叔",第495页。(2)翁浩堂"妄论人据母夺妹事",第499页。(3)翁浩堂"姊妄诉妹身死不明而其夫愿免检验",第501页。(4)翁浩堂"叔诬告侄女身死不明",第501页。

二是"以女死为奇货,诬言告骗,胁得钱即止"的案类。[229] 即血属将人尸视作奇货而进行图赖的情形,四处诬言告骗,威吓乡民,乃至于善心的掩尸人,亦不免遭受骗胁。如胡颖(绍定五年进士,1232)处理"曾仲远"一案时[230],认为曾仲远借叔死"胁持地主,觊望钱物",不成之后,又以"身死不明"告论掩埋叔尸的刘七乙,乃是典型"以死人为奇货"的诬赖案件。

另外,就是血属受到打官司的一方之资给,别生事端,进行投词兴讼诬告另一方。[239] 如谢深甫(乾道二年[1166]进士)调嵊县尉时,就曾遇上老妪受人资给而诬告雇主的情形:

> 岁饥,有死道旁者,一妪哭诉曰:"吾儿也,佣于某家,遭掠而毙。"深甫疑焉,徐廉得妪子他所,召妪出示之,妪惊伏曰:"某与某有隙,赂我使诬告耳。"(《宋史》卷394《谢深甫传》,第12038页)

类似这种受资给而诬告仇人的案例,往往如嵊县的老妪"妄认尸首",或是冒充"血属之人"。又如吴势卿(淳祐元年[1240]进士)处理一件"田事未分曲直",却又衍生资给告讦"死事未究"的案例[239],郑天惠与朱元光原本只是争夺诉讼"郑六七婆丘"之田,郑天惠利用朱元光有"吴仲乙缢死事"[240],资给吴曾四到官告论朱元光,企图使朱元光因此而官司缠身。未料,郑天惠家中有"桂桂溺死之事",于是朱元光又资给王(疑为吴)曾四告论郑天惠。可见以死尸为奇货,官府检验追证,两造对簿公堂,使得已在官府的诉讼案件更加复杂。

三是"无借哗徒,别无艺业,以此资身"[241],教唆词讼,从中谋利。这些人与死者没有亲属关系,也不是与他人打官司者。如马光祖(宝庆二年[1226]进士)描述娄元英利用"胡四四为曹十一打缚"、"越五十余日而病死"一案[242],自

---

[229] 《清明集》卷13《惩恶门·妄诉》吴雨岩"以女死事诬告",第498页。
[230] 《清明集》卷13《惩恶门·诬赖》胡石壁"以叔身死不明诬赖",第508页。
[239] 《清明集》卷13《惩恶门·告讦》"教令诬诉致公事",第490页。
[239] 《清明集》卷13《惩恶门·告讦》吴雨岩"资给告讦",第486页。
[240] "缢死事"的相关法律是"在法:恐迫人畏惧致死,以斗杀论"。参见《清明集》卷14《惩恶门·赌博》蔡久轩"因赌博自缢·断"。
[241] 《清明集》卷13《惩恶门·哗徒》马裕斋"哗徒反复变诈纵横捭阖",第484页。关于"哗徒"是教唆词诉的健讼之徒,请参见本书第四章第三节。
[242] 《清明集》卷13《惩恶门·哗徒》马裕斋"哗徒反复变诈纵横捭阖",第484页。

从在隅官处得知胡四三报案后,便将胡四四之死视为奇货,向曹十一搂揽此一官司,反倒向官府揭发胡四三"诈赖",并扮演胡与曹的调停人,诈得曹十一钱三百千后,将胡四四的尸体焚烧处理。但又节外生枝,因为焚尸行动为曹晖、曹升目击,娄元英深虑二人会向官府投诉,所以"与其弟连名具状,论曹晖等盖庇曹十一打杀胡四四公事"。马光祖写出娄元英如何玩弄"大辟"公事:"发使胡四三诈赖"、"攘臂打话"、"主张血属焚烧尸首"、"公然出名论曹晖、曹升"。由于娄元英熟悉官府的诉讼程序与原则,可以游走于官府的规定,并向两造进行敲诈谋利,致使"死者不得以安其死,生者不得以保其生"。像娄元英这类以人命公事谋利、玩弄官府于股掌之人物,正是官府最痛恶的无赖之徒。

南宋末年,刘克庄认为"自撰大辟之狱"所以蔚为风气,与县尉调查侦办的态度有关:"县尉才得此事,以为奇货,牵连枝蔓,必欲造成一段公事。"[243]有些地方官则认为造成各种诬告罪的原因,最大的症结在于"巡检受白词"。因为有人借机向下乡维护治安的巡检投词,撰造"公事"欺骗善良,连"失犬"、"失牛"、"女使转顾"、"亲族走失"的案件,被告者都可能成为重囚。[244] 一般官僚大多认为巡检(县尉)借维持地方治安的职责,及执行追证、检验尸首等工作的机会,紊乱地方衙门正常的受词追证之运作。

小结　词诉次第,追会供证

所谓狱讼之"理",就是从"受词投状"开始,衙门有其一定的程序。在受词的规定上,若非紧急盗杀的案件,衙门并非天天开放受词,南宋的官员有主张"三八"、"间日"引词,或是"不拘日子"以免积压。不过《宋刑统》规定衙门处理牵涉农务的户婚田土、典卖等纠纷的"务开"日,即农民每年只能在十月一日到隔年一月三十日的"婚田入务"时间投词,否则衙门可以拒绝受理。但是,为了避免因贫富差距所带来的不正义之掠夺,如迁延典卖影响取赎时间的纠纷,这一类受词有特别法的规定,甚至对于豪强的行径也订立杖一百的刑罚与

---

[243] 《清明集》卷13《惩恶门·告讦》刘后村"自撰大辟公事",第490页。
[244] 《清明集》卷13《诬赖》"骗乞",第517页。

法律。

　　此外，一般人投词的状子也必须经过衙门认定合格的书铺书写，除非具有特殊原因，如书铺非理邀索或读书人自行写状等等，不然未经公证单位写状与保识的状牒，就是不合程序的"白纸"词状。再者，状式也有一定的形式要件，如投词人（状首）的身体状况、年龄以及居住地址等，都不能疏漏。状内的数字必须以大写表示，还得注明代笔写状人的姓名、住址等等基本资料，以及状文不能过长，大概是二百至五百字以内。这些规定有的是沿袭北宋的法律，并不是南宋初年才固定的行政法则，有些也不见得是全国性的法律条文，大部分还是地方官自行设定的约束程序，透过"榜文"的方式公告达于乡民。一直到南宋末年，部分地方官仍不断三申五令，以"词讼约束榜"说明打官司者必要的须知。从这些规定中，不难看出狱讼的程序是维持南宋地方行政与秩序的要事之一。

　　县衙受理词状、案件成立之后，就必须进行"追证"。追证原本是指追查证人，也可以扩大解释为追查与案情相关的证据，包括人证、物证，县衙里负责追证的官员是以县尉与主簿为主。尤其是县尉，本来就负责地方治安，如"胗尸、擿伏及捕亡"等工作。此外，复杂的诉讼案件中，若必须勾追验证及测量土地时，县尉是被指派的官员之一。除了县尉以外，由于主簿负责一县的簿书管理，所以有关土地争讼的查证、测量及整理簿书等等，亦多经由主簿接手办理。其他追证的人员还包括地方基层组织的"里正"与"保长"，他们算是职役的一员，不是配备武装的弓手，比较不会引起地方民众的反感与不安。南宋亲民及狱讼的官员在追证过程，致力于掌握"勾追必要人证"、"到地头查证"、"内外认证"及"供状为证"等等原则，亟求追证的合理化，此与理学家的穷研道理之精神有相当关联。

　　衙门的受词与追证逐渐向理性化发展，但并不能阻止人民好打官司的倾向，反而致使投词的诉状内容充斥撰词虚妄，甚至造成某些地方的"争讼告罪"的风气。这些形形色色的争讼告罪案件，包括田主"索租"时，诬告佃户"占田"不还，于是单纯的县门理索欠租案件，地主却以打官司的方式，甚或越诉到漕司之后，由主管官直接交下尉司逮捕佃户，形成欠租、抗租的杀伤案件，或是佃户的自杀诉冤。更有买卖不成后,到衙门投牒告论对方"停盗",造成买卖纠纷变成强盗刑案。南宋的地方官注意到自杀诉冤的案件,所以对于自杀者主动进行验尸及立案侦办,并将造成他人自杀者处以"恐逼致死"的罪刑,于是如浙西、浙东、江东、江西和福建等地方人士时常借着死尸投状告大辟罪,而这些人命关天的案件不仅增加地方官的行政业务与压力,也威迫一般恐惧到官府的农民,甚至成为挟怨报复仇家的手段,形成"乔大辟"的图赖民风。

第三章　系狱与推鞠

理宗嘉熙年间(1237—1240),刘宰(1166—1239)致函庆贺何处久(嘉定七年[1214]进士)升转浙西嘉兴知府时,写道:

> 乡郡间以受词不谨而追逮者多,折狱不明而淹系者众。科扰或及于行铺,追胥常满于县庭,以此田里骚然,不能宁居。(《漫塘集》卷9《贺知镇江何秘监除太府卿处久》,第12页)

地方衙门于受词后、折狱前的追逮淹系,造成田里乡民难以安居。另外,浙东婺州兰溪县方明子(疑有误,以下皆称作方子明)自残投状,他的状子陈述兄长方子政在县狱受到刑讯:

> 兰溪县方明子立牌钉脚有词,称为圣寿寺僧行本率众持杖,抢夺苗谷,经县陈论,其兄方子政并担谷人五名,反为本县各讯腿荆二百,囚之县圄,张皇其说,殊为骇闻。(《清明集》卷13《惩恶门·妄诉》婺州"钉脚",第503页)

只因为与庙方争夺粮产,其兄与寺僧发生冲突,而到县衙告论时,却连同担谷人被囚于县衙,在县狱里受荆杖腿部"二百"下。知州一睹告状的内容后,便指责方子明的控告是骇人听闻,夸大不实。

北宋江西吉州太和县民"喜构虚讼",知县戚纶(954—1021)为了抑制这种风俗,"先设巨械,严固狴牢,其棰挺经索,比他邑数倍";并且贴榜为谕民诗五十篇[1],其中有一诗云:

---

[1] 《宋史》卷306《戚纶本传》,第10104页。又参见释文莹:《玉壶清话》卷4,第35页。记载戚纶作诗文后,向县民立限曰:"讽颂半年,顽心不悛,一以苛法治之。"果因此诗,狱讼大减。

>　　文契多欺岁月深，便将疆界渐相侵。官中验出虚兼实，枷锁鞭笞痛不禁。(《玉壶清话》卷4，第35页)

据说，县令透过强制县民默记之后，一时达到"狱讼大减"的效果。

由以上零碎的故事中，我们可以看到宋代的地方官处理诉讼官司时，也不得不涉及狱事的行政业务。又从这些片断中，还想进一步追问：南宋的县衙里会囚禁什么样的人？入狱的手续有哪些？一般的狱政管理如何？凡此种种皆是本章叙述的主题，并从中分析官员如何执行法律许可的刑讯？以及百姓对于县牢又有何种印象？而当时的狱讼制度何以会让官员持有这种态度？以及百姓入狱后的对应方法有哪些？

第一节　系狱的手续

一、系囚

传统中国州县设置监狱，并非服刑的场所，其功能也不仅止于处理违法乱纪或是打官司的人，而且"被囚禁，不限有罪无罪"。[②] 本文将县狱囚禁者约略分为四大类：一是人命斗杀强盗者及其干证人；二是投词诉争财者；三是公私税租的欠负者；四是寄禁者。凡人一旦入狱，成为囚系，就难免遭受杖打，如胡太初所言：

>　　刑狱，重事也；犴狴，恶地也。人一入其中，大者死，小者流，又小者亦杖，宁有白出之理。(《昼帘绪论》"治狱篇第七"，第11页)

入狱者即使尚未定罪，亦被视作杖罪以上的囚徒[③]，很少能够无事出狱。

第一类"人命斗杀强盗"案件

"人命斗杀强盗"是属于重大刑案，必须在县衙做"初词"的整理，而宋人的

---

② 《宋刑统》卷28《捕亡律》"被囚禁拒捍官司而走"门"疏议曰"，第459页。
③ 《太平御览》卷642引张斐《律序》注云："罪已定为徒，未定为囚"，以"定罪"分别系囚与见徒的不同。愚以为"囚徒"一词的使用并不是如此精确，多是泛指系狱之人，如《庆元条法事类》卷16《文书门·程限》"职制令"："事速及见送囚徒，皆即时发付。"

官箴有谓:"今之县狱初词乃词之权舆,郡狱悉凭之以勘鞫。"④县衙虽然不能审判杖罪以上的刑狱案件,但还是得负责追查案情的工作,并且对于嫌疑者及干连者加以禁系,有些地方的治安不佳,县狱"死罪充斥,株送以百数"。⑤ 凡重罪系囚写录供款之后,才将"县款"和犯人一并送呈州衙,"罪之小者,县得自行决遣;罪之大者,虽必申州,而州家亦惟视县款为之凭据"⑥,"州狱所勘,不过祖述县案"⑦,可见县狱的重要性。

县衙逮捕这一类罪犯之后,因为有些县官希赏,还与胥吏通谋锻炼平人服罪,呈送有诈谬的狱案。如绍兴二十二年(1152)八月六日,孙敏修论州县推鞫强盗诸弊时,曾说:

> 州县胥吏因缘推究强盗、窃盗罪人,而教令虚通赃物,追逮无辜,因而受赂。又有推鞫强盗,捕盗官希赏,求嘱狱吏,锻炼平人,诬服其罪,奸诈不可概举。(《宋会要》刑法3之82)⑧

捕盗官"嘱托"狱吏用刑推勘,因此制造出平人诬服的供状。而行政最底层的县衙,"然事无大小,多始于县。至于刑狱,尤民命之所系,今大辟重囚往往成于县令之手,县上之州,则州不能异于县"⑨,有问题的县狱案牍成为州衙误判的依据,容易造成重囚冤案。

从唐代以来,规定告人谋叛以上的重罪时,被告与告罪人皆须收禁在狱,"前人合禁,告人亦禁,辨定放之,即邻伍告者,有死罪流,告人散禁,流以下,责保参对。"⑩宋代仍然秉持"告罪收禁在狱"的原则,告论人罪者,不论告者与被告者,都必须收禁,直到写成"事状"供款,才能依"本家知在"⑪的规定办理出狱,虽然得以释放出狱,却必须限制活动:

---

④ 《州县提纲》卷3《详究初词》,第3页。
⑤ 《耻堂存稿》卷4《淳安县狱记》,第16页。所谓"株送",参见《书叙指南》卷18《辞讼辨治》,"干连送人多曰株送"。
⑥ 《昼帘绪论》"治狱篇第七",第11页。
⑦ 《后村先生大全集》卷192《饶州州院推勘朱超等趣死程七五事》,第14页。
⑧ 关于孙敏修的部分奏言又见于《要录》卷163"绍兴二十二年八月丁卯"条。
⑨ 《复斋龙图先生陈公文集》卷6《安溪代人拟上殿札》。
⑩ 杜佑《通典》《刑制下·大唐》,第4260页;《唐令拾遗》卷23《开元七年》"开元二十五年"令,第710页。本文采仁井田升之说法。
⑪ 有关"知在"的手续,请参见本节第三项。

> 凡告人罪犯,事状未明,各须收禁,虽得实情,亦且本家知在,候断讫逐便。(《作邑自箴》卷3《处事》)

官衙从收禁犯人的过程中,推究实情之后,令当事人于本家"知在",随时候传。

如果罪人不吐实,衙门采取"鞠之囚圄,理屈辞穷"的方法⑫,淹禁的时间就遥遥无期了,甚至连证人入狱诘问之后,又刑讯才得实情。淳熙年间的进士王衡仲任江西筠州新昌簿时,"居官善推鞠,以得事情",所以曾被监司派遣处理一件"毁墓"重案:

> 民有为人讦毁墓者,邑莫能定,部使者檄衡仲就办之。至则每杖植表而录,证者诘墓所在,三诘之,各指一处,辄加榜,已而证者以实告,其狱乃决。(《江西通志》卷67《王衡仲》)

他亲自到地头勘查,并且对证人进行"三次诘问",不吐实者就加以榜笞,终于从证人的供招而决狱。有些复杂的案件,即使罪人的犯罪事实已经明白,仍然不能做最后的判决,必须留置狱中,其用意在于"不许计较脱放",若是有所差池,则"狱官当任其责"。⑬

虽然告罪两造必须收禁,不过在南宋的案例中,官户之家却有以干人代替告罪人上衙门,躲避收禁的手续。如黄干处理一件曾安抚的继承人曾适告论金谿县乡民"盗掘坟墓"案⑭,由府衙送来监禁人包括曾适的干人周成,以及被告论的张潜并干证人共6名。当黄干接获案件时,有两名监禁的干证人已经"羸病欲死",所以黄干差医人医诊,并将另外两名干证人召保,只将告论人周成与被告张潜收禁。其后,黄干才"拖照案牍,参酌事情",从历来的供款认为"委是曾适妄状诬赖,意在扰害张潜等人"。从黄干的判词可知,自告论案成立以来,曾适到过衙门供证,却不曾被监禁,他形容曾适到官"言辞甚辩",扬扬自得,而张潜等人虽也辩论自己一切依法买下曾家土地,所提出的证据亦足以证明曾家干人的投状是为虚妄,不过张潜却为了反驳曾家而节次勘验,在狱中受

---

⑫ 《清明集》卷8《户婚门·遗嘱》蔡久轩"假伪遗嘱以伐丧",第289页。
⑬ 《清明集》卷11《人品门·宗室》蔡久轩"假宗室冒官爵",第400页。
⑭ 《勉斋集》卷32《曾适张潜争地》,第10页。

鞫。所以黄干认为,官府再不结绝,被论的张潜等人等不及待审判而丧命。
第二类"投词争财"的听讼案件
　　县衙随着讼牒的增加,以及听讼审理与判决皆强调追证的原则,所以到衙门投词的"两造"可能留滞县衙。北宋的官箴将部分婚田事交付耆镇定夺,"两争"当事人及邻保证人可以不必到官。⑮ 不过在南宋官箴书提出治狱的要点却说:"两争追会未圆,亦且押下。"⑯可见争讼入狱已是常事。

　　高宗时,知福建路南剑州的吴松年(1119—1180)"条上民事"曰:"理讼先逮词首。"⑰更有县官对于以词讼告论强占田产者,尤其不假宽贷,如黄干处理"徐莘哥论刘少六强占山地"一案:

　　　　近据徐莘哥论刘少六强占山地,及将徐莘哥送狱,却称系叔徐凯教令陈词,追上徐铠,又供委是包占,及追到出产并得产人供对,即无包占因依,徐铠方始招伏。(《勉斋集》卷33《徐铠教唆徐莘哥妄论刘少六》,第18页)

先将告论的徐莘哥送狱,并依供词追出叔父徐铠、出产人,以及得产人供对。在追证供对的过程之中,徐莘哥与徐铠应该是一直滞狱"供招"相关案情。

　　有些"讼者始至"衙门,立刻被县吏"寘于栅",虽非正式入狱禁系,却成为入栅关留的"门留"者,他们可能会遭受县吏的虐待,"饥不得食,寒不得衣,遇盛暑,数尺之地,人气充牣,多至疾病"⑱,无异于入狱。而"齐民有讼于有司,两造未备,无亲若故可以保识,则寄之厢,以防窜逸"⑲,所以城里的"厢"往往设有暂时关留两造的厢院,也有县官借着诉讼审判的过程,来整治剧邑的顽民。如赵善待(1128—1188)知浙西江阴县时,"有马氏者,积年不输赋,一日以讼至庭,诘之不服,械之囹圄"⑳。可见,投词诉讼者留滞县狱,是合法的手续。

　　争讼当事人若有隐瞒、揩改交易事实者,官府甚至将他们视做罪人,"自合

---
⑮ 《作邑自箴》卷4《处事》。
⑯ 《昼帘绪论》"治狱篇第七",第11页。
⑰ 《诚斋集》卷125《知漳州监丞吴公墓志铭》,第29页。
⑱ 《州县提纲》卷2《栅不留人》,第10页。
⑲ 梅应发:《开庆四明续志》卷4《厢院》。
⑳ 《絜斋集》卷17《朝请大夫赠宣奉大夫赵公墓志铭》,第12页。

送狱,根勘本情。"㉑如福建路建宁府建阳县的翁泰身亡之后,由于产业不明所引起的"争田词讼"一案,经过叶息庵知府的分析判决之后,提举司裁定依知府的判决,即"许得业人各契照,赴官逐一点对",再就齐集到官的契约分成三类。这一份行下府衙的公文,还张贴于建阳县衙,榜文写着:

> 如出限不肯赍契赴官,或是已论诉后旋投印,或契内年月有揩改,不即自首者,并追人送狱根勘。照条行。(次榜建阳县)(《清明集》卷5《户婚门·争业下》叶息庵"争田合作三等定夺",第143页)

不依官府规定办理得业手续者,就是有罪不自首者,必须送狱根勘。

因争财案件而入狱者不仅止于两争人而已,有些"必要证人"也被视为如刑命盗案的干连人一般,必须送狱供对。所谓"必要证人",如商业买卖中的牙保。北宋有些地方官榜文法定牙保人年在七十以下,并且有县衙出给的木牌子。㉒牙人以年七十以下为限,或许与其可能因案入狱推鞫,甚至必须与当事人均罪受刑有关。㉓

有些地方官对于牙人的处罚相当重,以刘克庄处理"魏峻偷典母、兄弟有分田给丘汝砺"一案为例,危文谟是此一买卖的牙人,他和丘汝砺到官供证,最后还被刘克庄勘杖六十:

> 丘汝砺、危文谟犯在赦前,自合免罪,但危文谟妄词抵执,欺罔官司,败坏人家不肖子弟,不容不惩,勘杖六十,仍旧召保。如魏峻监钱不足,照条监牙保人均备。张五十契内无名,并丘汝砺放。(《清明集》卷9《户婚门·违法交易》刘后村"母在与兄弟有分",第301页)

丘汝砺与张五十以无罪释放,而危文谟却需要召保,等到魏峻"监赃"还钱,危文谟违法处理的部分才算结束。如果私卖田产的魏峻无法还钱,危文谟及其

㉑ 《清明集》卷6《户婚门·争田业》"争田业",第176页。
㉒ 《作邑自箴》卷2《处事》,"交易牙人多是脱漏旅客,须召壮保三两名,及递相结保,籍定姓名,各给木牌,随身别之。年七十已上者不得充,仍出榜晓示客旅知委(榜文在后)。"可见,要求牙人联保,以防其脱漏,造成客旅损失。
㉓ 牙人也是证人,所以必须追证到官。关于证人入狱,参见本书第二章第二节。而牙保人与当事人均罪,参见本书第六章第三节。

保人还得替魏峻备钱还给丘汝砺,在还钱的过程中,牙保人随时有可能押下县狱执行监赃。

第三类"公、私负债"的欠租案件

"公"债方面,"有税而不输,此民户之罪也"[24],县衙有权力"逮捕、笞棰、囚系"欠赋人入狱[25],以至于"州县之间,一金一粟之不输,则鞭笞立至,追科之日,械系满前,号呼塞耳"[26]、"赋敛鞭笞县庭赤"[27]。而这一类欠税人虽不是刑、民事案件的罪犯,基层衙门却在上级立限催缴的压力之下,视之如损害国家法益、违犯行政的罪人[28],"县官催科,引呈户长,日不下四五十人,讯杖违法过数,日不下三千,以月计之,所讯几十万矣"[29],甚至不愿轻意释放[30],袁说友的奏状请求:

> 绍熙元年(1190),苗税与二年折税,尚有未催残零之数,令诸县立限催促,追呼监督,囚系拷讯,所纳不过些少,所胜不计,官司徒然追取,百姓枉受监系,要宜分别久近,稍从蠲放。(《东塘集》卷12《倚阁临安府诸县苗税残零状》,第15页)

希望中央依照欠租时间的长短情形,宽贷系囚。有时候,县狱里的逋租系囚高达数百人[31],而且监系的效果不彰,"负租坐系不能输",徒使欠租者受到身体的煎熬。[32] 迄理宗嘉熙间,仍可见"逋课官不恤有无,动辄监系,囹圄充斥,率是干

---

[24]《清明集》卷1《官吏门·申儆》真西山"咨目呈两通判及职曹官",第1页。
[25]《诚斋集》卷63《与虞彬甫右相书》,第14页。
[26]《攻愧集》卷20《论土木之费》,第5页。
[27]《剑南诗稿》卷27《僧庐》,第1页。
[28] (1)《江西出土墓志选编》,谢谔撰《宋故汀州判官通直郎致仕姚公墓志铭》(编号58),第168页。墓主姚锡(1121—1184)被指派到江西吉州安福县代摄令事,对于不缴税的贵势,"罪"其仆隶于县衙。在姚锡之前的县令多因督赋不力,相继以"罪"去职。(2)《清明集》卷1《官吏门·禁戢》"禁戢摊盐监租差专人之扰",第34页。
[29]《州县提纲》卷4《催科省刑》,第5页。
[30] 释放逋租者,被视为少数有德政的县令。如《鹤山先生大全文集》卷71《朝奉郎权发遣大宁监李君炎震墓志铭》,第577页。
[31]《江西通志》卷67《高鼎传》,"高鼎,字国器,新建人,乾道进士……改丞宜春,狱数百人,皆逋租者"。
[32]《鹤山先生大全文集》卷80《果州流谿县令通直致仕宋君墓志铭》,第656页。又如《夷坚丁志》卷20《朱承议》,第154页。

连”[33]的情形，民不得安。

至于“私”债方面，南宋的法律规定：“债负违契不偿，官为理索，欠者逃亡，保人代偿，各不得留禁。”[34]但事实上，有些“追债”案件成为争财的诉讼官司时，欠债者不只留禁于狱，甚至还被推鞫。在一般南宋人的印象里，衙门的拘系者不外是欠人私债，如刘元八郎入地狱时，被拘押者纷纷向刘元郎诉说阳间未偿的债务，“或云欠谁家钱，或云欠谁家租，或云借谁家物，或云妄赖人田租”[35]。

向仲堪（1100—1157）通判江东池州时，曾有数百名被盐商论诉的欠债人系狱：

> 大贾讼盐债，鞫系数十百人，延岁月不决。公曰：“质剂按牍，今焚亡余矣。穷民絷牢户，非瘐死不得出。”（《盘洲文集》卷76《向通判墓志》，第8页）

许多被讼者的买卖契约等相关文书已焚尽，因此提不出证据，而长期被系“鞫”讯。此类被富商大贾所论讼的案件，在两造财势不相当的情形下，也有欠债人“经年累月”监系于衙门。[36]

第四类“寄禁”另类囚犯的案件

宋代州县衙门的禁囚分为“正禁”与“寄禁”[37]，县衙除了监系与辖区秩序有关的人户之外，也接受由上级衙门送下的囚犯，尤其是州衙“佐厅亦时有遣至者，谓之寄收”。[38] 有些县狱还得受送属于中央层级的寄禁人，如南宋初期的钱塘、仁和两县监管理“排岸司”[39]之狱囚：

> 诸路州军起纲赴行在，所交纳至有折欠之数，并将合干人押下排岸司追理，排岸非刑法官司，无所研问，得其人则使监守，夜则寄禁钱塘、仁和

---

[33] 《宋史》卷419《徐荣叟本传》，第12556页。

[34] 《庆元条法事类》卷32《财用门·理欠》“关市令”，第352页。

[35] 《夷坚戊志》卷5《刘元八郎》。据洪迈记载，刘元八郎曾为人做证而入幽冥，后来被引看地狱，“大抵类人间，而被禁者皆本郡城内及属县人”。

[36] 《南涧甲乙稿》卷21《朝奉大夫军器监丞魏君墓志铭》，第39页；《清明集》卷9《户婚门·争财》胡石壁“欠负人实无从出合免监理”，第338页。

[37] 《宋会要》刑法6之69：“（乾道）六年（1170）一月二十二日”。

[38] 《昼帘绪论》“治狱篇第七”，第11页。

[39] 《咸淳临安志》卷9《监当诸局·司农排岸司》，第3439页。

两县狱中,身为囚系,欲偿无路。(《要录》卷164"绍兴二十三年六月丙子"条,第2687页)

两县衙因地特殊位置⑩,而成为司农寺的狱所。寄禁在两狱的系囚,"情不获申,徒淹岁月,凝寒暑烈不得休息,困饿狼狈,累累相属而莫之恤"㊶。

宁宗开禧三年(1207),排岸司还有拘系诸州欠纲不纳者的狱案,如臣僚言:

狱者,人命所系,不可以私置也。今(司)农寺排岸亦有狱焉,大率诸州县欠纲运不纳者,亦有所欠甚微而禁至数月者。(《宋会要》职官26之31)

此时排岸司处理狱囚的方式,或许还是与南宋初年相类似,即白天使人监守欠纲者,夜晚则将欠者寄禁于钱塘与仁和两县狱之中。除了这两县成为司农寺的寄禁狱所之外,嘉定八年(1215)司农寺移牒湖州、嘉兴府、平江府、常州与江阴军,追逮三年之间的押纲官吏均赔积欠的纲运,据说,"每州追及干连至是百余人,狱犴充斥,至分系县狱,愁叹之声遍干畿甸"㊷,可见二处县狱寄禁之盛况。

县狱的寄禁者也有"别送狱根勘"的移狱案件。"移狱"者除了本人称冤而移鞫之外,另外有由提刑司官员视问案所需,而指定寄禁县狱。㊸ 就以蔡杭审理"州吏黄德"一案为例,黄德被诉乞取监临枉法赃,提刑司将黄德送往该州司理院根勘。未料,司理院的官吏却故纵之:

---

⑩ 不只是排岸司,临安府内还有其他单位也会将一些犯人寄禁在钱塘、仁和两县,如《宋会要》刑法6之76,"(嘉泰十六年)十一月六日"。
㊶ 《宋会要》食货44之5,"(绍兴二十三年六月)十八日"。
㊷ 《宋会要》职官5之62。
㊸ 路级单位究竟有无"监狱"?王云海主编:《宋代司法制度》(第407页)引用《长编》卷60"真宗景德二年(1005)七月甲子"条载:"安国军节度推官李宏上言:'诸路置院鞫囚,或值夏日,令十日一涤枷械,如州狱之制。'从之",认为诸路有时也"置院"审理案件,所以诸路所审的犯人被关押之后,依照诸州监狱的管理办法,如"十日一涤枷械"等,设置临时监狱。愚以为,南宋"漕、宪、仓、帅"诸监司处理狱案已成为制度,系囚之人以寄禁的方式留置在州县监狱中,由监司指派司内或辖区州县的清强官下某一州县监狱,或是将囚犯转送其他州县监狱,进行鞫问,所以监司所在地应未设置其专用之监狱。而真宗景德二年时是北宋肇建之初,路级的行政单位或许有临时系囚的场所,但并非常设,亦未形成制度。

> 州吏黄德……本司送下司理院根勘，纵免桎梏，亦合收禁。今闻狱官阴纵之出外，辄令其逾狱墙，往来扬扬，在市饮酒，未尝坐狱。(《清明集》卷 11《人品门·公吏》蔡久轩"罪恶贯盈"，第 410 页)

所以蔡杭要求由值日的兵卒将黄德取送到提刑司，在"刺配五百里"的罪名之下，枷押下鄱阳县狱，继续究勘黄德其他犯罪的情节。

由于这些寄禁的罪人必须由原来的监狱派遣狱子押送，有的尚未押送到新狱所时，已于半途窜走，因而衍生出新狱案。另如蔡杭判决铅山赃吏一案，其中张谨"未经徒配，且押赴永丰县狱，逐项根勘"。[44] 移狱过程中，张谨却和另一名县吏程伟共同逃走：

> 此二贼者，乃敢蔑视台府，重赂监卒，窜走临安，致本司索知县批书，督巡、尉追捕，拘各人家属，将押送人决配，方始捉获。(《清明集》卷 11《人品门·公吏》蔡久轩"责县严追"，第 419 页)

官府大费周章地拘系逃犯家属及押送人，捕获二人之后，才算解决这一桩新狱案。由于寄禁的途中充满不确定的因素，若有疏失仍须追究原狱官吏之责任，所以甚至有官员对已受刑的寄禁人犯施以酷刑。[45]

已经定罪流刑的犯人，或因在押送编配、羁管移乡的途中，或因故缓刑者，皆须寄禁在县狱。[46] 有罪人负责特殊职务，而有暂缓流刑的机会，如江东信州弋阳县吏孙回被判罪后，却收禁在县狱中，蔡杭说明其中的理由：

> 当职再得之众论及知县之言，皆谓本县纲解首尾，皆在孙回名下，欲得了办毕日行遣。当职念本县月解窘急，重违其请。孙回照已判决脊杖二十，寄配惠州，收禁县狱，上禁单，候了本县纲解毕日，追上照刺。(《清明集》卷 11《人品门·公吏》蔡久轩"违法害民"，第 412 页)

孙回负责管理弋阳县的纲运业务，所以连知县也为孙回提出缓刑的请求，使得

---

[44] 《清明集》卷 11《人品门·公吏》蔡久轩"铅山赃吏"，第 418 页。
[45] 《夷坚丙志》卷 13《蟹治漆》，第 104 页。此一故事中，州牧除了虑盗再犯之外，或恐流刑传送的途中，囚犯逃脱，才以生漆涂囚之双眼。
[46] 《庆元条法事类》卷 75《刑狱门·部送罪人》"吏卒令"，第 529 页。

蔡杭不得不在考量众论之后，延期执行流刑，而将孙回暂寄县狱。

不论是哪一类的系囚，到县衙后，"辄付主吏"负责监禁。有些地方官强调衙门监禁囚犯者应该谨慎关防，"如解至犯者十名，点差他案贴吏十名，各于一处隔问责供，顷刻可毕。内有异同，互加参诘，既得大情，轻者则监，重者则禁，然后始付主吏"⑰，或可避免在县狱改变情款、诬攀平人的情况。

二、禁历和入门款

狱官必须登记系囚的资料，并呈报上级过目，前代称为"囚帐"，宋代则又可称为"禁状"⑱或"禁历"。⑲ 北宋初年规定："令诸州十日一具囚帐及所犯罪、系禁日数以闻。"⑳北宋末年，偏远州郡却"不尽书历"，所以朝廷还因此下令州县应当将"狱囚并门留、知在"书于历，否则失职官员除了"杖一百"的本罪之外，还得量轻重特行黜责。㉑ 南宋的"敕"则有处罚针对"囚至不受与不申"与"移囚避免按察检点"的行为：

> 诸违法移囚，流以上，违制论。㉒ 即囚至不受，及受而不申者，杖一百。
> 诸以在禁罪人避免按察官点检而移往他所者，徒二年，许被禁之家越诉。(《庆元条法事类》卷73《刑狱门三·移囚》"断狱敕"，第511页)

移囚至而不受或不申者，即是"不写禁历"的行为，处以杖一百。而隐匿囚徒者是"任意寄禁"且"不书禁历"两项行为，处以徒二年。

南宋初年，仍然有州县官员将禁历分为"正禁"与"寄禁"两种，往往只将重囚书于正禁历，成为提呈监司巡历审查的案牍，有如王十朋所言：

> 切见州县间常置禁历二，一曰正禁，二曰寄禁。每遇监司入境，止将所鞫重囚书正禁历，其他囚悉附寄禁，仍将所禁之人拘置僻所，使不得声

---

⑰ 《州县提纲》卷3《详究初词》，第3页。
⑱ 《长编》卷47"真宗咸平三年十一月乙亥"条，第1031页。
⑲ 司马光：《资治通鉴》卷192《唐纪八》"太宗文武大圣大广孝皇帝上之上·贞观二年（628）"，第6048页。
⑳ 《宋史》卷200《刑法志一》，第4969页。
㉑ 《宋会要》刑法6之58"政和二年（1112）二月七日臣僚上言"。
㉒ 《宋会要》刑法6之61"（宣和）四年（1122）十二月二十四日诏"。

冤。又多令吏卒防其亲戚,使不得告诉,俟监司既去,囚禁如初。(《梅溪后集》卷25《与邵提刑》,第3页)

可知寄禁历则是一种变相藏匿罪囚的簿书,容易造成滞囚冤枉,所以绍兴十四年(1144)依臣僚奏言,申饬州县有司不能以寄禁单子取代正禁历:

> 刑辟之间,禁系为重,其罪当禁者,有历以书之,应书不书,具有成法。比来州县或避滞留之责,更不附正历,辄置单子以为私记,使案察者无以稽察,淹抑者无所诉告。欲望申饬有司,检坐前后条令,严行禁止。(《宋会要》刑法6之66)

迄高宗晚年,"禁囚不书历"的情形似乎未见改善。[53]

光宗绍熙元年(1190),臣僚的奏言中仍然强调禁历的用途,规定有罪待勘之人应该在禁历上书写明确的入狱时间:

> 州县狱必有历,凡有罪而入禁者,必书其月日,以时检举结绝,无致淹延,此法意也。往往不能仰体朝廷钦恤之意,疾心狱事,公事到官,付之吏手,不问曲直,将干连无辜之人一例收禁,狱犴常满,不上禁历,号为寄收。(《宋会要》刑法6之71)

此时,州县监狱的禁历仍有许多弊病,狱吏甚至钻研法规漏洞,以"寄收"、"寄禁"[54]的名义拘系无辜之人。

为了改善州县任由狱吏收禁百姓,北宋官箴强调主典与狱子必须熟读"狱中上榜条贯"诸法令[55],南宋朝廷则加重了州县狱官的责任,高宗绍兴二十三年(1153),曾经要求州县长官必须亲视狱囚的"入门供责":

> 大理寺丞孙敏修面对言:"州县狱官不得其人,一切付之胥吏,轻重高下,悉出其手,望下有司参详,将罪人初入门情犯,先令知通、令佐亲视供责文状入案,然后付狱推鞫,修立成法行下,庶几罪人情伪易察,使猾吏无以措手。"诏刑部看详申省。(《要录》卷165"绍兴二十三年八月丙子"条,

---

[53] 《要录》卷168"绍兴二十五年正月丙子"条,第2741页。
[54] 《要录》卷163"绍兴二十二年十二月乙丑"条,第2674页。
[55] 《作邑自箴》卷5《规矩》。

第 2696 页）

即知州、通判及县令、佐必须亲审禁囚最初的供责文状，并且摘写其中要点，交付狱官与狱吏进行推勘。

孝宗淳熙十五年（1188）在江西提刑朱熹的建议下[56]，县令与县丞必须在"两日内"将重大囚犯的入门款送交本州及提刑司：

> 臣契勘县狱止是知县独员推鞫，一或不得其人，则拆换款词，变乱情节，无所不至。今既未能尽变铨法，则亦不容无少更革。欲望睿慈详酌，明降指挥，令县丞同行推讯，无丞处，即用主簿。仍遇大囚到狱，即限两日内具入门款，先次飞申本州及提刑司照会，庶几粗革旧弊，天下幸甚！（《朱文公文集》卷 14《延和奏札二·贴黄》，第 3 页）

此处的"入门款"就是初入狱的供词[57]，包括禁历以及县令、丞入狱推讯所得的县款（县案供词）。如果推吏累日不申入门款，州衙追查后，县丞应勘杖推吏。[58] 绍熙元年（1190）由提刑司每年二次印制禁历（赤历），交给州县狱官即时登录，并由县衙的主簿五日一申[59]，送呈提刑司。

宁宗嘉泰元年（1201）还将"应禁不应条法"制成榜文颁下，并且钉挂晓示于各州县狱门。此时的"禁历"是登录因罪入狱者，或是因民讼不实者，皆令自书其所犯之内容、入狱月日及姓名，若有不能书者，得由"同禁人"或是"当日书铺"代为书写，最后囚人要亲自押字。平时，通判、县丞负责检点，遇"月终"则申发禁历赴提刑司，由提刑司检察有无不应禁而收禁之人。[60] 这一份禁历与淳熙十五年的入门款相似，不过淳熙年间只针对重囚，而嘉泰元年的禁历则不限于重囚，甚至包括民讼告不实者。

---

[56] 王懋竑：《朱熹年谱》，北京：中华书局 1998 年版。
[57] 参见本章第二节"三、供招之款"。
[58] 《清明集》卷 13《惩恶门·告讦》"自撰大辟之狱"，第 490 页，"推司累日不申入门款，帖司理勘杖一百，断讫，申。"此处所言是为州衙的情形，间接推论。
[59] 《宋会要》刑法 6 之 71。戴建国：《宋代的狱政制度》（载戴建国：《宋代法制初探》，第 264—280 页）认为县委"佐官"即"县丞"。愚以为孝宗淳熙十五年规定县丞辅佐县令入狱推勘，是为县衙的"狱官"，至于州衙的狱官则为录参与司理，所以从禁历下交狱官，但由"司法"申报，可推见"县委佐官"不应是狱官县丞，而是主簿。
[60] 《宋会要》刑法 6 之 73。

迄南宋晚期，县衙的禁历登录一向不切实际，吏卒使用如"到头、押下、直拦、监保"等各种名目，任意且临时性监禁平民，由于属于"寄收"、"门留"的项目，不必送呈禁历到上级衙门，致使入狱者"门留锁押及私监冻饿，动有性命之忧"[61]，甚至"其事可立判者，亦必拘囚月余"，虽然朝廷于绍熙元年（1190）曾行下戒约："应小民有不因词讼而辄相寄狱，郡守、监司不行觉察，许经台省陈诉。"[62]只是效果仍然有限，所以嘉定十六年（1223）八月八日，大理司直朱藻奏言：

> 乞行下诸路提刑司严戢诸县，除附郭县狱许通判寄收罪囚外，凡佐官遇合收禁人，须具事因申解本县，遵照条令书上禁历，如擅自送狱，不许接受。（《宋会要》刑法6之75）

要求严格规范州官寄收犯人在县狱的条件，连幕职诸曹等佐官将人收禁于县狱时，县衙都必须书写成禁历，可见县狱的"寄收"与"禁历"相衍生出不少问题。

三、取保知在

北宋哲宗元祐元年（1086），天旱无雨，右谏议大夫孙觉（1028—1090）上奏改良狱事，希望朝廷差派谏官、御史巡历京畿，"分视狱囚，已杀人及重伤守辜外，皆酌情约法，减降区断。应照验未圆、会问未到者，并许召保押出，知其在，以称圣恩荡涤之意。"因此，朝廷从善如流，诏命特使整顿京城及其附近诸县狱的"见禁罪人"，其中如果有"根究未见本末"及"会问结绝未得"者，一时无法区断，则令"召保知在"，听候断遣。[63] 于是久系监狱的嫌疑人，透过召保的方式，使官府知其所在，得以脱出监狱的囚系，等听候官府通知判决。

究竟哪些囚人是符合知在的条件？以及哪些人有资格担任"保人"？唐代规定入狱的囚徒在"限满不首"后，必须反拷告人，而且原先被告被拷之人可以

---

[61] 《清明集》卷1《官吏门·儆饬》吴雨岩"禁约吏卒毒虐平人"，第36页。
[62] 《宋会要》刑法5之44。
[63] 《长编》卷375"哲宗元祐元年四月戊戌"条，第9088页。

"取保放之"。[64]《唐律》中所谓"限满",乃指囚人被拷打三次,拷打总数不得过"二百"下。[65] 宋代则有"州县鞫狱,事之大小各有定限,至四十日止"[66],所以宋代法定系囚时日又以"四十日"为满限。

早在真宗天禧五年(1021),由于盗贼之妻被禁将近一年,所以有人建议虽未获正贼,拘系一季以上的干连人可以"责保知在":

> 判河南府王钦若言:"渑池县民为盗,亡走。禁其妻,昼则令众,几三百日。迫于饥寒,臣已令本县疏放知在。望告示诸路,有禁留令众一季不获正贼者,责保知在。或朝廷悯其淹延,止责地分巡检,县尉、耆保依限缉捕。"从之。(《长编》卷97"真宗天禧五年五月戊寅"条,第2246页)

因为长期拘系干连人,不但无利于捕贼,但使无罪人徒系于牢,才有此一规定。

迄南宋初年,基层衙门长期拘系干连证人的情形仍是问题重重,洪适(1117—1184)曾经奏言建议"供责已具一月,先与召保知在",其理由是:

> 独是事发之处,或在邸店,或在道路,一时与相逢之人见其斗殴死伤,便为证左,相随入狱,虽供责已具,狱吏或以无保识,或以别州县,虑其再追不至,例皆同拘牢户,同解本州,直候结案,无番异方得释放。(《盘洲文集》卷41《乞勿禁系大狱干证人札子》,第3页)

狱吏以自身的行政考量,深恐干证人非本辖区之人,不易追回官府,所以不让干证人依法办理保识出狱,甚至使之与罪人同牢拘留。

南宋法律规定在禁人若犯杖以下而遭逢重丧者,可以依"责保"而获得殡葬的期限:

> 诸犯杖以下在禁而遭父母及夫丧,听责保量给限殡葬。即期丧,本家无男夫成丁者,准此。(以上事干要切,仍责无漏泄状,差人监管)(《庆元条号法事类》卷77《服制门·丧葬》"断狱令",第560页)

由于县衙处理杖罪以下的判决,所以这条法令可说是针对县囚而言。虽然杖

---

[64] 《通典》卷168《刑法六》,第4348页。
[65] 《唐律》卷29《拷囚不得过三度》,第552页。
[66] 《要录》卷166"绍兴二十四年二月辛巳"条,第2715页。

以下属于轻罪,但是县衙仍须慎重此事,执行此令时,除了将囚人责保之外,并令其写立"无漏泄状"之外,还要差派专人监管,掌控其行踪。

当衙门侦查争讼案件告一段落时,滞县的两造,若经由保人保识而无走窜之虞,词人可以回"本家"或被"押下所属"知在⑥⑦,并且听候衙门安排审理的时间。例如"黄主簿妻江氏告论江文辉取赎不当"一案:

> 前武冈军黄主簿妻江氏论江文辉等妄赎同姓亡殁江通宝典过田业事。……帖县追两名,索砧基簿及元典契解来,词人召保听候。(《清明集》卷9《户婚门·取赎》金厅"妄赎同姓亡殁田业",第319页)

在被告尚未追到官府时,州衙金厅令告论人江氏召保听候,不必下狱。

罪刑虽已判定的囚犯,但仍必须等待更高层衙门行下定罪公文时,知县则可以命令罪人"着家知管"(也是知在)听候判决。⑥⑧ "知在"之人,大多被视作待罪之身,如王遂处理"虞艾夫妇俱亡"案,最后的判决文必须经过"见知在人引唤读示讫",才可以将他们"各放"回家。⑥⑨ 又如"黎定夫等人鼓诱年幼的孙某将田业倚当,并诈取其财物"案:

> 黎定夫等六名利孙某之幼,教其私辄将田业就张上舍、宋通判倚当,生钱共一百二十贯足,非所使用。……案备所供,申使府取自施行。萧子章放,余名各知在听候。(《清明集》卷8《户婚门·孤幼》"鼓诱卑幼取财",第284页)

虽然判决文中只提及"知在听候"而未言召保,依常理推断,涉案犯罪人不能随意放任行动,应该有负责"知管"的耆保、邻保及里正。即使刑命重案初步审判为无罪者,亦需以"召保知状"具申提刑与省寺(中央大理寺)等衙门。⑦⑩

病囚亦有迫切需要"取保"知在者。真宗咸平四年(1001),从黄州守王禹

---

⑥⑦ 《州县提纲》卷2《察监系人》,第11页。
⑥⑧ 如《清明集》卷9《户婚门·坟墓》"盗葬",第328页。本案已经延宕六年,告诉人吴太师孙新妇段氏之夫在世时,"论诉伯客谢五乙兄弟葬本家买来的风水地",此次的判决文虽已经判刑,但必须等转运使的公文,在未取得转运使台的定谳公文,犯刑人必须着家知管。
⑥⑨ 《清明集》卷8《户婚门·立继类》王留耕"立昭穆相当人复欲私意遣还",第248页。
⑦⑩ 《夷坚丙志》卷10《陈长三》。

偁（954—1001）上请，下诏规定病囚的管理办法：

> 令诸路置病囚院，持仗劫贼、徒流以上有疾者处之，余悉责保于外。（《长编》卷48"咸平四年五月二月甲子"条①，第1052页）

除了承续后唐同光二年（924）设置病囚院之外②，并且让"斗讼户婚，杖以下得轻款者，许在外责保看医，俟痊日区分"③，"轻系，得养于家"④，此一影响系县的杖罪者最甚。南宋高宗时，仍重申"病囚非凶恶者，召保责出"的法令。⑤ 南宋中期则明文规定"诸囚在禁病者，即时申州"：

> 诸囚在禁病者，即时申州（外县不申），差官视验，杖以下（品官流以下），情款已定，责保知在，余别牢医治。……其囚重者……虽犯徒流罪而非凶恶情款已定者，亦听责保知在。元差官每三日一次看验，病损日句追结绝。（《庆元条法事类》卷74《刑狱门·病囚》"断狱令"，第512页）

有二类病囚可以责保知在，一是杖罪以下，完成供款者；二是非凶恶犯徒罪以上，已完成供款的病重者，并差官看验病情。

病囚在亲属保人完成责保手续后，可以回家休养。若是无此类"亲属保人"⑥，则由承监吏人选择适当的旅舍安顿：

> 狱官夜点狱时，或闻有呻吟之声，必须翌旦亟命医胗视，果病非大辟、强盗，并权出之。令保人若亲属同视医治，或无保若亲属，须责承监人安之旅舍。（《州县提纲》卷3《病囚责出》，第5页）

而受托"责保寄店"户于病囚病情好转时⑦，应该可以到县衙"以凭支给钱物"⑧。

关于"责保"资格的保人，若与地方治安相关的案件，大概是指镇耆之类的役人，如北宋官箴中的处事手则中指出：

---

① 又见于《宋史》卷199《刑法一》，第4972页，及《文献通考》卷166《刑五》。
② 薛居正：《旧五代史》卷147《刑法志》，第1961页。
③ 《宋会要》刑法6之52。
④ 司马光：《涑水纪闻》卷3《上疏陈五事》，第44页。
⑤ 《要录》卷161"绍兴二十年八月戊申"条，第2619页。
⑥ 《昼帘绪论》"治狱篇第七"，第13页。
⑦ 《长编》卷72"大中祥符二年（1008）十一月壬子"条，第1640页。
⑧ 《作邑自箴》卷7《榜客店户》。

>公事伺候,勾干照人,罪轻不当收禁者,不必责付镇耆知在。(《作邑自箴》卷3《处事》)

应当收禁的罪人,必须"责付镇耆知在",所以"责"保知在,有责付之意,由负责地方治安的耆保"保任"。而南宋有"令":"诸责保者,官司验寔保人须年未柒拾,非归明徭人。"⑲限定保人不得年过七十,亦不可为国土境内的溪峒徭人。

有时,只要有相当人数的保人出面保识,因械斗而危害地方治安的豪强亦得以释放。如南宋张祖顺(1137—1197)知浙东衢州龙泉县时,有宗子与强民为仇,各自聚众至数百,准备操兵夜斗于市。后来由张知县出面召邀两人至县庭决胜负:

>迟明召二人者至庭,谓曰:"汝自相仇,彼众何罪,而使滥被杀伤乎?不如挺身持刃决雌雄于前。"两人者相顾欲退,公曰:"官府有法,可容尔耶?"分囚庑下。至累月,始悔过求免。邑众为言,愿相保任使自新,即纵之,俱愧惕感服。(《攻愧集》卷104《知梅州张君墓志铭》,第1页)

到官府后,两人却心萌退意,张祖顺将他们系囚于县狱的廊庑之下,长达累月,最后在邑众愿相保任的情形下,官府终于释放两人。

州府衙门的长官可以指定厢巡责状作为"取保之文"。北宋神宗元丰五年(1082),开封府裁定若贫而无能力找到保人时,可由官府直接释放:

>开封府言:"令文:诸老幼、疾病犯罪而孤贫无以入赎者,取保矜放。本府日决狱讼,应赎者多孤独贫穷,又无邻保,不免责厢巡状,以便取保之文。自今乞从本府审察,贫乏直行放免。"从之。(《长编》卷323"元丰五年二月丁巳"条,第7780页)

这项见于北宋首都开封府长吏的奏言,仍保存于南宋"断狱令":"诸赎铜而贫乏无可理者,本州长吏取保放之。"⑳可见,从北宋迄南宋一直适用于州衙,即知州可以指定州城内的厢巡官为义务的保人。

---

⑲ 《庆元条法事类》卷78《蛮夷门·归明附籍约束》"杂令",第576页。此处的责保者,包括各式各样的责保,不止限于犯罪责保。本令出处又可参见《庆元条法事类》卷7《职制门·保官》"杂令"。

⑳ 《庆元条法事类》卷76《当赎门·总法》"断狱令",第540页。

从汉魏之际以来,可以依取保价钱计算保识期限,说明"财力"在取保制度中的重要性。⑧ 所谓"取保矜放"的程序,从上述北宋开封府尹解释"断狱令"文中的"应赎者":"又无邻保,不免责厢巡状,以便取保之文。"推测合于取保规定的系囚,在官府行下取保之文之前,必须暂时由乡村的邻保或城市的厢巡官监控行动。至于"取保之文"中应该附有保人的保识文状,而官府选择充当保识人的条件,除了允许当事人的亲属之外,"召有物力者委保"也是相当普遍的原则。⑫ 由于贫者难以觅得有钱的保人,所以时常落得无人保识出狱之情况。

南宋时期"有赀之囚,吏则令其诈,巧为敷说,以觊责出,渐为脱免之地"⑬,或是"贫而无保",都成为县令治狱时的一大问题。若要落实"取保知在"的手续,则必须对承监人加强管理,"凡承监,即令召保。不测检察,如不容保,故为锁系,必惩治之"⑭。

第二节 推鞫的刑讯

一、系狱之刑

牢狱用刑以求取口供,乃传统中国司法搜证的重要手段。⑮ 狱官对于囚人"反复诘问,不直供者绷讯,惟实之归"⑯,所以审判官员相信"及送狱根勘,供招自明"⑰。因此,衙门里具备形形色色的刑具。在宋代一般禁系使用的狱具种类及规格中,合法的有枷、杻、钳、锁及盘枷等五种(参见表3-2-1)。⑱ 自景德四

---

⑪ 刘徽:《九章算经》卷3《衰分》,第73页,"今有取保一岁,价钱二千五百。今先取一千二百,问当作日几何? 答曰:一百六十九日、二十五日分之二十三。术曰:以价钱为法,以一岁三百五十四日乘先取钱数为实,实如法得日数。"
⑫ 《州县提纲》卷4《择吏择人》,第4页。
⑬ 《昼帘绪论》"治狱篇第七",第11页。
⑭ 《州县提纲》卷2《察监系人》,第11页。
⑮ 参考陈俊强:《刑讯制度》,载高明士主编:《唐律与国家社会研究》,台北:五南图书公司1999年版,第403—435页。
⑯ 《清明集》卷12《惩恶门·豪横》宋自牧"与贪令捃摭乡里私事用配军为爪牙丰殖归己",第462页。
⑰ 《清明集》卷4《户婚门·争业上》"吴肃吴镕吴桧互争田产",第111页。
⑱ 《宋会要》刑法6之77—78《枷制》。其中,盘枷是地方衙门输送囚犯时,经常使用的刑具,却未著于宋代《狱官令》,直到仁宗庆历五年(1045)三月二十六日,才从殿中御史田颖所奏,明令斤数,颁行天下。

年(1007)以后,由提点刑狱司监察"诸州、府、军、监及巡尉司"毁弃非法讯囚的狱具。[89] 早在北宋太宗端拱元年(988)就禁止"鼠弹筝"之类的非理残忍狱具[90],但是迄南宋末年,吏卒因为上级"严限日时,监勒招承,催促结款",乃擅置非法狱具,于是出现"掉柴"、"夹帮"、"脑箍"以及"超棍"等酷刑。[91]

表 3-2-1　宋代衙门合法的禁系狱具

种类	规格/罪刑			用途
枷[92]	长:五尺以上、六尺以下 铗长:二尺五寸以上、六寸以下 阔:一尺四寸以上、六寸以下 径:三寸以上、四寸以下			束颈
	二十五斤/大辟	二十斤/流	十五斤/杖	重量/罪刑
杻	长:一尺六寸以上、二尺以下 广:三寸 厚:一寸			束手[93]
钳	重:八两以上、一斤以下 长:一尺以上、一尺五寸以下			束颈[94]
锁	长:八尺以上、一丈二尺以下			脚镣[95]
盘枷	重止十斤			束颈

---

[89] 《宋大诏令集》卷201《禁约讯囚非法之具诏(景德四年九月甲寅)》,第745页。
[90] 《宋大诏令集》卷200《禁鼠弹筝诏(端拱元年正月乙酉)》,第742页。
[91] 《宋史》卷200《刑法志》,第4996页。
[92] 王辟之:《渑水燕谈录》卷5《官制》,"旧制,枷惟二等,以二十五斤、二十斤为限。景德初(《宋会要》刑法6之77作淳化四年),陈纲提点河北路刑狱,上言请制杖罪枷十五斤为三等,诏其可奏,遂为常法。"有关"长枷"与"盘枷",参见图一、四、五。
[93] 〔日〕仁井田升:《中国法制史研究·刑法》第四部《余论》"敦煌发见十王经图卷に见えた刑法史料"根据"三才图会"中判断"杻"如《唐令》所言为是"手杻",其形状是"有两孔如眼镜的手械"。仁井田氏表示未曾在敦煌图绘中发现"钳"及"锁"的狱具。有关"钳",参见图一、二、五。
[94] 沈家本:《历代刑法考·刑具考》,北京:中国书店1990年版,第1212页。据沈家本按:"钳着于颈,其横出被于肩,如鸟之翅也。"沈家本认为:"自曹魏易以木械,而钳与钛遂不复用矣。后世之枷,即古之钳也,但铁、木及大小、长短之不同耳。"愚以为,宋代《狱官令》既然有其重量及长度之制,应该还是官方"法定"的刑具之一。有关"杻",参见图二。
[95] 《历代刑法考·刑具考》,第1210—1212页。锁就是锒铛,汉代有"以铁琅珰其颈"(《汉书》卷99《王莽本传》),《明律》狱具图中有"铁索":"长一丈,以铁为之,犯轻罪人用镣,连环,共重三斤,以铁为之。犯徒罪者带镣工作。"镣锁"始借用为刑具之名"的关键变化是为"元代"。不过,《夷坚志》卷12《高俊入冥》记载,绍兴二十二年,夔门戍兵高俊入"地狱",曾见到其所认识的宁江都将"荷铁校,曳铁锁"。愚从"曳铁锁"认为"锁"应是束脚之类的镣索。有关"锁",参见图四。

不论是新建或是翻修的县狱,"凡狱具皆更创如律令"⑯是狱官必遵的法条,当狱具依法定的重量及长度制造完毕后,若"违式者,杖六十"⑰。狱具上将刻有制造量重的"秤子"姓名,不能书写姓名者,由吏代书之外,本人亦得花押示记:

> 狱具并大小杖,秤量如法,用火印。仍令秤子自书姓名于其上,以金漆漆定。不能书,则吏代之,止令花押。(火印用讫,封锁库中。)(《作邑自箴》卷1《处事》)

才算是合法狱具。合法的狱具是衙门的公物之一,由狱子及官吏共同检校保管,"如有穿棱生涩,修葺错磨滑易,无致磨损罪人肌肤。如违,狱子乞行严断,官吏重行科罪"⑱。

狱具制造之初,就得烙上重量及标记(官印)火印,除了便于妥善管理,亦防止衙吏留节目、增钉饰及加筋胶,而改造成残酷的刑具:

> 高宗绍兴十二年四月二十六日,御史台言:检会绍兴令,诸狱具,当职依式检校。枷以干木为之,长者,以轻重刻式其上,不得留节目,亦不得钉饰及加筋胶之类。仍用火印,从长官给。(《宋会要》刑法6之78)⑲

高宗绍兴十二年(1142)以后,各种狱具若蓄意留有节目及加上饰钉,是属于情节重大的违法失职案件,县衙的知县、县丞、主簿与县尉等全体官员都会受到降官的惩戒。⑳

前述狱具的主要用途是限制收监人的行动,其中较常使用长枷。㉑ 罪轻之人若不肯吐露实情,由承办案吏申报长官,取得长官的判押之后,亦可加以"枷禁"。㉒ 有的知县判押的原则是"囚系未遣,遇岁时,必脱械,稍出之"。㉓ 禁囚

---

⑯ 《止堂集》卷10《隆兴府武宁县修狱记》,第14页。
⑰ 《庆元条法事类》卷73《刑狱门·决遣》"断狱敕",第499页。
⑱ 《宋会要》刑法6之77。
⑲ 又参见《庆元条法事类》卷73《刑狱门·决遣》"断狱令",第499页。
⑳ 《宋会要》刑法6之79。又见于《宋史》卷200《刑法二》,第4993页。
㉑ 《宋刑统》卷29《断狱律·应囚禁枷锁杻》,第465页。
㉒ 《作邑自箴》卷2《处事》。
㉓ 林光朝:《艾轩集》卷8《惠安县丞陈君行状》,第14页。

各有其枷具,"枷上姓名大字真书,三五日一易,务要分明"[104],而"重囚"与"轻囚"的枷具也不相同,重囚的枷叶有四,轻囚则减半为二:

> 钉重囚枷四道叶(二熟铁、二生厚牛皮,须带润,使之各长阔三指),轻囚两道铁叶。各更用软麻绳于后枷桓里,紧拘缚封号。
>
> 长枷于左闪末凿窍,可容三指,每夜禁囚上匣了,通以长铁索贯之,多以响铃系索上。(《作邑自箴》卷2《处事》)

枷上装有熟铁,并以牛皮、软布系之,晚上还会被绑上铃铛,令狱吏警觉之用。

实际上,法律规定"禁囚徒罪以上,方许枷禁",而且要经过由吏向知县申请"判押"的程序[105],即禁囚"有合鞫讯,勒主吏持勒囚历、取押,然后入狱"[106];"其当讯者,先具白长吏,得判乃讯之。凡有司擅掠囚者,论其私罪"[107]。虽然北宋哲宗元祐七年(1092)曾有诏敕,以"徒一年"重惩不依刑禁法条置狱的官员;以"杖一百"惩罚擅自使用杻锁等狱具的公事追捕人(公役人)。[108]但是南宋高宗朝的州县各厅房官员任意令干系人荷枷,遇夜就寄禁于狱:

> 大理寺丞孙敏修面对,论:在法禁囚徒罪以上,方许枷禁,仍须立检判押,其制不为不严。而州县官逐厅所行事,其干系人往往在厅枷荷,遇夜即行寄禁,失其国家立法本意。(《要录》卷167"绍兴二十四年十月庚辰"条,第2730页)

非法枷禁与寄禁的情形相当普遍。所以南宋的职制敕规定:"诸被差体究公事,辄枷讯人者,论如前人。不合捶者,考律;罪轻者,杖一百。"[109]加以限制官吏滥用"枷讯"。

印象中,系囚难免会被套上刑具或缚绑而限制行动,不过若有"犯轻罪"及"受刑能力有限"的特殊情形,如犯"杖罪"、"年八十及十岁",以及包括"怀孕、

---

[104]《作邑自箴》卷5《规矩》。
[105]《宋刑统》卷29《断狱律·不合拷讯者取众证为定》"讯囚",第474页。
[106]《州县提纲》卷3《狱吏择老练人》,第4页。其中"勒囚历"是为禁历;"取押"意为取得判押。
[107]《宋史》卷199《刑法志一》,第4968页。
[108]《长编》卷477"哲宗七年九月壬午"条,第11354页。
[109]《庆元条法事类》卷8《职制门·定夺体量》"职制敕",第97页。

侏儒的废疾"者,不必戴上刑具,这种拘系方式称之为"散禁"。[110] 散禁又称"颂系"[111],散禁者与戴刑具者迥然有别,"修整狱舍,广其屋室,至者颂系,与平居不大相异"[112]。"散禁"亦适用于关留诉讼当事人,如黄干审理"窑户论谢知府宅强买砖瓦"的过程:

> 窑户十七人经县陈词,论谢知府宅非理吊缚抑勒,白要砖瓦事。本县追到干人邹彦、王明供对,两词各不从实供招,遂各散禁。今以两词供答参详,据干人费到文约,并称所买砖瓦皆是大砖、大瓦,则所供价例,乃窑户之说为是。(《勉斋集》卷33《窑户杨三十四等论谢知府宅强买砖瓦》,第6页)

将知府的二名干人与窑户十七人两词分别入狱散禁,才供招出实情。

每夜亲自闭狱"定牢"的工作,是由县令负责。[113] 北宋末年,尚未明文县令定牢之法,或由狱吏"定牢用一牌具见禁人姓名书贴,晚即呈覆如何绷匣"[114]。直到南宋绍兴十年(1140)下诏并着为令:

> 一更三点下锁,五更五点开锁,定牢违者杖八十。狱官、令佐不亲临,及县令辄分轮余官,并徒一年。(《文献通考》卷167《刑六》,第1页)

每天晚上一更三点牢房上锁;清晨五更五点开锁,冬天十月至二月则于五更三点开锁。[115] 虽然"在法,鞫勘必长官亲临。今也,令多惮烦,率令狱吏自行审问"[116],但是宋代请托的风气很盛[117],有些重囚行贿而得以不戴枷具,轻罪散禁之人反被"缧绁"缚绑[118]:

> 在法,一更三点,长官亲自定牢。今也,听政无暇,则委佐官;饮酒相

---

[110] 《宋刑统》卷29《断狱律·应囚禁枷锁杻》,第466页。《宋会要》刑法6之51。
[111] 任广编、乔应甲校、〔日〕长泽规矩也编:《书叙指南》卷18《狱具囚徒》。
[112] 林表民编:《赤城集》卷7,王谦之:《临海县狱记》,第16页。
[113] 《州县提纲》卷3《夜亲定狱》,第8页。
[114] 《作邑自箴》卷2《处事》。
[115] 《庆元条法事类》卷75《刑狱门·刑狱杂事》"断狱敕",第537页。
[116] 《昼帘绪论》"治狱篇第七",第11页。
[117] 参见刘馨珺:《宋代的请托风气—以"请求"罪为中心之探讨》,载宋代官箴研读会编:《宋代社会与法律——〈名公书判清明集〉讨论》,台北:东大图书公司2001年版,第115—211页。
[118] 《历代刑法考·刑具考》第1209页。

妨，则委典押，不知脱有逃逸，咎将谁执？况吏辈受赂，则虽重囚，亦与释放安寝；无赂则虽散禁，亦必加缧绁，最不可不躬自检察。(《昼帘绪论》"治狱篇第七"，第12页)

由于知县长官未能依法亲视定牢，所以囚犯拘系的待遇，大部分仍然操纵在狱吏的手中。

二、讯杖之法

系囚戴上刑具是合法刑讯的一部分，而且依犯罪轻重，予不同的刑具，如犯大辟者就得加戴杻、锁及绷等刑具。[119] 除此之外，拷打囚徒也列入合法的刑讯[120]，常行官杖有"大杖大头"、"大杖小头"、"小杖大头"、"小杖小头"等二类四种(参见表3-2-2)，使用的材质是以"生荆"为主。[121] 而"小则讯，大则决"[122]是说鞫讯使用小杖才是合法的"讯杖"。南宋乾道四年(1168)，臣僚指出当时违法讯杖的情形："凡讯囚合用荆子，一次不得过三十，共不得过二百，此法意也。今州县不用荆子而用藤条，或用双荆合而为一，或鞭股、鞭足至三、五百。"[123]可见讯杖违法的问题日益严重。

表3-2-2　宋代衙门合法的杖具

杖　名	大　　杖		小　　杖	
大、小	大头	小头	大头	小头
厚	二寸[124]	九分	六分	五分
长	三尺五寸		四尺五寸	
功能	科决		推讯	

南宋医书中有指出非法讯杖系囚致伤的辨别法，即"大杖伤痕，左右各三

---

[119]《夷坚丙志》卷6《赵氏馨奴》。
[120]《宋刑统》卷29《断狱律门》"不合拷讯者取众证为定"，第472页。此外，亦参见元代的《吏学指南》《狱讼》。
[121]《长编》卷4"太祖乾德元年三月癸酉"条，吏部尚书张昭等上言。又使用"生荆"见于杜佑：《通典》《刑制·梁》，其中大、小杖的规格略与宋代出入，如长度皆为六尺。
[122]《昼帘绪论》"用刑篇第十二"，第21页。
[123]《文献通考》卷167《刑六》，第3页。
[124]《庆元条法事类》卷73《刑狱门三·决遣》"旁照法·断狱式·狱具"："杖：重一十五两，长止三尺五寸，上阔二寸，厚九分，下径九分。"第499页。

寸至三寸五分,各深三分,各有浓水,兼疮周口亦有浓水淹浸,皮肉溃烂去处"[125]。又凡应讯杖者有其当拷打的部位:

> 诸讯囚,听于臀腿及两足底分受。非当行典狱,不得至讯所,其考讯及行决之人皆不得中易。(《庆元条法事类》卷73《刑狱门·决遣》"断狱令",第500页)

以臀腿及两足底是较适当的部位,由专门典狱者执行拷讯,未完成拷讯者,不可中途撤换执杖人。

至于讯杖的数目,《唐律》只规定三度拷囚,数不过二百,每讯相去二十日。换言之,平均每次约六十至七十下。[126] 宋代则有规定每次拷杖不得过三十,以免伤及人命:

> 讯杖,在法许于臀腿、足底分受,然每讯不过三十而止,今人动辄讯至数百。盖腿与阴近,讯多必蚌作辄死。尝见某都官司讯人腿杖,过百即死者,不可不为深戒。(《州县提纲》卷3《勿讯腿杖》,第4页)

而且有经验的地方官时常指出腿杖容易伤及阴部(外肾)[127],或是讯杖数过百,将造成囚死狱中的意外。

拷讯的时机,也是地方官应该注意的事项。一般而言,"每奸盗辟囚,获到之初,首行腿讯,多至二三百下"[128]。即在这类嫌疑犯的两腿及两足底施以"入门杖子",杖打常常超过数百,然后才付狱系监。这种"入门杖子"易造成入狱者死亡,因为罪犯被捕的过程中,可能早已经过"都保"或"巡、尉司"的恶意拘留,如饮食不时、拷掠逼供[129],所以县狱还没取得入门款之前,捕到人早已病重不堪推鞠。甚至有些弓手之类的役人受托,在狱外违法杖打嫌疑人,用逼供的方式取得自供,这也是县官不可不察的。如黄干处理"危教授告论熊祥"一案,陈九本来已"自供为盗是实",饶细乙与舒九亦供"熊祥寻常实是停盗",可是等

---

[125] 《洗冤集录》卷5《受杖死》,第79页。
[126] 《唐律》卷29《拷囚不得三度》,第552页。
[127] 《洗冤集录》卷5《受杖死》,第80页。
[128] 《昼帘绪论》"用刑篇第十二",第21页。
[129] 《州县提纲》卷3《捕人勿讯》,第1页。

到县尉追捕到熊祥,知县黄干令四人供对时,不只全然翻供,而且还供出被弓手及告论人危教授屈打成招:

> 并称系是弓手黄友、徐亮在龙舟院打缚,又系危官人自行打勘。本县照得陈九为盗,饶细乙、舒九供熊祥停盗,若非受打、受赂,岂肯到官自行供通。及唤上医人验陈九被打痕损,果是曾用椎打伤踝骨,并夹损手指分明。(《勉斋集》卷32《危教授论熊祥停盗》,第1页)

黄干并未杖打陈九,不过因为未能及时请医人验视陈九等人的身体,陈九终因先前遭受危教授家的打损而身死。

县令本是县衙的唯一狱官,"狱在邑,听于令,无他官可诿。"[130]绍兴年间,刘一止(1078—1160)上奏:"县狱之事宜专委丞,如州郡两院之官,日入治狱,凡追呼、枷讯等事,丞先以禀令,然后得行。其余悉如旧制,且丞无侵预之嫌,令有同心之助,相为可否。"[131]孝宗时期,实践了此一主张。淳熙年间规定县丞必须分担知县入狱推鞫的工作,"丞,置司鞫狱"[132]亦写入南宋的职制令。自此之后,县丞可以"行牢",亲视囚徒在狱鞫治的情形,甚至有先行免释病囚的权宜。[133]

虽然官僚们了解知县有不暇专注于狱事管理的困境,但是基于"县狱岂不甚重?而令之任责岂不曲尽县心哉?"[134]仍认为知县理应关注狱事。如真德秀曾写给同僚们的劝谕书所言:

> 昨因臣僚申请,勘狱先经县丞,盖虑知县事繁,不暇专意狱事,亦州郡先付狱官之意也。窃虑属县有悉付其事于丞,不复加意者,有县丞惮于到狱,径取上囚徒就厅鞫问者。凡此皆有失申明本指。今仰知县以狱事为重,专任其责,虽与县丞同勘,即不许辄取罪囚出外,以致漏泄情款,引惹教唆。或丞老而病,且乏廉声,亦不宜使之干预。(《清明集》卷1《官吏门

---

[130] 《漫塘集》卷21《重建晋陵县狱记》,第17页。
[131] 刘一止:《苕溪集》卷12《乞令县丞兼治狱事》,第7页。又参见黄淮、杨士奇编:《历代名臣奏议》卷217《慎刑·刘行简乞令县丞兼治狱事》,第2851页。
[132] 《庆元条法事类》卷6《职制门·差出》"职制令",第66页。
[133] 如《夷坚支景志》卷5《临安吴高生》。此事之记载又见于《咸淳临安志》卷92《纪事》,第4205页。
[134] 《昼帘绪论》"治狱篇第七",第11页。

·申儆》"劝谕事件于后·清狱犴",第 11 页)

主张县丞虽与知县有"同勘"之责,不过知县实应"专任其责",还可拒绝老病不能胜任推勘工作的县丞参与到狱鞫问之事。

从人性的角度来看,并非人人"能敲枷系锁作老狱吏"。[135] 或许可以体会县令惮于入狱的心情,若再加上县衙繁重的业务,更可理解其难以执行夜夜点狱的职责,于是狱吏就成为真正执行鞫讯的人。有些狱吏为了贪功,"主吏有勒囚招状者,必戒其引问无翻异,囚畏不如所戒,必遭楚掠"[136]。罪囚不仅有身体的笞杖刑讯,还有精神上的刑讯:

> 罪人犯状明白,倚赖凶顽,累经绷拷,未肯招承者,但昼夜不得令睡,立在厅前,不过三两日,便通本情。然须择有心力狱子三五名,专一看守,不得稍涉懈怠。(《作邑自箴》卷 2《处事》)

令犯人毫无休息的余地,自然而然伏首认罪。这些具有效率的方法,必须仰仗有精力的狱子,乃至委职专一狱吏看守。

狱吏的性情、体力以及识法的程度都攸关受推鞫囚犯之生死,所以知县选择狱吏必须多加考量:

> 狱吏者以恶少为之,则不识三尺考掠苦楚,必求厌所欲而后止,甚至终夜酷绷囚于匣至死,而狱吏醉卧不知者。又有白日绷囚至重,旁无人守,已死而狱吏始知者。(《州县提纲》卷 3《狱吏择老练人》,第 4 页)

狱吏有专事刑拷求供者,而又有狱官矫弊者"一切不加拷掠,专以轻罪诱其承伏"。[137] 如何监督狱吏们捏拿刑拷的轻重、用刑的方法,考验着地方官的智能与经验。

虽然用刑有法定限度,但是仍不免出现官僚对罪人施行惨不仁道、骇人听闻的酷刑。[138] 所以南宋绍兴元年(1131)规定官吏应负禁囚病死的行政责任:

---

[135] 《家世旧闻》卷 39《先君言徽宗崇方士》,第 55 页。
[136] 《州县提纲》卷 3《审囚勿对吏》,第 7 页。
[137] 《州县提纲》卷 3《鞫狱从实》,第 6 页。
[138] 《长编》卷 81"大中祥符六年八月己巳"条,第 1844 页。

> 按绍兴断狱敕,诸囚在禁病死,岁终通计所系人数,死及一分,则官吏以次断罪,罪止杖一百。(张纲:《华阳集》卷14《论狱囚庚死札子》,第1页)

所谓诸囚在禁病死包括"因搒拷过伤"[139]之类。在"乾道新书"及"淳熙三年的敕令所看详"中,特别将强盗囚与一般禁囚分别计算,即"诸强盗囚在禁,每火(谓三人以上)死及五分以上,依囚在禁病死,岁终死及一分法",也是为了"防获盗之人檄求功赏,诬执平人",坐狱身死。[140]可见高宗、孝宗朝对狱囚刑讯致死的行政责任之追究。

官吏"行政责任"的计算,则从日后南宋的法令可知拷囚的官吏的处罚分成"狱子"、"吏人"、"当职官"三层级:

> 诸囚在禁病死(因搒拷过伤,及疾病不治,责出拾日内死,而事理轻者同),岁终通计所禁人数,死及一分,狱子杖一百;吏人减一等,当职官又减一等。每一分递加一等,罪止徒一年半,仍不以去官、赦降原减。(《庆元条法事类》卷74《刑狱门·病囚》"断狱敕",第512页)

以执杖、值宿的狱子受到最严重的惩罚,每年在禁的病死囚若超过总系囚数的三成至五成,则构成公事失错的行政惩戒条件。[141]至于县衙的"当职官",大概以"县丞"为主。[142]不过,"万一死者接踵,宪司岁计人多",县令亦不能免其咎,"不以去官赦原"![143]

三、供招之款

宋代将投状告论人"送狱证对,亲笔供招"[144],在牢狱里根勘当事人的供词,

---

[139] 见下引文《庆元条法事类》卷74《刑狱门四·病囚》"断狱敕"。
[140] 《宋会要》刑法6之70。
[141] 敕文曰:"每一分加一等,罪止徒一年半"。以狱子的规定为例,病囚死及一分杖一百,死及两分徒一年,死及三分徒一年半。而当职官则减两等,所以病囚死及台分杖八十,徒一年半是病囚死及五分。
[142] 《清明集》卷2《官吏门·对移》"对移县丞",第56页。当上级衙门追究县狱死囚时,乃由县丞负责解推丞、送丞厅吏,可见县丞是该项业务的当职官。
[143] 《昼帘绪论》"治狱篇第七",第11页。又《宋会要》刑法6之70。
[144] 《清明集》卷7《户婚门·遗腹》叶岩峰"妄称遗腹以图归宗",第241页。

写成"款词"⁽¹⁴⁵⁾或"情款"⁽¹⁴⁶⁾。衙门写录情款的一般步骤是：狱囚能书写者，则"令自通状"；不能书写者，由"典吏为书之"；并由吏"读示"，狱囚最后在"草子"⁽¹⁴⁷⁾上亲书画押"结款"。⁽¹⁴⁸⁾"结款"包括推鞫重罪、轻罪的供词：

> 诸鞫重罪，大情已明者，其余轻罪，并据招结款追究，载在令甲，非不明白。(《州县提纲》卷3《罪重勿究轻》，第9页)

在判决罪数前，这些成案的"案款"⁽¹⁴⁹⁾必须经由司法官吏们"圆案结款"呈送上级衙门，即在狱中推鞫所得情款，经过他们"穿款"⁽¹⁵⁰⁾斟酌之后，"以为案如某罪，当合某法，或当笞或杖或徒与死刑之类，皆文致其辞，轻重其字，必欲以款之情与法意合"⁽¹⁵¹⁾，于是将每一次推鞫的"碎款"⁽¹⁵²⁾文饰一番。所以孝宗朝(1163—1189)，权刑侍郎兼祭酒刘烨(1144—1226)上奏言："能治狱者，不免深于古文。"⁽¹⁵³⁾

宁宗年间(1195—1224)，有臣僚主张奏裁中央大理寺的狱案应"悉以原勘始末案款缴申大理寺，使之反复阅实，然后奏闻报决"。楼钥(1137—1213)认为如此"恐事至太烦"，主张经过大理寺审查而认定情理可原者，再由"提刑司取索本州原案并碎款一一详审"，如果"见得碎款情节与成案不同，则当惩治官吏情弊或卤莽之罪"。楼钥还提出当时蜀中州郡"尽录原情碎款于成案之前"的做法，乞求"刑部择蜀中奏案碎款详备者，镂板行下诸州，令依此式样录碎款"。⁽¹⁵⁴⁾这项改革虽然只限定"奏裁疑案"，不过碎款的书写与缴呈亦逐渐受到重视，连带县款的制作亦不能过于草率。相较于成案节略的"录本"，保存在县

⁽¹⁴⁵⁾ 《清明集》卷5《户婚门·争业下》入境"物业垂尽卖人故作交加"，第152页。
⁽¹⁴⁶⁾ 《清明集》卷11《人品门·公吏》中有三例；(1) 蔡久轩"罪恶贯盈"，第410页。(2) 宋自牧"都吏辅助贪守罪滔天"，第428页。(3) 宋自牧"办公吏摊亲随受赂"，第429页。
⁽¹⁴⁷⁾ 《清明集》卷1《官吏门·申儆》真西山"劝谕事件于后·清狱犴"，第9页。
⁽¹⁴⁸⁾ 谢维新辑：《古今合璧事类备要》卷23《刑法门·款辨·刑法总论》。
⁽¹⁴⁹⁾ 《庆元条法事类》卷73《刑狱门三·推勘》"保明推正县解正死罪酬赏状"。可知县衙的圆结案款不只是款词，还有县衙官吏检具的法条。
⁽¹⁵⁰⁾ "穿款"就是狱官写出罪人所勘出的"情"(案情)与"理"(法理)。如《作邑自箴》卷2《处事》，"凡罪人凶狡难恕，当行勘断者，尽勘出难容情理，穿入案款。"
⁽¹⁵¹⁾ 《宋会要》职官5之59"宁宗嘉泰元年臣僚言今日治狱之弊"条。
⁽¹⁵²⁾ 即推鞫的记录，南宋初年并不附随结款呈交上级衙门。参见《宋会要》刑法3之76。
⁽¹⁵³⁾ 《西山真文忠公文集》卷41《刘文简公神道碑》，第1页。
⁽¹⁵⁴⁾ 《攻愧集》卷22《论诸州奏案》，第11页。

狱的碎款,有时还被称作"兰亭真本",有助于了解狱囚伏辨的过程。[153]

南宋时,县令多惮烦入狱,令狱吏自行审问,只在狱吏送来的"成款"上金署,"甚至有狱囚不得见知县之面者",所以有官箴认为应该加强管束狱吏,"令合戒约,挂款不得自行讯鞫"[154]。南宋的敕律规定:

> 诸县以杖笞及无罪人作徒流罪,或以徒流罪作死罪送州者,各杖一百。若以杖笞及无罪人作死罪送州者,徒一年。其故增减情状者,各从出入法。(《庆元条法事类》卷73《刑狱门三·推勘》"断狱敕",第508页)

官吏在县案有公罪者处"杖一百"至"徒一年",而犯故增减情状的私罪者处"出入人罪"之刑罚[155],借此监督县衙官吏结款的职责。除此之外,淳熙三年(1176)诏:"其徒罪以上囚,令佐问无异,方得结解赴州。"目的在于避免狱卒"往往迎合,逼令招承"之故。[156] 光宗时(1190—1194),赵像之(1128—1202)拜福建路提点刑狱公事,建宁府"浦城县狱有以平民为大辟者,其人诬伏,具狱来上,公平反之,劾其令免所居官,一路詟服"[157],就是祭出"免所居官罪"罢黜鞫狱失职的县令。

并非所有的狱案都会引起官僚的重视,朝廷讨论改革县款之弊时,偏重"大辟"之案,如宁宗嘉泰二年(1202)规定大辟正犯及干连人的情款簿历之基本要件:

> 凡勘大辟,正犯与干连证人,各给一历,令其书写,自初入狱至于狱成所供情款。其勘官批问,亦只就历书写,应有错字,只许图记,不许涂抹其历。县即本州预先印给,州即提刑预给,不许用别纸书写,违者重立罪赏,许人告首。其历之首备坐约束,使正犯与干连等人通知。如此可以杜绝吏奸,终始情款,难于改易。设有翻异,则狱囚供吐,轻重虚寔之情,及勘官推勘详简当否之状,于此尽见。(《宋会要》职官5之59)

---

[153] 《后村先生大集》卷192《饶州州院推勘朱超为赵死程七五事》,第14页。
[154] 《昼帘绪论》"治狱篇第七",第11页。
[155] 《宋刑统》卷30《断狱律》"官司出入人罪门",第486页。最高刑度可至死刑。
[156] 《宋会要》职官5之48。
[157] 《诚斋集》卷119《朝请大夫将作少监赵公行状》,第36页。

一是县衙只能接受由州衙印给的簿历用纸；二是勘官登录大辟之囚自入狱至狱成的所有情款；三是其中即使有错字，也不能任意涂抹；四是正犯与干连人应被告知勘官登录情款簿历的相关法条。虽然规定由勘官记载情款簿历，不过仍然有巨室犯大辟者"并不曾到官，止供状传入，吏辈勒血属退款"[⑩]；或有富豪"身罹宪纲，犹运通神之力，厚赂狱吏，拷缚词人，逼令退款"[⑪]，可见南宋始终未能革除吏辈颠倒情款的弊病。

县衙制作供款应有的态度，一方面如积极实践"善治邑"之术的胡太初再三强调："罪囚供款必须事事着实"，而知县不可不知狱吏有"泛及监系、妄加拷讯、自恃臆度"三弊：

> 世固有畏惧监系，觊欲早出而妄自诬伏者矣；又有吏务速了，强加拷讯，逼令招认者矣；亦有长官自恃己见，妄行臆度，吏辈承顺旨意，不容不以为然者矣。（《昼帘绪论》"治狱篇第七"，第13页）

而吏辈拷讯造成狱囚屈打成招，甚至妄自诬服，是供款不实的症结。

另一方面，有些狡猾入狱者抓住人们不轻信拷打所供款词的心态，一旦出狱，"寻便反复，且称县狱所供尽是抑勒，惟有到县初款及后来本厅，方是本情"[⑫]，完全否认入狱供招的县款。尚有案件原本"情节极分明"，送附郭县狱之后，"反致情节含糊"，以至于判决官员终究再度"诣狱引问"[⑬]。或有州官处理男女暧昧关系案件，当女性入狱供对情款与词状不相符合时，亦踌躇于再将该当事人系狱供招取款，"如必欲究竟虚实，则捶楚之下，一懦弱妇人岂能如一强男子之足以对狱吏哉，终于诬服而已！"[⑭]皆可约略反映县级以上的官员不信任县狱所推鞫的款状。

---

⑩ 《宋会要》职官5之60—61。
⑪ 《清明集》卷12《惩恶门·豪横》检法书拟"与贪令捃撮乡里私事用配军为爪牙丰殖归己"，第462页。
⑫ 《清明集》卷5《户婚门·争业下》建阳佐官"从兄盗已死弟田产"，第144页。
⑬ 《清明集》卷4《户婚门·争业上》"乘人之急夺其屋业"，第131页。
⑭ 《清明集》卷10《人伦门·乱伦》胡石壁"既有暧昧之讼合勒听离"，第388页。

四、虑囚之恤

"结解公事,惟凭供款"[165],如何取得合情的供款？又不至于淹延收系囚犯？是监督狱政的重要课题。

西汉时代,就有以刺史行下州郡"录囚徒,考殿最"的规定。[166]"录囚徒"乃后代所云"虑囚",当长吏亲自虑囚引问后,可以"知其情状有冤滞",而平反禁囚系狱之供招。[167] 东汉光武帝"常临朝听讼,躬决疑事",自此之后,历代君主亦有"临听讼观录囚徒"的活动。[168] 宋朝则从景德三年(1006),"上御崇政殿临决杀人者论如律,杂犯死罪徒流递降一等,杖以下释之","是后,每岁暑月,上必亲临虑问,率以为常"[169]。于是"自真宗以来,率以盛暑临轩虑囚"。除了建炎初稍废之外,从绍兴二年(1232)六月以后,皇帝每年"临轩疏决御史台、大理寺、临安府、三衙诸军系囚,自是遂为故事"[170]。

宋代的皇帝不仅亲自虑囚疏决疑事冤狱,也要求地方长吏虑囚,尤其重视审理久系未决的案件。北宋太宗太平兴国六年(981)因为"诸州大狱,长吏不亲决,胥吏旁缘为奸,逮捕证佐,滋漫逾年而狱未具",而有诏:"自今长吏每五日一虑囚,情得者即决之。"[171] 三年后,太宗有鉴于五日一虑囚太过劳烦,所以便改成"十日"一次录问。[172] 其实,长吏虑囚不只是针对大辟案件,朝廷为了革除"州县胥吏皆欲多禁系人,或以根穷为名,恣行追扰。租税逋欠至少,而禁系累日,遂至破家"之弊,同时亦规定县衙向州衙申报禁囚数,如张齐贤的奏言:

> 请自今外县罪人,令五日一具禁放数白州,州狱别置历,委长吏检察,三五日一引问疏理,每月具奏,下刑部阅视,有禁人多者,即奏遣朝官驰往

---

[165] 《昼帘绪论》"事上篇第三",第4页。
[166] 范晔:《后汉书》卷28《百官志·州郡》,第3617页。
[167] 班固:《汉书》卷71《隽疏于薛平彭传·隽不疑》"师古曰",第3037页。
[168] 房玄龄:《晋书》卷30《刑法志》,第915页;及卷3《世祖武帝炎》,第58页。
[169] 《文献通考》卷166《刑五》,第2页。
[170] 《建炎以来朝野杂记》甲集卷5《临轩疏决》,第137页。
[171] 《宋大诏令集》卷200《政事五十三·刑法上》"令诸州大狱长吏五日一亲临虑问诏",第739页;《宋史》卷199《刑法志》,第4968页。
[172] 《宋大诏令集》卷200《先令诸道刑狱五日一录问今后宜十日一录问诏(太平兴国九年六月庚子)》,第741页。

决遣,若事涉冤诬,故为淹滞,则降黜其本州官吏;或终岁狱无冤滞,则刑部给牒,得替日,较其课,旌赏之。(《长编》卷22"太平兴国六年十二月壬辰"条,第507页)

州衙长官除了三五日疏理一次,每月也要向刑部申报。

北宋真宗复置提刑司之后,提刑司具有"专察囚禁,详阅案牍"以催督州县狱事的职责,"所部每旬具囚系犯由,讯鞫次第申报,常检举催督,在系久者,即驰往案问"[173],即州县每十天向提刑司申呈囚系的犯罪事由,若有推鞫久系的情况,提刑使亲莅州县衙门进行引囚虑问。绍兴五年(1235),朝廷更进一步"命诸道提刑以盛暑行之"[174],于是提刑司虑囚成为一项管理地方狱事的定制。

高宗绍兴六年(1236)五月丙申下诏:"诸监司虑囚不能遍及者,听遣官,着为令。"[175]由于诸监司巡历时,强调监察的功能甚于原有的行政职责,所以朝廷又赋予提刑司以外的监司,亦可执行虑囚。其令文如下:

> 诸监司,每岁被旨分诣所部,检点催促结绝见禁罪人者,各随置司州地里远近,限五月下旬起发(虽未被旨,亦行。遇本司阙官,或专奉指挥、躬亲干办,及鞫狱捕盗、救护河防,不可亲诣,或属县非监司由路,即委通判、幕职官,仍具事因申尚书省,其被委官经过州县月日、虑囚名件,申提点刑狱司)。至七月十五日以前巡遍,仍具所到去处月日(被委官申到者同),申尚书省。(《庆元条法事类》卷6《职制门·权摄差委》,第69页;及卷7《监司巡历》"职制令",第79页)

每年的五月下旬至七月十五日,各监司委派官员巡历州县,其中若有虑囚的成果,仍需申"提刑司"。提刑司虑囚的时间多在盛暑,其主要目的在于"不欲淹延枝蔓",令州县"不敢淹滞"狱事。[176]据南宋人李心传(1167—1244)对提刑司虑囚的看法:"然宪臣多不能遍所部,则以通判代行。久之,通判亦不能行,第

---

[173] 《长编》卷66"景德四年七月癸巳"条,第1477页。
[174] 《建炎以来朝野杂记》甲集卷5《临轩疏决》,第137页。
[175] 《宋史》卷28《高宗本纪五》,第525页。
[176] 举《清明集》卷14《惩恶门》两例:(1)《宰牛》刘后村"宰牛者断罪拆屋",第535页。(2)《霸渡》"严四为争渡钱溺死饶十四",第556页。

传往来,徒为文具而已。"[177]由此看来,虑囚似乎未能发挥监督狱事的功能。

虽然李心传有虑囚"徒为文具"的感叹,但南宋仍有官僚巡历疏决不遗余力的故事。如何逢原(1106—1168)改潼川提点刑狱,行部(巡历)至合州,亲鞫脱去狱械的重囚,得知"县吏受赇";又于翻阅案牍后,发现昌州大足县尉"利盗赃,杀匿者以灭口,而以病死闻。公疑而诘之,尉色动,捽赴狱,果自伏。人以为神明"[178]。李椿(1111—1183)移广南西路提点刑狱,"决前使者未竟之狱,纵释数百人。盛夏行部,厉毒弗避,牢户虑问,人人谆悉,退阅文牍,一夕千纸"[179]。赵烨(1138—1185)任江西提点刑狱时,"留意庶狱,所在先造图圄,呼系囚亲诘之,积牍盈几,一瞬无遁情,凡所平决,悉当于罪,靡有异词"[180]。刘强学(1154—1224)提点湖南刑狱,"按部所过,平狱犴,省牒诉,詟吏问。冒隆暑,豭潭邵,历全永,驱驰二千里乃归"[181]。孙子秀(1212—1266)除提点浙西,"以隆暑领事,即周行巡历者,两阅月八郡三十九县之狱,自庚申至今方又再为之一清"[182]。又如淮南转运副使兼提刑的黄荦(1151—1221):

> 公因巡历疏决,有为人诬愬,而反系其父子者;有诬以私贩没入财贿,而犹桎梏者;有罪不至甚,而逾年不决者,人人阅实。又相视筑滁阳城,遂感寒疾……而公病深矣。嘉定四年正月十日,竟至大故。(《絜斋集》卷14《秘阁修撰黄公行状》,第1页)

在巡历疏决的过程中,平反诬诉、释放不当禁系者及决遣小罪之囚,即使黄荦不是直接死于虑囚,其于虑囚所耗费的心力,成为行状中首先铭记的事迹。

而奉檄虑囚的州县幕职佐官,尽职于革除诸弊的成果,亦不容一笔勾消,例如淳熙十六年(1188),杨万里(1127—1206)荐举江东路池州通判毛崈的政绩,写道:

---

[177] 《建炎以来朝野杂记甲集》卷5《临轩疏决》,第137页。
[178] 《梅溪后集》卷29《何提刑墓志铭》,第3页。
[179] 《诚斋集》卷116《李侍郎传》,第36页;及《朱文公文集》卷94《敷文阁直学士李公墓志铭》,第7页。
[180] 《定斋集》卷15《朝奉郎提点刑狱江南东路刑狱赵公墓志铭》。
[181] 《西山真文忠公文集》卷46《湖南运判刘公墓志铭》,第8页。
[182] 《黄氏日抄》卷96《安抚显谟少卿孙公行状》,第6页。

> 近奉捧宪司之檄,疏决诸邑囚徒,乃能尽心疚怀,探索情伪。一时疑狱,有若无主死人吴三,而滥及无辜者;有若醉人傅百乙自经,而诬人逼死;有若胡太被劫,不获正贼,而执平人者。崇去之日,一问而得其情,即时释放。其他滞囚,从宜决遣,曾不旬时,其在狱者及追逮未至者,放。三百八十有六人莫不欢呼而去。(《诚斋集》卷70《荐举吴师尹、廖保、徐文若、毛崇、鲍信叔政绩奏状》,第6页)

毛崇能够驳正数件疑狱,而且还决遣滞囚三百八十六人,正是发扬朝廷以虑囚制度解决留狱问题的美意。又如福建泉州南安县丞李大训(1166—1219)"岁适大旱,狱囚淹滞,檄君虑之。有以峒寇系者七十余人,君得其正犯十余人皆伏辜,其二十人则为所驱迫,余皆平民,官军掠之以示多获。狱具,白之主将"[183],并且与捕盗官争辨狱案的犯罪情节,虑囚得实情,所活者有五十余人。

官员虑囚时,有舟车巡行之劳顿,如杨王休(1130—1195)任利州路转运判官兼宪使,"冒暑虑囚,历阶、成、文、凤四郡","行褒斜谷,出武休关,道路不通车,间用篮舆,徒步以度险于中暍。"[184]而且若干地方"烟瘴最甚,有人间生地狱之号"。[185] 虑囚的官员还必须亲诣牢狱引问系囚,很容易感染疾病,甚至亡故,以福建汀州判官姚锡(1121—1184)的事迹为例:

> 在汀尤宽和,民讼为减。属县多瘴疠,予善执檄虑囚,咸劝毋行。予善曰:"枉直待辨,岂敢惮。"卒历六县,平反二十余辈。……初,予善虑囚,过南安岩,夜梦骑兵百万迎为冥官。既觉,潜治归计,属寂发不敢请,至是尽处分其家事,谓家人曰:"乃翁此行报国耳。"寻归,疾作,阅旬,家人及所善黄长卿亦有异梦。翌日,卒于官舍。(《江西出土墓志选编》,谢谔《汀州判官通直郎致仕姚公墓志铭》(编号58),第169页)

姚锡奉监司檄命虑囚于汀州六处属县,竟然如他的朋友们所忧虑一般,为巡境内的瘴疠侵袭致疾,死于虑囚之职。由这些悉心虑囚的官员事迹看来,李心传

---

[183] 《勉斋集》卷38《李知县墓志铭》,第40页。
[184] 《攻愧集》卷91《文华阁待制杨公行状》,第1页。
[185] 《宋会要》职官5之58"(庆元)五年(1199)十二月二十日臣僚言"。

对于虑囚制度的评语尚有不尽公允之处。

第三节 牢狱的恐怖感

"一夫在囚,举室废业,囹圄之苦,度日如岁"[186],是南宋官僚间的箴言,而"才入狱门,便是罪人,绷吊勘讯,一听狱官之便"[187],则道出若干入狱系囚的心理准备。本节将说明南宋县狱的硬体设备与管理办法,并述及若干常见的县狱问题与入狱者的处境,从中理解"破家县令"[188]可能造成入狱者的灾难。

一、县狱的设施

理宗端平元年(1234)浙东提刑使在例行的巡历中,得知绍兴府诸暨县知县薛兴祖"狱无淹囚,亦无滥系",令当地百姓赞不绝口。不过刑狱使者虑囚时发现"惟狱屋承百年之旧,凛乎将压,而县匮于财,莫能新"[189]的问题,"县匮于财"正是一般基层衙门致力于狱政的通病。面对与日俱增的系囚人数,不仅县衙"狱讼依然画地以为牢"[190],就连州衙的两廊庑"左右囚系,有似囹圄",颇碍"大官大府一入其间,当使之有雍容闲雅气象",影响衙门的观瞻。[191] 以下兹就法令说明县狱应具备的基本空间与位置。

首先,宋代《狱官令》开宗明义揭示轻、重囚犯不同牢房的原则。[192] 一方面可以便于管理,如果"诸囚在禁,故自伤残","因而致死",狱吏、狱子及防守人都有公务失错的罪刑。[193] 一方面厘清失囚官吏的责任,在"给限以前",即追捕

---

[186] 《清明集》卷1《官吏门·申儆》真西山"咨目呈两通判及职曹官",第1页。
[187] 《清明集》卷11《人品门·公吏》宋自牧"办公吏摊亲随受赂",第249页。
[188] 关于"破家县令"一词,兹举四例:(1)《后村先生大全集》卷148《方子默墓志铭》,第11页。(2)黄庭坚:《山谷外集》卷3《金刀坑迎将家待追浆坑十余户山农不至因题其壁》(载《全宋诗》卷1009,第11530页)。(3)谢采伯:《密斋笔记》卷4。(4)冯梦龙:《醒世恒言》卷29《卢太学诗酒傲公侯》,第586页。
[189] 《漫塘集》卷23《诸暨县重建县狱记》,第27页。
[190] 唐士耻:《灵岩集》卷7《通吉守史弥忠启》,第8页。
[191] 《止堂集》卷11《论州府公庭治囚失体书》,第12页。
[192] 《宋会要》刑法6之51。
[193] 《庆元条法事类》卷75《刑狱门五·刑狱杂事》"断狱敕",第537页。有狱囚打斗致伤,相关吏人必须杖捌拾,狱囚打斗致死,吏人必须杖一百。

逃囚的时间之内,必须先"杖一百"或"杖六十":

> 诸主守不觉失囚者,徒以上,先决杖一百;杖以下,先决杖六十,给限追捕如法。限满不获,已决之罪不通计,若失死囚者,五百里编管,兵级依地里降配。故纵者,许人告。(《庆元条法事类》卷74《刑狱门四·失囚》,第514页;及卷75《刑狱门五·部送罪人·旁照法》"捕亡敕",第528页)

限满仍不能捕回逃囚者,先前杖打的刑罚不能通计于失囚之罪内,必须重新惩罚,逸失死囚的官吏处以"五百里编配",是最高刑度。所以为了防止重囚越狱,(县)令当审量罪囚轻重,重者勿使处近壁之匣[194],以及未用杻、枷、绳、棒之类,不安顿在有罪人牢房中。[195]

"民讼的两造"并无犯罪轻重之别,即无同牢、异牢的强制规定。不过"两争同牢"是有经验的地方官之共识,因为可达到"相互讯察"的效果,甚至"同匣日久情亲密,解雠为和"。[196] 至于对待善于打官司的"健讼之人"[197],则必须独匣隔离,以减少其与余囚接近的机会:

> 健讼之人,在外则教唆词讼,在狱若与余囚相近,朝夕私语,必令变乱情状以至翻异。故健讼者,须独匣,不可与余囚相近。(《州县提纲》卷3《健讼者独匣》[198],第7页)

可见健讼之人被视作"民讼"禁系者中的情节"重"者。

由于健讼者熟悉狱讼程序及规定,容易主导其他重大案件的推讯结果,如绍兴十八(1148)年,安徽宣州士人李南金在郡守秦棣的宴会中行为失检,被郡守械送入狱后,同狱中有"坐劫富民财"而被拘系的重囚,推吏锻炼弥月,始终不能完成供招入罪之款:

> 同狱有重囚四人,坐劫富民财拘系,吏受民贿,欲纳诸大辟。锻炼弥

---

[194] 《昼帘绪论》"治狱篇第七",第11页;又《州县提纲》卷3《狱壁必固》,第6页。
[195] 《作邑自箴》卷5《规矩》。
[196] 《州县提纲》卷3《二竞人同牢》,第7页。
[197] 参见刘馨珺:《南宋狱讼判决文书中的健讼之徒》(载《中国历史学会史学集刊》第33期,台北:中国历史学会,2001年,第29—69页)及本书第四章第三节。
[198] 《昼帘绪论》"治狱篇第七",第11页。

月,求其所以死,而未能得。南金素善诉,为吏画策,命取具案及条令,反复寻索,且代吏作问目,以次推讯,四囚不得有所言。狱具,皆杖死,吏果得厚赂,即南金作导引赎出。(《夷坚乙志》卷15《宣城冤梦》,第113页)

由于李金南"善诉",所以借机为吏策划,参考款词案牍及法条,为推吏拟定一份讯问的草稿,顺利"依次推讯",结果是本案囚犯"狱具,皆杖死"。可知健讼者在狱中"变乱辞状"的能力,实不可小觑。

再者,就牢房的配置空间来说,有官箴建议"日逐廊下小事罪人,造立匣勾其手,男女异处,自不喧闹"[199]。就是说,将轻罪之人杻扣于两廊下简便的牢栏内,男女各不同处,自可保持安静。关于"男女分禁"的规定,可以参见"狱官令"的注文解释:

> 国朝《狱官令》……妇人及流以下去杻。(妇人在禁,皆与男夫别所,仍以杂色妇人伴守。)(《宋会要》刑法6之51)

在禁妇女除了与夫别所之外,亦由杂色妇人伴守,所谓"杂色妇人"就是指"倡女"一类。[200]"倡女"乃临时陪伴女囚入狱或协助刑狱官员办案[201],并非县衙的编制人员。

南宋时期,绍兴府诸暨县狱整修之后的格局是"男女各异,而敞其中为勘厅"[202],可见在禁男女虽然异所,但拷讯则皆在囚房中央的"勘厅"。有的县狱是"中为讯事之所,庑湢居后"[203],可知推鞫之地多在中间,因此所有的牢囚都可以看到杖拷刑讯的情形。绍兴二十二(1152)年,四川眉州守邵博因部内人民向转运司挟私诬告,转运副使急于处理此狱,逮捕邵博及其相关官吏入狱,洪迈有记载邵博被推鞫的情形:

> 眉州都监邓安民以谨力得邵(博)意,主仓庾之出入。首录置狱中,数日掠死。其家乞收葬,不许,裸其尸验之。邵惧,每问即承,如是十月许,

---

[199] 《作邑自箴》卷2《处事》。
[200] 《庆元条法事类》卷75《刑狱门·刑狱杂事》"狱官令",第537页。
[201] 《夷坚丁志》卷15《水上妇人》,第116页。
[202] 《漫塘集》卷23《诸暨县重建县狱记》,第27页。
[203] 《止堂集》卷10《隆兴府武宁县狱记》,第14页。

凡眉州吏氏连系者数百,而死者且十余辈。(《夷坚甲志》卷20"邓安民狱",第158页)

邵博见到同僚都监邓安民被笞掠致死于狱中,家属又不得收葬,及裸尸检验的惨状,所以心生恐惧,每次的刑讯拷问,即承认有罪。

官箴中强调"牢狱墙壁门窗常切周视,务要牢壮"[204];"四壁须令板夹,仍坚其墙围,有坏即整"[205];"每五日一次,躬自巡行,相视有不完处,随加修补"[206]。但是整修监狱的知县未必能获得如"饬馆以称客,甃道梁津以济民"之美名;亦无如"门关以罔市征,复阁层楼以笼酒酤"之美利;更不具有"山巅水涯,风亭月榭,可以释悾偬而洗喧嚣"之乐[207],所以常见"岁久狱敝"的情形。如浙西严州淳安县更卿"百三十年,他宇时缮,犹足枝梧,独狱户颓甚"[208]。又如浙东台州黄岩县"壮邑,事不能甚省,而县狱且百年,风隤雨败,久弗及整"[209]。

有的地方官亲诣厢牢例行检查设备,"点视屋宇,见得颓败卑隘,上漏下湿,不可以居",才发现牢房"连年疾疫荐臻,囚多夭阏"的原因,于是筹措现钱,"量罚官钱"作为整修狱经费,也只能"因陋就简,仅支目前之计"[210]。县官为了修葺县狱的经费,往往必须"痛自撙节"[211],"亟请于郡,求捐金谷给费,且节缩浮费,以县余财佐之"[212],或是仰赖热心的邑民"既以一力葺理牢户,内外俱备"[213],才能一新圮狱。县狱不只缺乏修补而阴湿窄隘,其位置也隐于衙门之偏,如刘宰所言:

其地必宅邑之偏。民非逮不入官,非檄不至。又严扃鐍,谨守逻,其葺与不,于观听无增损焉。(《漫塘集》卷21《重建晋陵县狱记》,第17页)

---

[204] 《作邑自箴》卷2《处事》。
[205] 《州县提纲》卷3《狱壁必固》,第6页。
[206] 《昼帘绪论》"治狱篇第七",第11页。
[207] 《漫塘集》卷21《重建晋陵县狱记》,第17页。
[208] 《耻堂存稿》卷4《淳安县修狱记》,第16页。
[209] 《赤城集》卷8,周端朝《重建黄岩县狱记》,第1页。
[210] 《清明集》卷11《人品门·厢巡》胡石壁"葺治厢巡",第439页。
[211] 释居简:《北磵集》卷3《长兴县狱记》。
[212] 《耻堂存稿》卷4《淳安县修狱记》,第16页。
[213] 《攻愧集》卷56《奉化县恕堂记》,第4页。

一般民众"非逮"(捕)、"非檄"(传),很少到官府,而且狱县的功能是关防系囚,只要有足够的武备,加强巡逻,即使不能有所整葺,也不至于影响到县衙整体的外观视听。

纵使经费不足,而导致县狱无法进行修缮,不过"州县之狱,饮食、季点、虑囚、濯荡、医药,各有其法令"[214]。治狱仍为州县长官的重要职责,从北宋到南宋的官箴书中,零散着县令治狱的须知[215],其中以胡太初列举出具体的七大项,可云详且尽:"一曰禁系必审;二曰鞫视必亲;三曰墙壁必完;四曰饥寒必究;五曰疾病必察;六曰疑似必辨;七曰出入必防。"[216]他是着眼于县衙的立场,提供县令治狱的步骤与要领。以下则从系囚的立场来着想,讨论县狱中相关的生活之管理。

饮食是需要天天解决的日常生活问题。虽然《唐律》以及《宋刑统》皆有规定:"即减窃囚食,笞五十。"并不是意谓所有的系囚皆可获得官方的拨粮,而是"囚去家悬远绝饷者,官给衣粮,家人至日,依数征纳"[217]。自后周显德二年(955)以来,规定"见禁罪人,无家人供备吃食者,每日逐人破官米二升",并由"狱子、节级"负责拨给囚粮。[218] 宋初太祖、太宗皆有诏关于囚人枷械图圄"贫无所自给者,供给饮食"、"无家属者,官给口粮"。[219] 神宗元丰七年(1084)则基于"大理寺、开封府见禁罪人以千数"、"勘绝濡滞"、"岁将大寒"等理由,曾一时批敕"赐囚食"。[220] 无论是贫乏无家人供备,由官府赐食,或是县衙离家遥远,由官府代垫,县令皆须妥善管理运用"日给二升"[221]的官米:

---

[214]《宋会要》职官26之31"宁宗开禧三年七月四日臣僚言"。
[215]《作邑自箴》卷2、3、4《处事》以及卷5《规矩》中有些牢狱的管理条目;《州县提纲》卷3"革囚病之源"、"疑似必察"、"详究初词"、"入狱亲鞫"、"事须隔问"、"勿讯腿杖"、"狱吏择老练人"、"不测入狱"、"病囚责出"、"病囚责词"、"病囚别牢"、"检察囚食"、"遇旬点囚"、"狱壁必固"、"鞫狱从实"、"健讼者独匿"、"二竞人同牢"、"审囚勿对吏"、"夜亲定狱"、"勿轻禁人"、"审记禁刑"等。
[216]《昼帘绪论》"治狱篇第七",第11页。
[217]《唐律》卷29《断狱律》"囚应给衣食医药而不给"条,第549页;《宋刑统》卷29《断狱律》"囚应请给医药衣食"门,第471页。
[218]《宋刑统》卷29《断狱律》"囚应请给医药衣食"门"准周显德二年四月五日敕节文",第472页。
[219]《宋大诏令集》卷200《枷械图圄五日一检视洒扫荡洗小罪即时决遣(开宝二年[969]四月戊子)》、《令凡禁系之所并泗扫牢狱供给浆饮诏(雍熙三年[986]四月壬寅)》,第742页。
[220]《长编》卷349"神宗元丰七年十月丙戌"条,第8372页。
[221]《州县提纲》卷3《革囚病之源》,第1页。

> 囚食须加意点检，不令减克，其见在狱粮等，三数日一点看，米豆切不
> 宜出剩。（《作邑自箴》卷2《处事》）

一方面防止吏人减克囚食，一方面数日检查其有无出剩浪费的情形。

南宋以后，衙门给的囚食除了有米粮之外，还有盐菜钱。随着物价波动，或有调整米数与盐菜钱，不过大致而言，米是一升半至二升[22]，盐菜钱是五至二十文之间。[23] 如绍兴十二年（1142）的敕文及绍兴十六年（1146）的诏：

> （绍兴）十二年九月三十日敕文："勘会禁囚贫乏无家供送饮食，依法每名官给盐菜钱五文，即今物贵，行在可增作二十文，外路增作一十五文，仍令当职官常切检察，毋令减克作弊。"（《宋会要》刑法6之66）

> （绍兴）十六年，诏："诸鞫狱追到干证人，无罪遣还者，每程给米一升半，钱十五文。"（《宋史》卷200《刑法志二》，第4993页）

指定南宋县衙配给囚人米盐菜钱之平均值，"给米二升，盐菜钱十文"[24]。

无论是否为盗贼"重刑"犯，南宋法令规定只要符合官府给囚食的条件，"虽永锁者亦有期限，有口食"[25]。但法律并不能保证"囚必有食"，就县衙经费的运用而言，"若县道则无多囚粮，贫亡供送者，多责之吏，吏馈粥自不给，往往经日不与，或与之微不能充饥"[26]，由县吏筹措，可能有供给不时的问题；或由县邑富家的义行救济，"设食于囚"[27]，都不是固定的制度。

孝宗淳熙八年（1181），由于"县狱不支粮，多有饥死"，故有诏曰："县狱如州两狱，例以常平或义仓米支破粮食。"[28]从"提举司"支付囚食。不过，一般县

---

[22] 戴建国：《宋代法制初探》（第271页）认为，"二升米的定量，是当时宋代社会的标准口粮"，愚以为是一升半至二升，如引文中绍兴十六年的诏。又〔日〕衣川强指出，宋人每天至少需米一升，如士兵等以身体劳动为主的则为二升，至如健啖者，就须四至五升了。《宋代文官俸给制度》，郑梁生译，台北：台湾商务印书馆1977年版，第97页。

[23] 囚食中加入盐菜钱不知起于何时，从《州县提纲》只提"米"，推测是绍兴初年的法令。从绍兴年间的诏敕可见盐菜钱是五至二十文之间。大概从北宋以来，官给盐菜钱（酱菜）者，约是六文至十文。《长编》卷64"真宗景德三年九月庚子"条，第1424页，可知酱菜钱月给至少二百钱，平均日给六七文。

[24] 《昼帘绪论》"治狱篇第七"，第11页。

[25] 《宋史》卷200《刑法志二》，第4997页。

[26] 《州县提纲》卷3《革病囚之源》，第1页。

[27] 《江西出土墓志选编》，赵崇（人品）《有宋谈君深道墓铭》（编号64），第183—185页。

[28] 《宋会要》刑法6之70。

狱囚食还由申缴"转运司"的钱粮扣下[29]，由于每年的地方经费必须由县衙经州衙转送漕司，所以知县多不敢支破应该缴纳的经费，如嘉泰四年（1204）正月十八日臣僚的奏言与请求：

> 窃见县狱苦无囚粮，而城下之邑尤甚。法许于运司钱内支（破），往往县道不敢支破，例多倚办于推狱，私取于役户，分甘于同禁之人，箪食入狱，攫拿纷然，极可怜悯。乞从诸县申州，就于常平米内支拨，岁终州具实支数申提举司出豁。（《宋会要》刑法6之74）[30]

可见，即使法令要求"狱囚合给粮食，自当于经费支破"，但是迄理宗宝祐元年（1253），仍"有县道匮乏而责诸吏者"[31]，显见县狱一直存在着缺乏经费与筹措囚食的问题。

不只是囚粮的经费问题，系囚饮食的秩序也是改革狱政管理的重点之一。囚人每天用餐分成"朝巳（9—11时）、晚申（15—17时）"两顿递送，由"狱子声喏报覆，令躬点视，然后传入"[32]。"重囚则差人入狱监给，轻囚则引出对面给。"[33]固然有县吏必须筹措囚食而困顿，但是县吏管理递送囚食的过程也有利可图：

> 囚之二膳送于狱门，系司门者传入，往往所求不满意，辄故为留滞，致令饮食不时，饥饿成疾。须专责狱典检察，不测亲问，内有无供送而官给之粮者，狱吏早晚例以饮食，当厅呈报而后给。然所呈皆文具，其实减克，所与无几，当呈时须依样监给，无使减克，徒为虚文。（《州县提纲》卷3《检察囚食》，第6页）

换言之，长官若不事事亲问，县吏虽有囚食筹措的压力，但是减克粮食，或是借机向囚人的家属求贿索赂，亦可从中获得好处。

系囚的"健康"亦是日常管理的项目之一。北宋的"准狱官令"规定："诸

---

[29] 《宋会要》刑法6之74："（嘉泰）三年（1203）郊赦文"。
[30] 根据《文献通考》卷167《刑法六》补上（破）字。
[31] 《昼帘绪论》"治狱篇第七"，第11页。
[32] 《昼帘绪论》"治狱篇第七"，第11页。
[33] 《州县提纲》卷3《革病囚之源》，第1页。

狱囚有疾病,主司陈牒,长官亲验知实,给医药救疗。"㉔有的县令当病囚接受医治时,设有病历簿,写明病情、症状,并由医人每日呈报:

> 禁囚疮病,当手医人,置历注疾状,逐日具增减分数呈押。(《作邑自箴》卷5《规矩》)

这是北宋的县衙自行"置历注状",以方便管理。而南宋法令则规定这一份病历状式是由州衙印给县衙,并且规定如何登录:

> 诸狱病囚,州给印历,具录病状,及看治司狱职员、医人姓名,至痊安或身死(责出十日内死者,仍注责出身死月日、事因),经本州当职官签书(外县委签州官),岁一易历。(《庆元条法事类》卷74《刑狱门四·病囚》"断狱令",第513页)

包括病状、看治、司狱的职员(当职官与狱吏)及医人的姓名,还有痊愈或身死的时间、事因,这种病历状每年一换。

在规定上,官员必须"令(狱子、节级)不住供给水浆,扫洒狱内,每五日一度洗濯枷杻"㉕。而长吏若要有效率执行每隔"五日"一次清洁牢房、刑具,就要设置轮值的簿历。㉖ 尤其在湿热的春夏季节中,更应该开窗、扫污,保持应有的环境卫生。㉗ 至于囚犯本身也有洗澡的时间,法定为夏天"其囚每月一沐"。㉘ 虽然有些囚犯"日间以饮水为名,将水噀壁,浸渍泥湿"㉙,不过,仍有地方官重视牢房的"供水"问题:

> 禁囚令冬暖夏凉,时与洗浴,自少疾病。冬月上匣时,人与热熟水一杯,夏月旋汲水与吃。(《作邑自箴》卷2《处事》)

冬夏应该定时、适时给与洗浴,当囚人的身体洁净后,才不容易传染病,而且"冬给热水,夏汲冷水"以供应囚犯的喝水。

㉔ 《宋刑统》卷29《断狱律·囚应请给医药衣食》,第471页。
㉕ 《宋刑统》卷29《断狱律·囚应给医药衣食》"周显德二年四月五日敕节文",第472页。
㉖ 《作邑自箴》卷4《处事》。
㉗ 《昼帘绪论》"治狱篇第七",第13页。
㉘ 《宋刑统》卷29《断狱律》"囚应请给医药衣食"门,第471页。
㉙ 《昼帘绪论》"治狱篇第七",第11页。

总之，疾病之事应该多方面预防，设身处地着想囚人的处境，并增加设施，如牢前放置"小床子"，以便提脚通气的保健：

> 狱中常要盥溷，荐席之类，一一整齐。匣前置小床子，提起罪人脚跟，令通气脉，遂无疮肿。(《作邑自箴》卷4《处事》)

受刑讯的罪人如同重病者，深怕疮肿溃烂。而囚犯一旦入狱，是要接受刑杖拷问，若是受刑后没有得到妥善照料，在环境不佳的情况下，很多人就这般得病而枉死。[240] 长吏可以借着每十日点囚的时间，"旬日必出于狱庭之下，一一点姓名，且令系于狱之两廊"，让系囚有透透风的机会，又能"病瘴可见"[241]，及时觉察病囚的身体状况。

病囚的医药费是以本处"赃罚钱"充[242]，由于各地、各级衙门的"赃罚库"的钱数额度是视"犯罪偿没"而定[243]，所以有不均的情形，以至于病囚医药的财源也不稳定。绍兴二十一年(1251)曾由朝廷中央统一拨给各级狱囚医药钱，"大县三十缗，小县二十缗"[244]，但是只有赃罚钱不足时，才可以使用中央上缴中央的经费(系省钱)。就如同囚食的经费问题一般，县衙强迫医人准备合药钱，如嘉泰三年(1203)十一月十一日，南郊赦文：

> 禁囚饮食，止令狱子就街市打掠，或取给于吏卒。病囚药物，抑勒医人陪备。是致禁囚饮食不充，饥饿致病，医人无钱合药，病囚无药可服，多致死亡，诚可怜悯。(《宋会要》刑法6之74)

以至于病人无药可服。虽然南宋的法令要求"州委狱官，县委令，专置历收支"[245]，但是嘉泰三年(1203)的"赦文"仍强调州县应该把囚食与医药的经费收支登记于"赤历"，并由监司按劾以闻。[246]

---

[240] 《州县提纲》卷3《革病囚之源》，第1页。
[241] 《州县提纲》卷3《遇旬点囚》，第6页。
[242] 《庆元条法事类》卷74《刑狱门四·病囚》"断狱令"，第512页。
[243] 例如《庆元条法事类》卷75《刑狱门五·刑狱杂事》"断狱令"，第537页。
[244] 《要录》卷162"绍兴二十一年六月辛巳"条，第2639页。又《宋史》卷30《高宗本纪七》，第573页。
[245] 《庆元条法事类》卷74《刑狱门四·病囚》"断狱令"，第513页。
[246] 《宋会要》刑法6之73—74。

系囚若病死,官吏的行政责任又如何? 北宋县狱一岁"死二人"及三万户以上的大县一岁"死三人",县衙的推司、狱子必须处以"杖六十"到"杖一百"。[247] 南宋时期,则以"岁终通计分数科罪",即病囚死及十分之一。[248] 简言之,当死囚人数增多时,官吏的杖责却减轻了。

北宋末年,朝廷鉴于狱吏将临死之囚释放,以规避病死囚的处罚,所以又有类似"保辜"[249]的规定:

> (宣和)四年(1122)六月八日,臣僚言:"州县刑禁,本以戢奸,而官吏或妄用以杀人,州郡犹以检制,而县令惟意所欲,淹留讯治,垂尽责出,不旋踵而死者,实官吏杀之也。乞依在京通用令,责出十日内死者,验覆如法。重者奏裁,轻者置籍,岁考其不应禁而致死者亦奏裁。"从之。(《宋会要》刑法6之61)

以十日为保辜期限,若有出狱十天而死者,仍可立案追究官吏的职责。此一规定从原本的"在京通用的令",成为全国性的诏敕,并且沿用至南宋。[250]

由于州县间还有为了"避免在禁死亡之数",因而将重病之囚"付巡尉交管",在"巡尉司既无医药可疗,又无饮食可给,拘系空屋,困顿饥饿,往往至于死",所以在开禧三年(1207)三月二十九日下诏:

> 应州县辄将病囚押下巡尉司以致死亡者,许被死之家直经刑部陈诉,仍令提刑司于岁终别项检察,并行具申,将州县官重作施行。(《宋会要》刑法6之74)

准许系囚致病而被押下巡尉司,以至于丧命者的家属可以向刑部越诉。无论如何,法律未必能保障狱囚的身体无恙,因为"吏视囚犹犬豕,不甚经意,初有小病,不加审诘,必待困重,方以闻官,甚至死而后告者"[251];又有"狱吏受赇,或

---

[247] 《宋会要》刑法6之56。此外,《宋大诏令集》卷202《州县狱罪人死具为令诏(治平四年(1067)十二月丙寅)》亦有此令文(不全)。
[248] 参见本章第二节"推鞫的刑讯"中"二、讯杖之法"。
[249] 《唐律》卷21《斗讼律》"保辜"。简言之,是对殴伤期限的责任担保。辜之意为"罪",所以保辜就是在一定限日内,若因此伤亡者,其罪仍科。
[250] 《庆元条法事类》卷74《刑狱门四·病囚》"断狱敕·注",第512页。
[251] 《昼帘绪论》"治狱篇第七",第11页。

诈申囚病脱出,至有病不得略,反不即申,或死于狱事不明"。[62]

真德秀(1178—1235)认为,县狱的诸多问题皆肇祸于知县"有轻寘人囹圄,而付推鞫于吏手者"。[63] 胡太初则强调"破家县令"任意系人入监:

> 今偶有触长官之怒,及势家所恶者,便与幽之囹圄,系之尉寨,不知罪不至死,一身之困踬难逃,身既被囚,数口之饥寒孰给,所谓破家县令皆是之类。(《昼帘绪论》"用刑篇第十二",第22页)

有的县令擅随己之好恶或是迎合势家,轻率用刑拘锁庶民,造成入狱者身家困顿,这类亲民官就是所谓"破家县令"。

就制度而言,县令虽是最高的裁决者,但是"吏"(包括役人)却是实际业务的执行者,他们的工作内容及态度不仅是直接影响到入狱者的待遇与环境品质,又从参与知县"推鞫"结款的过程中,合法间接影响知县具呈给州衙的狱案成款。所以当县衙有非法拘系的情形时,知县是必须接受失职处分,如淳熙九年(1182)江东提举朱熹申奏状降罢衢州江山知县:

> 昨巡历江山县,见得知县宣教郎王执中庸谬山野,不堪治剧。及据士民词诉,称其多将不应禁人非法收禁,人数极多,尽是公吏画策务要科罚钱物。后来疫气大作,入者辄病,及以此势吓胁平民,科罚取钱等事。(《朱文公文集》卷21《申知江山县王执中不职状》,第9页)

就因为王知县将不应禁人收禁入狱,使得公吏有机会策划,向收系人科罚钱物,吓胁取财于平民。

胥吏觊觎民产时,经常使用狱讼手段扰害百姓,如叶文炳(1150—1216)调江西筠州录参,曾审理一件来自福建路漳州"漳浦吏谋夺杨氏家赀,械置狱,累岁弗决"的"移案"。[64] 又如江东信州弋阳县吏孙回与余信二吏,其中孙回自号"立地知县",以他们为主首的犯罪集团横行市井:

> 孙回累经编管,伪冒置充吏,自号立地知县,弟孙万八横行市井,人呼

---

[62] 《州县提纲》卷3《病囚责词》,第5页。
[63] 《清明集》卷1《官吏门·申儆》真西山"劝谕事件于后·清狱犴",第9页。
[64] 《西山真文忠公文集》卷46《通判和州叶氏墓志铭》,第21页。

八王,其他可知。……收拾配吏,破落乡司,分布爪牙,竟为苛虐,私押人入狱,讯腿荆至一二百。余信昨同张成胁取百姓刘庆一千二百余贯,本司止将张成勘断,所以恐之也。(《清明集》卷11《人品门·公吏》"违法害民",第412页)

这些公吏们正是利用县狱的刑讯设施,私自拘押百姓入狱荆杖,违法恐吓人民,割剥民众的膏血,连提刑司都颇惧怕孙回、余信而让他们三分,只是避重就轻地处罚其他小角色。

就行政责任而言,真德秀深信县令只要尽职不怠,并切实遵奉法令行政:"凡不当送狱公事,勿经收禁,推问供责,一一亲临,饭食处时时检察,严戢胥吏,毋擅拷掠,变乱情节"[㉖],县狱应可保持光明无垢的景况。而南宋官僚们亦时常相互惕励:"刑狱为生民之命"[㉗];"狱者,生民大命,苟非当坐刑名者,自不应收系。为知县者每每必须躬亲,庶免冤滥"[㉘]。但县令倘若不能事必躬亲,则容易因此冤害无辜,招致恶名。

二、破家灭身之灾

南宋初年,张纲(1083—1166)曾说:"近岁,吏奸成市,未能遽革,或缘货鬻,或挟怨雠,或望风旨,或私逞威势,捶楚之下,欲致之死地,往往先以病闻,县匿之不以申州,州匿之不申监司,上下相蒙。"[㉙]狱吏利用合法刑讯的机会,公器私用而向人索贿、寻仇,而病死囚人数增时,却还可以隐匿案情,不会受重罚。后来甚至若干掌狱政的官僚,"今为吏者,好以喜怒用刑,甚者或以关节用刑"[㉚],所以当时庶民因事到官而系狱,为了避免在狱中遭受捶楚杖打,只有尽可能行贿以打通关节。[㉛] 系囚有无行贿官吏,影响其监狱里的待遇,以下略举

㉖ 《清明集》卷1《官吏门·申儆》真德秀"劝谕事件于后",第9页。
㉗ 《攻愧集》卷97《集英殿修撰致仕光大夫曾公神道碑》,第13页。
㉘ 《清明集》卷1《官吏门·申儆》真西山"劝谕事件于后·清奸狱",第9页。
㉙ 《华阳集》卷14《论狱囚瘐死札子》,第1页。
㉚ 《清明集》卷1《官吏门·申儆》真西山"咨目呈两通判及职曹官",第1页。所谓"今为吏者",愚以为不是"胥吏",而是"通判与幕职诸曹官"。
㉛ 关于胥吏受贿的机会,请参考刘馨珺:《宋代的请托风气——以"请求"罪中心探讨》"请求行为与庶民生活"。

几项说明：

（1）有赂者，可以使吏传稿，通信息。无赂者，必被其害。(《昼帘绪论》"治狱篇第七"，第11页）

（2）狱吏得赂，或夜纵其（重囚）自便。(《州县提纲》卷3《狱壁必固》，第6页)

（3）今闻狱官阴纵其外出，辄令其逾墙，往来扬扬，在市饮酒，未尝坐狱。……朝廷张官置狱，今乃荡然无纲纪，甚至狱墙反为官、推吏受赃纵囚之路。(《清明集》卷11《人品门·公吏》蔡久轩"罪恶贯盈"，第410页)

（4）当职引上被伤之人，当厅验视，追送县狱，又以财力买嘱官吏，欲反坐词人以罪名。(《后村先生大全集》卷193《饶州州院申勘南康军卫军前都吏樊铨冒受爵命事》，第9页)

民讼的系囚行贿狱吏，可以传递消息，制造有利的案情供状；重囚行贿狱官，则可以在监狱里自由行动，甚至逾越狱墙，扬扬于市，丝毫不受坐狱之苦；罪证明白的囚徒行贿县衙官吏，反而进行诬告对方的活动。可见，花钱不只消除皮肉之苦，还可以变更案情，解除刑狱之罪。

一般的印象，只要负责县衙某一专门业务的"追吏"都会需索钱财[20]，而宋人连描述阴间胥吏时，亦不能免于具备此种恶形恶状。洪迈曾记载一件为人做证，因而幽冥入地狱的故事：明州人夏主簿与富民林氏共买扑官酒坊，一起经营生意，两人依资本的比例计算红利。林氏却欠负夏钱二十缗，当夏主簿向林氏催讨不果，便诉于州衙。然而州吏受贿，变造辞状内容，反以夏欠林氏，结果"夏抑屈不获伸，遭囚系掠扑，因得疾"，最后"夏亟病出狱而死"。乡人刘元八郎曾向众人宣言："恨不使之指为证，我自能畅述情由。"于是夏主簿因狱致死之后，刘元八郎有一段入地狱官府做证的故事，历经两宿才还阳，当他步出地狱官衙后：

送吏需钱，拒不与。诟曰："两三日服事你，如何略不陈谢？且与我十万贯。"又拒，曰："我自无饭吃，那得闲钱！"吏遂捽脱顶髻，推仆地。于是

---

[20] 吕本中：《官箴》，第2页。

获醒,摸其头已秃,而一髻乃在枕畔。(《夷坚戊志》卷5《刘元八郎》)

这故事生动描述勾追吏人索贿的态度及其粗暴的行为,也影射进入官府的干证人可能遭遇的勒索与折磨。

治狱官吏嗜用酷刑,不全然是索贿不成而已。[⑫] 有些狱吏迫于推鞫成款的行政责任,难免就有"吏治之急,囚诬服"的情形。[⑬] 监狱官吏与设置有其必须完成的承行业务,职责所在却还落得被人利用的批评。如开庆元年(1259)浙西平江府吴县人严七七有田7亩尽典给李奉使,李向县衙告严七七"欠租",县衙受理后,并将严七七寄收在县尉司,经过8个月后,县尉黄震(1213—1280)向县衙申请释放寄收人的公文写道:

> 今年五月初七,追解在县,七月半间,移寄尉司,经今八个月,不见天日。元初同监三名,内詹百三、凌七五两名皆已冻饿身死。某惊惶哀痛,因询问本司,老卒称:"从来监租在尉司者,即无生还。"为之泣下。盖若监租合归本保,凡脱下尉司,皆强干以阴谋杀之耳,是尉司乃鬼门关也!(《黄氏日抄》卷70《初任吴县尉本职事·由县乞放寄收人状》,第1页)

这些被逮捕寄收在县尉司的欠租人已经"八个月"、"不见天日"、"冻饿身死"、"即无生还",县尉司俨然是"鬼门关"。

咸淳七年(1271)知江西抚州的黄震榜"词诉约束"文,其中"一、词诉总说":"讼乃破家灭身之本,骨肉变为冤雠,邻里化为仇敌,贻祸无穷,虽胜亦负,不祥莫大焉。"[⑭]而宋代民间"讼乃破家灭身"、"好讼终凶"的念头,大概不脱狱吏勒索所造成家业破产的恐怖感。南宋初,浙东严州淳安县有一富翁误殴人致死,死者的家人不敢告官,而方姓大户的仆人是死者的弟弟,方君一方面鼓励仆人告府,一方面以消解仆人的告状为理由,长年累月向富翁索钱,富翁最后不堪其扰而自杀,临终有叹:

> 明年仆人又欲终讼,翁叹曰:"我过误杀人,法不至死,所以不欲至有

---

⑫ 参见陈俊强:《刑讯制度》"刑讯长期存在的原因?"。
⑬ 《宋史》卷247《赵希言本传》,第8750页。
⑭ 《黄氏日抄》卷78《词诉约束》,第16页。

> 司者,畏狱吏求货无艺,将荡覆吾家,今私所费将百万,而其谋未厌,吾老矣,有死而已。"乃距户自经。(《夷坚丁志》卷17"淳安民",第132页)

由于畏惧狱吏无穷的勒索,必将荡破家产,所以不愿到官府。不过,老翁却仍因此一"狱案",被勒索了将近百万,仍无法满足敲诈者,只有走上绝路一途。

县狱又具有追捕欠负租税的功能,这些人大多是贫困无援的农民,他们被勾追到县衙的过程,亦相当令人同情,如绍兴六年(1136)蔡安疆奏言:

> 至若公家赋敛,私门租课,一有不足,或械之囹圄,或监之邸肆,累累然如以长绳狗彘,狱吏执棰而随之。路人洒涕,为之不忍。(《要录》卷103"绍兴六年七月乙未"条,第1688页)

农民在道途上就遭受长绳缚绑与棰打,如狗彘之状,一旦入狱,狱吏们施以恶质的对待,更不言而喻。至于系狱者的心情,或多或少都有"不祥"的感觉[㉘],亦是可以理解的。

入狱之后,系囚除了有数不尽的刑讯笞掠以及狱吏们贪得无厌的邀索之外,甚至"有重囚系县狱,根连十余家,淹延且半岁"[㉙]以上,即淹滞系狱的问题,短则十天以内,长则漫漫无期。[㉚] 系囚在狭隘空间里,所面对的恶劣环境,不胜枚举:

> 或囚粮减削,衣被单少,饥冻至于迫。或枷具过重,不与汤刷,颈项为之溃烂。或屋瓦疏漏,有风雨之侵。或牢床打并不时,有虮虱之苦。或坑厕在近,无所蔽障,有臭秽之熏。或囚病不早医治,致其瘐死。以轻罪与大辟同牢。若此者,不可胜数。(《清明集》卷1《官吏门·申儆》"劝谕事件于后·清狱犴",第11页)

这就是蹲"黑牢"的恐怖。

[㉘] 《夷坚丁志》卷2《邹家犬》,第7页。
[㉙] 《西山真文忠公文集》卷44《叶安仁墓志铭》,第14页。
[㉚] 关于入狱至判决的时间,因案各异。不过少则十天,则可见于官箴。如《州县提纲》卷3《疑似必察》,第2页。至于"狱久不决"的情形,往往必须由朝廷或监司纠正,才可出狱结案。如《要录》卷171记载"阿罗杀夫"案,至少已五年而未决。

小结　一夫在囚，破家灭身

　　监狱是判决前的拷讯场所，乃传统中国狱讼制度中的一环，不具现代监狱是服刑之地的意义。本章将县狱监系的对象分成四大类：一是人命斗杀强盗者及其干证人；二是投词诉争财者；三是公私税租的欠负者；四是寄禁者。不同事由而入狱者，其入狱的手续亦不尽相同。例如争讼的两造在"追会未圆"的侦查期间，"亦且押下"县狱，或是临时系监于县衙的"两廊"。绍兴十六年（1146）以后，朝廷立法补偿鞫狱到官作证的无罪者，"每程给米一升半，钱十五文"，强调朝廷对于留狱者的待遇。不过，南宋末年地方官吏巧立许多监禁的名目，有所谓"到头、押下、直拦、监保、行杖"等，县衙里最常见的入狱是"寄收"与"门留"。在吏人蓄意冻馁之下，轻罪的门留者亦颇有性命之忧。

　　法令规定"禁囚必书禁历"，但事实上，禁囚不书禁历，或上呈正禁历而隐囚于寄历的情形，迄南宋仍有许多弊病。朝廷实行若干措施改善狱政，如高宗绍兴二十三年（1153），县令必须亲视狱囚的"入门供责"（最初口供）；孝宗淳熙十五年（1188），县丞必须佐助县令于两日内送上狱款（刑讯案牍）；光宗绍熙元年（1190），由提刑司每年二次印给州县禁历；宁宗嘉泰元年（1201），就要犯人必须亲自在求收禁历书画押，落实"禁历"的登录，便于管囚犯系狱的时程，避免犯人滞狱。而当衙门侦查告一段落后，则可由"保人"保识后而无走窜之虞，打官司的词人就可以回"本家"或被"押下所属"知在，即被限定活动范围，直到完全官司结案。另一类可以召保知在的是"病囚"，这一项规定早见于后唐时代，高宗重申"病囚非凶恶者，召保责出"，滞留在县狱杖罪以下的病囚，若无亲人完成责保手续，则必须由承监吏人选择适当的旅舍加以安顿，依照"责保寄店"的规定释放。

　　县狱在每夜的一更三点由县令亲自关门，称之为"定牢"，所以县令是县衙的狱官，孝宗淳熙年间则有命令县丞佐狱，若是狱囚禁系推鞫致死，处罚上分成"狱子"、"吏人"、"当职狱官"三等，以执杖、值宿的狱子受罚最重。所谓"刑讯之法"，包括刑具、讯杖、录制口供及虑囚的相关规定。宋代衙门合法的刑具有禁系的"枷、钮、钳、锁、盘枷"五种,以及拷打的"大头大杖、大头小杖、小头大杖、小头小杖"四种。高宗年间立法禁止县衙在刑具上加上钉饰、筋胶之类,并要求每一件狱具必须烙印官记。若是涉及徒罪以上的禁囚,则必须"枷禁"或戴上钮、锁加以限制活动,杖罪以下及年长、残疾和怀孕的禁囚,则可以"散禁"免加戴刑具。推鞫的讯杖必须使用小杖,一次不得过三十下,一共不可超过两百下,拷打的部位以臂腿及两足底较为适当。

完成刑讯口供称"结款",宁宗嘉泰二年(1202)规定大辟口供的改革法:一是必须使用州衙的印纸;二是勘官必须登录所有入狱口供;三是不得涂抹错字;四是正犯与干连人都应被告知相关法条。"虑囚"就是长吏亲莅牢狱视问囚徒,北宋太宗将县令虑囚的时间由五日改为十日,高宗绍兴五年(1235)则"命诸道提刑以署行"虑囚,重视地方衙门的禁囚的人命与健康。

南宋地方官僚深知民家"一夫在囚,举室废业"的痛苦,因此法令与官箴都强调维修牢狱,如轻重囚犯、男女囚犯的别牢,以及墙壁、屋瓦、饮水等设施,狱官吏人还得注意检察病囚、囚犯饥寒等问题。不过由于县衙经费有限,县衙不论是向提举司或转运司申请支付囚粮,官吏连筹措囚食都有很大的困难度,何况监狱的硬体设备,所以县狱多半是"坑厕在近,无所蔽障,有臭秽之熏"的恶劣环境。加上县吏与狱子往往借机勒索无度,狱中的枷具过重与刑讯不时,禁囚难免体无完肤,甚至尚未等待判决,早就已命丧牢狱。自南宋以下,社会上流行一句谚语:"破家县令",既是警诫县令行政必须小心,尤其不可以轻易监禁无辜之人,也是劝诫庶民打官司前应该慎思再三。

第四章 听讼与定罪

赵伯淮(1120—1177)知浙西常州武义县时,有"慈惠平直,不为疑阻,恳恳在民"的誉称,他的事迹有:

> 讼者,呼前毕其情,而细剖曲直。苟服矣,则薄其罪。大要睦俗善邻,厚风俗,无长怨而已,庭无留事。久之,民相劝不争,讼益稀简。阅岁时,无具狱上郡。(孙应时:《烛湖集》卷11《宣义郎赵公行状》,第3页)

将诉讼的当事人"呼前"而"毕其情",才进行剖判曲直。而这种引问讼者并加以劝谕"睦俗善邻"的方法,很快就达到"庭无留事"的境界,甚至连送往州衙的徒罪以上案牍亦为之消失。

洪迈(1123—1202)的《夷坚志》里载有绍兴四年(1134)"陈祈向阴间争狱"的故事。潼川府路泸州合江县民陈祈把众分财产典质于富民毛烈,谋将典质的田地占为己有,以规避幼弟们析分财产。等到母殁、析产之后,陈祈以钱向毛烈赎回土地,毛烈有心吞没,所以陈祈告到官府,但因为没有契约证明,再加上县吏受毛烈贿赂,所以最后县衙以"诬告"而杖打陈祈,于是陈祈转诉于州衙、监司,都无法改正县判,只得求助于"神判"[①]:

> 祈讼于县,县吏受烈贿,曰:"官用文书耳。安得交易钱数千缗而无券者,吾且言之令。"令决狱果如吏旨,祈以诬罔受杖。诉于州、于转运使,皆不得直,乃具牲酒诅于社。梦与神遇,告之曰:"此非吾所能办,盍往祷东岳行官,当如汝请。"(《夷坚甲志》卷19"毛烈阴狱",第168页)

[①] 关于"神判"的讨论,参见康豹:《汉人社会的神判仪式初探:从斩鸡头说起》,载《民族学研究所集刊》第88期"李亦园院士荣退特刊(一)",台北:"中央"研究院民族学研究所2000年版,第173—202页。

从叙事中得到县衙狱讼处理的初步印象有：民讼判决的条件是"官用文书"；而且诉讼"决狱果如吏旨"。本案可说是"由讼变狱"的事例；还有当事人欲达终讼求直的做法，不只在阳间"诉于州、于转运使"，还请求神界"东岳行宫"的判决。

从以上两篇不相干的叙述中，实在无法满足我们了解地方官听讼判决的程序与态度。本章进入公堂审问的阶段，主要探讨南宋县衙断罪的过程，县官与当事人在公堂上，有哪些必要程序与方法？县官的审理狱讼的原则与态度？并寻绎宋人审判中所谓"情"、"理"、"法"的范畴是什么？县官如何运用"情理法"治讼？此外，判决中称"健讼"是指什么样的人与行为？县官如何面对"健讼"之徒？"健讼"之徒的罪与罚为何？

第一节　审问的过程

一、聚录引问

北宋政和四年（1114）制定"聚问"之法，限期完成"聚问审录"，若犯死罪者，审理衙门限五日，聚集有关的官员一同问案记录。② 此一制度化是延续系狱推鞫的"虑囚之恤"精神而来，除了提刑司在盛暑差官到州县虑囚之外，宋代的州县长官按理每隔十日必须"虑囚"囚徒，就是到牢狱里亲自"引问"刑讯中的系囚③，即在狱中个别引出系囚讯问，最后经过"本衙"有关官吏聚问审录的手续，在"聚录"之后才能上呈狱案。

"本衙聚录"的制度起源于五代④，后晋高祖天福二年（937）诏曰："自今后诸道并委长吏五日一度，当面同共录问，所冀处法者无恨（幸），衔冤者获伸。"⑤北宋真宗咸平五年（1002），针对"诸州大辟案"有诏曰："自今并须长吏、通判、

---

② 参见《文献通考》卷167《刑六》，第1452页；又徐元瑞：《吏学指南》之《推鞫》，第102页。
③ 参见本书第三章第二节"虑囚之恤"。
④ 王云海编：《宋代司法制度》（第289—290页）认为这是"录问"制度的起源。愚以为这也有可能是"差本衙以外官"来"录问"囚徒，不一定是指该衙官员共同录问（聚录）。
⑤ 薛居正：《旧五代史》卷147《刑法志》，第1971页。

幕职官同录问详断。"⑥因此形成州衙采取聚录的方式审断人命刑狱案件。

真宗景德三年(1006)诏开封府："今后内降及中书、枢密院送下公事，罪至徒以上者，必须闻奏。"此一规定特别指出："应干分割田宅及僧人还俗事，并令结案录问，方得闻奏。"⑦可见分割家产的纠纷中，若有违法犯徒刑以上者，就必须录问。迄北宋真宗朝，州级以上衙门的"录问"规定大体完备，凡是徒罪以上的刑狱案件，一定要求由本衙门的长官与幕职佐官共同录问结案。而北宋末年，则订立聚问的"时限"，如政和四年(1114)有诏：

> 立聚录审问之限。死囚五日，流罪三日，杖笞一日。(《文献通考》卷167《刑六》，第1452页)

包括"杖笞"的聚问时限是一日，由此可见，凡有罪者，就得完成聚问的手续。

"聚录"必须引囚到"堂"，经过州吏"读示"鞫狱的案款，并且由囚亲自书字押记。从南宋孝宗乾道四年(1168)五月，臣僚的奏言有关聚录大辟之囚的弊病时，略可窥见聚录的进行方式：

> 民命莫重于大辟，方锻炼时，何可尽察？独在聚录之际，官吏聚于一堂，引囚而读示之，生死之分，决于顷刻，而狱吏惮于平反，摘纸疾读，离绝其文，嘈囋其语，故为不可晓解之音。造次而毕，呼囚书字，茫然引去，指日听刑。人命所干，轻忽若此！(《文献通考》卷167《刑六》，1455)

颇似推鞫的结款，两者亦皆由推司(狱吏)负责供款案牍⑧，其差别在于狱中进行的是结款，聚录则由官吏们一起在狱外确认推鞫的结款。

孝宗乾道四年五月，为了分别"结款"与聚录之不同，臣僚建请稍微改革狱吏宣读供款的聚录方式：首先，由知州、通判点选不限狱吏的无干碍吏人，在厅堂书写囚人的口供，再与狱官送来的供款核对一番，最后亦由无干碍的吏人宣读，务必使罪囚完全了解官府所记载的犯罪事实。⑨ 不过，南宋仍有狱吏结款后，不经由州衙官吏聚录，便将重大刑狱案件上呈至提刑司，如林行知(1152—

---

⑥ 《长编》卷53"咸平五年十月戊寅"条，第1156页。
⑦ 《长编》卷63"真宗景德三年八月戊戌"条，第1421页。
⑧ 《宋史》卷200《刑法二》，第4992页。
⑨ 《文献通考》卷167《刑六》，第1455页。

1222）提点湖南刑狱时，"永州赵监女死，或讼赵妾易氏实杀之。狱吏谓：易减女食致死，以斗杀律论，奏不聚问读示。公驳以闻，委官别勘。"⑩所以必须由提刑司负责监察州衙聚录的执行。

"聚录引问"在县衙狱讼程序中的位置，若从宋代的鞫狱和定谳分开的原则看来，官方的法条文书往往是将"推鞫、录问"、"鞫狱、录问、检法"⑪合并书写，可见鞫狱与录问是紧接着的步骤，即是在鞫狱刑讯结款之后，检法书拟之前，县官要判断系囚的罪名，才能确定其判决是否属于县衙的权责：推勘讯问之后，若是杖罪以下，县衙可以立即判决科刑，若是包括编配的徒罪以上，经过县衙"录问"之后，就要把所有的"追证"、"勘结"案款整理完备，才可以呈送州衙。如果送州的狱案一切经过合法程序，而州衙"非理"驳退回县衙，提刑司必须主动发觉并劾治州衙相关人员。⑫总之，判决之前的第一道程序就是"引问"当事人，徒刑以上的罪囚还应该要接受县衙官吏的"聚录引问"。

关于县衙的"聚问"成员组织，不能由追捕搜证的县尉来担任，应该是县令、丞、簿等官员及各厅内的吏人一起问罪，如孝宗淳熙三年（1176）三月二十七日，诏：

> 自今县狱有尉司解到公事在禁，若令、丞、簿全阙去处，即仰本县依条申州，于合差官内选差无碍官权摄。其徒罪以上，令、佐聚问，无异，方得结解赴州。（《宋会要》职官5之48）

而县令、县丞既要负责"县尉司解到公事"的鞫狱，又得完成录问的初步"谳罪"工作。由于宋代县衙简单的官员组织，甚至阙官情形严重，依此看来，县衙是地方衙门中最难以遵守"鞫谳"分治的原则。⑬不过从淳熙三年的诏文，却也可看出中央法令仍努力维持此原则制度化的理想，除了坚持"尉司，捕盗官。而承勘乃属于县道"⑭的规定外，若是连令、丞、簿都阙如的县衙，就要求县衙依照

---

⑩ 《后村先生大全集》卷156《林经略墓志铭》，第17页。
⑪ 《庆元条法事类》卷6《职制门三·差出》"职制令"，第66页；卷8《职制门五·亲嫌》"断狱令"，第103页；卷9《职制门六》，第113页。
⑫ 《庆元条法事类》卷73《刑狱门三·决遣》"断狱令"，第499—500页。
⑬ 参见徐道邻：《鞫谳分司考》，载《中国法制史论集》，第114—128页。
⑭ 《勉斋集》卷32《危教授论熊祥停盗》，第3页。

法条向州衙申请,并由州衙选派合于规定的官员,前来本衙进行"推鞫、录问与检法"等流程完整的录问。

"聚问"制度的目的在于"恐有初官未详法理,虑其枉滥"[15],而引囚人到堂上,可以避免狱中"囚人惮捶楚,不敢言"[16]的情形,使得罪囚有"说"的机会。但是事实上,一般百姓却不见得能够明了"问与说"的技巧及录问制度的重要性。

洪迈曾记载一件有关北宋末年的袁州冤狱,详细的内容中,包括对"录问"的描述。绍圣年间(1094—1097),宜春县尉派遣三名弓手到乡村购买鸡与猪,经过四十天,三人都没有回来,他们的妻子告到州衙。县尉以三人是侦探盗窟为理由,哄骗太守,并以三人恐遭不测,而表示愿意"合诸邑求盗,吏卒共捕之"。但是县尉在山里停留两个月后,由于未能捉获到贼人,而无法交差,便设计从乡野中找人顶冒杀人的强盗,以便上呈州府。当时县尉欺骗四名"貌蠢甚"的乡民,说道:

> 三弓手为盗所杀,尉来逐捕,久不获,不得归。请汝四人诈为盗以应命,他日案成,名为处斩,实不过受杖十数即释汝。汝曹贫若此,今各得五千钱以与妻拏,且无性命之忧,何不可者?汝若至有司,如问"汝杀人?"但应曰:"有之。"则饱食坐狱,计日脱归矣。(《夷坚乙志》卷6《袁州狱》,第229页)

因为一般人不清楚狱案流程,所以县尉说来很轻松,于是乡野小民很快就答应冒充为盗。后来发展出一段冤案,当太守指派司户暂摄县令阙职,并担任录问劾囚一事,依规定将四人连同供款一并送府衙,交由狱掾黄司理治狱覆讯。虽然一切都依照治狱、录问、覆讯的程序,但终究免不了一场人祸冤狱,不仅三名弓手死无尸证,还加上四名村民枉死,一共七条人命。

虽然合于程序的录问都不免产生冤狱,不过官员仍需本于职责而实践"引问"治狱。如阳枋(1187—1267)"暨至官,有丽于狱者,公于其始至之初,引问

---

[15] 《长编》卷53"咸平五年十月戊寅"条,第1156页。
[16] 《州县提纲》卷3《审囚勿对吏》,第8页。

矜恻,以诚信开谕之,人无不感悟,以实情自达,故未尝施一刑而狱具,由是案无淹滞,千里不冤"⑰。在引问的过程中,官员可以透过"问"与"答",向罪囚进行晓谕开悟的工作。其实,不论"治狱"与"民讼",当职官亲自录问或引问时,仍然可以达到防弊的作用。如宋甡(1152—1196)任广西融州户掾时的一二事迹:

> 治狱,细大必躬,戒吏胥毋得辄拷问,囚能书者听自书,不能者,许以吏代,而面核之,片辞不同,辄坐书者,以故人得输其情,虽重辟,未尝施一捶也。田主愬其佃不输租,君命两造至庭,诘之,顾其貌颇相若,使人尽取主家文书来验之,则庶弟也。命还本生,而均其产。(《西山真文忠公文集》卷42《宋文林郎志铭》,第14页)

具有"细大必躬"性格的官员在录问、诘问时,势必面审两造当事人及胥吏,乃可明察秋毫辨别出历来狱讼文书的各种问题。

"面审"的技巧源于古代典籍所讲的断狱之术,如《周礼》:"以五声听狱讼,求民情"⑱,而"五声"就是"五听"。《史记》卷4《周本纪》:"两造具备,师听五辞。"据斐骃《史记集解》载:"孔安国曰:两谓囚证。造,至也。两至具备,则众狱官听其入五刑辞。"又据张守节《史记正义》载:

> 《汉书·刑法志》:"五听,一曰辞听,二曰色听,三曰气听,四曰耳听,五曰目听。"《周礼》云:"辞不直则言繁,目不直则视耗,耳不直则答惑,色不直则貌赧,气不直则数喘。"(第139页)

狱讼官员当面端详两造时,才能从各个角度判断两造的"言繁、视耗、答惑、貌赧、气喘"。县官们早就从"经史"中学习这套五听的技巧,更有运用巧妙者,令妄诉者有所却步。如北宋赵钧臣(1068—1112)知河东河间府河间县,"每讼至庭,率以片言折其是非,父老至相戒曰:汝曹毋妄诉人,令君得人眉睫间,不可欺也。"⑲

---

⑰ 阳枋:《字溪集》卷12《字溪先生阳公行状》,第54页。
⑱ 《周礼注疏》卷35《秋官·小司寇》,第524页。
⑲ 汪藻:《浮溪集》卷27《承议郎通判润州累赠朝议大夫赵君墓志铭》,第24页。

县令若能当厅决讼,并且认为是"情轻法重,于理可恕"[20],则可"面谕罪名",迅速结绝,以避免案情节外生枝:

> 大率词讼须是当厅果决,面谕罪名,不尔,即生枝蔓,其情轻法重,于理可恕,欲从轻科者,便令当厅勘状。若稍有稽缓,吏人受赂,遂成枉法。赃二十贯文,官员例当冲替。(《作邑自箴》卷2"处事",第8页)

否则,稍有稽缓,吏人受赂从中作梗,甚至官员受累牵连流放,而且面审速决,除了不被吏欺,也可以不留狱。如谢谔(1135—1197)知福建福州宁德县时,"及试邑日,危坐听事,事至立决,故无留狱。"[21]又如郭叔谊(1155—1223)宰成都府路眉州青神县,"戢奸弭讼,有治理声"、"两造在庭,促席咨访,立为剖决,狱无滞囚,邑无冤民。"[22]

孔子曰:"听讼,吾犹人也。必使无讼乎!"《五经正义》解释以"至诚"听断狱讼:"备两造,吾亦犹如常人,无以异也。言与常人同,必也在前以道化之,使无争讼,乃善。"[23]所以"无讼"可说是儒家听讼的最高境界。而《大学》提出:"听讼,吾犹人也,必也使无讼乎! 无情者不得尽其辞,大畏民志,此谓知本。"也就是说:"圣人听讼与人同耳,必使民无实者不敢尽其辞,大畏其心志,使诚其意,不敢讼。"[24]

朱熹认为听讼者就是要以"修身为本":"只是它所以无讼者,却不在于善听讼,在于意诚、正心,自然有以熏炙渐染,大服民志,故自无讼之可听耳。"[25]听讼官员以"诚意正心"潜移默化民心,才能从根本息讼,乃至于无讼。南宋人大叹在纷争横生的时代里,实在"已难使之无讼"。亲民官要如何才能维持"听讼,吾犹人也"? 胡太初的看法是:

> 孔子曰:"听讼,吾犹人也。必也使无讼乎!"人情漓靡,机事横生,已难使之无讼。惟尽吾情以听之。(《昼帘绪论》"听讼篇第六",第8页)

---

[20] 关于"情轻法重"的讨论,参见本章第二节"二、定法"。
[21] 《攻愧集》卷109《承议郎谢君墓志铭》,第8页。
[22] 《鹤山先生大全文集》卷83《知巴州郭君(叔谊)墓志铭》,第6、8页。
[23] 《十三经注疏》(1815年阮元刻本),《论语注疏·颜渊第十二》,第109页。
[24] 《礼记注疏》卷60《大学》,第986页。
[25] 《朱子语类》卷16《大学三·传四章释本末》第322—323页。

官员听讼应该做到"惟尽吾情以听之",也就是要充实自身"尽吾情"的能力。由此看来,官员听讼的过程之中,"断罪"不是最终的目的,如何尽力了解诉讼的实情,才能使其心志悦服,进而达到息讼的目的。

"引问"在听讼过程所居的位置,从受词又称"引"词,投诉不测之事者"自击鸣锣,令即引问,与之施行"等㉖,都可看出官箴强调"引问"当事人是听讼的首要阶段。而且"引问"必须尽快,否则"引问之时,已落于典吏交通之后,情伪百端,未易致诘"㉗,所以尤其要把握时间:"两造至庭,一见即决,亡所宿淹者,吏以故不得邀赇。"㉘时间既是如此的重要,因此有知县虽已得疾,仍勉于"民事"㉙,如洪琰(1154—1224)知江西临江军清江县:

> 用举者改秩,得邑清江。时已属疾,犹以民事自力,两造在庭,必亲引问,惩其事之不涉己者,而告讦之讼息。诘其词之不出己者,而指踪之党惧,县以大治。(《漫塘集》卷29《故仙都隐吏知县洪朝散墓志铭》,第23页)

听讼一定亲自"引问"在庭的两造,透过面审两造是查出情伪虚假的好方法,既可息告讦讼,又可以追查出擅于"事不干己"教唆诉讼的党徒,当时人有将此一功能比喻作"雀角鼠牙㉚之奸,悬镜见象"。㉛

二、悬镜面审

绍兴五年(1131)中进士的陈良翰曾经做过号称强梗的浙东温州瑞安知县,在陈良翰主政期间,"听讼咸得其情",于是有人问他有何术?他很简单地回答:

> 吾何术?第公吾心,使如虚堂悬镜,而物之至者,妍丑目(自)别耳。

㉖ 《昼帘绪论》"听讼篇第六",第8页。
㉗ 孙梦观:《雪窗集》卷1《(戊申轮对)第二札(论消沮之弊)》,第17页。
㉘ 《西山真文忠文集》卷44《叶安仁墓志铭》,第16页。
㉙ 宋人所谈的"民事",是凡临民之事,皆为民事,不过愚以为"剖决滞讼"是民事中的最重要项目,如《攻愧集》卷103《工部郎中曹公墓志铭》(第8页)所载。
㉚ 《吏学指南》《狱讼》,第94页,"雀角鼠牙,言人遭讼,谓之雀角鼠牙之挠。"
㉛ 《壶山四六》(全1卷)《通提刑项户部(贲孙)》,第16页。

(《朱文公文集》卷97《敷文阁直学士陈公行状》,第37页)

就是说,知县自许如"明镜高悬"㉜,只要能不偏"公心",自然呈现镜前之物的美丑。

听讼者如何自处其心,是南宋官僚实践反求诸己的重要课题。道学家魏了翁(1178—1237)讲究"尽心":

> 若此人之心本明,实肖之人之于听讼也。若尽心而求,则两造五词之来,虽貌稽气听,亦可了然坐判,夫安得而遁。(《鹤山先生大全文集》卷53《送虞仲易(刚简)赴夔路提刑序》,第9页)

听讼官员若能尽心而求,两造虚词就无可遁形。陈造(1133—1203)则说:"两造得情,亦其常事"、"听讼贵无心,察考其素行"㉝,官员若能"无心",就不会心存偏见。这种"当职无心,原情而断"的论述,亦见于南宋县主簿拟写的判决文之中㉞,可知当时官僚尽心实践的精神。

官员的态度会影响面审的结果,有"视民如子弟"的县官采取"有狱讼移案,临阤和声康色,询究曲折,必得其情而后已"。㉟ 赵汝愚(1140—1196)曾荐称"难乎其人"的县令,其中赵彦绳㊱"听讼必使两造案前,委曲难问,有如父子,以故事无冤枉"㊲,就是以"如父子"般仔细"问难"的听讼态度,而得到赵汝愚的推荐。"遇事敏明,临机善断,戢吏至严"的王伯庠(1106—1173)"听讼之际,反复究问,诚意具孚,无不退听者"。㊳ 还有"治县极宽不为节限"的知县以从容为大要,如刘起晦(淳熙五年[1178]进士)知江东信州贵溪县时:

> 讼者从容,各尽其辞,已而敷锡折衷,隐情遁节,如镜见象,奸民未尝不避影敛迹也。(《水心先生文集》卷18《刘建翁墓志铭》,第12页)

㉜ 《宋史》卷333《朱景(子光庭)本传》,第10710页。
㉝ 陈造:《江湖长翁集》卷38《答路主簿启》,第6页。
㉞ 《清明集》卷13《惩恶门·诬赖》主簿拟"假为弟命继词欲诬赖其堂弟财物",第512—514页。
㉟ 李纲:《梁溪先生全集》卷169《宋故朝请郎主管南京鸿庆宫张公墓志铭》,第3页。
㊱ 赵彦绳后来治州亦有不错的评价。如陈傅良:《止斋文集》卷18《前知抚州赵彦绳知赣州》,第8页。又可对照参见孙应时:《烛湖集》卷12《宜人宣氏圹记》,第24页。
㊲ 《历代名臣奏议》卷144"汝愚又荐部内知县黄谦、林(阙)、李信甫、赵彦绳疏"条,第15页。
㊳ 《攻愧集》卷90《侍御史左朝请大夫直秘阁致仕王公行状》,第6页。

不要假设两造是虚伪的"无情者",反而让两造有充足的时间"各尽其辞",才能够进一步全盘折衷两造的情节,"如镜见象"照出讼者的隐情,而且奸民也为之匿迹。

在官与民之间还有一层胥吏,就如同一面凹凸镜,容易索贿、受赂,尤其是受到豪强之人、教唆之徒的操纵,并影响官员的视点:

> 吏辈责供,多不足凭。盖彼受赂,所责多不依所吐,往往必欲扶同牵合,变乱曲直。山谷愚民,目不识字,吏示读不实,若凭所供辄断,而不面诘之,则贫弱之民无辜而受罪矣。凡吏呈所供,必面审其实。如言与供同,始判入案,或言与供异,须勒再责。若供不当厅,而令其下司,则豪强之人,教唆之徒,公然据司案而坐,指挥叱咤,变乱情节,善良之人有冤无告矣。(《州县提纲》卷2"面审所供",第3—4页)

所以"面审所供"才能发挥"引问"的真正效果,遏止各种势力扭曲真象,"变乱情节"。因为吏人取乞是常情,于是有诉讼当事人抓住官员存有"人吏自以欺罔为心"[39]、"吏人之无良心、无公心"的看法[40],在久讼之后,不满官府"皆以其词为非,故借诉吏人以泄忿耳,此事之枝节也"[41],反倒横生枝节,进一步嚣讼不已。

善听讼者必须"不可有所偏"才能"见情伪",有一篇辨别"田讼"真伪的判决文书,开宗明义就写道:

> 事有似是而实非,词有似弱而实强,察词于事,始见情伪,善听讼者不可有所偏也。(《清明集》卷5《户婚门·争业下》建金"侄假立叔契昏赖田业",第146页)

官员不偏地"察词于事",应该明了词状所陈述内容有"似是而非"与"似弱实强"的表象。而宋人有谓听讼若"事无两造之辞,则狱有偏听之惑"[42],后世又以

---

[39] 《作邑自箴》卷1《处事》,第5页。
[40] 《象山先生全集》卷8《与赵推》,第10页。
[41] 《黄氏日抄》卷76《申明七·抚州兼江西提举》"申台并户部戴槐妄诉状",第815页。
[42] 《文献通考》卷179《诗经·夹漈诗传辨妄共二十六卷》,第1547页。

两造"对问"(对鞫、对质)的方法,避免"偏听辞难穷"的弊病。[43] 说明官员听讼治狱应该尽得两造之辞,及其不可偏听的立场。

两造到庭之前,官府就必须要"察词于事",也就是从诉状内拟出问案草稿,再对照两造之辞。所以诉状内若带他事而模糊正事,面审两造及究查案情的时间势必拖延,因而形成滞讼。不过南宋仍有官员不轻易放弃听讼"细心详审"的理想,如陈著(1214—1297)曾说:"听讼宁过于审,而不敢以乘快为能;催科宁失之宽,而不敢以严督求羡。"[44]但无论如何,滞讼最不利于庶民及官员:

> 词有正诉一事,而带诉他事者,必先究其正诉,外带事须别状,盖听讼不宜枝蔓,枝蔓则一事生数事,曲直混殽,追逮必繁,监系必久,吏固以喜,而民乃以为病矣。若夫枝派异而本同一事者,又不可以是论。(《州县提纲》卷2《听讼无枝蔓》,第9页)

除了词状枝蔓造成滞讼,有时候是当事人利用引问到官的机会,却说出了更多的情节,这也是使案件复杂化的原因之一。如"卢兴嗣买李震卿土地而反悔"一案[45],卢兴嗣到庭面审时,"逐旋枝蔓其词,眩惑官府"。

虽然面审也可能衍生滞讼的问题,但是南宋勤于讼牒的县官有以面审来减讼者,如洪秘(1139—1209)知浙东绍兴府山阴县时,"邑号多讼,异时于省、于部、于御史者,靡有虚日,吏巽儒无能,孰何视事?微寒暑间,率夜漏未尽,致两造于庭,片言折之,辄得其平以去,虽气力者持之,不为回挠。"[46]

听讼速决具有保护无辜当事人、干连人受到"枝蔓追呼"之扰的意义,但面审两造又是听讼的重要过程,若为了面审而严重枝蔓当事人时,官员如何"尽吾情"而不偏听? 以"贾文虎与其叔性甫争田讼"案为例,过房叔贾性甫抱养游氏子,名为贾宣。贾文虎是贾性甫的兄仲勉庶子,仲勉之妾(文虎母)严氏归嫁性甫,贾文虎于严氏逝世后提出论诉,说仲勉遗嘱拨给严氏田业,在严氏嫁入性甫之初,被性甫典卖给文虎,而文虎一直无法照契割税、收租。诉状内还牵

---

[43] 《吏学指南》《推鞫》,第102页。
[44] 《本堂集》卷73《举词学有原本政尚抚字良廉强抚字良劳薆有民誉》,第7页。
[45] 《清明集》卷6《户婚门·争田业》韩似斋"出业后买主以价高而反悔",第175页。
[46] 《鹤山先生大全文集》卷71《知南剑州洪公(秘)墓志铭》,第4页。

连贾宣,金厅判决过程中,依贾文虎的词状"便追游宪(即贾宣)"并认定"文虎先将钱典叔性甫田"。但案件呈送到另一"建金"的手里之后,建金对前此金厅的做法颇不以为然,认为两次的诉讼审判都应该把握时间处理,否则必为"后世子孙之忧"。还指出前次判决只接受贾文虎的诉状及说辞,便追留贾宣,是落入"偏听"之非,并且拖延结决的时间,如此一来,七十五岁的贾性甫将不保以往的清白与老命。㊼ 两判之间,可以看到执笔拟判的金厅在"面审"与"保翁"之间拉据与抉择。

  南宋的官府虽然难胜民讼不息之扰,不过案件只要成立之后,"详阅案卷,考究其事,则于法意人情,尚有当斟酌者",加以剖判论说,并寄语诉讼当事人"谙晓道理,若能舍些小屋地,非特义举,亦免争诉追呼之扰,所失少而所得者多矣",真正达到可以"退听"。㊽ 而且官司主盟公论时,颇以"怜贫扶弱"的角度去理解论诉不已者的心情。㊾ 以"聂忠敏和车言可争田"案为例㊿,聂忠敏是再三论诉的一方,府衙认为聂忠敏的确是吃亏的一方,如果侵削情况未得到解决,日后他缴交夏秋二税也连带受到影响,所以官府是站在可怜聂忠敏之情的立场,采诸证人供状后,反诘"车言可又复何说?"本案中,并不指责聂忠敏"嚣

㊼ 有关"贾"案当事人的谱系图如下:

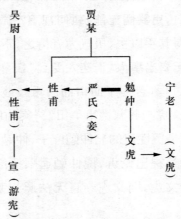

㊽ 《清明集》卷6《户婚门·赎屋》吴恕斋"执同分赎屋地",第165页。
㊾ 在另一篇同是署名人境的判决文书中,审判官员自我剔励莫被"怜贫扶弱"之说蒙蔽。《清明集》卷5《户婚门·争业下》人境"物业垂尽卖人故作交加",第152页。
㊿ 《清明集》卷5《户婚门·争业下》叶息庵"争田合作三等分定夺",第144页。

讼”，并在形式上也做到让双方有“诉说”、“口覆”的机会。

长期坚持诉讼而不愿和解者，或有地方官员的个人作风而不准私和(51)，也可能是两词“人执一说，彼此求胜”(52)，想从官府得到一种“说法”。(53) 虽有官员面对求胜者时，“当以恩谊感动，不可以讼求胜”(54)，而南宋的法令却允许案主在理断后，有一年及三年的时效向别的衙门请求勘定：

诸事已经断而理诉者：一年内听乞别勘，三年内听乞别定。（《庆元条法事类》卷8《职制五·定夺体量》“辞讼令”，第98页）

这种规定或可平衡不同等级衙门的判决，而将不同立场衙门必须“尽情听讼”制度化。

福建建宁府建阳县“翁泰户绝”一案(55)，知府叶武子（曾受学于朱熹）的判文一开头便写道：“窃谓翁泰之田，宜作三等分别；胡五姐之婚姻，宜作二说剖判。”接着叶知府详细说明对自己的三等分别及胡五姐婚姻的看法及做法，认为“庶可息讼”，并且上呈提举。而提举常簿台判：三等之说，比建安知县概作户绝，尤为近厚。牒下叶府判，从所申，再限半月，许得业人各赍契照，赴官逐一点对，候诸契赍集后，如胡五姐为姻与不为姻，于其契中亦有可以旁证者，就契分别三等，又因之以正稽籍，则其讼当自息。显然路级衙门接受了叶知府的说法，相较于县衙全数充作“户绝”的处分，知府所判是“近厚”，“讼当自息”。从这篇简单的记载中，不难发现各级衙门的判决乃在于寻得一种听讼当自息的说法，所以监司衙门亦不否认各个判决文所认知的“情”是有远近分别。虽然“大率官司予决，只有一可一否”，但若有未审之处，“难以遽为一定之论”(56)。

---

(51) 《攻愧集》卷98《签书枢密院事致仕赠资政殿学士正惠林公神道碑》，第2页。

(52) 《清明集》卷10《人伦门·兄弟》天水“兄弟争葬父责其亲旧调护同了办葬事”，第376页。

(53) 朱苏力：《秋菊的困惑和山杠斧的悲剧》，载李楯编：《法律社会学》，北京：中国法政大学1999年版，第452—464页。电影“秋菊打官司”，描述农村妇女秋菊因为他丈夫被村长踢了下体一脚，她坚持要讨个“说法”。

(54) 《后村先生大全集》卷192《德兴县董党诉立继事》，第11页。

(55) 《清明集》卷5《户婚门·争业下》叶息庵“争田合作三等定夺”，第144页。

(56) 《清明集》卷6《户婚门·赎屋》吴恕斋“已卖而不离业”，第165页。

三、劝谕从和

虽然"调解息讼"在宋代还未成为衡量官员政绩的标准[57],但"善听狱讼,尽公得实科"却是南宋"荐举格"的项目之一。[58] 也就是说,县衙长吏佐官如果听狱讼公正得情,科罚得宜,仍可以受荐举。县官如何除"蔽讼"而成为善听狱讼者?"劝谕从和"是听讼的重要守则之一:

> 大凡蔽讼,一是必有一非,胜者悦而负者必不乐。愚民懵无知识,一时为人鼓诱,自谓有理,故来求诉,若令自据法理断遣,而不加晓谕,岂能服负者之心哉?故莫若呼理曲者来前,明加开说,使之自知亏理,宛转求和,或求和不从,彼受曲亦无辞矣!(《昼帘绪论》"听讼篇第六",第10页)

法律固然是治民的根据,不过服其心志,令词人"心服口服"才是使听讼臻于"正名分、厚风俗"的高境界。[59] 如楼钥(1137—1213)知浙东温州时,"听讼得其情,已悔而终止者,听其息讼。闺门幽昧事,则掩覆之"[60]。

官府听讼的过程中,书判与面谕并行不悖[61],尤其是事关地方风教的案件,地方官员采取谕令两造"修和以议"的息讼方式。[62] 而县官倘能以劝谕达到息讼,不仅是当地百姓之福,亦是实践圣门之学的典范,如知浙东处州庆元县的张彦清(1155—1218):

> 晚宰庆元,甫至而目眚作。然两造在庭,犹谆之至前,儿女语之,人人得吐情实,吏束手不能铢发欺。去之日,送者至泣车下。(《西山真文忠公文集》卷46《知庆元县承议张公墓志铭》,第20页)

---

[57] 叶孝信主编:《中国民法史》,上海:上海人民出版社1993年版,第449页。认为宋代调解中很少出现久调不决的情形,因为调解息讼在当时还未成为衡量官员政绩的标准。所以官员反而在时限的压力下,尽早结绝案件。愚以为从"考课格"中(《庆元条法事类》卷5,第50页),并未反映出调解而息讼是考课的标准,只强调"无冤滥"。

[58] 《庆元条法事类》卷14《选举门·十科》"荐举格",第208页。

[59] 《清明集》卷1《官吏门·申儆》真西山"咨目呈两通判及职曹官",第2页。

[60] 《絜斋集》卷11《资政殿大学士赠少师楼公行状》,第169页。

[61] 《清明集》卷10《人伦门·叔侄》胡石壁"叔母讼其侄打破庄屋等事",第390页。

[62] 《清明集》卷10《人伦门·兄弟》刘后村"兄弟争财",第375页。

撰写墓志的真德秀甚至给名不见于经传、学未出于名门的张彦清极高的评价："圣贤所不能,必况于公乎!"而张彦清受赞扬的事迹之一,就是尽力弭平在庭两造间的裂痕,并且待之如慈爱的父母"语"儿女,故人人皆能吐露实情。

劝谕的内容与方式,以面谕"明加开说"为多。有的是"示无理者以法",由审判官员亲自颜悦色向当事人解说"利害"、"事理"与"法意":

> 两造具备,必详览案牍,反复穷诘其人。果无理矣,则和颜呼之近案,喻之以事理,晓之以利害,仍亲揭法帙以示之,且析句为之解说,又从而告之曰:"法既若是,汝虽诉于朝廷,俱不出是耳!"(《州县提纲》卷2"示无理者以法",第2页)

县官必须先"详阅"两造的诉状及相关案牍,透过"穷理"的方式,反复诘问当事人,并和颜呼唤无理者靠近案桌前,以事理、利害晓谕一番,并且解说相关法条及往后官府的做法。有的则是"委曲劝谕,导之以天理",即以"天理人伦"、"同气之亲"加以开晓,并以"兄弟叔侄交争兴讼"有碍地方名郡"风俗之美",对兴讼者冠以"伤风败俗"的社会压力。[63] 或是以古今著名的故事,作为诉说的"教化之本"。[64]

凡治境内的百姓皆是地方官"厚人伦、美教化"的对象,只是有的官员为了达到风教的效果,一方面肯定受劝谕的感悟者。[65] 如黄干处理一件"兄弟争夺墓田"案中写道:

> 当职身为县令,于小民之愚顽者,则当推究情实,断之以法;于士大夫则当以义理劝勉,不敢以愚民相待。(《勉斋集》卷33《张运属兄弟互诉墓田(新淦)》,第6页)

而且只有士大夫能以"义理"劝勉,至于愚顽者则"断之以法"。不过虽说以法理断治诉讼,但是对于小民因讼得罪者,仍酌量轻刑。如为政中和、宽猛相济

---

[63] 《清明集》卷10《人伦门·兄弟》蔡久轩"俾之无事",第368页;同卷胡石壁"兄弟侵夺之争教之以和睦",第371页。

[64] 《清明集》卷10《人伦门·母子》胡石壁"母讼其子而终有爱子之心不欲遽断其罪",第371页;同卷《人伦门·兄弟》胡石壁"兄弟侵夺之争教之以和睦"。

[65] 《清明集》卷10《人伦门·母子》胡石壁"母讼其子而终有爱子之心不欲遽断其罪",第363页。

的赵伯圭（1119—1196）治郡时，"两造在庭，必据案究其情实，多劝谕使平之，其抵于罪，率从末减"⑥⑥。

另一方面，又有士人假设诉讼当事人是"善良质朴"之民，一时兴讼，不过是为人所"教唆"才顽愚"健讼"。⑥⑦ 所以地方官应该"教谕"（教育）庶民上衙门打官司的情实，"毋致悖理法而戕骨肉，费赀财而肥吏胥"⑥⑧，劝阻小民不要轻易诉讼。并且要找出"不能劝谏息争"反而激争之徒，以便确实息讼。如"唐六一讼杨四"案⑥⑨，胡颖判决中责骂杨四，却不叙述唐六一与颜细八、颜十一争讼的内容，而是推论两人斗喋激争才兴讼，唐六一因此打官司，使得唐、颜两家面临"当此农务正急之时，抛家失业"的结果，于是官府惩治杨四造成农务失时之罪。

对于官府而言，处理民讼时，既要息讼又要威严，还要留给"愚民"台阶，因此官员若遇劝谕调停失败时，就如同假设小民无知兴讼一般，推想其背后一定有教唆之徒操作。以"曾氏兄弟争园屋"案为例⑦⑩，官府无法消弭曾氏兄弟的争讼，所以不能放过纠葛在兄弟争讼中的"胡应卯"，并预设日后曾氏兄弟若再有诉讼，必定是有人教唆，官府也会"痛惩"此辈。这是南宋判决文的结语中的写法，总不免会明示暗指"说喉"者的罪刑，一方面吓阻教唆之人，一方面亦迂回劝戒当事人。⑦①

劝谕从和的两词人之关系，非亲即邻，尤其以亲戚居多。既然诉讼案件已经成立，官府进行劝谕时，强调亲戚骨肉之讼会"从公"处理，所谓"公"有"公平"之意：

> 当职昨在任日，遇亲戚骨肉之讼，多是面加开谕，往往幡然而改，各从和会而去。如卑幼诉分产不平，固当以法断，亦须先谕尊长，自行从公均分。或坚执不从，然后当官监析。其有分产已平，而妄生词说者，却当以

---

⑥⑥ 《攻愧集》卷86《皇伯祖太师崇宪靖王行状》，第6页。
⑥⑦ 陈淳《北溪大全集》卷47《上傅寺丞论民间六条》，第1页；《清明集》卷11《人品门·公吏》胡石壁"应经徒配及罢没人合尽行逐去"，第424页。
⑥⑧ 《清明集》卷7《户婚门·立继》"先立已定不当以孽子易之"，第206页。
⑥⑨ 《清明集》卷10《人伦门·乡里》胡石壁"乡邻之争劝以和睦"，第394页。
⑦⑩ 《清明集》卷5《户婚门·争业下》莆阳"典卖园屋既无契据难以取赎"，第151页。
⑦① 《清明集》卷7《户婚门·孤寡》许宰"正欺孤之罪"，第235页。

犯分诬罔坐之。(《清明集》卷1《官吏门·申儆》真西山"劝谕事件于后",
第10页)

被官府指定为"公平人士",配合由官府所派"精强官"一起从公处理,除了家族
内的族长之外⁷²,其他的"公平人士"还有居所相近的邻里。以一件"李茂森租
赁亲戚蒋邦先的房舍"案为例⁷³,当李茂森改建租来的房舍为店面之后,屋主以
未经告知而到官投状,胡颖剖析一番之后,认为两词人一定有言在先,只是事
后屋主反悔才会兴讼,基于双方亲戚关系,所以官府先押两人下本厢,唤邻里
从公两平,达成和劝解讼。

官府虽然指定和劝人士,但是两词人若要和解,应该是私下和对,而且和
对人不应该任意上衙门。⁷⁴ 此外,知县不是和对公事之人⁷⁵,只有在县庭的厅堂
上进行劝谕之责⁷⁶,也可利用公权力促成两词人签下撤讼的"和对状"。⁷⁷ 官府
如果没把握查出真正实情,则会主动命令两造在衙门外和对。如一件由福建
建宁府金厅所拟"曾子晦与范僧争论地"案⁷⁸,由于官府期待两家私下和对,所
以在衙门内以众所周知的典故劝谕,不过当两家仍不愿遵照指示和解,官府也
无可奈何,衙门只能"从公区处"。

和解的双方必须寻求"和劝者"作为证人。⁷⁹ 有些词人为了避免官府追证
的麻烦,以求和作为缓追之计。如叶岩峰处理"佃客吴富占种不偿租课"案
件⁸⁰,吴富先是假称拥有故父赎回的批约,经过典主陈税院的投词陈诉,吴富就
入状求和,吴富找来鲍十九等人作为劝和者,并且有状结案。但是后来吴富还
是强割收成,继续打官司。在官员看来,当初吴富的求和改佃,只不过要避免
官府的追查。

---

⁷² 《清明集》卷7《户婚门·立继》吴恕斋"生前抱养外姓殁后难以摇动",第203页。
⁷³ 《清明集》卷9《户婚门·赁屋》胡石壁"赁人屋而自起造",第335页。
⁷⁴ 《清明集》卷12《惩恶门·奸秽》翁浩堂"僧官留百姓妻反执其夫为盗",第445—446页。
⁷⁵ 《清明集》卷9《户婚门·婚嫁》刘后村"女家已回定帖而翻悔",第347页。
⁷⁶ 《清明集》卷9《户婚门·婚嫁》刘后村"妻以夫家贫而仳离",第345—346页。
⁷⁷ 《勉斋集》卷33《张运属兄弟互诉墓田(新淦)》,第5—6页。
⁷⁸ 《清明集》卷5《户婚门·争业下》"争山各执是非当参考旁证",第161页。
⁷⁹ 《清明集》卷6《户婚门·争田业》"争田业",第178—179页。
⁸⁰ 《清明集》卷6《户婚门·争田业》叶岩峰"伪批诬赖",第181—182页。

"和对"状中可能隐藏造假诓语[81]，有些地方官还指出教唆哗徒操纵词人进行"和对"[82]，或是妄诉入词者勾结巡检、公吏、耆长，利用查证案情的机会，"又使一等游手之人，从旁打合，需求酒食，乞取钱物，饱其所欲，而后和对。里俗相传，谓之裨补"[83]，形成负责追证的官吏和地方无赖结合，假公务、调停之名，向当事人索取"补助"金。更有从和对得钱者结合见证的和劝人复讼曲证，如"朱运干为下殇子立继"案[84]，朱运干有两子，幼子诘僧十岁殇亡，朱运干为族人鼓动，为诘僧立继朱元德之子介翁，但随即后悔，经县投词，并将介翁遣还多年。当朱运干逝世后，朱元德对运干长子朱司户兴讼，朱司户因为身为一名官僚，所以"不欲争至讼庭，竟从人和义"，于是花钱消灾立下"和议状"，并申缴在官为凭证，却还是免不了再被朱元德兴讼，朱元德还与和对人向官府自诉和议状有瑕疵，不可照用。

几经诉讼的案牍中可保留以往"从和"的和对状，身为县令既要负起"再三劝谕，使之从和，庶可以全其恩义"的责任，亦得小心求证，加以斟酌历来案牍，如果"县司先来所给无凭公据"，则"合缴回县案收毁"。[85] 县令还得揭露有心制造"假和对"者的技俩，例如叶岩峰批判"涂适道与陈国瑞的典赁屋业"一案[86]，涂适道先典得沈权的屋业，又进一步想从学谕陈国瑞手中赎回沈宗鲁和沈崇的房屋，于是兴讼打了十多年的官司，致使年近八十的陈国瑜疲累不堪，其间涂适道还以"和对"骗诱陈国瑞，可见民间的私下和解，未必能够真正无事。而涂适道与和对证人楚汝贤串通，骗取陈国瑞与沈崇的契书，一度令陈国瑞百口莫辩。

有时候，诉讼人一面打官司，一面找人调停，所以官府的"教谕"与民间的"和对"是同时进行的，而在审判程序中，当事人接受官府的劝和时，官府会指派"官员"及"族长"或"邻保"，一同从公均平处理。如果案件调查进行到半途

---

[81]《清明集》卷10《人伦门·兄弟》蔡久轩"兄弟之争"，第367页。
[82]《清明集》卷13《惩恶门·哗徒》蔡久轩"撰造公事"，第483页。
[83]《清明集》卷13《惩恶门·诬赖》"骗乞"，第518页。
[84]《清明集》卷7《户婚门·立继》"下殇无立继之理"，第213页。
[85]《清明集》卷5《户婚门·争业下》莆阳"典卖园屋既无契据难以取赎"，第150页。
[86]《清明集》卷6《户婚门·争屋业》叶岩峰"谋诈屋业"，第193页。

时,官府也乐见双方达成私下的和解⑧,双方申请和对状之后,陈述和对原由、决定,并由和劝人作为公证,从官府结案。基本上,只要达到息讼,完成程序登录,官府都认定是合法的。

如果官府一时之间不容易作出定论,则不能全然怪罪庶民理诉不断的行为。官员应该当厅引上词人,将种种考量向当事人说明,"喻以此意,亦欣然退归,听不愿理取。"⑧也有地方官说出自己的看法,但不是强制性,只是"听从两家之便,庶绝词诉"。⑧一件"父诉子盗典众分田予子妇弟"案⑨,翁甫做两项假设:"若是陈圭愿备钱还蔡氏,而业当归众,在将来兄弟分析数内;如陈圭不出赎钱,则业还蔡氏,自依随嫁田法矣,庶绝他日之争。"可见官方难免站在父亲陈圭的立场,让儿子选择。不过从"官司自当听从"一词看来,字里行间流露考虑到"妇弟"意愿,并非一味地听从"父兄"而已。

久讼的过程中,当事人不免各尽本事"陈情"。不堪其扰的官府虽然指责当事人"若不肯行正路,必欲以奇计设疑兵打空阵",但是仍阐明:"本司却亦换尔心肠,不得惟有听之。"⑨举"养子蒋汝霖诉继母叶氏将养老田遗嘱给亲生女"一案⑫,官府的态度一方面是依法条告诉有承分权的蒋汝霖"已分之业,已卖之田,官司难以更与厘正",一方面又想要安顿寡妇与继子间已相隔阂的心情,可见官府在厘清事情与劝谕两造的同时,抱着期待的心理,希望双方终有回心转意的一天。

诉讼之民若能在一次次诉讼过程中,产生自主性平息竞讼之心,并付诸和解行动者,官府实是欣然乐见与成全。黄震处理一件咸淳四年(1268)以来就取赎不已并转变成妄诉的案子⑬,最后官府面对能够自己找到解决之道的久讼人,既尊重双方"私自区处",亦不再提供说法给两方,更要"他人不必再追问",只要有一种息讼的说法,不论是"官"或"私"的处理,官府愿意听其从便。

---

⑧ 《清明集》卷14《惩恶门·霸渡》"裴七诉邓四勒渡钱行打",第555页。
⑧ 《清明集》卷9《户婚门·婚嫁》刘后村"定夺争婚",第348—349页。
⑧ 《清明集》卷4《户婚门·争业上》"使州索笇为吴辛讼县抹干照不当",第109页。
⑨ 《清明集》卷5《户婚门·争业下》翁浩堂"妻财置业不系分",第140页。
⑨ 《黄氏日抄》卷76《申明七》"申台并户部戴槐妄诉状",第2页。
⑫ 《清明集》卷5《户婚门·争业下》翁浩堂"继母将养老田遗嘱亲生女",第142页。
⑬ 《黄氏日抄》卷76《申台并户部戴槐妄诉状》,第2页。

"唯尽吾情以听之"的理想,是官员心如"虚镜"面审两造时,一方面明察秋毫、公心不偏地听取实情,一方面使当事人有机会在堂上尽辞陈述案情,并可表达意愿。而从判决文书看听讼过程,南宋的官员隐约有着一种相对的思考,既听得其情而劝谕息讼,又听任当事人的意志选择。

　　"无讼"是透过官、民的合力才能达到的境界,这种超越人情漓靡时代的理想,及南宋的官僚努力不懈的精神是值得肯定的。而县官身为官僚的一员,进行听讼定罪时,究竟如何查出吾情完全等于实情?如何衡量"情、理、法"的轻重?在他们的内心中"情"、"法"与"理"的位阶与治民的理念又是如何?将于下一节继续讨论。

第二节　"情理法"的运用

　　叶适(1150—1223)在江东徽州绩溪县的《新开塘记》中指出,民间"讼牒烦而诈伪起"是因为地方建设有所疏失,并不完全是庶民之过。而长治亲民之官面对这些讼牒时,应该依示意、条教、号令及挞罚等层次来处理:

> 　　长民者示之以意,其次为条教,其次号令之,最下者挞罚,胁之意难从久矣。……夫委曲以就民而可以利之,虽非常道,斯谓之仁矣。(《水心先生文集》卷9《绩溪县新开塘记》,第12页)

将刑罚列为止讼的最等而下之的手段,甚至认为凡有利于民者,即使是非常道,也算得上是仁政。

　　县官"受命治县,以听讼为职",如果任内有因讼触宪而受挞罚致死的案件,在县官的心里终将形成无法磨灭的阴影。[94] 也有地方官深知自身有其盲点,所以"直讼"未必是真正无屈,如彭仲刚(1143—1194)任浙东台州临海县令时,认为县令虽以察讼而直判为理想,但亦教谕民众知道"官府所直之讼,亦不免有冤屈"[95]。而当县官有这番自省时,民众亦受风教而感化,并且念念不忘。

---

[94]《夷坚乙志》卷9《栏街虎》,第64页。
[95]《水心先生文集》卷15《彭子复墓志铭》,第4页。

亲民官判决民讼时，"法"固然是恪遵不可违离的宪纲，但察其"原情"又是定罪的基础，如黄干曾谓："听讼之道固当执法，亦当原情。"⑯况且"缘情据理，须有定制"是中古以来的礼法精神之一⑰，意谓"剖决滞讼，情法俱当，人既悦服"⑱，是建构制度的本意。所以有必要更普遍性理解宋人谈论"原情"、"定法"与"道理"的意义，从而进一步勾勒出县官们的折衷之道。

一、原情

"原情定罪"就是官员调查事实后，才可以定罪。宋高宗的诏制文书中有谓："原情以观法。"⑲表示"原情"才能观法。而且"原情定罪"只求"当其实"，如高宗朝大理寺周懋的说法：

> "绍兴敕"："罪人情轻法重者，并奏裁。"立法之意谓："法一定而不易，情万变而不同，设法防奸，原情定罪，必欲当其实而已。"（《要录》卷153"绍兴十五年五月庚申"条，第2472页）

由于"实情"是万变而不同，防奸之法却是一定而不易，所以原情定罪，就是力求"应当的事实"而已，即使"愚民有犯到官，必须因事察情"，才能"深惩痛治，使之知畏"。⑳ 亲民官听讼治狱"当其实"，不可任意标新立异，若有"好任私意，肆为异说"者，则可能因"暗于听讼，短于治剧"的评语而被"放罢"。㉑

"原情"也要"近人情"。人非神明，官员们"看"案情的角度不同，所理解的"事实"就因人而异。乃至于词诉者为达到官府受理的目的，诉状多有虚情假伪，所以官员难以看到"事事皆实"，如一篇未署名的判决文书写道：

> 大凡词讼之兴，固不能事事皆实，然必须依并道理，略略增加，三分之中，二分真而一分伪，则犹为近人情也。（《清明集》卷13《惩恶门·告讦》"妄诉者断罪枷项令众候犯人替"，第497页）

---

⑯ 《勉斋集》卷27《申抚州辨危教授诉熊祥》，第4页。
⑰ 《唐会要》卷37《服纪上》，第674页；魏收：《魏书》卷66《崔亮本传》，第1479页。
⑱ 《攻愧集》卷91《直秘阁广东提刑徐公行状》，第23页。
⑲ 《要录》卷177"绍兴二十七年六月庚戌"条，第2922页。
⑳ 《清明集》卷13《惩恶门·诬赖》"骗乞"，第518页。
㉑ 《宋会要》职官73之18。

若能依据"道理"推论案情,并能够达到三分之二的真实,就是"近人情",即从人之常情的角度看事实。这种"原情犹近人情"的原则,可以说是一种古今相同的谨慎态度,如明人刻宋人的《名公书判清明集》时,其《叙》有言:"皆宋以来名公书判,其原情定罚,可谓曲尽矣";"顾其始末,不著作者姓氏,其详不可考,然益足见古人用法权衡,真锱必慎哉!"[102]

至于特殊如大辟刑狱案,官员"原情定罪"时应该注意"行为动机"。有判决文指出:"决断大辟公事,要见行凶人起争之因,所谓原情定罪者是也。"[103]也就是说,官员必须了解行凶杀人的"起争之因",才能决定大辟死囚的罪罚,而不至于固执"杀人则偿"的一定之法。判决讲究"贴近人情",一方面是为了实践"原情实有可悯"的仁恕精神;另一方面,对于有违"常人情感"的当事人,则以"诛心定罪"的考虑来惩戒。如一篇未署名的"许佳诬告叔父惊害弟妇及弟妇之死"案[104],拟判的官员从"有邻有证"的邻人角度得证:弟妇的流产并非惊堕,弟死于病亦非惊死。既然两人都是自然死亡,侄子却以此诬告骗挟自己的亲叔父,其行为动机太不合人情,确实是"其心可诛"。

地方官必须有"近人情"的能力,才能更迅速地发掘事实。当判决文使用"不近人情"的文句时,透露判决官员是经过合理推论才得出结果,从《清明集》几件案例中[105],可以看到判决文中指出"不近人情"的理由,各有其原因:(1)当事人状诉合法"经县押印"的遗嘱是假造的,就是否定经过官府合理手续的证明。(2)当事人已依法取得大部分的继承财产,却仍不愿将经官府判定的财产分给投状妇女,既有男性不仁而欺负弱势女性的事实,又有不遵从官府"依法"判决的行为。(3)官府基于民间经济实情所执行的典买田宅办法,当事人却执意要依"秤提令"的国法取赎,是挑战"官府参酌人情"的用意。(4)复审官员阅读前此推鞫案款中所陈述的杀人动机,自觉乃无关紧要的因素,而对刑

---

[102]《名公书判清明集》,张西维撰《刻清明集序(隆庆己巳[1569]八月朔日)》,第563页。
[103]《清明集》卷9《户婚门·墓木》蔡久轩"争墓木致死",第330—332页。
[104]《清明集》卷13《惩恶门·妄诉》"妄以弟及弟妇致死诬其叔",第495页。
[105](1)《清明集》卷7《户婚门·女受分》吴恕斋"遗嘱与亲生女",第237页。(2)《清明集》卷7《户婚门·女受分》吴恕斋"阿沈高五二争租米",第239页。(3)《清明集》卷9《户婚门·取赎》胡石壁"典买田业合照当来交易或见钱或钱会中半收赎",第311—312页。(4)《文山先生全集》卷12《委金幕审问杨小三死事批牌判》,第37页。

讯结款产生疑问。

由上可知,官员"近人情"的能力是指既以"人之常情"判断事实,亦指以"合理"、"依法"及"酌(风土)人情"查知当事人的行为动机,及判断"案情"不合常识之处。这种能力也不仅止于适用"户婚"讼牒或"大辟"刑案,如鲍粹然(淳熙八年[1181]进士)知湖北常德府时,"湖阴俗尚妖祠,用人于淫昏之鬼,踪迹诡秘不可诘。公阅他讼,见民有横死者,疑为祭鬼,即命审覆,伏其辜,焚祠毁像,由是讫息。"[106]由于他了解淫祠的风土人情,所以在复审县案时,能够很敏锐地见讼生疑,并朝祭鬼方向侦办,因此结案息讼。

原"情"除了是县官所认知的"人情事实"之外,县官还需要根据"案牍"分析"案情"。判决文书中常用"拖照"一词[107],来表示阅读历来的案牍,以及如省簿之类的官府文书。亦有"官箴"劝戒为官者必须"详读公案"以防胥吏制造虚假案情:"前辈尝言,吏人不怕严,只怕读。盖当官者,详读公案,则情伪自见,不待严明也。"[108]还有一些墓志铭的记载中,描述能干的地方官在处理狱讼时,经常用"一阅"得其情,表示地方官治理累岁难治的诉讼时,往往必须依赖前人的案牍。有的刑狱案的"一阅"知非得情者,其做法应是审阅案牍及面审当事人。[109]而累讼不决的案件,复审官就必须依赖如积山般的"案底"记载了。[110]又如乾道二年(1166)的进士黄何(1136—1209)知湖北岳州时,"本州有三年、五年、七年之讼不能决者,公自到官,尽索故牍,反复详视,按法决遣一空,屈者获伸,悍者屏息。"[111]换言之,"原情定罪"亦意谓现任官透过完全览读前人的"文字"资料后,从而"还原"久讼的案情,并援法判决。

---

[106] 《西山真文忠公文集》卷46《朝散大夫知常德府鲍公墓志铭》,第16页。
[107] 《清明集》卷3《赋役门》中收集若干篇此类文书:(1)《差役》范西堂"比并白脚之高产者差役",第73页。(2)《限田》"章都运台判",第79页。
[108] 吕本中:《官箴》,第3页。
[109] (1)《攻愧集》卷102《知婺州赵公墓志铭》,第15页。(2)《西山真文忠公文集》卷46《通判和州叶氏墓志铭》,第12页。
[110] (1)戴栩:《浣川集》卷10《存斋刘弋阳墓志铭》,第11页。(2)《后村先生大全集》卷149《黄郴州(简)墓志铭》,第18—19页。(3)《朱文公文集》卷93《转运判官黄公墓碣铭》,第6页。
[111] 《沧水集》卷11《母舅故朝议大夫黄太府寺丞黄公行状》,第6—7页。

二、定法

南宋刘宰曾说:"夫天子之与有司,若名号则殊,而缘情定法至意则一。天子立是法以付有司,有司守是法以正天下,故天子无私法,有司无私刑,然后上下齐一,而刑法以正。"[112]他解释了皇帝设法律统御天下、官僚系统执法的意义。宋帝诏令有曰:"原情定罪,邦有常刑"[113];"原情定罪,有国之通规"[114]。臣子平时除了谨守邦之常刑、国之通规以外,还有义务辅导帝王行法于公正之道,所以宋儒有言:"导人主以原情审罚,则为公正;导人主以峻法立威,则为奸邪。"[115]

若论有宋朝臣强调"法重情轻"、"罪疑惟轻"及"情理重害"等通规,可说都与"原情审罚"必须公正的想法有相当关联。以下分别申论说明。

"法重情轻,取旨奏裁"[116]是北宋朝廷基于"钦恤"罪罚的考量。在熙宁五年(1072)特别制诏规定,即任何层级的司法人员若有"情轻法重"而不奏减时,则依"违制论"惩处,诏曰:

> 民以罪丽法,情有轻重,则法有增损,故情重法轻,情轻法重,旧有取旨之令,今有司惟(以)情重法轻则请加罪,而法重情轻则不(闻)奏减,是乐于罪人,而难于用恕,非所以钦恤也。自今宜遵旧法取旨,使情法轻重各适其中,否则以违制论。(《宋史》卷201《刑法三》,第5013页)[117]

其实,早在神宗朝以前,当官员遇到有情法轻重难以定夺的案件时,就必须"取旨",请求有司批判。但由于官员大多只以"情重法轻"而请加罪,所以神宗时才会立法强调"情轻法重"的定制。这一项规定的法制精神,就如同哲宗元祐六年(1091),御史中丞赵君锡所言:"盖法者,天下之取平;特旨者,人君之利柄,以法令与罪人之情或不相当,则法轻情重者,特旨重之,法轻情重者,特

---

[112] 《东塘集》卷20《张释之证》,第3页。
[113] 《宋大诏令集》卷210《李谌散官安置制》,第795页。
[114] 《宋大诏令集》卷212《邓洵仁落职宫观制》,第806页。
[115] 陈均:《九朝编年备要》卷23,第15页。
[116] 所谓奏裁,如《庆元条法事类》卷73《刑狱门·检断》"断狱令",第498页。
[117] 又参见《文献通考》卷179《详谳(平反)》,增补括弧中漏字。此外,《宋大诏令集》卷202《遵守法重情轻上请法御笔手诏(政和六年二月二十八日)》(第752页)是徽宗重申"法重情轻请法"的诏书。

旨轻之,此乃所以利柄也。"⑱实有利于皇权的行使。

从熙宁五年的规定颁布后,又产生大理寺未能充分解释法条及严格把关,随意"即上中书,贴黄例取旨"的情形,所以来自四方州郡奏裁的案件增加,于是在哲宗元祐元年(1086),门下侍郎韩维奏请:"今具修立到条:大理寺每受天下奏到刑名疑虑,情理可悯、情重法轻、法重情轻公案,须分明铺坐疑虑可悯、情法重轻等条,若无上项情状,须分明用敕律何条断遣,刑部看详,次第申省取旨。"⑲即使朝廷一再申明"定法"的立场,迄南宋初期仍然有官僚好用"重法"的现象:

> 大理少卿元兖言:"四方之狱,虽非大辟、情法不相当者,皆得奏请裁决。今奏案来上,大率皆引用情重法轻之制,而所谓情轻法重者鲜矣。岂人之犯法而无情轻者乎?欲望申敕,凡遇丽于法而情实可矜者,俾遵守成宪请谳以闻。"诏申严行下。(《要录》卷69"绍兴三年十月庚寅"条,第1165页)

从来自地方官或中央官的奏言,可知以情轻法重而申请奏按的案件并不多见。于绍兴十五年(1145)还可见到类似内容的奏章:"比年以来,内外官司类皆情重法轻闻奏,必欲从重。而以情轻奏者,百无一二,岂人人犯罪无有非意误冒可轻比者邪?"⑳由此可见,中央官认为诸如地方官"用法从重"的情况尚有改进的空间。

就朝廷的立场而言,不太愿意收悉"徒罪以下"奏请加罪的案件。㉑而南宋的判决文书经常出现使用"从轻"一词,或许显示从官僚传达来自皇帝的宽恕之情(参见表4-2-1)。㉒至于法律也规定官员具有量刑定罪权,可以弹性处理"情重法轻"的案件。如刘克庄所言:"虽律文死罪减至徒而止,然为有证而情

---

⑱ 《长编》卷458"哲宗元祐六年五月丙子"条,第10964页。
⑲ 《长编》卷391"哲宗元祐元年十一月丙子"条,第9520页。
⑳ 《要录》卷153"绍兴十五年五月庚申"条,第2472页。
㉑ 《庆元条法事类》卷73《刑狱门三·检断》"断狱敕",第499页。从注文可知,奏裁案件不包括杖罪以下。
㉒ 参见〔日〕大泽正昭:《南宋的裁判与女性财产权》,刘馨珺译,第29页。大泽正昭先生将这种"姑与从宽"称作"人情"原则。愚以为乍看判决文的定刑理由,似乎充满审判官员的"自由心证",但若从中央要求地方官"定法"必须"从轻"的一贯原则看来,就可以理解判决"从轻"的合法性。

重者设，非为无证而情轻者设也。"[123]是官员定法的重要原则。

表 4-2-1 《清明集》中"从轻判"案例

编号	卷数	门·类	作者	篇名	页数
1	一	官吏·禁戢		禁戢摊盐监租差专人之扰	35
2	二	官吏·顶冒		冒解官户索真本诰以凭结断	45
3	二	官吏·对移		对移县丞	57
4	四	户婚·争业上	胡石壁	妄诉田业	123
5	四	户婚·争业上	胡石壁	随母嫁之子图谋亲子之业	125
6	四	户婚·争业上	吴雨严	乘人之急夺其屋业	132
7	六	户婚·争田业		争田业	177
8	六	户婚·争田业		争业以奸事盖其妻	181
9	七	户婚·义子		义子包并亲子财物	243
10	八	户婚·遗嘱	蔡久轩	假伪遗嘱以伐丧	290
11	九	户婚·坟墓	赵知县判	主佃争墓地	327
12	九	户婚·库本钱		背主赖库本钱	338
13	十	人伦·兄弟	胡石壁	兄弟争讼	372
14	十	人伦·孝	真西山	孝于亲者当劝不孝于亲者当惩	383
15	十	人伦·不孝	方秋崖	祖母生不养死不葬反诬诉族人	387
16	十	人伦·不孝	胡石壁	子妄以妻奸事诬父	388
17	十一	人品·士人	吴雨严	士人以诡嘱受财	405
18	十一	人品·公吏	蔡久轩	违法害民	412
19	十一	人品·公吏	蔡久轩	十虎害民	413
20	十一	人品·公吏	蔡久轩	籍配	415
21	十一	人品·公吏	蔡久轩	受赃	421
22	十一	人品·公吏	吴雨严	去把握县权之吏	427
23	十一	人品·公吏	刘后村	都吏潘宗道违法交易五罪	432
24	十一	人品·公吏	胡石壁	弓手土军非军紧切事不应辄差下乡骚扰	438
25	十二	惩恶·奸秽	胡石壁	告奸而未有实迹各从轻断	442
26	十三	惩恶·奸秽	范西堂	贡士奸污	445
27	十二	惩恶·豪横	蔡久轩	豪横	454
28	十二	惩恶·豪横	蔡久轩	豪强	457
29	十二	惩恶·豪横	刘寺丞	母子不法同恶相济	472
30	十二	惩恶·把持	蔡久轩	讼师官鬼	474

[123] 《后村先生大全集》卷192《饶州州院推勘朱超等为趟死程七五事》，第17—18页。

（续表）

编号	卷数	门·类	作者	篇名	页数
31	十二	惩恶·把持	蔡久轩	惩教讼	480
32	十三	惩恶·哗徒	蔡久轩	撰造公事	483
33	十三	惩恶·告讦	蔡久轩	诬讦	485
34	十三	惩恶·告讦	刘后村	自撰大辟之狱	491
35	十三	惩恶·告讦	胡石壁	叔告其侄服内生子及以业毒父	493
36	十三	惩恶·告讦		告讦服内亲	494
37	十三	惩恶·妄诉	翁浩堂	妄论人掳母夺妹事	499
38	十三	惩恶·妄诉	翁浩堂	妻自走窜乃以劫掠诬人	500
39	十三	惩恶·拒追	胡石壁	峒民负险拒追	507
40	十四	惩恶·诬觋	胡石壁	巫觋以左道疑众者,当治士人惑于异者亦可责	548
41	十四	惩恶·霸渡		私撑渡船取乞	556

在"再嫁妻带前夫子包并亲子财物"案中[124]，五岁的萧真孙随母亲阿郑再嫁姚岳，姚岳拊育真孙成长，并为之婚娶。姚岳在阿郑身故之后，虽借隔壁屋舍予真孙居住，但关锁其便门以关防其往来。不过，在阿郑与姚岳相继身亡之后，真孙却诡冒名姚崈而欺负姚岳的庶生子虞佐，侵夺姚岳的婢仆、财物，还逃入都城归投姚岳的主家。从本案判决萧真孙所犯的案情看来，确实有"不孝"、"不义"与"攘夺"、"骚扰孤幼"的罪行，不知名的知县以"定罪于民，率从轻典"而"轻恕"小人犯法，所以只是判下勘杖一百及监赃，合乎不需奏裁及县衙可以处理的刑罚范围。

宋帝的诏令亦言："罪疑惟轻，古有成训。"[125]神宗元丰年间曾许"大辟疑狱"奏裁，但是到宣和六年（1124），因为中央"大理寺"多以呈上的疑虑案件来弹劾考课州县官员的"不当"，所以有朝臣上奏言，认为将会造成更多冤枉[126]，而且还出现更大的隐忧，即形成州郡官不愿将疑狱上呈，以免在司法行政上自曝其短。

制度的设计总会有些难处，尤其乱世中凡罪轻判后，不免有善人被恶祸的

---

[124] 《清明集》卷7《户婚门·义子》"义子包并亲子财物"，第243页。
[125] 《宋大诏令集》卷207"陆佃落职知河阳制"条及"曾肇降修撰知滁州制"条，第778页。
[126] 《宋史》卷201《刑法三》，第5013页。

担忧,如绍兴六年(1136)赵鼎说:

> 且如杀人者死,古今常法。比年皆从贷例,而臣亦多酌情依断。圣人以罪疑惟轻,既无所疑,何为而贷?贷一有罪,则犯者愈罪,而善人咸被其祸。(《要录》卷102"绍兴六年六月戊午"条,第1672页)

但本于"其间必有曲贷,然犹不失'罪疑惟轻'之仁"的"救活"心态[127],罪有疑者从轻判是不会被放弃的恤刑理想。

孝宗朝(1163—1189)赵善誉(1143—1189)任大理丞时,曾经力排众议平反浙西平江民"唐赟狱案":

> 平江民唐赟之狱,皆以为凶恶,无可矜之理。公条可疑状十六,谓:"赃证无实,情款抵牾。"卒释之。(《攻愧集》卷102《朝奉郎主管云台观赵公墓志铭》,第3页)

赵善誉并不因众皆以唐赟为凶恶者而骤然定罚,反而为唐赟争取合理的释放机会。又如黄度(1138—1213)知江东建康府,"时刑寺所下奏案,重囚当论决者十三人。公覆视之,则二人罪状不著,当贷其死,于是停决上奏:罪疑惟轻,前圣明训,本朝著令,杀人无证佐者,皆许奏谳,多得原贷。盖失不经、不过枉有司之法;而杀不辜,则将为盛德之累。愿从仁圣丐此二人,于是俱免。"[128]赵、黄二人的事迹说明,罪疑惟轻是官府考量证据不充分时恐有以"公"杀害无辜之嫌而采取的做法。

南宋刘克庄曾说:"谓杀人无证,法有刑名疑虑之条,经有罪疑惟轻之训。"[129]他说法源是来自《经》,就是指《尚书》:"宥过无大,刑故无小。罪疑惟轻,功疑惟重。"[130]以及《礼记注疏》:"附从轻者,附谓施刑。施行之时,此人所犯之罪在轻重之间,可轻可重,则当求可轻之刑附之,则罪疑惟轻是也。"[131]而朱熹也说:"只如'进以礼,退以义','罪疑为轻,功疑为重',天下事自是恁地秤

---

[127] 《宋史》卷201《刑法三》,第5012页。
[128] 《絜斋集》卷13《龙图阁学士通奉大夫尚书黄公行状》,第226页。
[129] 《后村先生大全集》卷192《饶州州院推勘朱超等为趣死程七五事》,第17页。
[130] 《尚书·虞书》卷4《大禹谟》,第55页。
[131] 《礼记注疏》卷13《王制》,第260页。

停不得。"㉜朱熹更就"刑"与"罪疑惟轻"的本意立论,颇有一番见地:

> 李公晦问:"'恕'字,前辈多作爱人意思说,如何?"曰:"毕竟爱人意思多。"因云:"人命至重,官司何故斩之于市?盖此人曾杀那人,不斩他,则那人之冤无以申,这爱心便归在被杀者一边了。然古人'罪疑惟轻','与其杀不辜,宁失不经',虽爱心只在被杀者一边,却又溢出这一边些子。"(《朱子语类》卷110《论刑》,第2712页)

推究"罪疑惟轻"真正的用意,本于"爱人"之意,并在"刑"与"恕"中找到平衡。所以官司量刑时,即使是面对杀人者,亦须有"爱人"心意,尽量为其求得可恕的活路。如楼钥论重囚:"太祖制法虽严,比五代已甚轻,其后累朝日趋于宽,故以太祖为重。今朝廷清明,刑罚当罪。然臣每疑郡断狱未必皆本情,请以奏案依断者下提刑司,更加详审,或有不当,责罚随之,广陛下好生之德。"㉝

所谓重囚是犯情理"重害"者,一是指犯"谋叛以上事"及"盗贼之辈"皆需动用武力追捕的案件㉞,或已追捕到官犯"斗杀理直而下手重"者;㉟二是指犯重害文书之罪,重害文书包括"徒罪以上的狱案",以及"户婚"、"身份"案类中,有关"仓粮财物"、"行军文簿账"及"户籍手实"之类的簿书。㊱ 从南宋的"文书令"的注文解释"重害文书":"州实行丁产等第、税租簿副本、本县造簿案检,同。"㊲可知州县户籍手实的"副本"及"案检册"亦属于重害文书。

虽然唐宋以来的法律明确定义"重害文书"一词,但官员定谳每一"户婚"个案也都经过多方考量,尤其必须斟酌判决文可能影响地方社会秩序的后果。以翁甫(宝庆二年[1226]进士)审理一件浙东衢州江山县"詹德兴卖掉诡户吕千五隐寄的财产"案㊳,临江乡吕千五入状陈诉称詹德兴卖给毛监丞的田件系是其家物,并告詹德兴为盗卖。翁甫从行政经验及干照、版籍等文字证据,推

㉜ 《朱子语类》卷97《程子之书三》,第2497页。
㉝ 《絜斋集》卷11《资政殿大学士赠少师楼公行状》,第173页。
㉞ 《宋刑统》卷24《犯罪陈首》,第8页。
㉟ 《庆元条法事类》卷16《文书门一》"断狱格·斗杀遇恩情理轻重格",第230页。
㊱ 《宋刑统》卷19《盗大祀神御物门》,第3—4页。
㊲ 《庆元条法事类》卷17《文书门二·架阁》"文书令",第239页。
㊳ 《清明集》卷5《户婚门·争业下》翁浩堂"受人隐寄财产自辄出卖",第136—137页。

判其本情是乡民逃避赋役、变寄产业所致。此情形在南宋的农村社会并不少见,官府若为告诉人吕千五讨回已卖出的田产,则是"赏奸";若判定将田产依现状给予被告人詹德兴,则是"诲盗"。两者都有法条可以支持一方胜与败,所以最后判决是"酌以人情,参以法意",判定两家俱不应当拥有该项田产。至于不知情的买方毛监丞因已管佃经营,所以"本县给据,与之理正",合理化买卖行为的正当性,颇通似现代民法保护"善意第三者"的精神。[139]

从上一案例中,显然官员注重推究"人情",并酌知"本情",法条则只是原情的参考点而已。再举县令黄干第二次向抚州申辨"危教授诉熊祥停盗"案[140],该案的证人陈九出狱后旋即死亡,陈九之子"陈词乞检验",欲以陈九之尸反告危教授,狱司却以熊祥教唆陈九之子,致使熊祥罪加一条。黄干申呈州衙的文牒中特为熊祥申冤,姑且不论熊祥被告情理重害的停盗案情,就陈九之死而言,确实与危教授之子有关。官府虽无法认定熊祥是否涉嫌教唆,但熊祥却被巡尉司追扰,及吏辈以脱漏台判的文引联合尉司,不断骚扰重害熊祥之家,所以黄干请求州衙在原情定法时,应该考虑上述诸多因素,并且同情熊祥所遭遇的官司之害。

三、道理

北宋末宣和六年(1124)中进士的刘窑,"考课"担任法曹的官员时,评语中曾谈到情与法的运用,认为法律是礼的一道防线,运用法律要以合乎人情为得当,如果是苛刻的人使用法律,就会致使法律显得严苛并缺乏宽容。南宋人洪迈辗转抄录刘窑的考课文字:

> 法者,礼之防也。其用之以当人情为得,刻者为之,则拘而少恩。前件官以遥经举进士,始掾于此,若老于为法者,每抱具狱,必傅之经义然后处,故无一不当其情,其考可书中。(《容斋四笔》卷7《考课之法废》,第8页)

---

[139] 不知情的第三者称为"善意的一方"。《民法》第87条第1项。
[140] 《勉斋集》卷29《申抚州辨危教授诉熊祥》,第9页。

第四章 听讼与定罪

因为刘誓是通过学习经书而考取进士的,当一开始在任幕职曹官时,就宛如执法多年的老吏,每每接到具狱的案款之后,必定比照经书的大义,才能进一步处理,所以"无一不当其情"。换言之,法曹所得的案情,是透过"经义"的合理推敲,然后再运用"法条"审定,才是真正的"实情"。

真德秀论学校的课程内容,认为"举业之外,更各课以经史,使之绅绎义理,讲明世务,庶几异时皆为有用之才,所补非浅"[141]。李昂英(1200—1257)在为一本判集作序时,便开宗阐明"儒"学的"笔法":

> 吾儒本领在所学,而发用在所笔,心正则笔正矣。平居辩经疑,破众史百氏误,以祛天下后世惑,此笔也。其至外服,则锄恶束奸,恤婺伸枉,片言分两造之曲直,此笔也。时有用舍,用有内外,而所学所志无不行。
> (李昂英:《文溪集》卷3《方帅山判序》,第3页)

学儒致仕,必须靠着心正之笔发用其本领。一篇未具名的判决文写道:"士大夫据案而坐,执笔而判。某吏盗公家财,某贼窃民家物,轻则断,重则黜,又其甚则杀,一毫不肯少贷。而至于自己,则公然白昼拿攫,如取如携,视官吏略不惭,视法令略不惧,居师帅之位,而乃为盗贼之行,曾无羞恶之心,此孟子所谓非人者矣。"[142] 士大夫学儒而行为稍有不正,即使依法执笔,亦是离经叛道的非人者。或许这种经义致道的目的,使得官员在下笔书判时,更需注意"道德"的义理,成为秉笔者内在无形的理法。如"赵氏宗姬再嫁刘有光,欲据前夫魏景宣"案,刘克庄曾说:"昨天官司未欲遽行定夺,谕令对定,亦欲姑全两家情好耳";"今据案下笔,惟知有理法耳。"[143]

南宋末年,学业兼承朱、陆理学的包恢[144](1182—1268)跋饶廷直所著有关兵法与诸将的《将鉴》一书时[145],虽说与治理民间的"狱讼"没有直接关联,不过从包恢《跋》文的析论中,却透露南宋理学家所谓"法理"是以"道义"为本,"据

---

[141] 《清明集》卷1《官吏门·申儆》真西山"劝谕事件于后",第10页。
[142] 《清明集》卷1《官吏门·儆饬》"任满巧作名色破用官钱",第31—32页。
[143] 《清明集》卷9《户婚门·接脚夫》刘后村"已嫁妻欲据前夫屋业",第355页。
[144] 《宋史》卷421《包恢传》,第12591页。
[145] 从《跋邓州通判饶公将鉴》可知《将鉴》是绍兴辛酉(1141)饶廷直以通判守邓州著衔。南宋末年,江西运管黄应龙是饶廷直的同乡,所以知其事迹,得其手稿,并致送包恢通读。

理者"本着"义理"而论,其内容即使看来"甚迂",但其"本"、"体"与"用"都是周全而不偏,放之四海皆准,不必拘于议论某事。[146]

据理者的"义理"乃可阐明"天理",如一起"兄弟争葬父"而闹上衙门的案件,其判决文写道:"私欲既炽,天理益昏,为之亲戚故旧者,所当开明义理,反覆敷陈,良心一还,则百念皆正,岂有天理终于晦蚀者哉!"[147]指定当事人的亲戚故旧向这对兄弟"开明义理",务使两人"良心一还",进而"天理"复明。又如"勤重吏足,以文雅服士心"的高载(嘉泰二年[1202]进士)任成都府路眉州丹棱县丞摄县阙时,"听讼本诸义理,尝有兄弟交愬",基于"议天伦所在,丽于法则,害于教令",所以高权县"姑令百拜以谢",并加以劝谕,"于是兄弟感泣,拜唯而退,为父子兄弟如初。"[148]

至于朱熹及其学生们的对话之中,亦曾经多方讨论"读书"与"义理",他曾说:

> 读书便是做事。凡做事有是有非,有得有失。善处事者,不过称量其轻重耳。读书而讲究其义理,判别其是非,临事即此理。(《朱子语类》卷11《学五·读书法下》,第183页)

凡做事皆有"是非"及"得失",善于读书做事的人讲究"义理",能够称量是非与得失的轻重。

南宋的读书人做官以后,不只是在经验谈中反省"情理法"与职务考绩,亦于彼此书信或是言谈间交换处理民讼的心得,以期更符合人心。如陈宓(1171—1230)致送真德秀的一封信函中讨论民讼:

> 至于民讼,岂能一一使之当理,亦诚心求之而已!舛政谬令已猥自知,况敢欺人乎?每引状,辄与同官终日决事,至昏而退。而户婚不决者,又取次分委,以此少滞讼。(《复斋先生龙图陈公文集》卷11《回真西山书·又》)

---

[146] 《敝帚稿略》卷5《跋邓州通判饶公将鉴》,第1页。
[147] 《清明集》卷10《人伦门·兄弟》天水"兄弟争葬父责其亲旧调护同了办葬事",第376页。
[148] 《鹤山先生大全文集》卷88《知灵泉县奉议郎致仕高君(载)行状》,第3页。

必须"使之当理"而已,但因个人能力有限,所以分委同官终日决事,尤其是"户婚不决者",再依序分委同僚处理,以思索出众人可接受的道理,进而稍决滞讼。此与朱熹所言:"有拟得未是底,或大事可疑,却合众商量。如此事都了,并无滞壅。"⁽¹⁴⁹⁾有异曲同工之妙。

"理法"可说是官府判断的根据,又是官府推论究竟的方法,也是查证的行政程序。绍兴六年(1136),监察御史赵涣奏请立法弹劾地方衙门裁处词诉失当,其奏言成为立法之诏:

> 令御史台今后日受诸路词诉,其事重害、日久不决者,申取朝廷指挥,其监司、州县留滞经时、裁处失当,亦许依法弹奏。诏:"御史台所受诸路词讼,如有事理重害,日久不决者,具申尚书取旨看详,余如所请。(《要录》卷106"绍兴六年十月壬寅"条,第1720页)

此一法条是弹劾监司、州县的职官不依"理"处断所受其"事"重害的词诉,因而产生日久不决的滞讼,导致行政效率不彰等公事失错的行为。⁽¹⁵⁰⁾

地方衙门的幕职佐官若能"积学用心"、"秉法据理"处事,即使是少年入仕,亦可"守于中者,刚方而无私",如张端礼(1082—1132)的仕宦态度:

> 及莅官从事,剸繁治剧,应刃辄解,临事执法,据理而争,毅然有不可夺之色。盖其守于中者,刚方而无私,故其达于外者,果断而不挠,殆天资超迈,非积学所能致也。初佐邑,邑令老儒,以君年少易之,君孜孜所职,以绳墨自检,而间以邑令所未至者规之,令骇服,遂相与为忘年友。及任郡僚,事无巨细,惟是之从,一有不当于心,必据正论辩,达官大吏初虽不喜,已而察君用心,往往屈己从之,以故声称籍甚!(《梁谿先生全集》卷169《宋故朝请主管南京鸿庆宫张公墓志铭》,第2—3页)

谨守规矩绳墨者,其执法据理的处事亦受上司器重。如林璟(1159—1229)干办两浙转运使公事时,"转运使沈作宾精于吏职,特重公事,非公书拟不下笔。

⁽¹⁴⁹⁾ 《朱子语类》卷106《朱子三·外任》"漳州",第2647页。
⁽¹⁵⁰⁾ 上述"绍兴六年"的诏文,又可参见《宋会要》职官55之19,第3594页。

公详审清介,秉法据理,虽贵势无敢干以私者"[131],可见官员依法理程序行政,就能"奉公"审事,不为"挟私"者所干扰。

"以理法处断"就是依程序了解案情,当官府受理词诉后,审究事理、追查证据等顺序判决,如赵继盛(1197—1251)任江西隆兴府幕职官时,他必须赞画州衙及转运司(计台)的业务,即使公文繁猥,仍"悉本理法"治之,从他处理的"聂文不葬再嫁母"、"龚旸家业遭甘姓女婿席卷"、"杨唐年孙媳投词检校"三案中,可以略知一二。[132] 其中第二例"龚旸"案的处理过程:首先,赵继盛"照条尽行拘回",就是根据绍熙元年(1190)的"给还寄库钱"法,规定"孤幼检校未该年格,其财皆寄于官"一项[133],强制从甘姓女婿家拘回龚旸的家业,并且将此项财产暂寄于官府。再者,依照南宋的"户绝法"令,将四分之三均给二孤女,四分之一给命继(参见表4-2-2),可见他的判决过程完全符合行政程序与法规。

吴革判决"牛大同与钱居茂的争山葬母"纠纷案时,写道:"淳祐二年(1242),(牛)大同葬其母于居茂祥禽乡之山,孝良乃称大同伪作居茂遗嘱,强占山地,有词于县,县不直之,再有词于府。今官合先论其事理之是非,次考其遗嘱之真伪。"[134]意谓官府依法理审究案情之后,才能向当事人说出"事理"的具体是非。又如"傅绍良与沈百二争地界"一案[135],知县根据主簿所申"道理",引用物证(契约)、现场(地势)、人证(邻里)等项实证推论案情逻辑,得知沈百二为"非"者。知县又"原其所以",进一步了解两家纠纷的起因。虽然已得出无道理的一方,但只要求两造依"干照界至"恢复原状,除了无理者归还地段,并致力还原两家情分,才是真正的息争。判决文最后指出:"再不循理,照条施行。"显示当官府的判决无法恢复原状时,只得依理照条处断,此即黄干所说:"援法据理。"[136]从判决文中可知,"法理"是官员原情息争的最后一道防线。

---

[131] 《后村先生大全集》卷166《直秘阁林公墓志铭》,第1页。
[132] 《江西出土墓志选编》,赵继伟撰《宋从事郎威武军节度推官赵公墓志铭》,第217页。
[133] 《庆元条法事类》卷36《库务门·给还寄库钱物》"随敕申明·绍熙元年玖月贰拾玖日",第379—380页。
[134] 《清明集》卷6《户婚门·争山》吴恕斋"争山",第197页。
[135] 《清明集》卷6《户婚门·争界至》"争地界",第198—199页。
[136] 《勉斋集》卷33《谢文诉嫂黎氏立继》,第33页。

表 4-2-2　南宋法定"继绝子"与"诸女"得户绝产承分额度

继绝子	诸女	财产总分数	没官
1/4	在室女 n 位	得平均 3/4	0
	1 在室女得 3/4n		
1/5	在室女 n 位:归宗女 m 位 = 2:1	得平均 4/5	0
	1 在室女得 $8/(10n+5m)$ 1 归宗女得 $4/(10n+5m)$		
1/6	归宗女 n 位	得平均 2/3	1/6
	1 归宗女得 2/3n		
继绝子与 2/(3+3n)	诸出嫁女 n 位	得平均 2/3	1/3
	1 出嫁女得 $2/(3+3n)$		
1/3	出嫁女 n 位	得平均 1/3	
	1 位出嫁女得 1/3n		
1/3	0		2/3

【说明】滋贺秀三指出只有归宗女的情形时,嗣子(继绝子)得 1/4,没官 1/4,参见〔日〕滋贺秀三:《中国家族法の原理》,第 403—405 页。愚以为,南宋绍兴二年(1132)立户绝法时(《宋会要》食货 61 之 64),应是 1/6。

四、公心如秤

真德秀有一篇劝谕泉州境内州县幕职佐官的公文,其中提到"天理、国法、人情":

> 公事在官,是非有理,轻重有法,不可以己私而拂公理,亦不可瓦公法以徇人情。诸葛公有言:吾心有秤,不能为人作轻重。此有位之士所当视以为法也。然人之情每以私胜公者,盖徇货赂则不能公,任喜怒则不能公,党亲戚,畏豪强,顾祸福,计利害,则皆不能公。殊不思是非之不可易者,天理也,轻重之不可逾者,国法也。以是为非,以非为是,则逆乎天理矣!以轻为重,以重为轻,则违乎国法!居官临民,而逆天理,违国法,于心安乎?雷霆鬼神之诛,金科玉条之禁,其可忽乎?故愿同僚以公心持公道,而不汩于私情,不挠于私请,庶几枉直适宜,而无冤抑不平之叹,此所谓当勉者三也。(《清明集》卷 1《官吏门·申儆》"谕州县官僚",第 6—7 页)

真德秀认为,官僚们若要"理、法、情"衡量得宜,犹如诸葛亮所言,"吾心有秤",不能因"人"来秤轻重,而是要找出"是非不易"的"天理","轻重不逾"的"国法",才能"以公心持公道",不至"陷溺于私情",也不至于"玩公法以徇人情",也就不会产生"冤抑不平"的案件。

若从"人之情每以私胜公者"或"徇人情、坏法度"的字句理解"人情与法意"或"公与私"[157]，容易令人解读为"人情"是"法治"败坏的最大原因。其实，南宋朝廷与地方咸认为实践"人情"公道是最困难的行政目标，官僚如何在有限的时间尽快掌握公心的要领？真德秀在另一篇性质与泉州"谕州县官僚"类似的公文中[158]，仍然引用诸葛亮的事迹为例，必须"集众思"、"广忠益"，即使是初上任的知州[159]，若有不合于理、不便于俗者，就是不合于当地人情，应该接受已久任的下属如通判及幕职诸曹官等之建议，而勇于改进。这与朱熹的"合众商量"相当，如此的"公心"才能做到"无我"。

《清明集》出现不少有关人情与法意的叙述。譬如有的判决文写道："后世立法，虽有立异姓三岁以下之条，盖亦曲徇人情，使鳏夫寡妇有所恃而生耳"[160]、"以人情法意论之"[161]、"人情法意之所可行"[162]，等等，好象宋代的审判基准是"以法为度"，即使宋代官僚也讲人情，但是"实践法意"才算最高的理想。[163] 而从官府判断事涉民间契约的推理，又可看出官府推理首重认定事实的要件，如"章明与袁安互诉田产"案，"准使州行下，经量田产，明示约束，各以见佃为主，不得以远年干照，辄因经量，妄行争占。"[164]州衙指示承办的县衙认证的几项原则中，务必由官府派人打量，并得知目前的佃人（见佃）才是真正佃人，而不可

---

[157] 《清明集》卷1《官吏门·儆饬》"示幕属"，第23页。
[158] 《清明集》卷1《官吏门·申儆》"咨目呈两通判及职曹官"，第3—4页。
[159] 《西山真文忠公文集》卷40《潭州谕同官咨目》（第7页）应是本文的原始出处。据吴廷燮：《北宋制抚年表·南宋经抚年表》（北京：中华书局1984年版，第523页），嘉定十五年至十七年（1222—1224），真德秀任荆湖南路安抚使、知潭州，所以此文应成于嘉定十五年。
[160] 《清明集》卷8《户婚门·立继类》胡石壁"叔教其嫂不愿立嗣意在吞并"，第246页。
[161] 《清明集》卷3《赋役门·限田类》"产钱比白脚一倍歇役十年理为白脚"，第83页。
[162] 《清明集》卷4《户婚门·争业类上》"干照不明合行拘毁"，第128页。
[163] 〔日〕佐立治人：《〈清明集〉的"法意"与"人情"——诉讼当事者による法律解釈の痕迹——》（载〔日〕梅原郁编：《中国近世の法制と社会》，日本：京都大学人文科学研究所同朋舍1993年版，第293—334页）挑出32例判决文书中含有情、法的字词，最后，佐立氏以滋贺秀三认为："清代的判决中，人情的考量更甚于法意。"比较宋代与清代的判决特色，佐立氏的看法是："宋代的官员裁判时，比清代官员更重视法意。"愚以为收集统计判决文中使用某一名词，固然可以看出使用语词的"基础"，但每一案都有其案情背景，有时反而容易陷入见树不见林的困境。
[164] 《清明集》卷4《争业上》"章明与袁安互诉田产"，第111页。

采信年代久远的"契约"文字证明。可见,这些考量事实的原则以"时间"作为判定可信"契照文书"的根据,换言之,官府应以"法理"度"人情"之轻重。

若不细心推敲个案的背景,或未能通篇分析南宋的判决文书,将陷入南宋的审判原则是以"法条至上"的迷思。有一篇淳祐十二年(1252)左右由翁甫判决断"同宗妄诉的立继"案的判文[63],虽然他的判文一开端就引用"令"文,表示此案无需费时年余,看似以法条宣判。但从判决文的结构而言,首先,他引出法条向争讼者宣示判决的依据。接着,叙述案情并强调皆合于法条而无不妥当。因此,族人的兴讼,诉讼动机可疑。换言之,表现出审判官员推敲符合人情的事实,才能指出诉讼者的不是,并进一步证明法条的适用性。

官员面对这类立继案件时,或许就如"江齐戴无子命继昭穆相当"案的"拟笔者"所说:"命继有正条,有司惟知守法,而族属参之以情,必情法两尽,然后存亡各得其所"、"合其族党,求折衷而为一说者,盖欲情法之两尽"、"庶几觊觎之望塞,争竞之心息,人情、法理两得其平,而词诉可绝矣。"[64]

审理词诉的官员自我许喻"吾心有秤",而这把心秤又是如何度量人情与法意?汉代以《春秋》决狱的"论心定罪"或许过于主观唯心[65],却仍可见于宋代讲求法理充分的判决文书中,如吴革判理"唐昌乡民陈嗣佑的土地以七贯的价钱立契卖给何太应"案[66],就写下一段耐人玩味的文字:"富者多怀贪图之私,所当诛心,贫者每有屈抑之事,尤当加念。然官司亦惟其理而已。"在县衙初判,疑是抵当,勒令太应退赎。不过州衙通判吴革的再判中,对于县判有一番评语:"知县若能酌人情者。今太应坚不伏退赎,乃有词于府。初亦疑其健讼,反复看详,盖有说焉。"虽然知县以"买高卖低"是"当地风俗"为判断的依据,但是吴革认为,知县未能考虑何太应握有合法赤契,所以"酌人情"有不周之处。

在吴革的判决文中夹着"诛心"与"官司亦惟其理"两相抗衡的论述,或许

---

[63] 《清明集》卷8《户婚门·立继类》翁浩堂"已立昭穆相当人而同宗妄诉",第247页。
[64] 《清明集》卷8《户婚门·立继类》拟笔"命继与立继不同"及"再判",第265—267页。
[65] 桓宽《盐铁论》卷10《刑德》,第253页,"故春秋之治狱,论心定罪。志善而违于法者,免;志恶而合于法者,诛。"是以"动机"论罪,致使治罪者"得以因缘假饰,往往见二传所谓责备之说、诛心之说、无将之说。与其所谓巧诋深文者相类耳!圣贤之意岂有是哉?"(《文献通考》卷182《经籍九》"春秋决事比",第1567页)。
[66] 《清明集》卷6《户婚门·抵当》吴恕斋"以卖为抵当而取赎",第169页。

说明宋代判决官员在斟酌人情时，一方面平衡社会正义，一方面顾及法理的执行。吴革最后判定买方（富人）何太应凭"买到赤契管业"，显示"官司惟其理"胜过"诛心"的处理，推究吴革的考量，即"然正行立契，既已年深，过税离业，又已分晓，倘意其为抵当，而徇其取赎之请，将恐报契者皆不可凭，驾浮者类萌侥幸"。就是说，若一开此例，反而引起拥有合法契约凭据者的不安，造成另一项社会人情的失衡。

"士大夫司听断者，在在持平如衡，事事至公如鉴"是天下太平的愿景之一。[169] 如何"在在"持平如衡？"援经据法"[170]、不以"私情废公法"[171]是实际的"检法"[172]技术问题。如"舅张诚道与甥钟承信争屋"案[173]，当事人各自持有证据，张诚道手中有一张卖契，钟承信虽无卖契，却有三张已经管业二十八年的证契簿书。双方在官府上欲破对方的说法，各自言之成理，坚持不下。叶岩峰如何平衡"二说"的"是非"作出判决？他最后相信钟甥的说法，其推论是非的方法有二：一是比较"合理"的常情。张舅的说法是"借屋助贫姐"，若论近世浇薄的亲情，此则非当世手足人情；钟甥的说法是"孀母置屋托舅名"，则符合当地习俗（风土人情）。[174] 二是比较"证据"的事实。舅虽有正宗的卖契，但甥有"上手契"、"赁钱簿书"等契约书与赁屋者的"口供"。从物证、人证加以证明钟承信的母亲是实际的管业人。由此案可见，宋代的官府处理民间的产业纠纷时，在不影响正常赋税收入的情况下，力求保持产业经营的原状。官员比较常理与事理的结果后，于是度量出两词的轻重。

《清明集》中有相当数量的诉讼纠纷是属于家族内的争产案件。[175] 有些案件看似立继的奉祀问题，却是遗产分配的利益纠纷。[176] 而南宋的地方官如何

---

[169] 《吏学指南》《诸说》"狱讼说"（宋李之彦作），第134页。
[170] 《清明集》卷7《户婚门·立继》吴恕斋"兄弟一贫一富拈阄立嗣"，第204页。
[171] 《清明集》卷7《户婚门·立继》吴恕斋"生前抱养外姓殁后难以摇动"，第202页。
[172] 有关"检法"，参见本书第五章第一节。
[173] 《清明集》卷6《户婚门·争屋业》叶岩峰"舅甥争"，第191页。
[174] 其实，钟甥所说的情形，即南宋民间"诡名隐寄"的普遍现象之一。叶岩峰不用隐寄的法律惩二人，乃因此一纠纷中没有不知情的"交易第三者"，无需保障交易秩序。而判决文如果举出法条，处分隐寄的双方，反将可能引起地方民情的不安。
[175] 〔日〕大泽正昭：《〈清明集〉的世界——定量分析の试み——》，载《上智史学》1997年第42期，第41—67页。
[176] 《清明集》卷7《户婚门·立继》吴恕斋"兄弟一贫一富拈阄立嗣"，第204页。

"平衡"这类财产纠纷？如翁甫判决一件"业未分而私立契盗卖"案，写道："合照淳祐七年（1247）敕令所看详到平江府陈师仁分法，拨田与李氏膳养，自余田产作三分均分，各自立户，庶几下合人情，上合法意，可以永远无所争竞。"[177] 既要"平均"，还要在"人情"与"法意"之间摆荡平衡。

以曾任乐清县、政和县及婺源县的袁采（隆兴元年进士，1163）为例，曾撰文"俗训"（即《袁氏世范》）[178]教谕乡里，他首先提出"睦亲"，其中论述"亲子关系"及"财产分配"时，强调"均分"与"公平"。[179] 而他也指出官府处理"分析财产"案时，朝廷的立法虽然很详尽，但案类却呈多样，如一是窃众财，称妻财置私产；二是诡名置产；三是贫寒者经营有成；四是不以祖众财产买卖私产，引起同宗之人要求分产的纠纷：

> 朝廷立法，于分析一事，非不委曲详尽。然有果是窃众营私，却于典卖契中称系妻财置到；或诡名置产，官中不能尽行根究；又有果是起于贫寒，不因父祖资产，自能奋立营置财业；或虽有祖众财产，不因于众，别自殖立私财，其同宗之人，必求分析。至于经县、经州、经所在官府，累数十年，各至破荡而后已。（《袁氏世范》卷1《睦亲》"分析财产贵公当"，第11—12页）

本条文的后半部分，袁采劝说争财的当事人，不论富者或贫者皆应自我反省，无愧于心，"如此则所分虽微，必无争讼之费"。若从本条"分析财产贵公当"的名称看来，既是劝勉分析财产者应该公平允当，也是提醒地方官应该就具体事实进行"公当"处断。

南宋的"继承分析财产"案的判决文中，引有"法"明确规定"继绝子"与"女子"的分额比例[180]，立法者必须考量继嗣子与诸"女儿"（在室女、归宗女与

---

[177] 《清明集》卷9《户婚门·违法交易》翁浩堂"业未分而私立契盗卖"，第303页。
[178] 《诚斋集》卷70《荐举徐木、袁采、朱元之、求扬祖政绩奏状》。而《俗训》之所以更名为《袁氏世范》，参见刘镇的《序》及袁采本人的《跋语》。
[179] 兹举《袁氏世范》卷1《睦亲》中"父母爱子贵均"、"分给财产务均平"、"遗嘱公平唯后患"。
[180] 参见〔日〕大泽正昭：《南宋的裁判与女性财产权》，刘馨珺译。所谓"女子分法"是日本学者提出的名词，即南宋法令规范"女性"分析财产的"分额"。从仁井田升与滋贺秀三以来，日本学界对于宋代的"女子分法"有几番学界论战，目前仍有此"法"是什么法？是"唐代"抑"宋代"的法条？愚以为刘克庄所引的法条是"宋代户令"，与北宋以来的"孤幼检校"政策有关，拟于日后专文论说。

出嫁女)的各种可能情形(参见表 4-2-2),并精确明定"户绝"之家的分财"额度"。

虽然法令明白规定户绝之家的"继绝子"与诸"女子"财产承分额数,但此法并非惩罚犯罪行为的刑律,所以官员衡量每一案情后,即使不依此法的分额处理,判决者亦不至于因误用法条而触犯公事失错罪。如"阿甘与熊邦兄弟争财产"案[181],阿甘的丈夫熊资身亡,阿甘已行改嫁,有在室女一人,原本已依女承分法得熊资不满三百贯的财产,但是未及毕姻,女复身故。熊资的两位兄长争立己子继绝争产,阿甘亦称熊资的财产内有她自置买产,亦向官府求得己分。判决文一方面指出:"律之以法,尽合没官,纵是继立,不出生前,亦于绝家财产只应给四分之一";另一方面则表示:"今官司不欲例行籍没",所以拨钱"埋葬女外","余田均作三分,各给其分。"判决者亦自言:"此非法意,但官司从厚。"可见听讼基于"唯尽吾情以听之",不以处罚为目的,所以终将熊资的遗产"均分"给三位相争人。

户婚讼牒,不一而足,而检法直笔者必须要"酌情据法,以平其事",才能息"无厌之讼"。[182] 其实,为了"平其事",官员除了讲究法条的形式,也要兼顾法意。再举一件未依照户绝女承分法处理的判决[183],该案的两位在室女可以得全部遗产作为嫁资,当官府为其立继后,若依法条的承分额度,二位在室女应该得 3/4 的平均数,即各得 3/8 的财产,继绝子只能得 1/4 的财产。但判决者却将财产"均给"二女及立继子,使每人各分得 1/3,其判决的理由就是"平均"。

刘克庄(1187—1269)曾自述其为官经历,他从州县幕佐、知县、知州、仓、漕及宪司,积极学习欧阳修于转换官职、就阅览历来案牍的处事方法,并形成一套心得:

> 数佐人幕府,历守宰,庚漕,亦两陈臬事,每念欧公夷陵阅旧牍之言,于听讼折狱之际,必字字对越,乃敢下笔,未尝以私喜怒参其间。(《后村

---

[181] 《清明集》卷4《户婚门·争业上》"熊邦兄弟与阿甘互争财产",第110页。
[182] 《清明集》卷7《户婚门·立继》卷7司法拟"立继有据不为户绝",第215页。
[183] 《清明集》卷7《户婚门·立继》"官司干二女已拨之田与立继子奉祀",第215页。

先生大全集》卷193《跋》,第18页)

无论是刑狱或是听讼,都必须字字"对越在天"[184],实事求是后,才能下笔拟判,未尝掺杂私人的"人情"喜怒。

综合以上的论述,南宋的"名公"行政官僚们所建立"吾心如秤"、"酌情区处"的理性态度,即详究案牍所载的事"情",透过"理法"的行政程序,找出"道理",检查"法"令,通贯"天理",平衡"人情与法意",作出最合于"情理法"的判决。[185](参见附图4-2-1)

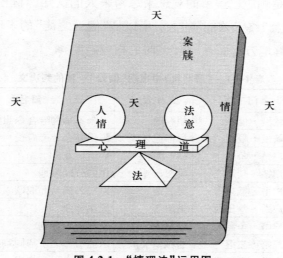

图4-2-1 "情理法"运用图

---

[184] 《毛诗正义·周颂》卷19《清庙》,第707页;又如《宋史》卷410《范应铃传》,第12345页。
[185] 愚之所见,类似于清末法学家沈家本(1840—1913)《重刻唐律疏议序》所云:"律者,民命所系,其用甚重,而其义至精也。根源于天理民彝,称量于人情事故,非穷理无以察情端,非清心无以祛意见之妄。"而当今明清法制史研究者,如黄宗智、滋贺秀三所论的"情理法"各不同。有关黄氏与滋贺氏的看法简摘如下:〔美〕黄宗智:《中国法律制度的经济史、社会史、文化史研究》(《北大法律评论》第1卷第2辑,1999年,第258—286页)就官方与民间对处理纠纷的差别,黄宗智的看法是:"民间处理纠纷强调协调,维持原有的社会秩序,但也不是没有公正感,它们强调情、理、法的结合,但与官方的概念有差别,官方的'情'是事实与仁义道德,'理'是朱熹以来的天理;'法'则是指《大清律例》。而民间的'情'则是人情,'理'则人们所的一般性'道理'。"〔日〕滋贺秀三:《清代中国の法と裁判》(第290页指出),"国家的法律是部分情理的实定化,一般而言,情理所引起的作用,具有提供线索的性质。因此,法律是根据情理的解释或变通。……'夫律,国法也,即人情也',若以大海与冰山譬喻之,亦极为贴切。由情理之水的一部分所凝聚成的冰山,恰恰是法律"。

第三节 "健讼"的罪与罚

南宋人对于"健讼"一词的看法,有以为"健讼"最初不过是童蒙教师将字词断句错混所致,后来由于表面的误解而习以为常,如洪迈认为顽民喜欢打官司而"好讼",可以称作"嚣讼"、"终讼",并引黄庭坚(1045—1105)的《江西道院赋》为证。[186] 从洪迈的读书心得观来,当时人对"健讼"二字已是将错就错地连用。[187] 那么若是顺应已误解的观念来思考宋人的认知,"健讼"就相当于"好讼"、"嚣讼",甚至"终讼为能"的人。所以从"健讼之徒"的表现及官员对他们的处置,才能理解地方官面对"健讼"时的相应态度。

表 4-3-1 《清明集》中出现"健讼"一词的判决文

编号	卷数	门·类	作者	篇名	页数
1	三	赋役·催科	胡石壁	义米不容蠲除合令照例送纳	71
2	三	赋役·限田	章都运台判	限田外合计产应役	80
3	四	户婚·争业上	胡石壁	妄诉田业	123
4	六	户婚·赎屋	吴恕斋	执同分赎屋地	165
5	六	户婚·抵当	吴恕斋	以卖为抵当而取赎	169
6	六	户婚·争田业	吴恕斋	兄弟争业	173
7	六	户婚·争屋业	吴恕斋	叔侄争·再判	191
8	七	户婚·立继	通城宰书拟	双立母命之子与同宗之子	222
9	八	户婚·立继类	建仓	所立又亡再立亲房之子	264
10	八	户婚·女承分	范西堂	处分孤遗田产	289
11	九	户婚·取赎	胡石壁	典买田业合照当来交易或见钱或钱会中半收赎	312
12	九	户婚·坟墓	莆阳	主佃争墓地	327
13	九	户婚·坟墓		盗葬	328
14	十一	人品·公吏	胡石壁	应经徒配及罢役人合行逐去	424
15	十二	惩恶·豪横	吴雨岩	治豪横惩吏奸自是两事	461

---

[186] 《容斋四笔》卷9"健讼之误",第7页。
[187] 《朱子语类》卷70《易六·讼》,第1750页。

（续表）

编号	卷数	门·类	作者	篇名	页数
16	十三	惩恶·妄诉	婺州	钉脚	504
17	十三	惩恶·妄诉	建倅	挟雠妄诉欺凌孤寡	505
18	十三	惩恶·诬赖	刑提干拟	以累经结断明白六事诬罔脱判昏赖田业	509
19	十三	惩恶·诬赖	天水	王方再经提刑司钉锢	517
20		附录二	黄勉斋	曾适张潜争地	577
21		附录二	黄勉斋	崇真观女道士论掘坟	584
22		附录二	黄勉斋	陈安节论陈安国盗卖田地事	598
23		附录二	黄勉斋	谢文学诉嫂黎氏立继	606
24		附录三	刘后村	铅山县禁勘裴五四等赖信溺死事	630

"健讼"虽然频频出现在南宋的判决文书之中（参见表4-3-1），但由于不是特定的法律名词，所以没有充分的要件来说明其定义。健讼者不是斗杀强盗的重刑犯，当时人有将其譬喻为"鼠辈"，认为只要加以劝谕，仍可拨正为良民。[108] 南宋地方官讲究打官司的规定，从写状、投状、追证、系狱、录问、等待判决等，已有若干定型化程序。对于审判的官员而言，好打官司者大概是仗恃豪富的顽民，或是从中谋利生事的哗徒。本文兹将"健讼之徒"分成顽民、哗徒两类，予以说明讨论。

一、健讼之徒的形象

（一）"紊烦官司"的顽民

有一类健讼之徒是为了自身的权益，上衙门争取公断。如福建路建宁府建阳县"王昌老与陈坦应役"案[109]，当知县指定王昌老应役时，王昌老反而在知县与佐官聚问时，告论陈坦的产钱与限田身份并不符合规定。最初，知县关璠判决"王昌老所纠允当"，并告示"陈坦应役"。于是，陈坦向转运司提出诉状，转运司的拟笔官员除了说明限田法的运用；还指责县衙"不曾明行勘会田产实

---

[108] 《攻愧集》卷101《洪子忱墓志铭》，第9页。
[109] 《清明集》卷3《财赋门·限田》"章都运台判"，第80页。

有若干"、"未曾着实根究,遂使顽者得以为词";并行下公文要求县丞再依照当时的乡例田价挨算陈坦的田产与限田资料。最后,福建路的章都运总汇各项证据文件,判决指出"王昌老妄行纠论"、"显是健讼",并且归纳王昌老"健讼的顽民"形象,他是建阳县稍有资产的应役人,懂得在县衙公堂上纠论他人,用以逃避差役,其说词"大抵枝蔓,不合人情"。

"王昌老与陈坦应役"案中,另一位当事人陈坦亦非弱势,在知县告示应役后,他却越诉投状于转运司,又于县丞受转运司之限而追会原契时,"复称原契等并发上提举司"、"反得以此罔惑官司"(建阳丞"申发干照"),可见相当精通打官司之道,颇类似陆九渊曾描述的"健讼之人",他说:

> 健讼之人,自宪使之至,即投牒于宪台,计其投牒之日,乃在此间奏上之后,宪台遂索案,此既奏又先申宪矣。然既索案,只合发往,前月方得牒改送司理院,且言专人发案下,然其案迄今未至,司理院亦无从照勘。(《象山先生全集》卷17《与张监·二》,第4页)

健讼之人计算出县衙将原案申呈州衙的时间后,向巡历中的提刑使司投牒,于是县衙一方面必须向提刑司申奏案牍传送的去向,一方面得应付州衙的专人索案,州衙的司理院亦因索不到案牍,而无法依据县案照条推勘实情。陆九渊所说的健讼之人是触犯"刑狱"者,如此熟悉"狱讼"的程序,可说是"健讼之人"的能耐之一。

杨简(1141—1225)说:"奸顽好讼俟新更诉,幸新至未谙情伪,姑肆其欺,扰害善良,无有已时。"[99]奸顽者利用新官到任,未谙民情及案情之际,而进行重新更诉的官司。有些地方官面对这些愈"顽"嚣能讼的打官司者,愈以"理法"来区处。如胡颖知湖南邵州时,鉴于"湖湘之民,率多好讼",所以从到官之后,"每事以理开晓,以法处断,凡素称险健者,率皆屈服退听,未尝有至再讼者",只有"顽嚣"小人略不知辜(罪),才会"恃其能讼,辄敢求胜"[100]。又如阳枋做郡幕时,迅速剖决滞讼:

---

[99] 《慈湖遗书》卷16《家记十(论治务、论封建、论兵)》,第3页。
[100] 《清明集》卷8《户婚门·检校》胡石壁"侵用已检校财产论如擅支朝廷封桩物法",第280—281页。

赵侯汝廪寘公郡幕,遇数十年盘错之讼,公一再翻阅,不一二日之间,明辨剖决,迅雷不及掩耳,而予夺无不得情,吏无所容其奸,民不可施其嚣,健讼之徒皆相告曰:"阳公廉明,事一经其手,则他日无复措翻腾之辞者,吾曹谨毋以讼至公官府也。"(《字溪集》卷12《有宋朝散大夫字溪先生阳公行状》,第54—55页)

当健讼之徒面对如此有效率的地方官时,亦知嚣讼无法得逞,因而彼此谨慎相告,收敛到官府翻腾诉讼的行为。

吴革曾经两次处理"从叔盛荣与侄盛友能争地"纠纷[102],盛荣词诉友能"包占古路、侵占祖墓、强占竹地、桑地"等四事;友能则揭发盛荣"私贩糯米"一事。第一次的判决文中,盛荣的形象是"饶于舌,遂兴连年之讼"、"小人陈词,往往借实翼虚,张大其事,以动官司之听"。吴革一面怀疑"盛荣所诉,未必尽实",全力剖析其诉侄"包占古路、争古墓"是不合理的两事;一面却反思盛荣"自县而府",其未甘屈服而嚣讼的原因,就先前县官对"竹地与桑地"的判决而言,是"官司未索两家之契照,参合众人之论",所以要求再行追证。吴革假设若此"占竹地与桑地"二事也是虚妄之讼,则盛荣就是"显见顽猾,扰害宗族,紊烦官府"。第二次的判决文中,吴革综合县衙的当事人(盛荣、友能)及关系人(友闻)的供对款词与县判,小心翼翼地写着判词,一面引据"诸同居卑幼私辄典卖田地"法条说明盛荣的桑地所有权已超过五年的追诉年份,一面指示县衙必须重新丈量被友能"影带包占"的竹地,依照分书作"两分管业"。吴革判决的结语是"盛荣再敢健讼,照已判断治施行"。综论本案而言,吴革虽然称盛荣的行为是健讼,但盛荣所诉之事未必全然不合理。

健讼者不只是顽猾,而且也有"豪"猾的一面(参见表4-3-1,例18)。如"谢文学诉嫂黎氏立继"案[103],谢骏诉讼寡嫂黎氏立继不合法,而欲以己子继立。黄干认为不当立谢骏之子的理由共六项:一是其根据法令"夫亡妻在,从其妻";二是两任知县的判决;三是州衙所拟金厅的判决;四是提刑司赵司法的意见;五是族长数人的意见;六是当事人之寡妻的意愿。虽然历次的判决都"援

---

[102] 《清明集》卷6《户婚门·争屋业》"叔侄争",第190页。
[103] 《勉斋集》卷33《谢文学诉嫂黎氏立继》,第34页。

法据理"拒绝谢骏的诉讼,但谢骏却仍不罢手。谢骏如此奋力争取己子的继承权,大概在乎兄长谢骙的家产更甚于继承的意义。本案因"私"利而上了"公"堂,案主谢"文学"骏,既称文学,可见应是有科举功名的士人,又曾遣干人到县投词,家境亦是有所蓄资。谢骏既是读书的知识人,还冗长诉讼达五年之久,严重构成了"紊烦官司"的行政业务,所以官府指称是"豪猾健讼者"。豪猾健讼之徒的行径比起"私家却得将人打缚,官司不得禁抑"的"豪强之状"[194]显然温和,但地方官的判决文忍不住责备其"豪横",而谢骏还曾因"蔑视官府,违慢法条,欺凌孤寡,斥责族长"等健讼的行为,被枷禁系于州院(狱)。

吕祖谦(1137—1181)曾说:"豪猾玩官府。"[195]当官府的行政职事上下不相称时,豪猾健讼者就善于利用官方的失误"而邀一己之私利",如福建提举司二次处理的"父子俱亡立孙为后"案[196],王圣有长怡、次蜀两子,皆不幸早世,于是分别为其立后,立王怡之后的惠孙是从广闻所出,未料,适广闻长子亦死,所以惠孙只得归所生父之家,承绍王广闻之业。第一次,"族长王圣沐经本司(仓)陈乞,照条择昭穆相当人,为王怡命继,义当然也",所以本司行下通判厅指定,却又衍生昭穆相当的王广汉争立继事。第二次的判决文指出"县道有失契勘,乃又立王奇为渊海子"、"与三岁幼亡子立孙",导致王圣沐惹诉不已,身为族长的王圣沐从中教唆卖弄,以至于王氏家族争立继的官司不能止息,所以仓司拟笔警诫王圣沐"如再有词"就一定断治其"健讼紊烦之罪"。

官府认为,"怙终不悛,嚣讼不已"者不服官司所断,所以紊烦官司。如"王万孙、王有成父子欲取回父母归于女婿的财产"案[197],王万孙未能克尽孝养父母,以至于父母的养生送死皆赖女婿。本案判决文曰:"王有成父子不知负罪引慝,尚敢怨天尤人,紊烦官司,凡十余载。"指责当事人不知反省与紊官。

另一件"潘祖华与祖应兄弟争田业"案[198],知县判文及府厫金厅拟笔,根据典后不应立卖契、卖契的墨迹浓淡不同、税契的加添字迹在朱墨之上等理由,

---

[194] 《勉斋集》卷33《窑户杨三十四等论谢知府宅强买砖瓦》,第9页。
[195] 《东莱集》卷3《淳熙四年轮对札子二首》,第13页。
[196] 《清明集》卷8《户婚门·立继类》建仓"所立又已再立亲房之子",第264页。
[197] 《清明集》卷4《户婚门·争业上》"子不能孝养父母而依栖婿家则财产当归之婿",第126—127页。
[198] 《清明集》卷6《户婚门·争田业》吴恕斋"兄弟争业",第173页。

皆认为潘祖华应该拱手退听。但是四年来,祖华不伏县、府所断,反复陈词。吴革除了思索潘祖华为何如此健讼,还指示县衙务必将送下的相关卷宗及旧有的税契证物"从公比对",调查清楚再作判决,并作出两项假设及其对应的判决:一是若祖应不当执无用之簿,则是祖应妄行取赎,应该改正;二是如果祖华伪造断卖契约,"所合毁抹,勒令交钱。"吴革又限定县衙十日结绝,文末有言:"如再不伏,解府科断。小人为气所使,惟利是趋,所争之田不满一亩,互争之讼不止数年,遂使兄弟之义大有所伤而不顾。"吴革在这一份用词果决的"公断"中,透露面对只为争一口气而紊官的健讼者,已经失去耐心了。

"累判不已"的健讼者,他们的案件势必拖延好几年而不能结绝,有的"累年交讼"、"连年兴讼",甚至十余载之久。[209] 南宋地方官劝诫居乡的官户不可以兴讼(长讼),若争讼财产,有愧神明;雠者不伏,交相诉讼。[210] 为了官司求胜,尚且要与衙门的官吏交涉、张罗人际网络,所花费的财力可能十倍于原来所争之值。也有官员以上衙门的窘态劝戒庶民:

> 今世之人,识此道理者甚少,只争眼前强弱,不计长远利害。才有些小言语,便去要打官司,不以乡曲为念。且道打官司有甚得便宜处,使了盘缠,废了本业,公人面前陪了下情,着了钱物,官人厅下受了惊吓,吃了打捆,而或输或赢,又在官员笔下,何可必也。便做赢了一番,冤冤相报,何时是了。(《清明集》卷10《人伦门·乡里》胡石壁"乡邻之争劝以和睦",第394页)

胡颖用词语法相当口语化的判决文,可想见争讼的对象应是乡村百姓。[211] 从这两位官员的劝诫中,可知争讼、打官司不只在金钱上的耗费,而且精神上、生理上也是非常折磨,尤其是时间上的延宕,实非一般人所能坚持。

---

[209] 有关紊烦官府,累判不已的案例,请参考《清明集》《户婚门》中四例:(1)卷4《争业上》范西堂"漕司送下互争田产",第120—122页。(2)卷4《争业上》"子不能孝养父母而依栖婿家则财产当归之婿",第126—127页。(3)卷6《抵当》吴恕斋"抵当不交业",第167—168页。(4)卷6《争屋业》吴恕斋"叔侄争",第188—190页。

[210] 《袁氏世范》卷2《处己》"讼不可长",第26页。

[211] 此一判决文的案主是唐六一、颜细八、颜十一,而杨四从中"斗喋以激其争"。若从姓名判断,皆以数字称呼,大概可以判断是来自农村庶民阶层。

豪猾健讼者之所以能扰民紊官，无非是有相当的资产作为本钱，如真德秀说："豪民巨室有所讼诉，志在求胜，不吝挥金。"[212]而地方官处理土地田业纠纷时，也预设健讼者的财力背景。以"陈安节论兄陈安国盗将卑幼与邹司户交易"案为例[213]，知县黄干查见陈安国假作母亲及亲弟的名义签名盖印后，与邹司户违法交易，于是作出三项判决后，预料陈安节必不免遭受邹司户"健讼饰词"、"经官论诉"，果如黄干所言，"其后邹司户倚恃富豪，专务健讼，不伏本县所断，遂经使军陈词，使军将本县所断看详。"由此可见，健讼之徒能够顽抗官府，其财大气粗显得异于常人。

（二）"专事诉讼"的哗徒

另一类健讼之徒就是专事教唆词讼者[214]，虽然宋代已经称教唆词讼之人为"讼师"[215]，直到南宋末年，仍有以"哗健"、"黠桀"者形容"囚牙讼师"或协助打官司者[216]。许应龙（1168—1248）曾分析哗徒教唆词讼影响地方风俗：

> 自初入境，讼牒纷如，犹未交龟，岂应受理。复虑冤抑，无以自达，遍取而观之，因知疾苦。撰造词理，诬害善良，发摘阴私，欺骗财物，白词追扰，妄状牵连，凡此等词，十居四五。此州风俗，本自淳庞，只缘哗徒教唆煽惑，黠胥猾吏，并缘为奸，逮系诛求，椎肌剥髓，含冤负屈，宁免互调，辗转相攻，遂成健讼。（许应龙：《东涧集》卷13《到任劝谕文》，第5页）

哗徒教唆煽动的词状居一州的四五成，他们的词状又多是诬害、发摘、欺骗、白词、妄状之类，于是教唆哗徒造成两造之间恶斗，形成健讼风气。

《清明集》中第13卷以"哗徒"类作为开端，收集三篇名为"哗鬼讼师"、"撰造公事"、"哗徒反复变诈纵横捭阖"的判决文，指出这些人就是地方狱讼中哗然生事之徒。还有地方官以"哗徒"称擅长教人如何打官司，为人亲笔状草

---

[212]《清明集》卷1《官吏门·申儆》"谕州县官僚"，第5页。
[213]《勉斋集》卷313"陈安节论陈安国盗卖田地事"，第23页。
[214]《州县提纲》卷3《健讼者独匿》，第7页，"健讼之人在外则教唆词讼"。
[215]举《清明集》出现"讼师"之例：（1）卷8《户婚门·立继类》刘后村"继绝子孙止得财产四分之一"，第252页。（2）卷12《惩恶门·把持》蔡久轩"讼师官鬼"，第473—474页。（3）卷13《惩恶门·哗徒》"哗鬼讼师"，第481—482页。这些例子都是在南宋末年，愚以为"讼师"一词尚未广泛使用。
[216]《文山先生全集》卷16《知潮州寺丞东岩先生洪公行状》，第12—13页。

者,如陈著根究"魏彭献嵊县已没入县学养士田产"一案,知县断魏彭所犯"仆犯主,受主诉"、"主家以婢阿蒋妻之,遂为反目"、"诡寄户产"等三项罪名,并将其产业"除坟墓、基屋外,照条没入县学"。县学校的主学却未能收到这笔产业,因为"祝祐哗訐,不怂拘田入学养士,辄代名入府投献势要府第,经营霸占,图得脱免"。张县尉承办调查案情,并据实申状:

> 当直金华,诉魏彭、万四凭托声势,哗徒祝祐季二把持打见成状草,欲将已没入县学养士田地投献府第。(《本堂集》卷54《申两浙转运司乞牒绍兴府并牒全府复回受魏彭献嵊县已没入县学养士田产并根究魏彭状》,第7页)

其中,哗徒祝季二就是"代名入府投献势要府第"的祝祐。

有些哗徒未必皆与诉讼有直接关系,但被称为"哗"者似乎具有聚众的能力,如史弥坚(1232年卒)巡行管辖之境所遇的情景:

> 当职素闻风俗不美,放哗健讼,未敢以为信。然再入邑境,便有寄居官员、士人、上户范文、吴鈘等六十七人,纠率乡民五百余人,植朱杆长枪一条,揭白旗于其上,遮道陈词。当职初意朝廷有旨招军,又疑当是官、民户有冤抑无告之事,伺太守入境,欲行哀诉。及披揽状词,不过举扬知县政绩。(《清明集》卷1《官吏门·禁戢》沧洲"禁戢部民举扬知县德政",第37页)

他见到浩浩荡荡的队伍拦路高举白旗,原本以为是人民挟冤而遮道呈词,没想到只是称赞知县的功业,和他的预想落差实在太大,于是他相信此地果真是"放哗健讼"之乡。

就唐宋以来的法律规定而言,地方长吏"若遣人妄称己善,申请于上者",将会被处以刑罚,以防止官员与地方势力的结合。[207] 有些官员假设出面举留知县者,多半是把持县衙事务的人,如蔡杭说:

> 当职所至,最嫌举留之人。今日之举留者,即平日之把持县道者也。

---

[207] 《唐律疏议》卷11《职制律》"长吏辄立碑",第234页。

此状举留姓名数中，必有哗徒，欲取悦知县为此耳。(《清明集》卷2《官吏门·举留生祠立碑》蔡久轩"取悦知县为干预公事之地"，第61页)

综合史弥坚与蔡杭的见闻与认识，赞扬知县功绩者，都是地方上有来历的人士，而其中当然包括所谓的"哗徒"。

哗徒具有号令地方群众的能力，是他们与地方衙门抗衡的本钱，甚或形成顽讼奸豪的行径，"甚至聚集凶徒，旗锣榔鼓，吹风哨齿，轮门叱喝，索钱索酒，所至鸡犬一空，无异强劫"[208]，为官方所忧惧，所以官员警惕应与哗徒保持距离，否则"安知今日之举扬知县，非他日掷瓦放哗，论诉知县乎"?[209] 因此官员处理与哗徒相关的案件，总是经过考虑再三，如吴势卿审理"县吏周仁罪恶"案[210]，他暗指论诉县衙奸吏周仁的人是"哗徒"，而这奸吏与哗徒两类人都是为害"公私"，如果官府明言根据何人的词状治周仁之罪，无非是为此一哗徒宣传其"论配典吏"的能力。

此外，有的哗徒还开设"哗局"，以"把持一州公事"起家，从与胥吏交通、结聚恶少，进而广泛地控制地方各项资源，如具宗室身份的哗徒赵若陋"专置哗局"[211]，和胥吏们成群结队，借以掌握饶州的公事。[212] 此处的哗局，应该就是专门承揽狱讼业务的处所，其营业盛况更甚于合法的书铺茶食人。[213]

在官员的观念里，能够到衙门向官吏进行公事请求且以此为生业者，应当归属于哗徒之列，如余子能"乃停泊公事姓胡人之甥，平日专以计置行赇为生，今次乃以诡嘱受财，当以盗论，岂得谓之士子"。地方诉讼纷纷而起，"讼庭不得清"实是"哗徒得志"所为。[214] 所以"乡井有一等教唆之徒，哗然生事，而官司亦不胜其扰"[215]。

---

[208] 《清明集》卷12《惩恶门·豪横》蔡久轩"为恶贯盈"，第456页。
[209] 《清明集》卷1《官吏门·禁戢》沧洲"禁戢部民举扬知县德政"，第37—38页。
[210] 《清明集》卷11《人品门·公吏》吴雨岩"去把握县权之吏"，第427页。
[211] 《清明集》卷11《人品门·宗室》吴雨岩"宗室作过押送外司拘管爪牙并从编配"，第398页。
[212] 关于"公事"，参见刘馨珺：《"请求罪"与公私之分际》，载高明士编：《唐律与国家社会》，台北：五南图书公司1999年版，第229—281页。唐代的公事，泛指衙门里的一切事务；宋代以后，公事大多指的是狱讼方面的"刑狱案件"。
[213] 《清明集》卷12《惩恶门·把持》"教唆与吏为市"，第476页，茶食人成百四"置局招引"。
[214] 《清明集》卷11《人品门·公吏》吴雨岩"士人以诡嘱受财"，第405页。
[215] 《清明集》卷6《户婚门·抵当》吴恕斋"以卖为抵当而取赎"，第169页。

教唆哗徒散布在城、乡之中,专门为人打探消息,从中得到好处,因此个个都有通关节的本领,有些犯罪胥吏一见到地方衙门"入锡匣追赴台治,乃敢密遣奸猾哗徒,先次到司,物色摆布,次则身赍金银,买嘱贵寓强干,行赇匪司人吏,抑捺脱漏",等待审判官员离职,以求脱罪的时机。㉖ 可见哗徒和胥吏的关系非比寻常,既能为地方胥吏所指使。

这些或多或少与地方胥吏有渊源的教唆哗徒,在南宋的地方诉讼过程中,扮演着"哗鬼讼师"角色㉗,他们勇于鼓动不晓理法者从事投诉官府的活动㉘,官府认为他们"教唆"打官司的当事人,徒增官府业务,如"沈政邦向县衙请求理赎五十多年前典出的田产"案㉙,沈邦政缺乏契约证明,所以县衙不追证他的诉状内容,于是沈邦政又投诉州衙。吴革判决认定沈政邦胆敢无凭无据地打官司,背后一定有"教唆"者生事,此辈积极生事扰官,大概是他们借诉讼为谋生之业。有一些"平日在乡,专以健讼为能事"者,愿意冒着"事不干己"之罪替诉讼人出面(参见表4-3-1,例3)。许多人命关天的刑事案件中,更可以看到他们的身影,不待死者亲属出面,就有健讼人"平白生事,节节资给教唆,以兴大辟之狱",不特挤陷无辜者,抑亦尝试投讼府衙。㉚ 在官员的眼里,也有将资给教唆人视为"村庄豪民,志在立威以求逞,扶持资给,赇贿营谋,不挤其人于幽枉无告之地不止也"㉛。

一般人不懂得法律,遇上刑狱命案缠身,为了觊免官司之扰、求息其事,而私下赂遗血属,却让有心人教唆资给血属打官司。㉜ 除了紧急刑案外,任何讼牒案件的法律规定,如投状时间、状式内容、保识代笔、证物与证人等,使得要

㉖ 《清明集》卷11《人品门·公吏》蔡久轩"受赃",第421页。
㉗ 《清明集》卷13《惩恶门·哗徒》蔡久轩"哗鬼讼师",第481—482页。郭东旭《宋代之讼学》认为:"随着讼学的兴起,在江南民间亦出现了专以指点词讼和替人办理为业的讼师,宋代官府多称其为健讼之人"。愚以为将健讼之人等同于讼师,是窄化当时所谓"健讼之人"的形象。参见《宋史研究集刊》,浙江:浙江古籍出版社1986年版。
㉘ 《清明集》卷8《户婚门·立继类》刘后村"继绝子孙止得财产四分之一",第252页;又《后村先生大全集》卷193《建昌县刘氏诉立嗣事》,第13页。
㉙ 《清明集》卷9《户婚门·取赎》吴恕斋"过二十年业主死者不得受理",第314页。
㉚ 《清明集》卷13《惩恶门·告讦》蔡久轩"诬讦",第485页。
㉛ 《清明集》卷13《惩恶门·告讦》"资给人诬告",第489页。本门类中尚有吴雨岩"资给告讦"、"资给诬告人以杀人之罪"、"教令诬诉致死公事"、刘后村"自撰大辟之狱"。
㉜ 《清明集》卷13《惩恶门·告讦》"资给诬告人以杀人之罪",第487—488页。

打官司的庶民会询问或寻找相助人士,乃至于制造狱讼的相关物件。如"吴太师新妇与佃客谢五乙盗葬"案㉓,是一件官户论诉佃客盗葬的官司,由于佃客谢氏兄弟结托"健讼人"古六十,假造"本宅退宅"文状,交付保正申缴,与追证人员形成共犯结构,企图蒙骗县衙,以至于前任知县虽曾有定断,却展延六年尚无法结绝。

南宋末年,为了替人打官司,有哗徒假托豪家案主的庄佃、干仆之名义,当官府听讼面审时,侍立于势家右姓之旁,随时提示案情。如"娄元英论曹晖等盖庇曹十一打杀胡四四"一案㉔,马裕斋(宝庆二年[1226]进士)指出本案症结是"哗徒反复变诈纵横捭阖",才使得案情复杂化。当时地方上类似的大辟刑命案,多半有哗徒参与其中,马光祖感叹写道:"近阅讼牒,此等公事率是势家挟持,或曰某是某宅庄佃,某是某府干仆,狡干旁午于庭下,右姓肆行其胸臆,如是而求田里无事,良善安枕,难矣!"这种现象就是黄震(1213—1280)在一封信函中所指出浙西人"好哗健讼",常以打官司来诬陷仇怨之家,甚至逐渐形成一批无赖凶徒,借名为"百家干人",专门替人越诉而"威夺小民"㉕。

地方官将一些以垄断诉讼为生业的讼师列入哗徒中的恶霸,并列入"惩恶"的对象。他们不只假造契约,还"健于公讼,巧于鬻狱"㉖,拥有十八般武艺,打探操纵衙门里的各项官司进度,如收买公吏取得追证公文、密报所追之家等,如郑应龙"身居县侧,自称朝奉,孙又称宗女婿,专以把持为生。日在县门听探公事,凡有追呼,辄用钱买嘱承人,收藏文引,或得一判,则径驰报之所追之家,民讼淹延,皆此为祟"。这些"把持"讼事者,基于有利可图,"使讼者欲去不得去,欲休不得休",必使上门求助的打官司者荡破家财,方肯罢休。㉗

如果官府追逮这些有组织性的哗徒,"方且分遣爪牙,多赍银器,置局州城,赂公吏。"㉘更有甚者,且与县衙暴力相向,"县一犯其锋,狠仆成群,直造县

㉓ 《清明集》卷9《户婚门·坟墓》"盗葬",第328—329页。
㉔ 《清明集》卷13《惩恶门·哗徒》马裕斋"哗徒反复变诈纵横捭阖",第484页。
㉕ 《黄氏日抄》卷84"钟运使",第866页。
㉖ 《清明集》卷12《惩恶门·豪横》蔡久轩"为恶贯盈"(第456页)、同卷《惩恶门·把持》、卷13《惩恶门·哗徒》等案例的处罚对象都是以诉讼为生业、以至于把持公事的讼师。
㉗ 《清明集》卷12《惩恶门·把持》翁浩堂"专事把持欺公冒法",第474页。
㉘ 《清明集》卷12《惩恶门·豪横》蔡久轩"为恶贯盈",第456页。

治,入擒胥吏。"㉙平常,他们具有左右官司判决的能力,如胡颖断处"刘涛案",就指出刘涛是一位专业讼师:"实繁有徒,把持县官,劫制胥吏,颐指气使,莫敢不从。以故阖邑之人,凡有争讼,无不并走其门,争纳贿赂,以求其庇己。涛之所右,官吏右之,所左,官吏左之。少咈其意,则浮言胥动,谤语沸腾,嚣嚣嗷嗷,不中伤其人不已。"㉚

确实,乡村愚民若无此类时常出入官府之徒的教导,很难完成诉讼的诸多程序,如胡颖听"彭才富"案㉛,分析珥笔者在衙门的应对,相较于无知的愚民,显得书写答辩无碍,条说道理明白,而他们的能力自然吸引不识之无的百姓信服。可见村民与珥笔者的诉讼请托关系,是出自村民自愿,因此无法规范把持诉讼者,他们亦不必负担打官司成功与否的风险。

"珥笔"是民间对于帮人词诉者的另一称呼,北宋江西"其细民险而健,以终讼为能,由是玉石皆焚,名曰珥笔之民"。㉜ 他们不只是擅于书写状式,也有耐心与官府持续诉讼的时间,如"李边取赎田讼"案㉝,判决文中李边健讼的形象是"长时间紊烦官司"、"说条道贯昏赖田主",所以胡颖认为他习于"珥笔",才能设谋造计,把持官司。

上述李边的状词被认为是"齐东野语"之流,而黄干也认为乡村人户兴讼,"皆缘坊郭、乡村破落无赖,粗晓文墨,自称士人,辄行教唆"㉞,可见在官员心目中的"珥笔者",其书写程度是较为低落的。虽然健讼珥笔者不堪以士人为名,但是对他们还是可以"传问孝之章"㉟,有别于稍识丁字的野人。当然,其中亦不乏"假儒衣冠"者㊱,但"讼师官鬼"之辈,确实有"真士人"㊲,甚至有些珥笔健

㉙ 《清明集》卷12《惩恶门·豪横》马裕斋"何贵无礼邑令事",第470页。
㉚ 《清明集》卷12《惩恶门·把持》胡石壁"士人教唆词讼把持县官",第477—478页。
㉛ 《清明集》卷12《惩恶门·把持》胡石壁"先治教唆之人",第479页。
㉜ 黄庭坚:《豫章黄先生文集》卷1《赋十首》"江西道院赋",第4页;又周密:《癸辛杂识续集》卷上,第303页。珥笔也称簪笔。胡继宗编:《书言故事大全》卷7《怨雠类》"珥笔",第4页:"教讼曰珥笔",可见珥笔应该是专业化的教讼者。
㉝ 《清明集》卷9《户婚门·取赎》胡石壁"典卖田业合照当来交易或见钱或钱会中半收赎",第311—312页。
㉞ 《勉斋集》卷33《徐铠教唆徐莘哥妄论刘少六》,第18页。
㉟ 《豫章黄先生文集》卷1《珥笔教讼者传孝问之章》。应俊补辑:《琴堂谕俗编》卷下,第11页。
㊱ 《清明集》卷12《惩恶门·把持》胡石壁"先治依凭声势人以为把持县道者之警",第475页。
㊲ 《清明集》卷12《惩恶门·把持》蔡久轩"讼师官鬼",第473页;胡石壁"士人教唆词讼把持县官",第477页。

讼者亦将接揽词诉、教唆词状作为"健讼家传之学"与"种习相传之业"。㉘ 南宋末年,哗徒们所撰写诉状的范本大概相当普遍流传,例如咸淳九年(1273)江西提刑黄震的约束"大辟血属投状"的榜文中写道:

> 舍此泛称血属,云有某亲身死不明,或不知人命着落之类,皆是哗徒教唆,雷同古本,并不许县道轻受。(《黄氏日抄》卷79《交割到任镂榜约束》,第7页)

哗徒教唆生事的词状,"雷同古本",县衙应该可以分辨得出来,不许轻易受理这类牒诉。由此可知,南宋教唆词诉的哗徒们,其健讼有"秘本"。㉙

二、健讼之徒的刑罚

地方官并非将所有健讼之徒都看待成穷凶"惩恶"之人,有些市井小民虽健讼,但还不至于招来官府的侧目与整治,如北宋赵挺之(1040—1140)父亲任官的事迹:

> 赵清宪公父元卿,为东州某县令。有妇人亡赖,健讼,为一邑之患,称曰:"拦街虎",视答挞如爬搔。公虽知之,然未尝有意治也。(《夷坚乙志》卷9"拦街虎",第256页)

有一妇人虽号称"拦街虎"且无赖健讼,乃县人及县令的祸患,但县令并未刻意治其罪。

南宋初年,朝廷刑部有感于健讼之风的问题日益严重,希望就现行的法规之外,再增加对健讼之徒的约束,如绍兴二十一(1151)年十一月十七日,刑部臣僚的奏言:

> 陈乞禁约健讼之人,本部欲于见行条法指挥外,其诉事不干己并理曲或诬告及教令词诉之人,依法断讫。本州县将犯由、乡贯、姓名籍记讫,县申州,州申监司照会。若日后再有违犯,即具情犯申奏断遣,从断讫,再

㉘ 《清明集》卷13《惩恶门·哗徒》蔡久轩"哗鬼讼师",第481页。又如表4-3-1,例19。
㉙ 讼师秘本写入《大清律例》成为全国性禁书。参见徐本撰:《大清律例》卷30《刑律·诉讼》"教唆词诉"1335条例,第526页。

注,仍先次镂板晓谕。(《宋会要》刑法3之28)

陈乞特别处罚的健讼之徒有三类:"事不干己并理曲"、"诬告"、"教令词诉"。此项禁约的具体办法是将健讼之徒断罪处刑完毕后,登录其"犯由、乡贯、姓名"并做成"前科"簿籍,依法送达地方各级衙门收存。

换言之,健讼之徒的处罚不止于上述三项罪名,本文就案例实际处罚,分成紊官、事不干己、诬告、教令词诉、士人大夫的身份等项说明健讼之徒的罪罚。

(一)"紊官"的刑罚

力争己业的健讼之徒充其量是不服判决而扰官的顽民,而官员面对的嚣讼者若只是乡民,更不忍心加诸重刑,如范应铃(开禧元年[1205]进士)的考量:

> 尝谓乡民持讼,或至更历年深,屡断不从,固多顽嚚,意图终讼,亦有失在官府,适以起争。如事涉户昏,不照田令,不合人情,遍经诸司,乃情不获已,未可以一概论。(《清明集》卷4《户婚门·争业上》范西堂"漕司送下互争田产",第120页)

如果是官方行政作业的怠忽,判决户婚田业却不依照田令,又未斟酌人情法意,致使当事人遍打各级衙门,官府仍不得实情直判,则不能一概而论为嚣顽之辈。又如"徐子政理索杨王廷未足租钱"案⑳,吴革认为,由于"前后累判,并不曾剖析"徐子政"不过税、不过业"的事实,官府未依照法定程序,徐子政才敢"固执己私,紊烦官府"。所以吴革一方面勒令杨氏兄弟备钱赎回田业,一方面帖县"照已断示徐子政知委",县衙务必使徐子政了解官府合于法理的处断,以期徐子政改正"妄状"行为,否则下次官府一定"从条施行"。

南宋嘉定五年(1213)因为"州县之间,顽民健讼"进行翻诉,"不但害及良民,官司亦为其紊烦",因此规定翻诉至台部(御史台及六部)而"的然虚妄者,必行收坐",翻诉至朝省中央而"欺罔天听者,定行编配"㉑。自此以后,官方有

---

⑳ 《清明集》卷6《户婚门·抵当》吴恕斋"抵当不交业",第168页。
㉑ 《宋会要》刑法2之137,"十二月二十日臣僚言"。

责警告诉讼当事人虚妄"再词"紊官的后果,如"卢兴嗣买李震卿土地而反悔"案[242],卢嗣兴立契断买李震卿土地,令李震卿明言无卑幼,又签下"悔约责罚状"。但卢却事后反悔买价过高,并且持讼"论李震卿有幼弟"。书拟判决文的韩似斋一方面欲当官唤上李震卿母子,要求李向卢说明以后如有过房弟争交易田地,愿意抽出己分田抵还过房弟,以此为卢"释疑";一方面说明若官方处置合法得宜,而卢又向府衙"再词",请府衙将先责卢该当的罪罚之后,强制令卢依私约"先悔者罚钱一百贯入官",以为"嚣讼者"之戒。书判者自许是本案的终结者,如果当事人再来公堂嚣烦官吏,既是"紊官"也是"抗官",必行虚妄罪收坐。

州县亲民官处理民讼基于"庶几是非别白,予夺分明,乡村小人,各安其分,不致嚣讼,重伤亲谊"的心情[243],以安居乐业、亲邻和睦为弭讼教化的重点。所谓县衙收坐"虚妄罪"的刑罚,也只能在杖一百以内,别施他刑(闰刑)。以"方龟虚妄命继方森"案为例[244],前此权县的陈县丞已察得方龟觊觎方森遗产的实情,却"未与正其罪",只是"门示",导致方龟一再"番诉"嚣讼。翻诉的判决指出方龟不只是困扰良民,亦是紊烦官府,虽然判决未明言方龟定罪的法条,其实是符合嘉定五年立法的规定,是惩治方龟以"不经官押"的白纸支书作为呈堂供证,属明显的"妄状"行为。

若涉及孝道与伦常的案件,官府对于"嚣讼"者妄状的定罪,显得法理充分。如方岳(1199—1262)审理"胡师琇出家未能终养祖母阿王"案[245],胡师琇对迁葬祖母的族人进行官司,而所司将迁葬的两族人锢狱推勘,并且强制"监迁原处"。胡师琇却仍"至经上台,嚣讼不已",方岳定罪的判决中论胡师琇对祖母在世"供养有缺"、死亡"不躬亲葬敛"二罪之刑。方岳若依"诸二罪以上俱发,以重者论"的原则[246],"十恶"罪当然更甚于"健讼"罪,胡师琇应该处徒二年以上的刑罚,但方岳却只科胡"杖一百"、"编管邻州"。究其重罪薄罚的原

---

[242] 《清明集》卷6《户婚门·争田业》韩似斋"出业后买主以价高而反悔",第176页。
[243] 《清明集》卷6《户婚门·争山》吴恕斋"争山",第198页。
[244] 《清明集》卷8《户婚门·立继类》天水"已有亲子不应命继",第251页。
[245] 《清明集》卷10《人伦门·不孝》方秋崖"祖母生不养死不葬反诬诉族人",第387页。
[246] 《宋刑统》卷6《名例律》"二罪以上俱发及累并倍法"。

因，以编管邻州隔离嚣讼的胡师琇，预防族人再遭受他的官司之扰。可见，此一判决表面惩治胡的"十恶不孝"罪，其目的终究是惩治"嚣讼"的行为。

官府面对争取私财权利的健讼之徒，如果他们没有假造契约的犯罪行为，实在毫无理由拒绝接受词状；但是对于人手有限的县衙而言，官方一再为这类健讼顽民的讼牒查证、判决，实在是有不堪其扰的痛苦。然而，身为具公权力象征的县官，若以"紊烦官司"的理由冒然加诸刑罚于乡民身上，也有违恤刑的理念，所以只好在衙门外"告示"或于判词中"告诫"，而未加刑罚。至于地方官处置妄状的健讼之徒时，有处以"杖不过百"，但是不论"押出县界"或"编管邻州"等刑罚，是要借刑罚短暂隔离健讼之徒，可以算是官方积极的处置办法。

(二)"事不干己"的刑罚

"事不干己并曲理"，是绍兴二十一年(1151)立法具体处罚健讼之徒行为的第一项。淳熙六年(1179)又下诏进一步规范"诉事不干己者"：

> 十月十六日，诏：诸路监司，自今应有胁持州县诉不干己者，籍定申闻台省看，候将来再犯，累其罪状，重寘典宪。(《宋会要》刑法3之35)

监司有职责"籍定"州县中"诉不干己者"，并且申呈中央御史台，此辈日后如有再犯，追究历来犯状，并累罪科刑。可见朝廷痛恶"诉事不干己者"胁持官府的行为。

所谓"理曲"，是由审案官员"反复曲折"、"平理曲直"而得原情，即使不在判决文使用"理曲"一词，亦可从判决文"说理"推得当事人违理的行为，如胡石壁判决"改嫁妻阿常讼婢阿刘夫妇"案㉓，三嫁妇阿常的第二任丈夫徐巡检身亡后，百日内即行改嫁张巡检，致使徐巡检的母亲阿侯倚赖其婢阿刘夫妇，阿常闻阿侯身死，反兴讼阿刘夫妇，并自陈婚姻不合法。胡颖推理认为，阿常兴讼欲取阿侯的遗产，其谋占前夫财物的意图极为明显。而胡颖的判决文又指出张巡检之子张良贵亦列名状内，然而张良贵是阿常后夫之子，与徐巡检家产毫不相干，其"意在骗胁、情理可憎"，所以张良贵被判"决竹篦二十"、"押出府界"。胡颖判决张良贵时，虽未引用法条，但文字叙述中，明白指责张良贵是

㉓《清明集》卷10《人伦门·夫妇》胡石壁"妻已改适谋占前夫财物"，第378页。

"事不干己并理曲"。

事实上,五代迄北宋规定"所诉必须己事,毋得挟私客诉(事不干己,妄兴词诉,谓之客诉)"[248]、"其余事不干己,除敕律许人陈告外,皆毋得告论。"[249]南宋则有"事不干己,官司不许受理"的法令[250],陈傅良(1137—1203)曾告谕湖南桂阳军百姓的榜文中,有一条曰:"敕诸事不干己辄告论者,杖一百。其所告之事,各不得受理。"[251]但真正触犯已告论事不干者所受刑罚数往往是杖罪以下,甚至不罚。如"陈鉴诉讼陈兴老与黄渊交易违法"案[252],通判先引用法条对陈鉴告诫一番,以保障"懦善良民",并明示陈鉴再敢健讼兴词,就科"不应为罪",即是"笞四十至杖八十"之刑罚。[253] 一般人未必了解"照不应为科罪"的刑度,而判决文中明确指出罪名,具有吓阻健讼顽民妄诉的作用吧。

以"不应为罪"科罚"诉事不干己者",或许是针对专门替人出面打官司的健讼之徒,以"龚孝恭妄诉田业"案为例[254],胡颖惩罚代理论诉人刘纬,虽然诉事不干己的行为是在"赦前",胡颖依规定难以追断刘纬的"不应为"之罪,但仍以"竹篦十下"示惩奸狡者。刘纬只是单纯代人出面打官司,又会赦减免,胡颖尚且惩一警百于乡村中"专以健讼为能事"者。如果是假造证据或以尸体为勒索求财的诉事不干己者,其处罚不仅于"竹篦",至少"勘杖一百"[255]。

"事不干己"而兴诉讼者,大概有两种可能性:一是此人是好打抱不平,热心公义;二是专以健讼为事业,谋利营生。常理上,第一类人鲜少。若是扮演热心调停的角色,当事人及调停人只需私下调停,不必到官府诉讼,如以儒倡其族的陈允中(1183—1253)的事迹:

> 妻乡党,或有争,不诣官府,咸之君取决焉。君曰:"某非。"皆悦服,释

---

[248] 《资治通鉴》卷291《后周纪二·太祖圣神恭肃文武孝皇帝中》"广顺二年(952)年"条,第9485页。
[249] 《长编》卷218"神宗熙宁三年(1070)十二月乙丑"条,第5297页。
[250] 关于不受理法条,参见本书第五章第一节。
[251] 《止斋文集》卷44《桂阳军告谕百姓榜文》,第4页。
[252] 《清明集》卷13《惩恶门·妄诉》建倅"挟饎妄诉欺凌孤寡",第505页。
[253] 《宋刑统》卷27《杂律·违令及不应得为门》"不应得为"条。
[254] 《清明集》卷4《户婚门·争业上》胡石壁"妄诉田业",第123页。
[255] 《清明集》卷5《户婚门·争业下》翁浩堂"揩擦关书包占山地",第159页;卷13《惩恶门·告讦》刘后村"自撰大辟之狱",第491页。

争以去。武断健讼见君,皆有愧色。(姚勉:《雪坡集》卷49《陈允中墓志铭》,第8—9页)

可见民间的停调人可以消阻健讼之徒武断生事的行为。事实上,第二类"事不干己者"到官诉讼时,就隐含了健讼"理曲"的部分,若此人知有所节制者,主动停止诉讼活动,官方乃可以原谅而不会处罚。若始终以官府的诉讼案件为财源者,官府则可以"不应为罪"的刑罚加诸其身。不过,由于"不应为罪"容易因赦放免,所以有的官员只提示罪名作为法理,以吓阻健讼嚣烦者。以上诸现象,也许反映地方官固然厌烦以诉讼为业者的谋生方式,却不能否认他们的存在,所以就宽容其罪,从轻处断。

(三)"诬告"的刑罚

"诬告罪"的法律由来已久,其基本内容是指"凡人有嫌",或"纠弹之官挟私"而故意捏造事实,以"小事"[㊾]妄加纠告,使无罪者入罪,或是使轻罪者入重罪之行为。官府采取"反坐其罪"的处罚,即是诬告者科其所诬之罪罚。[㊿] 就动机而言,"诬告罪"有别于"事不干己并理曲罪",诬告者是"有嫌挟私";事不干己者是"胁骗得利"。就刑罚而言,诬告罪也比事不干己的"不应为科罪"来得重。

官府处理健讼者的案件时,一面要追究事实,一面又要防范被诉讼人误导,避免诬罔无罪之人。若是诬告者以非常手段进行官司,可想见官府对这些极尽诬罔能事者的深恶痛绝,如"方子明钉脚论寺僧劫谷及本县违法勘刑"案[○],方子明到州衙自残立牌,"声冤庭下",控诉县衙讯腿荆其兄二百下,但是知州根据本县发到案牍,原是僧人先告逐出僧人到寺盗谷,县衙才将逐出僧解到追证,尚未进行讯掠囚系。所以知州判决方子明的诬罔行为,并处罚"杖一百",又"枷项示众"[○]于州、县衙前,还得"编管邻州",可见知州加重刑罚痛惩这类的健讼者。

㊾ 所谓"小事"乃指谋反、大逆、谋叛以下的罪。《宋刑统》卷9《职制律·漏泄大事门》"漏泄大事",第13页。
㊿ 关于类似诬告罪之规定,早见于秦。参考《云梦秦简》《法律答问》,第557—558页。
○ 《清明集》卷13《惩恶门·妄诉》婺州"钉脚",第503—504页。
○ 有关"示众"刑罚的功能,参见本书第五章第三节。

南宋人打官司盛行越诉,投词者利用越诉管道甚至有成群结队到中央衙门,此辈亦被冠上健讼之人。[20] 健讼之人利用"越诉",作为胁持县道的计策,例如乾道六年(1170)八月二日,宗正少卿王佐的奏言:

> 朝廷虑猾吏之为民害,故开冒役越诉之门。然顽民奸巧,往往假此为胁持县道之计,甚至论阖县之吏。乞自今有论诉,……如敢挟私妄诉,与重作行遣。从之。(《宋会要》刑法3之33)

越诉之门开启,顽民得以"挟私妄诉"进行诬告,还可附带控告县衙官吏失职。中央朝廷为了防止这类诬告的情形恶化,强调对越诉的诬告者科以重刑。

南宋有以死因不明的尸首进行诬赖告论的风气,所以光宗绍熙三年(1192)对此一日渐成风的社会现象,立法确立罪名,若因诬告大辟致使无辜之人枉受官府囚禁拷掠,乃至于死亡者,而告论人与尸身没有亲属关系,则以"诬告罪人法"论罪。若是家属妄认尸首,则以"不应为罪"之重者论罚,承办的官吏也要论科"故入人罪"[21]。这是为了保护无辜被图赖者,如"赖进控告裴五四溺死其子赖信"案[22],本案死者是摆渡人,摆渡间因载客过多导致沉船溺死,其人死后一个月,受役势家的父亲赖进乃大兴狱讼。刘克庄到事发的两县之后,才知道赖进健讼扰害的广泛。不过刘克庄虽厌恶赖进交通县吏的行为,仍然调查官府"推吏"、"知县"及"检验官"等行政官吏公私失错的罪刑,对于祸贻众人的诬告者,仅科以反坐"勘杖一百"、"编管五百里"。究其原因,大概是编管之罚有治健讼的意味,并念及赖进亦是真血属,所以从轻杖刑。

(四)"教令词诉"的刑罚

"教令词诉"简分为二大罪:"为人作辞牒加状罪"及"教令人告事虚罪"。从《唐律》以来就有明确的规定,唐代受雇人写状擅为加词,如果所告是虚,则受雇者处以"彼此共谋"的首罪,若受财少,"以自诬告论,反坐其罪";若受财重于诬告罪,以坐赃论加二等科之,雇人者"从教令法"。受雇者所告是实,则雇者合法,而受雇者有代告之罪,即以坐赃论。至于教令人告事虚,指教唆人诬

---

[20] 有关南宋越诉的现象,参见本书第一章第三节。
[21] 《宋会要》刑法1之57。
[22] 《后村先生大全集》卷193《铅山线禁勘裴五四等为赖信溺死事》,第8页。

告他人,或教唆人控告亲属,等等。此乃教令人利用被教令人进行犯罪,与本身自犯者不同。而追溯其源,汉律有"教人诳告"罪。律文规定上是属于从犯,减告者罪一等。当然,此处所教唆诬告之事乃刑案。㉓

南宋的地方官深信,如果争讼人的口供与词状有出入时,必有教唆词讼者从中把持公事,如胡太初所说:

> 县道每有奸狡顽嚚之人,专以教唆词讼、把持公事为业,先当榜文晓谕,使之尽革前非,若有犯到官,定行勘杖、刺环、押出县界,必惩无赦。凡遇引问,两争应答之辞,与状款异,必有教唆把持之人也,须与穷根勘,重寘于罚。(胡太初:《昼帘绪论》"听讼篇第六",第9—10页)

县邑都有奸狡顽嚚之人,以专教词讼为业,县衙应该先"榜示",令其改革前非,若再犯教唆词讼而进官衙者,一定进行勘杖、刺环、押出县界等处罚。

农村教讼人的"哗嚚"能力较低于城市聚众的哗徒,若不是教唆诬告刑狱命案罪,仅是在一旁鼓动兴诉的村民,尚未构成律文的教令词诉罪的要件,刑罚不至于杖一百。如"唐六一与颜细八等人争讼"案中㉔,杨四不是写状人,充其量是不能和劝睦邻,但因为有"说动"两家兴讼的行为,所以胡颖处罚杨四"杖六十",至于词诉双方则未受处罚,只被求"责罪罚状"为证。相对地,结党营业的"哗鬼讼师",有受赃的重大罪行,一朝被惩治,就非杖刑、编管莫属了,如蔡杭惩罚哗徒张梦高"决脊杖十五"㉕,相当于"徒一年半"㉖,又加"刺"、"配"牢城。甚至有官员将惩治哗徒的判决文书"镂榜遍行晓谕,其有堕此习者,宜知悔悟,毋犯有司"㉗。颇有杀一儆百的意味。

㉓ 参考刘俊文:《唐律疏议笺解》,第1663—1670页。
㉔ 《清明集》卷10《人伦门·乡里》胡石壁"乡邻之争劝以和睦",第394页。
㉕ 《清明集》卷13《惩恶门·哗徒》蔡久轩"撰造公事"。
㉖ 宋代行折杖法,参见《宋刑统》卷1《流刑三》,第3页;〔日〕川村康:《宋代折杖法初考》,载《早稻田大学》(1990年65号),第77—129页。
㉗ 《清明集》卷13《惩恶门·哗徒》马裕斋"哗徒反复变诈纵横掉圖",第484页。

（五）"士人身份"㉘的量刑

北宋徽宗政和三年（1113），对于士人犯"事不干己"的健讼行为，称为"不恤之刑"，当县令、佐或知州、通判将其犯刑事迹书写于簿籍，并报呈学校，将会影响士人入学籍㉙，不准入学是对士人最严厉的惩罚，但只在徽宗朝短暂实施而已。一般而言，官府给予士人的改过机会也不少，尤其是告事不干己的"不恤之刑"，被视为最轻的过错，很容易就受到宽宥。

何况健讼者深谙官吏间的人情世故，能掌握基层行政人员，"把持"一地之司法进程，再加上他们舞文弄墨，或者本身就是士人出身，遭受刑罚之时，也多了一把保护伞，如"金千二与钟炎"案㉚，犯赃罪的情节相当重大，以其累积之赃，早就是应该死有余辜，但因当地的士友求请，所以蔡杭只好给予"末减"而"决脊杖十五"，甚至"免申礼部"、"免勘"，仅"决竹篦二十"。即使没有士友的请求，只要当事人具有士人的身份，就可以减刑。如蔡杭处理"胡大发与毛德恐吓取财"案㉑，因为胡大发自称是士人，蔡杭便以"引试"的方式，确定犯罪者的士人身份，加上"诸士友之请"，姑"免勘断"、"重究竹篦二十"。相形之下，同案的毛德就没有具士人身份的胡大发幸运，服完刑之后，还病死路途。

"讼师"若具备士人身份，亦可从宽处置。如蔡杭处断一位"嚚讼成风"、"垄断小人"的"讼师官鬼"，他的犯行"始则以钱借公吏，为把持公事之计，及所求不满，则又越经上司，为劫制立威之谋"而应"勘杖八十"，但由于"金厅勘定真士人"，最后从轻"决竹篦十五"。㉒即使官员不愿意称那些哗徒为士子，在量刑时也会从轻。如"余子能及王元德诡嘱受财"案㉓，虽然吴势卿斥责余子能"平日专以计置行赇为生，今次乃以诡嘱受财"，"岂得谓之士子"，但吴势卿还是将"盗论"应判"决脊杖"、"刺方环"的刑罚，减轻为"决竹篦二十（以代大

㉘ 参见〔日〕高桥芳郎：《宋代の士人身份について》，载《史林》（1986年第69-3期），第39—70页。本文指出宋代的科举制度完备之后，社会上产生数量空前的读书人，他们有许多是未具备"官僚"（士大夫）身份，而习以"士人"或"士子"称呼。士人不只是"社会身份"而已，他们在"役法"和"刑法"都具备优免权，所以有别于一般的"庶民"阶层。而明清以下，传统中国的"乡绅统治"形态可说自此以后更为发展。
㉙ 《昆山见存石刻录》政和三年七月十五日建"御制八行八刑之碑"，第6698页。
㉚ 《清明集》卷13《惩恶门·哗徒》蔡久轩"哗鬼讼师"，第482页。
㉑ 《清明集》卷11《人品门·士人》蔡久轩"引试"，第402—403页。
㉒ 《清明集》卷12《惩恶门·把持》蔡久轩"讼师官鬼"，第473—474页。
㉓ 《清明集》卷11《人品门·士人》吴雨岩"士人以诡嘱受财"，第405页。

杖）"、"编管五百里"，同案人受余子能指使的王德元，从轻"决竹篦二十"，押下"州学听读"。陈淳（1159—1223）向地方官的建言中，提到惩治士人健讼的方法：

> 若其人非士类，则依条重行科断。在士类者则循旧例，决竹篦，处之自讼斋穷年，使读论语小学之书，是乃以善治之之道。如此健讼者无复敢恣为虚妄而肆行教唆。（《北溪大全集》卷47《上傅寺丞论民间利病六条》，第2页）

可见士人健讼从轻的刑罚有例可循，只是"决竹篦"、"自讼斋听读"[24]而已。

士人父子"以健讼为家传之学"，如"王方及王用之父子"的案例。[25] 王方以其弟王平之死，论诉堂弟王子才的占据其弟财物，在县主簿、知州、提举司的判决文中，称之为"老健虚词"、"哗徒之渠魁"、"妄讼"。[26] 最初主簿拟判道，"以其为宦族之后，儒其衣冠，不欲伤类"，本来不想处罚，只是警告"若更嚣讼不已，官司自合从公科断"。但是王方却又遣其子王用之越诉到提举司及提刑司，"入状痛毁主簿"，论诉主簿失职。提刑司将王用之钉锢押到县衙，并追缉捕获王方。尔后衍生其他百姓论诉王方父子更多罪状，可见王氏父子平时利用"向巡历监司投诉冤害"之术，把持掌控县衙公吏，连吏辈都要通关节示好。县衙遇上如此健于狱讼之徒，即使将他们下狱，亦不敢贸然刑讯，"若以鞭朴绳索加之，则王方父子必以为棰楚绷吊，抑勒供招，只以理开谕。"

官府处罚嚣讼者时，必须考量其身家背景。若是官员家族成员"不恤交游，渐习嚣讼，动事挟持"，刑罚处置时多有踌躇，例如一位官员对宗族成员妄诉行为的处理时，显得有些为难。[27] 若论处官员子侄的嚣讼，该官员亦有管教失当的责任，所以最后只针对子侄的干仆黄百七鞭车警牛，黄百七或许是可恶之徒，但有可能只是代罪人。

类似情形亦发生在官宦之家的诉讼纠纷，如江东提刑刘克庄曾审理一件

---

[24] 有关"听读"刑罚的功能，参见本书第五章第三节。
[25] 《清明集》卷13《惩恶门·诬赖》天水"王方再经提刑司钉锢押下县"，第517页。
[26] 《清明集》卷13《惩恶门·诬赖》主簿拟"假为弟命继为词欲诬赖其堂弟财物"、"又判"、"提举司判"，第512—515页。
[27] 《清明集》卷1《官吏门·儆饬》"惩戒子侄生事扰人"，第32—33页。

"豪家吞并产业"案,因为此豪家拿出"王枢密府状",县衙吏卒与寨兵依程序进行追证,徐云二因不堪其扰而自杀身亡,提刑判决王家妄讼,导致徐云二自刎而死,王叔安处刑"徒三年"。不过,"以其名家之后,索告办验。"㉘换言之,这不是最后的定刑,因为辨验官告身份后,还可以减当刑责,甚至免刑。值得注意的是,王家干人朱荣以"挟妄作势"而"决杖脊三十"(折杖法中的最高刑止决脊杖二十)、"编管五百里"的重刑。可见豪强健讼者王叔安之家世仕宦背景,使得刑罚不上其身,仅以"干人"代受。

本文将南宋的"健讼之徒"分成顽民、哗徒两类,一是诉讼案件与本身利益有关联;一是帮别人或鼓动他人去打官司。第一类的健讼之徒,大多是中产以上人家,官府虽厌其健讼,却仍依规定审理案件,在官员的眼里,他们是"恃其豪富"、"紊烦官司"的顽民。第二类的健讼之徒,是"一种人长于词理,熟公门事体浅深,识案分人物高下,专教人词讼,为料理公事,利于解贯头钱,为活家计,凡有词讼者必倚之为盟主,谓之主人头,此其人或是贡士,或是国学生,或是进士困于场屋者,或是势家子弟宗族,或宗室之不羁者,或断罢公吏,或破落门户等"㉙。虽然教唆词诉的行为触犯刑律,但因他们懂得规避法律的惩罚,官府难以约束他们"哗然生讼"的行为。

南宋初年,官府采取登记有案的方式,处理兴讼所犯"诉事不干己"、"诬告"、"教唆词诉"的健讼之徒,显示官府最在意这三项行为。第一类不以健讼营生的顽民,多有被网开一面而释放或轻罚,以"押出县界"暂时隔离于群众及被害人之外。第二类以诉讼为生者,又可分成在乡村的教讼人,其所受刑罚比城市里的哗徒渠魁为轻,罪名多以"事不干己"的不应为罪科之,从"答四十到杖八十"之间。在城市里从事包揽诉讼为业者,经营代人投词、教人上衙门的技巧,采用聚众立局的规模,包揽词讼,打通与官府的人际网络,全套掌握司法流程,挑战公权力与严重影响社会秩序。虽然有哗徒渠魁被判决流刑编管,但是地方官处理健讼之徒的定罪时,必须多方考量当事人的特殊身份,往往予以从轻发落。

㉘ 《后村先生大全集》卷192《饶州州院申徐云二自刎身死事》,第13页。
㉙ 《北溪先生大全集》卷47《上傅寺丞论民间利病六条》,第1页。

小结　原情定罪，援法据理

　　无论大小狱讼案件，县令都必须在厅堂上审问，甚至结集县衙佐官"聚厅录问"，才能作出合理的判决。其实，在审问的步骤中，"引问"、"面审"与"劝谕"是可以同时并进的方法。南宋有些县令将听讼的治术譬喻为"虚堂悬镜"，意谓县令盘"问"案情时，面对当事人的回"答"事情，以毫无偏心来理解两造的词"诉"内容，并由县令提出自己的"说法"加以循循劝谕，或许在审判的过程中，两造就能够平心和解，寻找县衙堂外的"和劝人"，在县衙内写下"和对状"作为证据，于是自动取消打官司，县衙也因而达到听讼而"无讼"的最高境界。

　　南宋的官箴有谓："惟尽吾情以听之。"意指在人情靡漓的时代里，县令必须"尽情"才能达到息讼的理想。地方官亦有道："听讼之道固当执法，亦当原情。"所谓"原情定罪"是了解原来的实情，并从人之常情观看事实，而且透过阅读历来案牍推断案情与定罪。宋代朝臣强调国法中有"法重情轻"、"罪疑惟轻"、"情理重害"等诸项精神，执法官员即使面对杀人犯，亦需要有爱人的心意，思量为其求得可恕的活路，所以法条只不过是原情的参考点而已。至于官员"援法据理"则指出读书人辨识道理的能力，以及据理者的义理能够阐明"天理"，而凡事既到官，官府只有依程序与法规处理。尽职于狱讼的地方官秉持字字对越，在在持平如衡、实事求是的态度，才能于下笔拟判之际，未尝掺杂私人的喜怒情绪。

　　从《清明集》中可以看出当时若干"健讼"的活动，在南宋地方官眼里的健讼之徒，可以分成争取自身权利的"顽民"与教唆他人打官司的"哗徒"两大类。县令面对恃顽豪富的健讼者，只能"尽情"听讼，所以虽然厌其健讼紊官，却不能阻止其不断打官司的行为。官府面对教诉的健讼者，虽然有"诉事不干己"、"诬告"、"教唆词讼"的法令可以籍记与定罪，但是因为他们懂得规避法律的惩罚，所以往往难以约束他们哗然生事的行为。倘若庶民百姓依照法理进行诉讼，县令没有理由拒绝听讼，更不能贸然定罪科刑。

第五章　判决与科刑

淳熙四年(1177)至十三年,史浚(1129—1203)连续三任浙东绍兴府新昌县的知县。据说他离任赴通判婺州时,民众扶老携幼送至出县境十余里,直到遇水滨止而拜泣曰:"不复有此知县矣!"这九年间,史浚除了受新昌县民的爱戴之外,连浙东提学朱熹亦"一见如旧,即以滞讼委之"。根据楼钥析述,史浚在新昌处理词讼有术:

> 君资明而健决,两词至前,情伪立见,书判数百千言,反复切当。每曰:"久讼废业,实官司不决之过,惟详尽不可转移,则安居矣。故一经予决,虽宿奸巨猾,无复异词。"及君将去,念一任所决滞讼,幸无翻诉,吾去之后,猾吏或为奸利,则贫弱必受其害,乃许请断由以备。于是请者日至,一一给之,或感泣者曰:"令君为我长虑及此,真父母也。"(《攻愧集》卷105《朝请大夫史君墓志铭》,第7页)

他擅于书判数百千言,以杜宿奸巨猾之词。而且当他将离任之前,为了避免猾吏利用新旧知县交替之际,复害贫弱善良之民,所以开放当事人向县衙申请其任内所结绝滞讼的"断由"①。他的深思熟虑,令新昌邑民由衷感泣,称之曰:"真父母"。

范应铃(开禧元年[1205]进士)复审一件广西静江府永福县判决"黄渐妻因奸射射"案,当事人黄渐是从静江府临桂县侨寓永福县,在陶氏家以教授小学为生。寺僧妙成与主人陶岑互相争夺衣物而交讼于县衙时,彼此论及与黄

---

① "断由"是南宋高宗绍兴二十二年规定婚田差役之类,曾经结绝,官府给当事人一本,"具情与法",并且叙述定夺理由的证明判决书。参见《宋会要》刑法3之28。而由史浚的事迹看来,必须由当事人向官府申请,或是官府判定需要给予断由,未必所有打官司之人皆可获得断由。

渐妻阿朱有奸情,黄渐亦因此论诉于县,县尉将词讼案牍及一干关系人等押到县衙后,县官判决三位当事人皆各处以"杖六十",并且判阿朱"押下军寨射射",范应铃对县衙的判决颇不以为然,他写道:

> 尉司解上,县以黄渐、陶岑与妙成各杖六十,其妻阿朱免断,押下军寨射射。此何法也?黄渐有词,县司解案,并追一行供对,与所诉同。如此断事,安能绝讼。在法:诸犯奸,徒二年,僧道加等。又法:诸犯奸,许从夫捕。又法:诸妻犯奸,愿与不愿听离,从夫意。(《清明集》卷12《惩恶门·奸秽》"因奸射射",第448页)

在黄渐等三人的纠纷中,阿朱虽然"免断"而不列入处罚的对象,但却被判定"射妻"刑罚,即认定阿朱是为"淫滥之妇,俾军人射以为妻"。范应铃一面指责县衙所判根据"何法"?一面连续举出三条法律说明若是判决黄渐三人同等的刑罚,则有违法律"僧道加等"一条;而阿朱的奸罪与其夫黄渐投词内容及自由意志相关,县官忽略黄渐有无依"从夫捕妻奸"及是否愿"听离犯奸妻"二法条。由此可见,县官的判决显然在检选法条的用意及解释法条的本意有不周之处,亦即"法意"有误。

狱讼判决的最后一道程序,宋代称为"结绝"。每一判决之前,县官必须完成判决文书的撰写,不论是息讼或是决杖,"俟已判,始付吏读示"②,还得向当事人"当厅读示"、"开说"判决文。③ 南宋高宗绍兴二十二年(1152)以后,又有法令规定,县衙必须给付"婚田差役"之类的诉讼民户"断由"以为证据,才算完成县衙的结绝。而日后若翻诉,投词人必须将断由粘贴于状首,审理官员可以参照前官的"情与法"及"因依"之判决文,审理官员可以参照前官判决,依法取索旧衙门的文书证明,而不至于轻重出入太多。④ 在讼牒与日俱增之下,亲民县官拟笔书判的能力是不可或缺的(参见表5-1-1),而县衙的判决又受到上级各衙门的监督,所以县官撰写判决文时,也要遵守法定的形式要件。

---

② 《州县提纲》卷2"示不由吏",第16页。
③ 如"吕文定诉叔吕宾占据其弟财产"案,县尉已断为允当,只是未加以开说,所以吕文定继续投词,其后不仅给断由,还当厅读示。参见《清明集》卷4《户婚门·争业上》"吕文定诉吕宾占据田产",第106页。
④ 《宋会要》刑法3之28。又参见《要录》卷163"绍兴二十二年五月辛丑"条,第2658页。

表 5-1-1 《清明集》中"给断由"案例

编号	卷数	门·类	作者	篇名	页数
1	三	赋役·限田	范西堂	乞用限田免役	84
2	三	赋役·		并黄知府三位子户	85
3	四	户婚·争业上		吕文定诉吕宾占据田产	106
4	四	户婚·争业上		使州索案为吴辛讼县抹干照不当	110
5	六	户婚·争田业	吴恕斋	陆地归之官以息争竞	188*
6	八	户婚·立继类	翁浩堂	已立昭穆相当人而同宗妄诉	247
7	八	户婚·立继类	邓运管拟姚立斋判	嫂讼其叔用意立继夺业	260*
8	八	户婚·户绝	叶宪	夫亡而有养子不得谓之户绝	274
9	八	户婚·违法交易	翁浩堂	鼓诱寡妇盗卖夫家业	305
10	八	户婚·取赎		妄执亲邻	310
11	十一	人品·僧道	彭仓方	客僧妄诉开福绝院	407*
12	十三	惩恶·妄诉	建倅	挟雠妄诉欺凌孤寡	505
13	十三	惩恶·诬赖	刑提干拟	以累经结断明白六事诬罔脱判昏赖田业	509*
14	十三	惩恶·诬赖	提举司判	假为弟命继为词欲诬赖其堂弟财物	515*
15		附录二	黄勉斋	窑户杨三十四等论谢知府宅强买砖瓦	587
16		附录二	黄勉斋	宋有论谢知府宅侵占坟地	591
17		附录二	黄勉斋	郝神保论曾运干赎田	596
18		附录二	黄勉斋	陈安节论陈安国盗卖田地事	598
19		附录二	黄勉斋	聂士元论陈希点占学租	601
20		附录二	黄勉斋	京宣义诉曾(山品)叟取妻归葬	603
21	十	人伦·乡里	胡石壁	乡邻之争劝以和睦	394
22		附录二	黄勉斋	郭氏刘拱礼诉刘仁谦等冒占田产	607

【说明】* 表本判文之前的断由,例 21 "判语"应该是断由,例 24 是六处 "定断的案牍",即官府所收断由。

本章将探讨狱讼中的"结案",从判决文书的制作过程,了解有关拟笔判决者的行政责任。而县衙要如何结绝,才不至于如范应铃所指责的"永福县司"断事草率。再者,分条叙述九大项常见的"不受理"法及其判决文的内容,加以说明县衙判决的机制。从量化《清明集》中 200 件"户婚差役"案的判文,讨论官员如何使用"法意","出幼"的内涵及其社会意义,以及官员眼中争讼"妇女"的行为能力。最后,归纳县衙除了决"杖一百"以外,"监"还财物的方法与县衙可执行的"听读"、"示众"、"刺环"、"押出县界"及"永锁"等五项附加刑,以便了解县衙维持地方秩序的功能,并分析科刑结绝时,县衙行政所面临若干地方人际关系的影响力与阻力。

第一节 断由的制作

一、检法拟笔

"检法拟笔"是定谳罪名前的重要步骤,《宋刑统》承袭《唐律》而有"断罪引律令格式"的规定,并以"官司出入人罪"制约官吏公事判决合于法令。⑤ 此外,具狱结款与检法拟笔有所区别,这种"鞫"、"谳"分司制度的历史由来已久,但实际施行的情况,仍不甚清楚。迄宋太祖以下,有宋一朝则确立"狱讼推勘"(鞫)与"议法断刑"(谳)分司的官僚体制,只不过职官鞫谳分工的情形,在州衙以上的机构较为完整。⑥

知州可以从本州的幕职佐官及所辖县官的拟判中,取得更多针对案情的看法与法律条文依据,如知邵州的胡颖判决"李细五入黎友宁买李二姑陆地,起造墓地"案⑦,判决文一开头便说:"详阅案牍,知县所断,推官所断,于法意皆似是而非。"胡颖除了一方面分析推官及知县所引用的法条,另一方面则罗列了包括"绍兴十二年(1142)二月二日都省指挥"及"敕令所看详"、"绍兴十四年十月五日尚书省批下敕令所申"及"本所看详"、"乾道九年(1173)七月十五日指挥"等八项法条,于是他的判决文可以充分法理地指责知县"其说尤为卤莽"。

---

⑤ 《宋刑统》卷30《断狱律》"断罪引律令格式"门及"官司出入人罪"门,第3—10页。
⑥ 有关州衙诸曹官如何负责狱讼业务,参见本书第一章第一节与第二节。又徐道邻:《鞫谳分司考》举出隋文帝开皇五年(585)废"律官"及"报判之人",并且"诸曹决事,皆令具写审文断之",以及"长史以下,行参军以上,并令习律,集京之日,试其通否",说明魏晋以来鞫谳分司制度,到此时就中断了。而从《唐六典》卷1规定"司法参军"是"掌律令格式,鞫谳定刑"得知,唐代审问与判决的工作全由司法参军负责。参见徐道邻:《中国法制史论集》,第114—116页。
⑦ 《清明集》卷9《户婚门·坟墓》胡石壁"禁步内安非己业只不得再安坟起造垦种听从其便",第322—324页。

拟笔书判的内容必须同时具备"情与法",也就是说,"案情"的分析与"检法"的工作是完成判决文时缺一不可的要件。有些判语洋洋可观,并非只在表现执法者的检照法律的能力而已,或如李昂英形容方大琮(1183—1247):"帅师牍累千言,判墨淋漓,两造息争,晓之片辞,雪轸尔寒,荒恤尔饥,手拊遐氓,父母其慈。"⑧ 而是用心以真情文字解决百姓纠纷,确实达到息争与结案。

引用法条又不能只拘泥于"刑律",宋代中央颁敕编纂法典的活动中,皇帝积极参与法典的修正与实践,相对增加解释法条的机会与讨论空间。如孝宗乾道年间,汪大猷(1120—1200)权刑部侍郎兼侍讲,因鉴于绍兴法已编集完成四十年,"举数十年之法,一切不省,建炎以后续颁二万余条,若不删其繁重,定其当否,有司率用新制而弃旧法,日移月改,轻重舛牾,无所遵承,使舞文之吏时由而用之,以售其奸,及今不为久,益难考",所以请乞编纂"新书"。⑨ 于是孝宗差大理二卿、本部三郎官、寺丞、司直各一员,由汪大猷兼重修敕令详定官统筹编纂事宜。

汪大猷编纂的原则是:"若一司一路专法不系海行者,即厘送之。一时申严或虽系续降寻即冲改者,即删去之。于见行法中增损元文五百七十四条,带修创立者三百六十一,全删旧文八十三,存留照用者百二十有八,墨书旧文,朱书新条。"汪大猷上呈新书时,奏谓:

> 将前后续降,参以累朝法意,酌以四方人情,考订编入,各有看详案册,明言去取之因,而例不以颁降。欲申敕有司,凡州县于新书有所未晓,许条具申所,当以原修因依行下。(《攻愧集》卷88《敷文阁学士宣奉大夫致仕赠特进汪公行状》,第9页)

汪大猷的建言得到孝宗的肯定与嘉赏。此后,州县对于新书若有未晓者,尚可申请修法者的说明,以作为"法意"之一说。此外,优秀的拟笔者于传经析律亦不可一成不变,如江东提刑刘克庄描述与同僚检法官陈绂(1181—1552):"及览牒诉,察其拟笔,传经而不胶纸上之言,析律而深得法外之意。"⑩ 诚可以称得

---

⑧ 《文溪集》卷12《祭广帅右史方铁庵大琮公文》,第3页。
⑨ 所谓"新书"就是朝廷随时修立的"敕、令、格、式"。参见本书第六章第一节。
⑩ 《后村先生大全集》卷155《陈惠安墓志铭》,第13页。

上是位仁人君子。

县衙如何实践公正无冤的"鞫谳"精神？就县衙内部的官吏职事而言，则除了别置"推吏"与"法司"等专门胥吏辅助县令鞫谳事务之外，南宋孝宗以后，县丞协同入狱推鞫，佐官们聚厅录问，也都是从制度着手改进县令集中鞫、谳于一身的措施⑪，尤其是户婚田地的案件中，尉、簿等佐官或因负责追会查证案情，或是参与聚录的判决过程，所以县令定谳之前的拟笔工作，亦可由佐官分担。又如，周鼎臣（1126—1186）授福建漳州漳浦主簿时，"文牍间，判疑雪枉，笔势若飞不可遏。有以民为劫，冒赏狱上矣，君复而冤之，一食顷，放散数十人，传声欢呼彻于比郡。"⑫

法令规定每一件中央颁下的法律文书必须由各级衙门的"法司"⑬封锁妥善保管：

> 诸被受手诏以黄纸造册、编录，并续颁诏册，并于长官厅柜帕封锁，法司掌之。无法司者，选差职级一名（县差押录）。替日对簿交受，遇有检用，委官一员（发运监司委主管文字检法官，州委司法参军，县即令）监视出入。（《庆元条法事类》卷16《文书门一·诏敕条制》"职制令"，第225页）

遇有检用法令时，县令是法定的委任官员，必须要监管检用法令人员的进出。

不过南宋中央颁布"敕令格式"等制书只下至州郡，直到宁宗庆元六年（1200）才有所改观：

> （五月）二十五日刑部员外郎王资之言："大观旧法，诸尚书省更造到春秋颁敕、令、格、式二册，春以正月十五日、秋以七月十五日以前，进入听裁。南渡以来，刑部进呈，颁降至今，不敢稍怠，其间并是中外臣僚平居暇

---

⑪ 有关县衙的"推法司"，参见本书第六章第二节；有关"县丞入狱推鞫"，参见第三章第二节；有关"聚录引问"，参见第四章第一节。

⑫ 《水心先生文集》卷24《周镇伯墓志铭》，第6页。

⑬ 徐道邻：《鞫谳分司考》（第118页）指出，宋朝官文书中的"法司"包括内外各种机关的"检法官"，各州的司法参军，和各县的编录司。而从各县"编录司"可知是指县衙，法司是指县吏，再从引文《庆元条法事类》："无法司者，选差职级一名"看来，认为"法司"亦有称"吏"的情形。又从《要录》卷97"绍兴六年正月丁丑"条（第1599页），可知纳粟授官者，有得县官或法司（官）。综合而言，"法司"一词通指检法官吏。

日,议论精审,朝删夕改,然后建立,朝台谏、给、舍咸以为是,然后颁行。日来只是颁下州郡而不及县镇,夫县镇于民为最近,裁决公事多致抵牾(抵牾),狱讼以之不息,良民受害不少。乞今后遇春秋一颁镂板,其县镇并同州郡一例颁降。"从之。(《宋会要》职官 15 之 28)

从此以后,县衙与州郡一同获颁春秋制书,县衙官员拟笔重刑案件时,应该"检法原情定罪,引律援赦,纤悉详备,别无未尽"。[14]

拟笔必须由"官"员负责,但是检查法令则可交由法司吏人呈条,南宋县衙中检查法令的吏人是指"编录司"的手分与贴司。[15] 县令分析案情之后,若需要使用"法理"向当事人说明是否合于县衙受理条件时,可以交由编录司检索法条。

如"卢氏诉亡子周道卿典当田产违法"一案[16],县令从牙人陈德清签署得证典卖契约皆是合法,又从卢氏前后供词矛盾,综合认为应是"正典且母子通知"的交易。在县令连续的两判中,虽已见实情,但仍交由编录司检查该当条例解释"支书与交易行为",颇符合光宗绍熙元年(1900)规定:"其有法者,当止从法;其合比附比类者,不得更引非法之例。"[17]编录司不负所托检查出府衙"断例"[18]中有"批

---

[14] 《后村先生大全集》卷193《建昌县邓不伪诉吴千二等行劫及阿高诉夫陈三五身死事》,第 4 页。
[15] 参见本书第六章第二节。
[16] 《清明集》卷9《户婚门·违法交易》"正典既子母通知不得谓之违法",第 299—300 页。从"更下编录司"及"再判:……近使府断詹保……"(其中"使"是尊称府衙之意),愚以为这是一篇县令的判决文。
[17] 《宋会要》职官 79 之 6。
[18] 参见〔日〕川村康:《宋代断例考》,载《东京大学东洋文化研究所纪要》,第 126 册,东京大学,1995年,第 107—160 页。川村康认为"断例"是由中央统一编纂(参见表 5-1-2,见下页)。不过,《清明集》此一案例检索"使府断",无法得知是地方性的法律文书,亦是中央颁下的"断例"。

表 5-1-2 宋代中央颁制"断例"年表

编号	时间	名称	出处
1	仁宗庆历三年(1043)	庆历断例	《长编》卷140"仁宗庆历三年三月戊辰朔"条
2	神宗熙宁五年(1072)	熙宁断例	《宋会要》刑法 1 之 9
3	神宗元丰三年(1080)	元丰断例	《长编》卷 307"神宗元丰三年八月丁巳"条。
4	哲宗元符元年(1086)	元符断例	《长编》卷 391"元祐元年十一月戊午"条
5	徽宗崇宁四年(1105)	崇宁断例	《宋史》卷 20《徽宗本纪二》
6	徽宗宣和四年(1122)	宣和断例	《宋会要》职官 15 之 19—20
7	高宗绍兴四年(1134)	绍兴断例	《宋会要》刑法之 46—47
8	孝宗乾道元年(1165)	乾道断例	《宋会要》刑法 1 之 47
9	孝宗淳熙四年(1177)	淳熙断例	《宋会要》刑法 1 之 51
10	宁宗开禧元年(1205)	开禧断例	《两朝纲目备要》8"宁宗开禧元年闰八月戊午"条。

【说明】自编号 7 以下是为南宋的断例。

典不批绝,亦不受理"一例,所以县令依"榜县门示"的行政程序,告示卢氏不得再投词状。

检法之司应有的原则是"只许检出事状,不得辄言予夺"。[19] 如果法司吏人检法有误,其职责是属"主典"[20]为受罚的第一顺位[21],而检法官员的惩罚亦与主典同:

> 诸司法参军于本司检法有不当者,与主典同为一等。(《庆元条法事类》卷73《刑狱门·检断》"断狱令",第498页)

本条法令是规范州衙的司法参军有失职之处。不过,当县衙审理案发本县的狱讼时,必须申呈案牍于州衙,其中包括"拟写罪刑"。此时,县令既如录事参军推鞫结款,又如司法参军检法拟笔。以"梁自然和诱卓清夫女使雇卖"案为例[22],知县书拟时,一方面要谨守狱官具狱"案款"的分寸,而不能妄自添加案情;一方面要检查、比附法条,但不能"定夺"判决。

至于县衙官吏分工不若州衙,拟笔的官员的惩罚与人吏仍有差别。如"王昌老纠陈坦应役"案[23],知县关璹同意王昌老的纠役,他的判决文指出"照条",又说换算"每亩产钱十文为率",似乎很合乎"检法"与"具情",但是相较于转运司的拟笔回复,关璹的判决文却显得漏洞百出,提举司的"拟笔"洋洋洒洒析论县衙"用法"可议之点:(1)"限田官品,当从一高"是有"使其从优"之意;(2)不论是用"曾高祖品官"或"父品官"之限,分法计算后,以高者为优先选择;(3)所谓"荫补"与七色补官不同,而荫补可以比照科第有一样的限田特权,县衙有必要再斟酌陈坦父亲承荫的说法;(4)如果县衙坚持以祖父官品分析限田,亦未尝不可,但应该查证陈某有多少兄弟,而不应该未勘会田产实有若干,就以十贯产钱换算出"虚数"田产。拟笔提供诸项意见,却不作判断,符

---

[19] (1)《要录》卷156"绍兴十七年十二月己亥"条,第2546页。(2)《庆元条法事类》卷73《刑狱门三·检断》"断狱令",第498页。《要录》虽是指"诸州",但愚以为县衙的推法司行禄法之后,这种原则应该是法司吏人及法司官员共同普遍遵守的规范。

[20] 《庆元条法事类》卷10《职制门七·同职犯罪》"职制敕",第115—116页。

[21] 《唐律》以来将同职公事失错分成四等人,即"长官"、"通判"、"判官"及"主典"。《宋刑统》卷5《职制律》"同职犯罪"门,第79页。

[22] 《清明集》卷12《惩恶门·奸秽》"诱略人婢亡雇卖",第451页。

[23] 《清明集》卷3《赋役门·限田》关宰璹"限田外合计产应役",第77页。

合"检法"的职分。㉔ 此案的后续发展是,关瑃因故降贬,而抄录、呈送簿籍的"乡司"江壬"将陈履道户下产钱以十文纽为一亩,委是违法,决脊杖二十,配处州"㉕,吏役人被处以相当流三千里的重刑。

县衙必须把徒罪以上的狱案呈送上级衙门,而县衙狱官的案款亦成为上级衙门复审的"拟笔"之一,举"梁自然和诱卓清夫女使雇卖"案判决文,后半部分由"察推"看详写道:"知县书拟,欲将梁自然照法比附,徒一年,或从轻勘杖一百";"阿陈既不出官,合将梁自然收罪。若从徒罪科断,便合其妻坐罪。但梁自然既供通引诱匿,情节分明,又复经府,妄执诬执,以掩其罪,自合科断";"欲照知县书拟行下,将梁自然勘杖一百,仍押下县界,坐以髡发之罪。"㉖察推是知州指派该案的复审拟笔官员,所以他审查由知县送来的案牍,酌情选增知县拟写的办法。

反之,倘若县衙的书拟判决文于案情和法条有不周全之处,呈送狱案的县衙拟笔官将受到失职处分,以江东提刑刘克庄复审一件"妄以弟及弟妇致死诬其叔"为例㉗,目前已无法见到县案,但从提刑的判决文得知县衙书拟官的惩罚:"直司剖决民讼,不论道理,以白为黑,以曲为直,有如此者,书拟官夺俸一月,追吏人问。"其中的"直司"是指县衙的狱官㉘,未明确指出"书拟官"的官职,推测本案可能是由县令或县丞拟判,由于"案情"推勘不当,所以被处以"夺俸一月",而吏人则必须"追"到提刑司审问公事失错之罪。

拟笔的过程中,县衙的人员组织及素质不能和州衙、监司相比拟。绍熙五年(1194)朱熹知潭州时,担心县衙官员"鹘突"公事,就常常利用每月县官送版账钱到州衙时,拟案出题测试县官是否具备合于法格式、法条、程序、时

㉔ 《清明集》卷3《赋役门·限田》,拟笔《父官虽卑于祖祖子孙众而父只一子即合从父限田法》,第78页。

㉕ 有关关瑃的惩处问题,参见本书第六章第一节。又江壬的处罚,见于《清明集》卷3《赋役门·限田》"章都运台判",第80页。

㉖ 此篇判决文是结合"知县"与"察推"的拟笔,参见本书第一章第二节。简言之,知县的判决文至"取自行下使府判。"其下"察推看详"就是察推拟写的部分。此案见于《清明集》卷12《惩恶门·诱略》"诱人婢妾雇卖",第451页。

㉗ 《清明集》卷13《惩恶门·妄诉》的题称,第495页。本判决文原载刘克庄:《后村先生大全集》卷193《鄱阳县申勘余干县许珏为殴叔及妄诉弟妇堕胎惊死弟许十八事》,第5页。

㉘ 当直司是属于"推司"之一,如《庆元条法事类》卷73《刑狱门三·出入罪》"断狱敕",第506页;又卷75《刑狱门五·刑狱杂事》"断狱令",第538页。

限等能力的优劣。㉙ 此外,朱熹也和学生们谈及诉讼如何合于理？如何不壅滞？杨楫(淳熙五年[1178]进士)问:"赵守断人立后,事错了,人无所诉?"朱熹回答:

> 在法:属官自合每日到官长处共理会事,如有不至者,自有罪。(《朱子语类》卷106《外任·漳州》,第2647页)

虽然无法得知"赵守断人立后"一事的本末,不过从朱熹强调县官凡事皆应"理"正,推测赵可能未与僚属商拟判决文。

朱熹所谓的"理正"就是合于法理程序。就法令规定而言,属官每天都必须到长官厅共同处理事务,如果听讼之日,集合属官列坐在公厅上,均分状牒批判,简单的状牒,各自处断;可疑复杂的事,则"集众较量"剖断,自然不会产生滞讼。而朱熹的处事方法有助于县令在拟笔检断时使得每一案件的"情与法"都是在"公"、"众"的场合完成。这一套行政理念极具可行的实用性,连明代人都视为重要的"官箴"之一。㉚

二、不受理之判

判决文中出现"不受理"的法条,可见有些案件成立了,衙门经过调查、引问、拟笔检法的程序之后,作出不受理的说明(参见表5-1-3)。从《清明集》中整理出曾经使用的"不受理"法条共有9大条,以下约略分别说明其法条的运用与案件之类型,进而了解若干社会问题。

(一)"交易典卖田宅满三年,而诉以准折债负,官司不受理"(表5-1-3,例1-3)

本条法律的意思是,典卖田宅完成交易满三年,业主到官府投词诉讼时,论钱主强迫业主将本意为抵当的田宅转变为典卖给钱主,则官方不受理。

㉙ 《朱子语类》卷106《外任·潭州》,第2655页。
㉚ 明人彭韶(天顺元年[1457]进士)在公余之暇,翻阅朱熹和其门人问答时政之语,编成《朱子政训》。

表 5-1-3 《清明集》中"不受理"之判及其引用法条

编号	卷数	门·类	作者	篇名	引用法条 不受理法条类	引用法条 其他法条	页数
1	四	户婚·争业上		游成讼游洪父抵当田产	(一)	○	104
2	六	户婚·抵当	吴恕斋	以卖为抵当而取赎	(一)		169
3	六	户婚·赎屋	吴恕斋	已卖而不离业	(一)(二)		164
4	九	户婚·取赎	胡石壁	有亲有邻在三年内者方可执赎	(二)	○	309
5	九	户婚·坟墓	胡石壁	禁步内如非己业只不得安坟墓起造垦种听从其便	(二)(六)(三)	○	322—324
6	四	户婚·争业上		王九诉伯王四占去田产	(三)		106
7	四	户婚·争业上		章闰与袁安互诉田产	(三 a)		111
8	四	户婚·争业上	方秋崖	寺僧争田之妄	(三)		127
9	四	户婚·争业上	方秋崖	契约不明钱主或业主亡者不应受理	(三)		132
10	四	户婚·争业上	范西堂*	吴肃吴熔吴桧互争田产	(三)	○	112
11	五	户婚·争业下		经二十年而诉典买不平不得受理	(三)		163
12	九	户婚·取赎	吴恕斋	过二十年业主死者不得受理	(三)	○	314
13	九	户婚·取赎		揩改契书占据不肯还赎	(三)		315
14	十三	惩恶·诬赖	刑提干拟	以累经结断明白六事诬罔脱判赖田业	(三)		509
15	九	户婚·违法交易		正典既子母通知不得谓之违法	(三)		299
16	四	户婚·争业上		漕司送许德裕等争田事	(六)(五)(三)		118
17	六	户婚·赁屋	叶岩峰	占赁屋(花判)	(四 a)		196
18	九	户婚·取赎	金厅	妄赎同姓亡殁田业	(四)		319
19	五	户婚·争业下	翁浩堂	侄与出继叔争业	(五)		136
20	十	人伦·兄弟	刘后村	兄弟论赖物业	(五)		373
21	七	户婚·立继	司法拟	立继有据不为户绝	(六)	○	216
22	八	户婚·别宅子	范西堂	无证据	(七)		293
23	十	惩恶·妄诉	建倅	挟雠妄诉欺凌孤寡	(八)		505
24	十	惩恶·妄诉	婺州	钉脚	(九)		503

【说明】a:虽未引法条,但具有法条的内容。*:是根据《清明集》作者"范西堂,后同",第100页。当事人"吴肃"可知本篇判决文亦由范应铃所写。

○:表引用其他法条。

南宋的田宅不动产交易纠纷中,"典"、"典卖"与"抵当"时常纠葛不清。由于宋代的典当盛行,称"典"是指"典当"、"典卖",有"活卖"之意。㉛ 典当(典卖)契约成立之后,典主到官府投印契缴税后,业主必须离业,完成"当官推割"的"典卖"手续,而田宅得以合法转移。㉜ 典主(钱主)在契约规定的期限内,可以行使占有、使用、收益的权利,但是不能进行出售的处置。典限满期以后,业主或其亲邻才可以收赎,如果没有人出面收赎,典主只能保持现状,继续使用典物田宅的收益。如果业主要"断骨"卖,典主是第一顺位的购买人,而这种从典到卖,就成为"永卖"的交易。㉝

"抵当"则是有关"债"的问题,业主不离业,仅以田宅等不动产的"契书"作为借贷之本,不动产的收益仍然归属业主,可以用来抵偿债务的本利。一旦抵偿已足或是贴钱便可以随时收赎不动产的契照。㉞ 可见抵当是以田宅作为债的担保物品,债还清之后,田宅契约就可取回。"抵当"与"典当"的不同在于,典契期限内,典当的钱主可以享受收益权,典限期满后,当业主未能取赎时,典主可以继续使用不动产的权益。

至于抵当的契约形式,由于"钱主"为了保证收回借贷本金,因而要求业主将抵当的行为写成典契订约,此一交易行为蔚为南宋的地方风俗㉟:

> 且乡人违法抵当,亦诚有之,皆作典契立文。(《清明集》卷4《户婚门·争业上》"游成讼游洪父抵当田产",第104页)

㉛ 叶孝信主编:《中国民法史》(第350页)指出,典与典卖的名词使用:唐末已开始用"典"或"典当"取代"贴赁"和"典贴"。五代时,典与卖联称,成为一个固定的词组,有时指典与卖两种契约行为,有时指单纯的典当行为。唐末迄宋初,不论是民间习惯或是法律上,逐渐将典看成是一种附有赎回条件的特殊类型的买卖契约。本书(第345页)指出两宋的法律往往将"典当"与"买卖"连同加以规定,而合称"典卖"。民间也将买卖混称,甚至单称"卖"的交易行为往往指转移所有权后,出卖人仍保有赎回的权利,所以典卖是"活卖"之称。

㉜ 《清明集》卷6《户婚门·抵当》吴恕斋"抵当不交业",第167页。

㉝ 兹举《清明集》卷9中三篇有关"断骨"卖的判决文:(1)《违法交易》"正典既子母通知不得谓之违法交易",第299页。(2)《取赎》拟笔"伪作坟墓取赎",第318页。(3)《取赎》"典主如不愿断骨卖合还业主收赎",第322页。

㉞ 叶孝信主编:《中国民法史》,第353—362页。

㉟ 本条法令的案例有二,例2见于《清明集》卷6《户婚门·抵当》,可以想见此法条与"抵当"有关,而将"抵当"写成典契风俗,本书同门类中尚有二例:(1)吴恕斋"以卖为抵当而取赎",第169页。(2)叶岩峰"倚当",第170页。

若进一步探讨"违法抵当"的形成纠纷的症结,乃在于业主没有离业,甚至成为典主的新佃客。如上述"游成讼游洪父抵当田产"案(表5-1-3,例1),游朝"田一亩、住基五十九步出卖与游洪父",一年半后完成投印交税合法手续的"赤契"。㊊ 游朝死后,其子游成以只是"抵当"而否认典当而且已卖断的契约,他打的算盘是,如果断骨卖的交易无法成立时,则可以合法继承此一产业的物权。本案两造为了才一亩的田就打官司,亦可看出南宋的农村社会中"典卖而不离业","钱、业主彼此违法"的现象。本案判决者作出釜底抽薪的安排:"今岁收禾,且随宜均分,当厅就勒游成退佃,仰游洪父为业,别召人耕作。"彻底断绝游成与土地物权的关系。

抵当借债的行为无法可管,有力之家若将农民抵当所立的田宅典契到官府投税之后,官方往往容易误认是典当的交易行为。如吴革处理"陈嗣佑取赎典卖何太应山地"案,曾说:

> 乡民以田地立契,权行典当于有力之家,约日克期,还钱取契,所在间有之。为富不仁者因立契抵当,径作正行交易投税,便欲认为己物者亦有之。但果是抵当,则得钱人必未肯当时离业,用钱人亦未敢当时过税,其有钱、业两相交付,而当时过税离业者,其为正行交易明,决非抵当也。(《清明集》卷6《户婚门·抵当》吴恕斋"以卖为抵当而取赎",第168页)

不过,业主若未离业而且按时缴纳"利息",收利息的债权钱主就不敢贸然投税,这应该是民间敢将抵当作典契的常理。吴革的推理与上件"游成案"的"典卖永佃"案情有所出入,而从表5-1-3的例1、2正可看出南宋农村田宅"典卖"与"抵当"及"离业"间的复杂性。

立法限定"三年"为申请诉讼的时效,容易造成借债的贫者诉官仲裁而被

㊊ 有关"白契"与"赤契"的研究,参见〔日〕仁井田升:《唐宋法律文书の研究》,东京:东京大学出版会1937年版,1983年复刻,第96页;王德毅:《南宋杂税考》,载王德毅:《宋史研究论集》第2辑,台北:鼎文书局1972年版;Hansen,Valerie. *Negotiating Daily Life in Traditional China*: *How Ordinary People Used Contracts 600—1400*,Yale University Press,1995,p.8;梁庚尧:《从田宅交易纠纷的防治看宋代的庄宅牙人》,载《薪火集:传统与近代变迁中的中国经济·全汉升教授九秩荣庆寿论文集》,台北:稻乡出版社2001年版。简言之,"白契"是未经官府盖印的契约;"赤契"则是白契的对称,指盖有官府印的契约。抵当作"典契"往往是不至官府投印的"白契"。而官府处理交易纠纷时,"赤契"才是重要的证据。

拒绝。看来是保障债钱主的权利,减少官府的行政负担,但是却忽略了业主的难处,似乎有背离济贫制富的社会正义之嫌。或许也因为如此,这一法条并不时常引用于判决文中。而南宋的法律又有"债负违契不偿,罪止杖一百"㊲;"诸典买田宅,以有利债负准折者,杖一百"等规定㊳,即以刑罚换取债务人抵当的田产,同时处罚违法抵当换契的债权人。当官府受理典卖纠纷立案后,宁可从契约着手调查,辨别契书的真伪,再决定官府受理与否,如吴革说:"切惟官司理断典卖田地之讼,法当以契书为主,而所执契书又当明辨其真伪,则无遁情。"�439;

(二)"诸典卖田宅满三年,而诉以应问邻而不问者,不得受理"(表5-1-3,例3-5)

意谓违反"亲邻取赎法"要件的买卖者在三年的时间内,可以申请官府介入收赎买回,否则超过时效之后,官府不得受理。

有关于宋代的不动产,如田宅的买卖交易中的"亲邻之法",乃从开宝二年(969)颁布"格"后,就施行于全国。此"格"内容确立"凡典卖物业,先问房亲。不买,次问四邻,其邻以东南为上,西北次之。上邻不买,遍问次邻。四邻俱不售,乃外召钱主"的原则。㊵ 大概实施了百余年之后,基于方便"贫而急售者"出售,而又有"不问邻"之法:

> 绍圣元年(1094),臣僚言:"元祐敕,典卖田宅遍问四邻,乃于贫而急售者有害。乞用熙宁元丰法,不问邻以便之。应问邻者,止问本宗有服亲,及墓田相去百户内与所断田宅接者。仍限日以节其迟。"(《文献通考》卷5《田赋五·历代田赋制》,第61页)

绍兴初年,曾经将典卖不经亲邻及墓田邻,至而批退的时限改为"一年"㊶。

南宋时期,由于百姓浮滥使用本法条规定,往往以为"同关亲属"即列名同

㊲ 《庆元条法事类》卷80《杂门·出举债负》"杂敕",第599页。
㊳ 《清明集》卷12《惩恶门·豪横》"豪横",第454页。
㊴ 《清明集》卷9《户婚门·取赎》吴恕斋"孤女赎父田",第315页。
㊵ 《宋会要》食货37之1"开宝二年九月,开封府司录参军孙屿"条。
㊶ 《宋会要》食货61之64《民产杂录》。

一宗谱内的亲缌麻以上亲属才可以收赎[42]，所以发展出"即亲又邻"解释的法条，如庆元重修田令与嘉定十三年（1220）刑部颁降条册皆指出："所谓应问所亲邻者，止问本宗有服纪亲之有至者，如有亲而无邻，与有邻而无亲，皆不在问限。"[43]至此"亲邻"的定义结合了熙宁元丰法："诸典卖田宅，具帐开析四邻所至，本宗缌麻以上亲，及墓田相去百步内者，以帐取问。"（表5-1-3，例4、5）[44]尤其相较北宋的"邻"则更有变化："有别户田隔间者，并其间隔古来沟河及众户往来道路之类者，不为邻。"（表5-1-3，例4）

"三年"时效性的由来，乃因官府以合法契约为依据，有谓："在法，理年限者，以印契日为始"（表5-1-3，例5）；"准法：其理年限者，以印契之日始，或交业在印契日后者，以交业日为始"（表5-1-3，例10）。不过由于"典卖"与"亲邻取赎"的法条关系密切，官员不得不考量亲属宗族间所涉及的"人情"（表5-1-3，例3），所以三年的"时间"可能是官员考虑要件中最薄弱的一项。本条法令似以"亲属"要件超乎一切，尤其是亲族"墓田"的问题（表5-1-3，例5）。

范应铃判决宝庆元年（1225）"余焱讼黄子真盗买叔户田产"案[45]，余焱诉讼黄子真盗买叔余德庆户田产，欲合用亲邻收赎。黄子真也到官投状，指出余德庆原本买黄氏田产，如今只是卖还本家，这是黄家的祖产，余氏毫无亲邻取赎的立场。在此之前的判决，皆指出黄子真虽有余德庆典买祖产之契书，不过其祖早在乾道九年（1173）立契出卖，其间还有张福得产，时至两家争讼已五十余年，不应称是黄氏祖产。至于余焱确实与余德庆有缌麻以上亲，并且在交易三年内自陈于官，据所画图显示有邻至，所以合于退赎条件。范应铃认为，虽然就法理而言，以余焱具备"亲邻"条件可得该项田产，不过德庆所卖的土地元契明言"黄氏有坟在侧"，官府如何衡量取舍"墓田"与"亲邻"？他说：

> 墓田之于亲邻两项，俱为当问，然以亲邻者，其意在产业，以墓田者，其意在祖宗。今舍墓田而主亲邻，是重其所轻而轻其所重，殊乖法意。

---

[42] 参见《清明集》卷9《户婚门·取赎》中两例：(1)"有亲有邻在三年内者方可执赎"，第309页。(2) 胡石壁"亲邻之法"，第308—309页。

[43] 《清明集》卷九《户婚门·取赎》胡石壁"亲邻之法"，第309页。

[44] 又参见《清明集》卷4《户婚门·争业上》范西堂"漕司送下互争田产"，第120—122页。

[45] 有关"余焱与黄子真"案情，亦可参见本书第一章第一节。

(《清明集》卷4《户婚门·争业上》范西堂"漕司送下互争田产",第121—122页)

法意乃以"墓田祖宗"重于"亲邻产业"。所以范应铃处断本案力排众议,最后判决"照元契各交钱业",黄子真是为得产管业的一方。

(三)"诸理诉田宅,而契要不明,过二十年,钱主或业主死者,不得受理"(表5-1-3,例6-16)

当"契要不明"而诉请官府仲裁田宅交易纠纷时,如"过二十年"并且"钱主或业主死者",官府不必受理。

方岳(1199—1262)指出此法是由两条法令合并引用,若以为皆是充分必要条件,则实在有失法意:

> 在法:契要不明,过二十年,钱主或业主亡者,不得受理。此盖两条也。谓如过二十年不得受理,以其久而无词也,此一条也。而世人引法,并二者以为一,失法意矣。(表5-1-3,例9)

就官府而言,如同本条时常被引用的样式,强调第一项"二十年"的时间年限(表5-1-3,例7、11)。但方岳认为应视案情解释法条,如"汤氏与郑氏的契约不明"案,虽然此讼未及二十年,而"钱、业主、押字者俱已身亡","不受理之条"的法理充分:

> 今此之讼,虽未及二十年,李孟传者久已死,则契之真伪,谁实证之,是不应受理也。(表5-1-3,例9)

也就说,若是订定契约的证人死亡多年,官府追究契约内容实有困难,所以衙门可以向当事人解释法条,加以止讼。

本条法令是目前可见判决文中被征引得最频繁的。这现象除了反映南宋民间"契约"订定有如抵当、典当及典卖等问题之外,官府受理契约不明的案件以"二十年"为时效性,而时间的取决或许与继承产业的问题相关。简言之,一般家业进行分割后,先前契约订定者的后人彼此间产生纠纷,才会发觉契约的诸问题,或是承分人用尽办法取得契约内的产业,于是提出更多的文件,如以分支书说明产权继承的合法性(表5-1-3,例15)。

以淮西"许德裕与朱昌争田事"案为例（表5-1-3，例11），绍兴三十二年（1162）安庆府怀宁县许奉典买一项田业，后来由许知实、许国继承，嘉定六年（1213）许国将田典当给张志通、杨之才，七年后卖给朱昌，朱昌得业并从张志通与杨之才的名下赎回典契，这些过程在契约上都留下连押证明。宝庆二年（1226）⑯，许德裕却从光州固始诉于州，自执一张宗枝图称说是许奉之孙，而许国是别派，不应有继承权，许国所有交易行为都是违法。府衙调查后，得知淳熙九年（1182）许德裕之父从怀宁迁固始，当时曾收得一张许奉亲弟许嵩私下与佃人订定的契约，称许奉购置的田产是"众分"，所以许德裕就以此约及宗派进行争讼。官府在大费周章后，合理剖析许德裕提出的证据，最后的公文才引出三条不受理法条驳回许德裕的论诉，并判决"合照见佃为业"。

另外，还有投词人图谋永久占据田业而更改契约文书的情形，当事人甚至以法条的规定要件向官府说明原业主不应取赎。如"吴师渊与叶云甫取赎"案（表5-1-3，例13），吴师渊先涂改合同契"置到"为"置典"，并以"叶云甫所典田无上手赤契"为词，又以"叶云甫所典田为系先典得人者，今业主已亡，不应取赎"，而不肯还赎。经过县衙、州衙司户的调查判断、检法拟笔，知州的判决文称许："知县所断，司户所拟，已极允当。"无论如何，叶云甫赎回典业都是合于理法，而吴师渊以"契要不明，业主已亡"拒绝还赎，实乃"迁延占据"的行为。⑰从本案例中，吴师渊一再地以法律来质疑县衙与司户的拟笔判决，可见南宋民间对于官府不受理法条的规定也有相当认知，法条绝不只是刀笔俗吏的判决工具而已。

（四）"典产契头亡没，经三十年者，不许受理"（表5-1-3，例17、18）

即典契的钱、业主双方皆亡殁，而且典契已成立三十年，官府不受理该项产业的取赎手续。

所谓"契头"就是最初订定契约的钱主和出业人。北宋乾兴元年（1022），法律上规定"典"田宅时，订定有骑缝记号的复本书面契约称作"合同契"，必须

---

⑯ 本篇判决文末写："自淳熙九年至今，首尾通五十七年。"所以推算当时是宝庆三年，而许德裕入状是"去年春"，故得宝庆二年。

⑰ "迁延占据"的法条，参见《清明集》卷9《户婚门·取赎》胡石壁"典主迁延入务"，第318页。

写成四份,由钱、业主、本县和商税院各收其一保存⁴⁸,但是后来又改为钱、业主各执一本,用以作为收赎的凭据⁴⁹,所以契头就是在合同契上的钱、业主。本法条和法条(三)最大不同是计算订定契约的时间。推究其原因,钱、业主依据"契要分明"的典契取赎,如果在典满限后,业主仍无力赎回产业,典主可以继续使用田业的收益。本法条以三十年为限,乃就治理者的立场而言,维持田业的经营原状是最有利于现实赋税的收入。

以"前武冈军黄主簿妻江氏论江文辉等妄赎同姓亡殁田业"案为例(表5-1-3,例18),判决者告知江文辉有关官府不受理的理由为,江朝宗初次得田是淳熙十五年(1188),将财产拨给女儿是嘉定五年(1212),本案提出告诉是端平三年(1236),江朝宗亡殁的时间应在拨产给女儿作嫁资之后,那么亡殁的距词诉当时最多不超过二十四年,从本案得知所谓"经三十年"是指"契要"成立三十年。换言之,契要分明的典当交易,出业人的家族子孙取赎时间以三十年为限。

引用本法有两种情形:一是长期租赁者将企图合法化永久使用权。如"黄道清不肯还赁退屋"案(表5-1-3,例17),黄道清向陈成之强租八九间屋,不付房租并打伤陈成之的僮仆,又托妻属杨氏拿出经历三四代的典卖契约,欲用亲邻取赎,叶岩峰指责其颠倒法理的行径。黄道清否认租赁契约,这种"客僧反欲为寺主"的做法,令叶岩峰很忧心,他认为:"倘使市井之辈,尽相效陆梁,凡有房廊之家,无不攘夺。"所以一方面拒绝黄道清妻家取赎的申请,一方面强制黄道清还清积欠的租屋金,而且警告黄道清不得再有词,否则"定逐出屋"。其实,本案在县衙已处理过一次,身为县令的叶岩峰显得有些无奈。县衙的判决虽获得府衙的肯定,并指定县丞监还、县尉追断,但县衙对黄道清却莫可奈何。由于黄道清派其妻杨氏与妻属杨璲出面到府衙投词,衙门无法追证枷锢黄某本人。最后,叶岩峰只好再次引用此法,明白阻却黄清道的诉讼案,以保护房屋所有人陈成之免于骚扰。

---

⁴⁸ 《宋会要辑稿》食货61之57《民产杂录》,第5888页,"应典卖、倚当庄宅田土,并立合同契四本,一付钱主;一付业主;一付商税院;一留本县。"
⁴⁹ 《宋会要》食货61之64《民产杂录》,第5891页。

第二种情形是典主财产由子孙顺利继承,但是原典卖子孙或同姓之人以不实的干照(有干连的证照)、支书、砧基簿、契照,欲来取赎。如建阳县"武冈黄主簿江氏论江文辉等妄赎同姓亡殁田业"案(表5-1-3,例18),府衙金厅最初引用不受理法条,亦告示江氏官府有不受理的理由。但是江氏续论江文辉"既无合同典契,不候官司予夺,不候黄宅交钱,便强收田禾",官府认为江文辉显见欺凌孤寡,所以才受理此案。金厅分析五大点指责江文辉取赎之事,官府应当不受理。如第五项所言,江文辉提出的文件已超过官府法定时效,不足以为证。金厅虽然认为"江文辉所供事情,多涉虚诞,碍理难以取赎",但亦未采信江氏所论江文辉强收两年苗米,反而接受江文辉的供词,"只认还今年苗米一十二石"。

总而言之,本法条的法意并没偏向典主或出业人,调查案情与两词证据的合理性,才是官府应当受理的考量。

(五)"已分财产满三年而诉不平,及满五年而诉无分违法者,又遗嘱满十年而诉者,各不得受理"(表5-1-3,例19、20、16)

此项是结合三条法律,规定分家财产纠纷的诉讼时限:一是分财已满三年,当事人不能诉讼;二是分财已满五年,卑幼不能提出无分而违法家财的诉讼[50];三是遗嘱的有效年限为十年。

分产不平以"三年"为诉请官府理断的原因,应与"父母在及居丧别籍异财者"的"徒刑"有关,父母丧应服三年的斩衰。唐宋律规定:"诸祖父母、父母在,而子孙别籍异财者,徒三年(别籍异财不相须)。"子孙只要有"别籍"或"异财"一项行为,罪名就可以成立。[51]明代"刑律"的别籍异财是以"祖父母"、"父母"及"期以上尊长"告诉乃论[52],明人雷梦麟分析官府处理"别籍异财"罪的重点,指出必须尊重家长"亲命遗命"与"教民和睦"。[53]

家长的"亲命遗命"与"遗嘱"的法律有关。遗嘱的形式分成遗言与文书,官府将文书遗嘱列入诉讼干照之一,如一位未具名的司法参军曾说:

---

[50] 《宋史》卷473《程迥本传》,第12950页。
[51] 《宋刑统》卷12《户婚律》"父母在及居丧别籍异财"门,第192页。
[52] 《明律例》卷4《户役》"别籍异财"。
[53] 雷梦麟:《读律琐言》卷4《户律一》"别籍异财",第132页。

其所谓遗言者,口中之言邪?纸上之言邪?若曰纸上之言,则必呈之官府,以直其事矣。若曰口中之言,恐汗漫无足据,岂足以塞公议之口。(《清明集》卷7《户婚门·立继》司法拟"立继有据不为户绝",第216页)

遗言不足以成为"公"据,而经过官府印押的遗嘱,应当呈上官府,以为辨别曲直的证据。[54] 官府采用遗嘱的原则,是"先论其事理之是非,次考其遗嘱之真伪"[55],若"遗嘱非真"或"凿空诬赖",非但无法成为争讼的证据,而且呈交遗嘱者还得因官府追证而入狱。[56]

至于特殊遗嘱的法律规定,如寡妇遗嘱所具有处置遗产的效力,法律上是遵重寡妇的安排,却有但书:"在法:寡妇无子、孙年十六以下,并不许典卖田宅。"改嫁亦不可带出已充作夫遗产的妆奁。此外,又有"户令曰:诸财产无承分人,愿遗嘱与内外缌麻以上亲者,听自陈"。可见,若有承分人的情形,官府则依承分比例处置财产,因而否定寡妇的遗嘱。[57] 综言遗嘱在判决过程的效果,虽然可以列入呈官供据,但不论追查案情或法条运用的顺序,遗嘱皆非首先酌量的重要项目,所以"郑应辰亲生二儿遗嘱承分田产"一案中[58],范应铃说:"县丞所断,不计其家业之厚薄,分受之多寡,乃徒较其遗嘱之是非,义利之去就,却不思身为养子,承受田亩三千,而所拨不过二百六十,遗嘱之是非何必辩也。"

教民和睦是处理家产纠纷的大原则,刘克庄也曾说:"大凡人家尊长所以心忿者,则欲家门安静,骨肉无争,官司则欲民间和睦,风俗淳厚。"[59] 所以运用仲裁家族纠纷的法条亦不脱此一目的。如翁甫处理"侄杨师尧与出继叔杨天常争田业"案(表5-1-3,例19),翁甫一面引用本法条分析诉请处理的年份限

---

[54] 兹举《清明集》《户婚门》中件与"遗嘱"相关判决文:(1)卷5《争业下》翁浩堂"僧归俗承分",第139页。(2)卷7《立继》"先立已定不当以孽子易之",第206页。(3)卷7《女受分》吴恕斋"遗嘱与亲生女",第237页。(4)卷8《立继类》建仓"父子俱亡立孙为后",第263页。

[55] 《清明集》卷6《户婚门·争山》吴恕斋"争山",第197页。

[56] 《清明集》卷8《户婚门·立继》方铁庵"先立一子俟将来本宗有昭穆相当人双立",第268页;《遗嘱》蔡久轩"假伪遗嘱以伐丧",第290页。

[57] 《清明集》卷5《户婚门·争业下》翁浩堂"继母将养老田遗嘱与亲生女",第141—142页。

[58] 《清明集》卷8《户婚门·遗嘱》范西堂"女合承分",第290—291页。

[59] 《后村先生大全集》卷193《建昌县刘氏诉立嗣事》,第13页。此外,"教民和睦"就是第四章第一节听讼判决过程中的"劝谕从和"。

制,一面说明现实情况是"其历年已深,管佃已久矣,委是难以追理",最后企图说服双方放弃争讼,以达成就息讼的"美事"。

对官府而言,具有身份者的诉讼[60]如果以"不受理"的法条息讼,当然是风教有成,若无法劝谕和睦,则只能"如不伏所断,请自经向上官司"(表5-1-3,例19)。如果是乡民的财产争讼案,即使以法条说明不受理的规定,判决官员对于交讼者处境亦有一番同情理解,如刘克庄审理"侄翁填论赖叔翁显物业"案(表5-1-3,例20),认为淳朴的农民发生争讼时,一定是受人教唆,只要息争就"免断"并放人归业。

(六)"诸义子孙、所养祖父母、父母俱亡,或本身虽存,而生前所养祖父母、父母俱亡,被论诉及自陈者,官司不得受理"(表5-1-3,例21)

意谓立继的异姓养子孙与其收养的祖父母、父母皆死亡,或是收养的祖父母、父母死亡,有人论诉其立继身份的问题,官司不为处理。

养子有法律的义务与权利,其义务就是延续宗祧与赡养老人,如果违反教令或是遗弃立嗣养父母,最高刑罚可处徒二年。[61]权利乃指其法定继承人身份与继承分额比例。[62]南宋绍兴三十一年(1161),由于民间立嗣子与赘婿的诉讼繁剧,因而制定"均分给"的新规定,对继嗣养子的权利进一步保护,而将遗嘱继承的效果列在继承法之后。[63]即使法条规范身份权利,不过仍可见官员对于人心觊觎钱财的不安,有人曾说:"三岁收养,在法虽有明条,然世人果能收养于遗弃之中者,鲜矣。其阴谋妆奁,扶合指证,类皆出于私心者,十盖八九。"[64]可见扶植收养异姓继子者的本心是令人怀疑的。

义子是由外姓入嗣,就其与家族成员的亲密度而言,和"赘婿"相当类似。所以有谓:"赘婿也,义犹半子。"(表5-1-3,例17)法条亦赋予赘婿可以继承户绝财产的权利:"诸赘婿以妻家财物营运,增置财产,至户绝日,给赘婿三分。"

---

[60] 表5-1-3,例19中,杨氏家族是"提举"、"统领"之后代。
[61] 《宋刑统》卷12《户婚律》"养子"门,第192页;又同书卷24《斗讼律》"告周亲以下"门,第367页。
[62] 参考柳立言:《养儿防老:宋代的法律与社会》(载汉学研究中心编:《中国家庭及其伦理研讨会论文集》,台北:汉学研究中心1999年版)以及本书第四章第二节表4-2-3。
[63] 《宋会要》食货61之65。
[64] 《清明集》卷8《户婚门·立继》王留耕"立昭穆相当人复欲私意遣还",第248页。

（表5-1-3，例17）这个算法是从"张乖崖三分与婿"的故事而来[65]，姑且不论"女合得男之半"的分法，而子婿可得户绝财产的三分，是否恰与户绝命继子及出嫁女均分三分之二财产的规定相近[66]，然吴革还基于赘婿同居的立场，而有不同的看法："合以一半与所立之子，以一半与所赘之婿，女乃其所亲出，婿又赘居年深，稽之条令，皆合均分。"[67]判决继立义子与赘婿各得一半财产，有意忽略户绝法中三分之一没官的部分。

（七）"诸别宅之子，其父死而无证据者，官司不受理"（表5-1-3，例22）

即所有在外非同居婚生之子，若父亲已死亡，又没有任何证据证明自己所出者，官司不受理其身份确认案件。

北宋哲宗元祐六年（1091）就订定此法于"刑部"的条令之下，其中最重要的条件是"未尝同居"，如刑部奏言：

> 应自陈是别宅所生子，未尝同居，其父已死，无案籍及证据者，不得受理。（《长编》卷468"哲宗元祐六年十一月戊午"条，第11183页）

因为别宅子认祖归宗无非是要求分割财产，所以才会有"同居"的规定。法令出现于北宋末年，可见当时已经构成社会问题，由官府强调登记"案籍"与"证据"看来，或许透过追证与处罚以阻吓日益增多的案件。

《清明集》中有关别宅子的判决文只有"仆子李五称已是主人饶操的别宅子"一案[68]，李三娶原地主饶操的婢女生下李五，李五与饶操虽不同居，但透过李三及自己进出族人之家，而对饶家内部状况知之若干，官府亦不信任饶操族长们的证词，所以排除调查同居的证据，但官府并没有舍弃"思辩案情"的真相，所以范应铃说："郡县所断，反复辩证，如见肝肺。"最后范应铃非但不受理别宅子的身份认证，还对李五判以"勘杖一百"、"编管邻州"，李三则暂时隔离与饶家的接触而"押出县界"（表5-1-3，例22）。除了显示官府保护饶操的子

---

[65] 有关"张乖崖三分与婿"的故事，参见本章第二节。
[66] 《清明集》卷8《户婚门·分析》刘后村"女婿不应中分妻家财产"，第277—278页。
[67] 《清明集》卷7《户婚门·立继》吴恕斋"探阄立嗣"，第206页。
[68] 虽然"别宅子"只有一案，但是《清明清》卷7《户婚门·遗腹》中有两篇皆是叶岩峰审理的案件，其案情与"李五案"（例22）很类似。兹略说明如下：(1)"辨明是非"，第240页。这是旧婢女称己子是遗腹子，"欲归宗认产业"的案件。(2)"妄称遗腹以图归宗"，第241—242页。

孙,并且停止调查工作,以免官司骚扰饶家子孙。

(八)"事不干己者,不许受理"(表5-1-3,例23)

如果所论诉之事与当事人毫无相关,官府就不应该接受这类词状。

北宋将"事不干己"列在"不恤之刑",将投词者视为不能体恤别人灾难的人,情节严重者会受到处罚。[69] 南宋有些地方官主张力惩"健讼事不干己"者:

> 顽民健讼,事或干己犹可诿;事不干己,可不力惩?且冒占逃绝户产,若匿牙税之类,在法固许人告,使告果得实,岂但追逮?奈(何)有一等无图之人,不务农业,当农事正急时,辄乘间以此诬告扰农民,邀挟钱物。方其诉时,未必一一知其实,惟择善懦或有雠之家,泛然入词,以傥幸其一中。且如告一户冒占,画一不下数十项,有司追究不尽,则恐终不能绝词。若悉追究,则牵连动是数十人,淹延动是数月,都保之追逮,邻里之供证,一乡骚然。(《州县提纲》卷2"禁告讦扰农",第6—7页)

官府从体恤农民的生活着眼,即使法律开放告论冒占逃绝户或匿牙税之类案件,还是必须设想被论诉者及干系人所受牵连追证之扰。如"陈鉴挟雠妄诉欺凌傅氏与陈兴老"案(表5-1-3,例23),通判拟笔时,使用此法阻止陈鉴不断论诉陈兴老的健讼行为,王提举回复:"所拟可谓详审,察见陈鉴之嚚讼不存恤孤幼陈兴老之意。"既然嘉许通判的洞察力,亦默许力惩陈鉴"不存恤孤幼"的行为吧。

(九)"自今以后,应有此自残之人,例不受理,仍备榜州前与诸县晓谕"(表5-1-3,例24)

从今以后,若还有这类自残之人告论投词者,一概不受理,并将本条贴示布告于州衙以及各属县衙门前,晓谕百姓。

这一条规定早见于北宋绍圣二年(1095)[70],但从婺州的榜词行文看来,似乎是"地方性"法规。迄南宋末年,黄震知江西抚州及提举浙东时,在分别张贴的词诉约束榜中,规定"披纸枷、布枷,自毁咆哮,故为张皇,不受"、"自刑自害

---

[69] 有关政和三年(1113)七月十五日建"御制八行八刑之碑"规定"不恤之刑"与士人学籍的问题,参见本书第四章第三节。

[70] 参见本书第二章第一节。

状,不受"等禁止自残的投状行为。㉑ 推究地方官往往以贴榜告示本法条的原因,因为这种以非常手段投词的方式,好似控诉地方官的无能及无法洗刷冤屈,如"方子明钉脚"案(表5-1-3,例24),知婺州反问投词者这种质疑"州家持千里之平,凡听民讼,惟理之行,何待其为锁喉钉脚之举"的行为,实在大损地方官的形象。虽然如此,婺州仍然受理该案。或许是地方官的矛盾,一方面要遏阻自残健讼的风气,所以拒绝受理此类词诉;一方面又怕"民之抱负冤抑,不能自伸,至于自残其躯,求直于官府,盖迫于其情之不能已尔",挂一漏万而有失恤民之责,所以终究不得不受理。

综言9项不受理法条,显示官府不太愿意介入两大方面的"民间的契约"纠纷,即"典卖交易"与"分割家产",是基于考查契约证据性的困难度高而不予以审理。所谓证据性包括契要物证的明确与否、人证契头的死亡与否。然而,官司虽依法不应受理案件,但非无情拒绝进行调查真相,往往是经过拟笔检法后,才以保持原状为目的,向当事人说明案情的复杂性及官府不受理的原因㉒,进一步使用官府的权威阻止投词者求诸"公断"。如果投词者继续翻诉,显然是不能折服于公断,复审官员的判词就可以"尚敢妄词,解府从条施行"(表5-2-1b,例44)强制止讼。

值得一提的是,不受理法条运用于宋代各级地方衙门的狱讼文书之中,这些文书虽然不见得是最后息讼的判决,但绝不只是官府批给"不受状"的公据形式,因此亦不能将引用不受理法条的判决文视为明清时期的"批词"而已。㉓ 总之,任何的"不受理之判"亦是一件"断由"。

㉑ 《黄氏日抄》卷78《词诉约束》,第16页;及卷80《引放词状榜》第11页。
㉒ 判文中使用不受理法条,其实都有经过调查,才作出最不费官府人事的处断,如黄干:《勉斋集》卷33《崇真观女道士论掘坟》,第3—4页。
㉓ 有关明清时期的"批词",参见郭建:《帝国缩影——中国历史上的衙门》,第201—202页。他指出,案件成立之后,收下诉状,衙门会进行批词,县官对诉状仔细分析,正式作出是否受理的决定。这一程序称为"批词"或"批"。郭建也指出受理案件的批词比较简单,只要用朱笔批一个准字,但是不受理的批词就复杂得多,要针对原告的起诉理由,逐条用法律或情理驳回。原告看了不准的批词,可以上控,即向府、道、省按使司逐级"上控",没有批词就上控,即构成越诉之罪。但愚就南宋的判决文书看来,引用不受理法条,是判决文而不是批词,也就是衙门是进行了调查,才作出裁决。

第二节 判决及其社会意义

南宋高宗朝以后,凡是曾经结绝的"婚田差役"词讼案件,当事人都可从官府中得到"断由"为凭证,所以《清明集》中的《赋役门·差役》、《赋役门·限田》及《户婚门》的判决文,皆可视为一件断由。兹将其中200案[74]的判决文分成"未处刑、处刑"两大类(表5-2-1a、5-2-1b及5-2-1c),而"未处刑"中又分成两小类"区处、警告",从中进一步思考南宋官员书写判决文的考量,是否果然如印象中"自由惩罚"的审判作风[75],抑有其"务人情,合法理"(表5-2-1a,例47)的区处机制。

表 5-2-1a 《清明集》之《赋役门》、《户婚门》中"未处刑的区处"之判

编号	卷数	类	作者	篇名	页数
1	三	限田	人境	走弄产钱之弊	82
2	三	限田	范西堂	乞用限田免限	84
3	三	限田		归并黄知府三位子户	85
4	三	限田	范西堂	赡坟田无免之役	85
5	三	限田	范西堂	须凭簿开析钱分晓	86
6	三	限田	范西堂	限田论官品	89
				提举再判下乞照限田免役状	91
7	三	限田	范西堂	限田外合同编户差役	91
8	三	限田		有告敕无分书难用限田之法	92
9	四	争业上		罗琦诉罗琛盗去契字卖田	102
10	四	争业上		曾沂诉陈增取典田未尽价钱	104
11	四	争业上		游成讼游洪父抵当田产	104
12	四	争业上		吕文定诉吕宾占据田产	106

---

[74] 《清明集》卷3《赋役门·差役》蔡久轩"借名避役"及卷9《户婚门·婚嫁》"士人娶妓"两篇判决文都过于简,而不列入分析。再者,卷9《库本钱》胡石壁"质库利息与私债不同"及同卷同人撰《争财》"欠负人实无从出合免监理"是同一案,虽然前后两判,胡颖的判决理由及处理有所不同,依后判的处理,列入表5-2-5a。此外,200案中至少收入215件个别案牍,如卷7"双立母命之子与同之子"一案有三件案牍。

[75] 郭东旭:《宋代法制研究》,第615—623页。他认为"民事审判的原则精神"有三:(1)人情与国法混用的审判标准;(2)调解与判决相结合的审判方式;(3)自由惩罚的审判作风。叶孝信主编:《中国民法史》(第452页)对两宋的民法所作出的结论:"中国传统社会民事审判既不必严格遵循实体法与程序法的规定,司法官个人的自由裁量权又极大,无疑为司法官吏徇私枉法带来一个契机。"

（续表）

编号	卷数	类	作者	篇名	页数
13	四	争业上		王九诉伯王四占去田产	106
14	四	争业上		罗械乞将妻前夫田产没官	107
15	四	争业上		使州索案为吴辛讼县抹干照不当	110
16	四	争业上		胡楠周春互争黄义方起立周通直田产	114
17	四	争业上		阿李蔡安仁互诉卖田	115
18	四	争业上		罗柄女使来安诉主母夺去所拨田产	116
19	四	争业上		漕司送许德裕等争田事	118
20	四	争业上	范西堂	漕司送下互争田产	122
21	四	争业上	方秋崖	契约不明钱主或业主亡者不应受理	132
22	五	争业下	翁浩堂	侄与出继叔争业	136
23	五	争业下	翁浩堂	受人隐寄财产自辄出卖	137
24	五	争业下	翁浩堂	僧归俗承分	139
25	五	争业下	翁浩堂	妻财置业不系分	140
26	五	争业下	姚立斋	重叠交易台监契内钱归还	142
27	五	争业下	建金	侄假立叔契赖田业	148
28	五	争业下		争山各执是非当参旁证	162
29	五	争业下		经二十年而诉典买不平不得受理	163
30	六	赎屋	吴恕斋	已卖而不离业	165
31	六	抵当	叶岩峰	倚当	170
32	六	争田业	吴恕斋	兄弟争业	175
33	六	争田业	吴恕斋	诉侄盗卖田产	184
34	六	争田业	吴恕斋	王直之朱氏争地	187
35	六	争田业	吴恕斋	陆地归之官以息争兢	188
36	六	争屋业	叶岩峰	舅甥争	192
37	六	争山	吴恕斋	争山	198
38	七	立继	吴恕斋	兄弟一贫一富拈阄立嗣	204
39	七	立继	吴恕斋	吴从周等诉吴平甫索钱	204
40	七	立继	吴恕斋	探阄立嗣	206
41	七	立继		不当立仆之子	208
42	七	立继	吴恕斋	不可以一人而为两家之后别行选立	208
43	七	立继		官司于二女已拨之田与立继子奉祀	215
44	七	归宗	（金厅）韩竹坡断	出继子破一家不可归宗	227
45	七	检校	叶岩峰	不当检校而求检校	228
46	七	孤幼	吴恕斋	欺凌孤幼	230

（续表）

编号	卷数	类	作者	篇名	页数
47	七	孤幼	韩似斋	房长论侧室父包并物业	232
48	七	女受分	吴恕斋	阿沈高五二争租	239
49	八	立继类	蔡久轩	当出家长	244
50	八	立继类	胡石壁	叔（子）教其嫂（母）不愿立嗣意在吞并	246
51	八	立继类	刘后村	继绝子止得财产四分之一	253
52	八	立继类	建阳	立继营葬嫁女并行	257
53	八	立继类	李文溪	诸户绝而立继者官司不应入其业入学	258
54	八	立继类	邓运管拟，姚立斋判	嫂讼其叔用意立继夺业	260
55	八	立继类	拟笔	命继与立继不同	265
			再判		267
56	八	立继类	方铁庵	先立一子俟将来本宗有昭穆相当人双立	268
57	八	立继类	人境	治命不可动摇	270
58	八	立继类	翁浩堂	出继不肖官勒归宗	276
59	八	分析	刘后村	女婿不应中分妻家财产	278
60	八	分析		母在不应以亲生子与抱养子析产	279
61	八	检校		检校通判财产为其侄谋夺	283
62	八	孤幼	蔡久轩	同业则当同财	284
63	八	孤幼		监还塾攒取财物	285
64	八	女承分	范西堂	处分孤遗田产	289
65	九	违法交易	蔡久轩	卑幼为所生父卖业	299
66	九	违法交易		正典既子母通知不得谓之违法	300
67	九	取赎	胡石壁	亲邻之法	309
68	九	取赎		有亲有邻在三年内者方可执赎	309
69	九	取赎	拟笔	伪作坟墓取赎	319
70	九	取赎	金厅	妄赎同姓亡殁田业	321
71	九	坟墓	胡石壁	禁步内如非己业只不得再安坟起造垦种听从其便	322—324
72	九	坟墓	翁浩堂	争山及坟禁	324
73	九	坟墓	蔡久轩	一视同仁	329
74	九	赁屋	胡石壁	赁人屋而自起造	334
75	九	库本钱	胡石壁	质库利息与私债不同	336
		争财	胡石壁	欠负人实无从出合免监理	338
76	九	婚嫁	蔡久轩	甍逝之后不许悔婚	344

（续表）

编号	卷数	类	作者	篇名	页数
77	九	婚嫁	翁浩堂	女已受定而复雇当责还其夫	345
78	九	婚嫁	刘后村	妻以夫家贫而仳离	346
79	九	婚嫁	刘后村	定夺争婚	348
80	九	婚嫁	赵推斋	诸定婚无故三年不成婚者听离	551

表 5-2-1b 《清明集》之《赋役门》、《户婚门》中"未处刑但警告"之判

编号	卷数	类	作者	篇名	页数
1	三	差役	范西堂	倍役之法	75
2	三	差役	范西堂	以宗女夫盖役	77
3	三	限田	章都运合判	父官虽卑于祖祖子孙众而父只一子即合父限田法	80
4	三	限田		产钱比白脚一倍歇役十年理为白脚	83
5	三	限田		白关难凭	87
6	四	争业上		使州送宜黄县张椿与赵永互争田产	102
7	四	争业上		缪渐三户诉祖产业	105
8	四	争业上		熊邦兄弟与阿甘互争财产	110
9	四	争业上		章明与袁安互诉田产	111
10	四	争业上		漕司送邓起江淮英互争田产	120
11	四	争业上	方秋崖	寺僧争田之妄	128
12	四	争业上	刘后村	干照不明合行拘毁	129
13	五	争业下	叶息庵	争田合作三等分	144
14	五	争业下	莆阳	典卖园屋既无契据难以取赎	151
15	五	争业下	人境	揩改文字	154
16	五	争业下	人境	田邻侵界（以此见知曹帅送一削）	157
17	六	赎屋	吴恕斋	执同分赎屋地	166
18	六	抵当	吴恕斋	抵当不交业	168
19	六	抵当	吴恕斋	以卖为抵当而取赎	169
20	六	争田业	韩似斋	出业后买主以价高而反悔	176
21	六	争屋业	吴恕斋	叔侄争	191
22	六	争屋业	叶岩峰	不肯还赁退屋	196
23	六	争界至		争地界	199
24	六	争界至	吴恕斋	争界至取无词状以全比邻之好	200
25	七	立继		先立已定不当以孽子易之	206
26	七	立继	韩竹坡	同宗争立	210

（续表）

编号	卷数	类	作者	篇名	页数
27	七	立继	叶岩峰	下殇无立继之理	214
28	七	立继	叶岩峰	已有养子不当求立	214
29	七	立继	司法拟	立继有据不为户绝	217
30	七	立继	吴恕斋	宗族欺孤占产	237
31	七	女受分	吴恕斋	遗嘱与亲生女	238
32	八	立继类		生前乞养	245
33	八	立继类	翁浩堂	已立昭穆相当人而同宗妄诉	247
34	八	立继类	王留耕	立昭穆相当人复欲私意遣还	249
35	八	立继类	建仓	（父子俱亡）所立又亡再立亲房之子	264
36	八	立继类		后立者不得前立者自置之田	272
37	八	户绝	叶宪	夫亡而有养子不得谓之户绝	274
38	八	归宗	蔡久轩	子随母嫁而归宗	275
39	八	检校	吴雨岩	检校婺幼财产	280
40	八	遗嘱	范西堂	诸侄论索遗嘱钱	292
41	九	违法交易	蔡久轩	已出嫁母卖其子物业	297
42	九	违法交易	拟笔	共账园业不应典卖	300
43	九	违法交易	翁浩堂	伪将已死人生前契包占	307
44	九	取赎	吴恕斋	过二十年业主死者不得受理	314
45	九	取赎	吴恕斋	孤女赎父田	316
46	九	取赎	胡石壁	典主迁延入务	318
47	九	取赎		典主如不愿断骨合还业主收赎	322
48	九	争财	莆阳	掌主与看库人互争	342
49	九	婚嫁	刘后村	女家已回定帖而翻悔	348
50	九	离婚	蔡久轩	已成婚而夫离乡编管者听离	353

表 5-2-1c 《清明集》之《赋役门》、《户婚门》中"处刑"之判

编号	卷数	类	作者	篇名	页数
1	三	差役	范西堂	比并白脚之高产者差役	74
2	三	差役		父母服阕合用析户	76
3	四	争业上	范西堂	吴盟诉吴锡卖田	100
4	四	争业上	范西堂	吴肃吴熔吴桧互争田产	112
5	四	争业上		高七一状诉陈庆占田	103
6	四	争业上		陈五诉邓楫白夺南原田不还钱	108
7	四	争业上	胡石壁	妄诉田业	123

（续表）

编号	卷数	类	作者	篇名	页数
8	四	争业上	胡石壁	随母嫁之子图谋亲子之业	125
9	四	争业上		子不能孝养父母而依栖婿家财产当归之婿	126
10	四	争业上	吴雨岩	乘人之急夺其屋业	132
11	四	争业上	翁浩堂	已卖之田不应舍入县学	133
12	五	争业下	翁浩堂	继母将养老田遗嘱与亲生女	142
13	五	争业下	建阳佐官	从兄盗卖已死弟田业	146
14	五	争业下	入境	物业垂尽卖人故作交加	153
15	五	争业下	刘后村	争山指界至	158
16	五	争业下	翁浩堂	揩擦关书包占山地	158
17	六	争田业	韩竹坡	伪冒交易	172
18	六	争田业		争田业	176
19	六	争田业		争田业	180
20	六	争田业		争业以奸事盖其妻	181
21	六	争田业	叶岩峰	伪批诬赖	182
22	六	争田业	巴陵赵宰	诉夺田	185
23	六	争屋业	叶岩峰	谋诈屋业	194
24	六	争屋业	叶岩峰	赁者析屋（花判）	197
25	七	立继	吴恕斋	生前抱养外姓殁后难以摇动	203
26	七	立继	叶岩峰	争立者不可立	213
27	七	立继	叶岩峰	婿争立	213
28	七	立继	通城宰书拟 仓司拟笔 提举判	双立母命之子与同宗之子	219 119—123 223
29	七	归宗	拟笔	出继子不肖勒令归宗	225
30	七	孤幼	韩似斋	官为区处	231
31	七	孤寡	许宰	正欺孤之罪	234
32	七	遗腹	叶岩峰	辨明是非	241
33	七	遗腹	叶岩峰	妄称遗腹以图归宗	241
34	七	义子		义子包并亲子财物	243
35	八	立继类	胡石壁	父在立异姓父亡无遗还之条	245
36	八	立继类	天水	已有亲子不应命继	250
37	八	立继类	李文溪	利其田产自为尊长欲以亲孙为人后	259
38	八	归宗	翁浩堂	衣冠之后卖子于非类归宗后责房长收养	274

（续表）

编号	卷数	类	作者	篇名	页数
39	八	检校	胡石壁	侵用已检校财产论如擅支朝廷封桩物法	282
40	八	孤幼		鼓诱卑幼取财	284
41	八	孤幼	胡石壁	叔父谋吞并幼侄财产	286
42	八	遗嘱	蔡久轩	假伪遗嘱以代衷	290
43	八	遗嘱	范西堂	女合承分	291
44	八	遗嘱	范西堂	无证据	294
45	八	义子	蔡久轩	背母无状	295
46	九	违法交易	蔡久轩	出继子卖本生位业	298
47	九	违法交易	刘后村	母在与兄弟有分	302
48	九	违法交易	翁浩堂	重叠	302
49	九	违法交易	翁浩堂	业未分而私立契盗卖	304
50	九	违法交易	翁浩堂	鼓诱寡妇盗卖夫家业	305
51	九	违法交易	翁浩堂	买主伪契包	306
52	九	违法交易		叔伪立契盗卖族侄田业	308
53	九	取赎		妄执亲邻	310
54	九	取赎	胡石壁	典买田业合照当来交易或见钱或钱会中半收赎	312
55	九	取赎		揩改契书占据不肯还赎	314
56	九	坟墓	莆阳	主佃争墓地	326
57	九	坟墓		盗葬	329
58	九	坟墓	蔡久轩	诉掘墓	330
59	九	墓木	蔡久轩	舍木与僧	330
60	九	墓木	蔡久轩	争墓木致死	331
61	九	墓木		庵僧盗卖坟木	332
62	九	墓木		卖墓木	334
63	九	库本钱	胡石壁	领库本钱人既贫斟酌监还	336
64	九	库本钱		背主赖库本钱	338
65	九	婚嫁	蔡久轩	将已嫁之女背后再嫁	343
66	九	婚嫁	胡石壁	嫂嫁小叔入状	345
67	九	离婚	翁浩堂	婚嫁皆违条法	353
68	九	接脚夫	刘后村	已嫁妻欲据前夫屋业	356
69	九	雇赁	蔡久轩	时官贩生口碍法	357
70	九	雇买	蔡久轩	卖过身子钱	358

一、判决与"法意"

（一）"户婚差役"

"户婚差役"案中（参见表5-2-2），65%不以处刑为结绝（参见图5-2-1），53%称引法条。106件称引法条中，72%不处以刑罚（参见图5-2-2）。70件处刑案中，40%征引法条（参见图5-2-3），200篇以上的案牍中，共13篇引用刑律，其中引用超过杖一百刑律只有5件。综合这些数字看来，"户婚差役"案件不是以惩处为最终的目的，判决官员酌情理解每一个别案件时，半数以上可以检查出相关法令，向当事人加强说明案情与法理，但法条（国法）并非用来支持审判官员执行惩罚，而是要让即使"揆之天理，决不可容"者亦能明白个中情理，以达到真正"词讼可息"（表5-2-1a，例44）。

表 5-2-2 量化《清明集》"差役户婚"案件引用法条

	未处刑		处刑	总计
	区处	警告		
件数	80	50	70	200
/200	40%	25%	35%	100%
	65%			
称引法条	48	30	28	106
/200	24%	15%	14%	53%
	39%			
/106≒	45%	28%	27%	100%
	73%			
	48/80=60%	30/50=60%	28/70=40%	
	78/130=60%			
引用刑律❶	3	1	9	13
法过杖一百			5	
使用"法意"❷	10	11	6	27
/27≒	37%	41%	22%	100%
	78%			

（续表）

	未处刑		处刑	总计
	区处	警告		
/21 ≒	50%	50%		
决脊杖❸		1	4	5
引用法条			1	
处理出幼❹	5	1	1	7
使用夫亡从其妻❺	5	3	2	10

【说明】❶ 区处，参见表 5-2-5a，例 23、24、75。警告，参见表 5-2-5b，例 49。处刑，参见表 5-2-5c，例 13、39、40、41、48、50、65、67、69。下格引用法条有五件，例 40、41、60、61、65。

❷ 区处，参见表 5-2-5a，例 3、20、21、23、41、51、56、59、61、72、81。警告，参见表 5-2-5b，例 4、8、10、12、17、20、36、38、42、49。处刑，参见表 5-2-5c，例 8、25、28、49、54、59。

❸ 警告，参见表 5-2-1b，例 3。本案引用的法条是处理限田的规定，所以不列入下格引用法条案中。处刑，参见表 5-2-1c，例 39、41、60、61。下格引用法条一件，例 39。

❹ 区处，参见表 5-2-1a，例 46、47、48、55、62。警告，参见表 5-2-1b，例 13。处刑，参见表 5-2-1c，例 25。

❺ 区处，参见表 5-2-1a，例 14、24、44、55、56。警告，参见表 5-2-1b，例 28、33、39。处刑，参见表 5-2-1c，例 28、35。

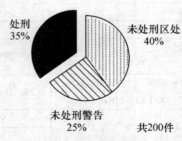

图 5-2-1　户婚差役区处图

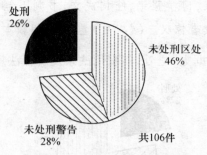

图 5-2-2　称引法条比例图

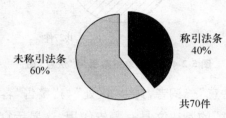

图 5-2-3　处刑引用法条情形

(二)"法意"是户婚法条的活用⑯

有 27 案出现"法意"一词,其中未处刑者共 21 案,占 78% 左右(参见图 5-2-4)。这意谓官府调查"户婚差役"的案情之后,书判官员除了检查对应案情的法条之外,还得就案情向当事人解释法条的"本意",以及审判官员检用此法条的"用意",乃有"徒法不能自行"的意义。如胡颖审理"李细五于黎友宁买李二姑陆地起造墓地"案(表 5-2-1a,例 72)判决文中使用"法条"总数达 8 条,可号称《清明集》使用法条之冠。胡颖的判决文一开始就指出前判断官员引法不当:"详阅案牍,知县所断,推官所断,于法意皆似是而非。"甚至分析知县引用"典卖众分田宅私辄费用"条而判决"李细五于限外向黎友宁执赎"后,写道:"执法而不详其意,宜乎黎友宁之不伏退业也。"《宋史》对胡颖书判的评价极高:

---

⑯ 《清明集》使用"法意"一词者,《惩恶门》中尚有三例:(1)卷 12《奸秽》范西堂"因奸射射",第 448 页。(2)卷 13《妄诉》翁浩堂"姊妄诉妹身死不明而其夫愿免检验",第 501 页。(3)《妄诉》翁浩堂"叔诬告侄女身死不明",第 502 页。从数量上看来,"户婚差役"中解释"法意"的判决文是相对多数。

为人正直刚果,博学强记,吐词成文,书判下笔千言,援据经史,切当事情,对偶皆精,读者惊叹。(《宋史》卷416《胡颖本传》,第12479页)

千言的判决文中"援经据史"之外,其引用法条及解释法意的功力亦颇有可观。

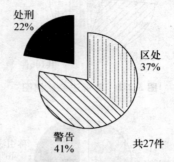

图 5-2-4　户婚差役案引用"法意"图

未处刑而使用"法意"一词者,其中"区处"与"警告"各有10件及11件,可见一半左右解释"法意"的判决文具有警告作用,这显示官员区处户婚差役案件时,一方面自我戒慎运用法条,一方面不忘以法理警戒当事人"一纸入公门"[77]的处境。

一篇未具名的转运司拟笔"叔梁淮陈词侄梁回老盗卖共帐之业"案(表5-2-1b,例42),梁淮的侄子梁回老、梁锡老等人将分支书载明"此系众业,权克退候却分"的墓葬预定地典卖龚承直,虽然仍保留梁淮的一份,但不论梁淮的母亲范氏下葬与否,拟笔者能够理解"梁淮的不安",因为典卖园地的原本用途是墓葬之地,就应该如支书所言依"众分法"处置,所以梁回老与龚承直买卖双方都可以依照法条定罪,却因"既经赦宥",只令梁淮"备钱取赎"两份园业。此案又有后续情节,"本县差申,梁淮无钱可赎",但"据梁淮陈词,称已赍钱、会到官,县吏执复,不与交钱取契"。拟笔者"恐县吏受龚承直之嘱,故尔拖延",于是一方面要求转运司帖行县丞厅,强制完成该项"梁淮取赎"的作业[78],一方面

---

[77] 蒲松龄:《醒世姻缘》第八十一回"两公差愤抱不平,狄希陈代投诉状"中有明清时期的俚语,"一纸入公门,九毛拔不出"、"官断十条路"、"输赢何似,胜败难期"等等。

[78] 原文:"欲帖丞厅,监梁淮同龚宅干人当官々钱两相分付,限三日具了当申。"其中"监"有"强制处理"的意味,参见本章第二节。

又指出:"如有不伏人,解赴本司施行。"强硬警告龚承直、县吏等地方势力阻挠官府结绝的行为。

(三) 法条的活用不以"刑律"为主

引用刑律的案件共有 13 件,但不见得依"律"定刑。如翁甫审理"何德懋由僧归俗的承分"案(表 5-2-1a,例 24),何德懋"七岁而父母亡,十二岁而祖亡",叔何烈设谋用计,将十四岁的德懋"礼僧为师,在故家七十余里外"。何烈本身无亲子,曾抱养异姓子赵喜孙为男,晚年妾生一男乌老。德懋年长之后,颇知家世,"归俗长发,还与何烈同居"。何烈年老时,因"悍妻在旁,爱子在侧"而未能"区处德懋,分屋而居之,析田以赡之"。德懋于何烈身亡之后,兴讼叔父一家。翁甫分析何烈违法行为时,引述法条后,又说:"何烈既已身亡,所有规求一节,且免尽法根究。"至于何烈的妾与子(缪氏母子)是其晚年违法的共犯,却也一并免根究。兴讼期间,缪氏"尚执遗嘱及关书一本",以为何烈的物业是已分析之证。翁甫认定这是何烈在世之日,使用私家故纸撰写的文书,分明是"乱公朝之明法"的行为,所以仍坚持原判"何氏见在物业,并合用子承父法,作两份均分",即德懋可得一份祖父家业。翁甫为了防范缪氏母子"越经上官,争讼不已"⑦,还特别解释他的判决是合乎"传不云乎:蝮蛇螫手,壮士解

---

⑦ "何德懋由僧归俗的承分"案关系图如下:

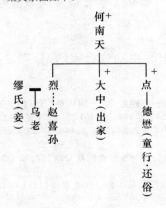

腕"⑧,不只是为了安顿德懋,更是为了缪氏母子着想。从翁甫不追究缪氏暗助何烈违法占据财产行为,得知他的考量主旨是解决争财的现况。

分析家产的案件中,双方往往不顾"亲属"身份,而产生乖争凌犯之习,竞相以"重罪"投词告论对方。如"抱养子陈厚论讼母吴氏与弟"案(表5-2-1a,例60),陈文卿妻吴氏抱养陈厚为子,亲生二子陈谦、陈寅之后,"吴氏夫妇"无故自分析产业为三,亦给陈厚一份,陈文卿死后,吴氏又将未分产业给二亲子,所以陈厚投状"吴氏母子论收诡户",而陈谦、陈寅则挟母以治其兄,至谓状写"陈厚殴母"。审理官员引用"别籍异财"法,并解释本条法意,判定"不许"吴氏母子"违法析产",但并未引用律文的刑罚。官员的做法看似始终考虑词讼两方的情面,其实还考虑国家立法与社会实态。

就祖父母及父母的立场而言,"若祖父母、父母令异财者",唐宋刑律"明其无罪"。[81] 而且自从南宋以后,"时有建议立法者,或父母在日,许令摽拨产业。"[82]于是孝宗淳熙年间(1174—1189),国家立法机构重申"法意",如林大中(1131—1208)的奏言:

> 又奏:"律有别籍异财之禁,祖父母、父母令别籍者,减一等。而令异财者,无罪。淳熙敕令所看详亦然。今州县不明法意,父祖令异财者亦罪之,知风教之虚名,而不知坏风教之实祸。欲申严律文、疏议及淳熙指挥,若止令其异财,初不析开户籍,自不应坐父祖之罪,其非理荡破所异田宅者,理为己分,则不肖者不萌昏赖之心,而其余子孙皆可自安,实美化移风之大要也。"(《攻愧集》卷98《签书枢密院事致仕赠资政殿学士正惠林公神道碑》,第5页)

孝宗以后,父祖可以及早出面主动分析家产,分产之后,不肖子孙所破荡者是

---

⑧ 《资治通鉴》出现"壮士解腕,蝮蛇螫手"一词共有四处:(1)卷76,第2427页。(2)卷154,第4781页。(3)卷160,第4953页。(4)卷184,第4764页。又李延寿:《北史》卷36《尔朱荣本传》,第1760页。而此一典故源出于《史记》卷94《田荣本传》,第2644页。本例亦可证明判决文中"援经据史"的书写方法。

[81] 《宋刑统》卷12《户婚律》"父母在及居丧别籍异财"门,第192页。本条法律的惩罚主体是"子孙"。

[82] 《历代名臣奏议》卷117《风俗》,第5页。这是李椿(1111—1183)任吏部侍郎的奏言,他持反对意见而上奏。

自己分得的田宅,其余子孙的财产不至于连带受累。

上述"陈厚与吴氏母子争讼"案中(表5-2-1a,例60),陈厚告论吴氏母子的罪名是"诡名挟户"。官府调查事实之后,陈文卿确实虚设五户诡寄,所以"唤上乡司克除陈厚、陈谦、陈寅三户之外",其余五户物业"并归陈文卿一户,使吴氏掌之,同居共爨,遂为子母兄弟如初"。审理者一再强调这是"屈公法而徇人情"的处置结果,但显然避重就轻而不谈吴氏母子可能触犯的"违制论"罪。[83]审判官员的处置态度与南宋诡名违法普遍的情形有关,有些地方还蔚为风俗,如浙东婺州,"婺多大家,其俗或误以不纳官赋为豪,至有田连阡陌,而官无户名"[84]。从其他案例看来,虽有少数以"诡户"或"诡变"成立罪名及科刑,但亦有"讼妻叔戴盛诡名立户,二可罪也"的论述(表5-2-1c,例27)。[85]

"遇事精详,必审其可而后发"的王十朋(1112—1171)[86],曾经"定夺"两件与"身份析产"有关的案件。[87]在"妾母阿何讼陈友直不孝"案牍中,陈友直亦陈状申明"阿何系其父盛之妾",以为自己不孝的"十恶"[88]罪名开脱。王十朋的判决说:

> 然在礼法中,有嫡母、庶母、所生母、乳母、妾母。阿何虽非陈盛之妻,然在陈氏之家已两有所出。其陈盛当溺爱之时,亦尝以妻礼遇之。某按春秋之法,其父有以妾为妻者,先儒论之曰:以妾为妻之罪,其父当尸之。然父以为妻,其子不得不以为母。又按《礼记》内则,父母有婢子,父母没,

---

[83] "诡名挟户减免等第或科配者,以违制论",见于5-2-5a,例23与《庆元条法事类》卷47《赋役门一·匿免租税》"诈伪敕",第430页。

[84] 《黄氏日抄》卷96《安抚显谟少卿孙公行状》,第942页。

[85] 有关涉及"诡名"的案例,参见表5-2-1a,例16、23、60;表5-2-1c,例2、5、27、33、48、62。其中以诡名而处刑者,只有表5-2-1c,例2、5、48。"诡名挟户"是官户或户等高者将户口别立户籍,以降低户等,避免科配。"诡变"(又称"诡名挟佃")则是有田者将田业寄在官户名下,成为佃客之名,但实际上是田产所有人。有关南宋的主佃关系,请参考梁庚尧:《南宋的农村经济》,第73—74、132—142页。而以往学者多在役法的课题中注意到"诡名挟佃"与投寄的现象,如〔日〕周藤吉之:《宋代の诡名寄产と元代汉人の投献—佃制とも关联させて—》,载〔日〕周藤吉之:《唐宋社会经济史研究》,东京:东京大学出版会1965年版。

[86] 《文定集》卷23《显谟阁学士王公墓志铭》,第280页。

[87] 《梅溪后集》卷25《定夺阿何讼陈友直》及《定夺梁谦理分》,第10—13页。"阿何案"表面上看来是"母讼子",其实是阿何为两位所生子争分析财产权。"梁谦案"则是梁谦过继给叔十七年后,求"遣归宗"以与其他七位兄弟"均分析产"。

[88] 《宋刑统》卷1《名例律》"十恶"门,第11页。

  没身敬之不衰,父母所爱,虽父母没不衰。(《梅溪后集》卷25《定夺阿何讼陈友直》,第11页)

阿何合于"礼法"中的"五母"⑧⑨身份,所以陈友直应当遵守"春秋之法"与《礼记·内则》的精神,本案最后的判决是陈友直当以妾母之礼侍阿何,但其家事由陈友直管掌,阿何不得自专,如此才是"于经于律皆无违碍"。

另一件"出继子梁谦理分"的案牍中,梁谦陈状称"其所养缜既死,其所生父彩尚存之时,所养母尹氏曾遣归宗",所以请求官府认定其为梁彩之子,并求"八分析产"。兄长孝廉等供称"谦不曾于父在日归宗,兼已受所养之家物产,不当分所生兄弟之财"。由于梁彩与尹氏皆身死,毫无凭据可证明梁谦曾否归宗。前此,已有提刑司签厅定于"律"的判决,王十朋分析是为当然之判:

  按礼经:为人后者,为人之子。又按律:诸养子,所养父母无子而舍去者,徒二年。若自生子及本生无子者,听。又按绍兴令,诸为人后而还本生者,听。注谓:自欲还者,或所养父母遣还者,今许自欲还。盖谓本生无子,或所养之家已有子也,许所养父母遣还者,义亦如之。(《梅溪后集》卷25《定夺梁谦理分》,第12页)

按"礼经"、"律"及"绍兴令",梁缜既无别子,梁彩又所出甚众,所以"谦义合义绝,不当归宗"。不过,王十朋又强调"律设大法,礼顺人情",进一步推论梁谦可以"分析家产",依"令"文规定官府应听任"众议愿多与同分之人者"的分法。于是王十朋拟由官府决定众议,分给梁縑一份父祖的不动产业,并考虑以"济贫"的义理说服梁孝廉等人重新处置原来的众分家业,以达"庶令梁氏一门稍知孝弟之义,少息争竞之风"。

据说"真父母官"史浚处理类似父子兄弟的陈状案,"平时乡邻有失孝弟之义者,必谕之以礼,晓之以法。不悛者或愧辱之;感悟者则与以酒食之资,使其奉父兄之欢乃已。其有暴戾恣睢、狠于斗、冒于货者,亦诲之谆谆,俾归于善,

---

⑧⑨ 《宋刑统》卷6《名例律》"杂条"门,第100页,"其嫡、继、慈母若养者,与亲同。"故有以为"五母"是指"嫡母、继母、慈母、养母与亲母"。从《文献通考》卷170"安崇绪案"(第1474页,参见本书第二章第二节),右仆射李昉奏言:"据法寺定断以安崇绪论嫡母冯罪,便合处死。臣等深以为不当,若以五母皆同,即阿蒲虽贱,乃是安崇绪之亲母。"北宋初年的"五母"就是《宋刑统》的定义。

故于政者专以风化为本。"⑨

"婚姻"⑨疑讼也是引用刑律却未处以实际惩罚的案类之一,如刘克庄审判"谢迪不肯招认女家已定帖而悔婚"案(表5-2-b,例49),前后连续七次判词共引用三条法律:一是"在法:许嫁女,已投婚书及有私约而辄悔者,杖六十,更许他人者,杖一百,已成者徒一年,女追归前夫"(第一判),二是"律文又云:虽无许婚之书,但受聘财亦是。注云:聘财无多少之限"(第一判),三是"在法:诸背先约,与他人为婚,追归前夫"(第六判)。在第一判引用法之后,刘克庄希望当事人谢迪父子体会官府的用意和刑律的法意,以免知县戴着狱法吏冠柱后惠文⑨动用"刑法",届时后悔莫及。

(四) 户婚差役"重刑"案的用意

胡颖处理"曾元收侵用伯父曾仕殊已检校财产"案(表5-2-1c,例39)⑨,定曾元收"决脊杖十五"刑罚,是少数"户婚差役"重刑案中唯一引用法条(表5-2-2)的案件。其实,当时胡颖并不只是面对曾元收侵用已检校的产业而已,还有曾元收到提刑司控告府衙"禁死其父"。他先引出两条重刑的律敕:一是"辄用已检校财产者,论如擅支朝廷封桩钱物法,徒二年",二是"诈为官司文书及增减者,杖一百",又据情载录曾元收"擅支已检校钱六百余贯"、"银盏二十只"、"揩改朱契六道"等犯罪行为之后,写道:"若不照条科断,则闻者将谓本府亦为其所持,莫敢致诘,自此奸民皆将是效矣。"与其说胡颖是判定曾某"侵用已检校财产"及"伪造官司文书"二罪,不如说还有严惩奸民越诉"胁持"地方官的深意。总之,"柱后惠文"弹治的对象,应该是百无忌惮损害国家利益,以及地方官形象的豪横小人。⑨

胡颖处置"李细二十三父子吞并兄嫂生前所养幼侄财产"案(表5-2-1c,例

---

⑨ 《攻愧集》卷105《朝请大夫史君墓志铭》,第4页。
⑨ 认定合法的婚姻,除了律令有明确的规范要件之外,还有民间的婚姻习俗亦可做为"礼婚"的认定要件。参见《清明集》卷5《户婚门·争业下》叶息庵"争田合作三等分定夺",第144页。可见所谓"礼婚"要件有:"主婚人"、"媒人"、"财帛定聘"、"财帛回答"、"婚书"、"与会婚礼的亲戚邻居"、"婚宴",等等。
⑨ "柱后惠文"意谓"以刑治理民事"。典出《汉书》卷76《张敞本传》,第3226页。
⑨ 有关本案的案情,参见第一章楔子及第一章第二节。
⑨ 《清明集》卷12《户婚门·豪横》胡石壁"不纳租赋擅作威福逋逃胁持官司",第470—471页。

41），引用三条敕律的刑罚皆只是杖一百以内：一是"诸身死有财产者，男女孤幼，厢耆、邻人不申官抄籍，杖八十"；二是"对诸路州县官而咆哮（哮）凌忽者，杖一百"⑤；三是"诸斗以兵刃斫射人不著者，杖一百"，却分别判决该案父子杖一百以上的刑罚，父李细二十三被处以"决脊杖十五"、"编管五百里"，相当于"徒一年半"加"编管"，不可谓不重。胡颖论处李细二十三如此重大之罪，除了是以"父"为"首"犯，加重处罚家长教令责任的缺失之外，最主要是他的抗官暴行。综看李细二十三违法的行为，不只是侵占幼侄财产，还有"罔冒官司"、"咆哮县官"、"劫夺租赋"、"捍拒追捕"等，皆是挑战公权力的重大罪行。

在"黎定夫等六名鼓诱卑幼孙某违法倚当诈财"案中（表 5-2-1c，例 40），未具名的书拟判决者虽引用法条，但并未完全指出刑律，如：一是"解受孙某钱、会，系欺诈取财，从盗论"；二是"教诱卑幼，非理费用财产，合杖一百，编管邻州"；三是"李粢留此钱，欲为鬻举⑯，以事体稍重，未欲尽情根究"；四是"孙某有母在，而私以田业倚当，亦合照瞒昧条，从杖一百"；五是"刘顺为牙保，亦当同罪"。书判者依"监主以诈欺官私取财"法"计赃定刑"⑰后，黎定夫、夏某、刘庚四等三人分别得赃"三十贯八百"、"一十五贯二百"、"五贯五百文"而处以"配本州"、"徒二年"、"一年半"。一干人犯中，萧子章一名是就李粢名下借钱并已还钱，而不列入共同犯罪结构成员，所以先得以释放。本书判最后必须

---

⑮ 《清明集》卷 12《惩恶门·把持》翁浩堂"把持公事赶打吏人"，第 475 页。
⑯ 《宋史》卷 156《选举志》，第 3643 页。
⑰ 《宋刑统》卷 25《诈伪律·诈欺官私取财》，第 14—15 页；又南宋"计赃论罪"可参考《庆元条法事类》卷 7《职制门四·监司巡历旁照法》"贼盗敕"（第 88 页）："诸窃盗得财杖六十，四伯文杖七十，四伯文加一等，二贯徒一一年，二贯加一等，过徒三年加一等，二十贯配本州。"依规定计赃算法如下表：

表 5-2-3　南宋窃盗得财计赃定罪简表

计赃	二拾贯				
定罪/最高刑	配本州				
计赃	十三贯	十六贯	十九贯		
定罪/流	二千里	二千五百里	三千里		
计赃	二贯	四贯	六贯	八贯	十贯
定罪/徒	一年	一年半	二年	二年半	三年
计赃	得财	四百文	八百文	一千二百文	一千六百文
定罪/杖	六十	七十	八十	九十	一百

【说明】夏某赃满一十五贯二百文，合得流二千五百里，却只判定"徒二年半"，不知是检法出了问题？抑夏"某"身份特殊？

"案备所供，申使府取自施行"，能否如书判所拟断罪定谳，尚有"照赦免断"的变数。他强调黎定夫、夏某、刘庚四、李溧、刘顺等五人所犯的赃罪"虽已该赦，犹不能免"⑱，以示惩戒破坏人家财产之徒。

其他"户婚差役"案中，地方官在赦后仍断罪决罚的原因，有的是处置鼓诱卑幼违法交易而取财的"牙人"，犹以"不容不惩"而"勘杖六十"（5-2-1c，例47）。有的是官府"固难追断赦前"健讼事不干者，但仍稍加惩治"从轻决竹篦十下"，"以为奸狡者之戒"（表5-2-1c 例7）。或有以"本合科重，以赦漏网"；"如敢顽讼，则讼在赦后，幸不可再矣"（表5-2-1b，例11）警告蠢蠢妄讼者。

"决脊杖"相当于"徒罪"以上刑，可说是"户婚差役"的重刑案，而《清明集》中200案共有5件才占2.5%（表5-2-2），也算是凤毛麟角。其中有一件当事人未受处刑，却有"乡司"因案受嘱而被"决脊杖二十、编配邻州"（表5-2-1b，例3），意谓基层行政人员若被发觉受赃请托的事实，并影响重大行政业务时，将受到"公职私罪"的严厉惩罚。⑲

此外，"户婚差役"案衍生两造双方的肢体冲突，乃至于成为人员伤亡的案件时，有道是"杀人事重，争产事轻"⑳，就不可能再以单纯的"听讼"处理。

蔡杭定谳"买官人胡小七的悍仆与邻接地余氏争墓木，胡小七的佃火危辛乙遭遇余氏三名击杀致死"案（表5-2-1c，例60），事发一年半以来，胡小七不曾出官，余氏击杀危辛乙也付出相当代价，除了余再三一名已毙于狱中，其父余细三十虽经刑部特与贷命，"决脊杖二十，刺配二千里州军"，相当于"流三千里"加"刺配"，所以蔡杭审理余细三十之子再六的定罪时，就以其所犯在"减降赦前"而一笔带过。至于胡小七悍仆们的违法行为，则分别以"首"、"从"定罪，"首"者以"决脊杖十三、编管一千里"，相当于"徒一年"加"编管"，重惩两名首仆号召"率群佃百余人，名曰自耕，其实将带刀斧，喧啖直将田畔余家墓木恣行斫伐，几于赭山"。他们不只是聚众操刀、斗杀邻人，而且还犯下与"掘墓

---

⑱ 地方官判决罪徒时，若要"会赦犹不能免"，则必须提出正当惩戒的理由，否则颇有违抗皇权的意谓。《清明集》的《惩恶门》中也有两篇由刘克庄所写的判决文，虽已经赦却不免其刑的案例：（1）卷12《奸秽》"吏奸"，第447页。（2）卷13《妄诉》"妄以弟及弟妇致死诬其叔"，第495—496页。

⑲ 参考刘馨珺：《宋代的请托风气——以"请求"罪为中心之探讨》，载宋代官箴研读会编：《宋代社会与法律》，第139—211页。

⑳ 《黄氏日抄》卷96《知吉州兼江西提举大监糜公行状》，第3页。

发冢"相当的"抢夺墓木"的罪行,从晚唐以来,"发冢"是一项排除于"恩赦"之外、略不被宽宥的违法行为。[101]

最后一件"决脊杖"的案例也是与"盗卖坟木"有关(表5-2-1c,例61),潘提举告论先世坟木被守墓庵僧师彬盗卖,判决者定刑时写道:"事至有司,儆之以法,是盖挽回颓俗之一端也。师彬决脊杖十七,配千里州军牢城收管。"师彬不止独犯相当于"发冢"之罪,还有监守自盗、"背本忘义"的不义之恶,所以官府重惩师彬相当于"流二千里"的刑罚,以图力挽颓败的风俗,寓有教化社会的意义。

(五)官僚区处滞讼时,仍应"当人情"、"合法意"[102]

以胡颖处理"黄公才诉讼李四二借百千经营质库,二子李五三与李五七不还本利"案为例(表5-2-1a,例75),第一次审理时,胡颖采信借钱一方(债权人)黄公才"初以百千给李四二"、"曾支去二十七贯"的说词,不采信赁钱一方(债务人)李氏兄弟"止供认五十千"的狱款,所以推算出李氏兄弟必须还给黄公才"三百五十三贯"。在此之前,知县处理该案时,认为黄公才长期放债,以至于举债人积欠的利息太多,而造成李氏兄弟无法偿还父债,所以只能以"回利为本"、"一倍之法"断之。其实,知县是混合使用《庆元条法事类》卷80《出举债负门》的两条敕令:

> 诸以财物出举而回利为本者,杖六十。以威势、殴缚取索,加故杀罪参等。("杂敕令",第599页)

> 诸以财物出举者,每取利不得过四厘,积日虽多,不得过一倍,即元来借米谷者,止还本色,每岁取利,不得过五分(谓每斗不得五升之类),仍不得准则债负。("关市令",第600页)

也就是说,黄公才涉有"回利为本"的违法行为,所以李氏兄弟只要归还原借来的财物及其相当一倍的利息。在第一次的判决文中,知府胡颖指正知县不能了解"淳熙十四年申明之敕"的法意,并且为了呼应本篇判决文一开始所揭示

---

[101] 参见本书第三章第一节。
[102] 《攻愧集》卷104《赵深甫墓志铭》,第11页。

"大凡官厅(听)财物勾加之讼,考察虚实,则凭文书;剖判曲直,则依法条"的理念,胡颖选择性地称引条文[103],指出"今李四二所欠黄公才之钱,正系质库利息",而知府认为知县乃以"私债"定夺,"是又不依条法以剖判曲直矣",然则何以息讼哉?

胡颖信心十足地认为已充分解释"借贷过本"与"库本钱不当与私债"等同一例,然而日后李氏兄弟的"实情"却促使他重新评估该案的处置得当与否?第二次判决中,他首先是质疑"黄公才未必遽然以数百千付于"李四二之手?再者,从府衙执行"照条追理监还"的判决结果时,得知李氏兄弟之穷惨。接着而来,胡颖写道:"在法,债负违契不偿,官为追理,罪止杖一百,并不留禁",以便合乎法理释放监系在狱中的李氏兄弟。事实上,胡颖也混合使用《庆元条法事类》卷80《出举债负门》的两条敕令:

> 诸负债违契不偿,罪止杖一百。("杂敕",第599页)
>
> 诸负债违契不偿,官为理索,欠者逃亡,保人代偿,各不得留禁。即欠在五年外,或违法取利,及高抬卖价,若元借谷米而令准折价钱者,各不得受理。[104] 其收质者过限不赎,听从私约。("关市令",第600页)

经过选择组合的法条,一方面强调先前黄公才论李五三兄弟欠负主家财本,"官府固当与之追理",但另一方面知府亲见欠负人李氏兄弟啼饥号寒,更无一钱以偿黄公才的情形,使得胡颖重新申明"法意":"不惟不当禁,杖责亦岂可复施?"有意忽略杖一百的"刑",区处"合免监理,仍各于济贫米内支米一斗发遣"。

从胡颖前后两份判决的更改,可见地方官员执法的历程,除了维护行政系统处理原则的"国家法益",并且更应当关照民情与公义的"社会法益",综合这些考量之后,最终判决结果超越黄公才的"个人法益"之上。这两篇判决文一并收入《清明集》中,置于《争财》类的判决文完全扭转《库本钱》类的判决结

---

[103] 完整的法条见于《庆元条法事类》卷80《出举债负》"杂敕",第601页。
[104] 从这一条法令可知:负偿违契、申请官府为之理索的案件,若有"欠者逃亡伍年以上"、"违法取利"、"高抬卖价"、"元借谷米实物而令准折债负"等情形,官府可以"不得受理"。这一不受理法条未见运用于《清明集》,推测其实用性或法意解释可能不太广泛。

果。推究编纂《清明集》者的用意，并非要显示胡颖判决的失误，而似乎是让读者从胡颖审理案情与解释法条的经验中，具体理解实定化（成文法化）私人权利成为"法律"时，执法者解释法律必须依据情理，法律也可因为情理而被变通，"情理"与"法律"之间是经过相互多面思考的结果。

（六）宋人的"故事"也是法意之一

士大夫间耳熟能详的故事可以成为法意的根据，如刘克庄处分"周丙身后财产"案（表5-2-1a，例59）时，判决"合作三分"、"如此分析，方合法意"。在此之前，县尉已根据张乖崖的故事，主张"三分与婿"的建议，刘克庄认为县尉的看法就是其所引用"见行条令女合得男之半之意"。张乖崖就是北宋张咏（946—1015）[⑩]，据史载他曾于知杭州府期间处理一件民讼：

> 有民家子，弟与姊讼家财，婿言：妻父临终，此子才三岁，故见命掌赀产，且有令异日以十之三与子，七与婿。咏览之，以酒酒地曰："汝妻父智人也，以子幼甚故托汝，苟以七与子，则子死于汝手！"亟命以七给其子，余三给婿，皆服咏明断。拜泣而去。（《长编》卷44"真宗咸平二年（999）四月丙子"条，第941页）

这个故事原本与宋代法令规定"男女分产"的"额度"并无太大关系，张咏只是合情合理尊重当事人的遗书想法所作的个案处置而已。

然而，两百余年后的南宋地方官似乎运用这故事成为一种普遍皆知的法意，如范应铃处理"柳璟的侄子们以遗嘱向其妻索取助贷金"案，（表5-2-1b，例40），柳璟临终前，家业甚厚，但生子独幼，所以各资助四侄十千，并书之于纸，以年度取金。才五七年，柳璟的妻子乃渝元约，因而引起诸子侄的词讼。官府从族长处取得的批帖，可以证明遗书是柳璟的亲书，若从"律以干照"、"官凭文书"的行政原则而言，柳璟妻是比较站不住法理立场的一方，似应可以无词而退讼。不过范应铃却引用张乖崖的故事，进一步警告诸侄不得再侵欺柳璟家业，他认为张乖崖处理的"昔人分付家业之事"与本案的案情"意实一同"，毫不犹疑"毁约"，终止该遗书的法律效果。在这一篇判决中，引用"张乖崖的故事"

[⑩] 《宋史》卷293《张咏本传》，第9802页。

不是着重于"子与婿分产的额度",而是张乖崖执法书判的意志。

从高宗绍兴二十二年以来,南宋地方官累积不少书判断由,并且流传于民间,如知庆元府姚江县(余姚)蒋德言(淳熙十六年[1189]卒),"闻滞讼,见则冰释,两造至前,或片言之,无不厌服,得君书判者,传播道路,皆以为神明。"⑩ 又如"居官事与法理不顺,直前疏治"的王闻礼(开禧二年[1206]卒)为蜀帅辟为钤辖干办公事后,曾经处理一件眉州豪姓与族子异籍争产的案件:

> 眉之豪王姓养族人子,族人为大官,并冒其籍,已而有子,族人子曰:"籍之财皆吾故物也。"不与弟一钱,恝之二十年,三获罪矣。公叹曰:"世未有费巨产而子于人者,且安得异籍?"遂中分之。其兄乃服,诣公谢。一蜀传诵,以为名判。(《水心先生文集》卷17《运使直阁郎中王公墓志铭》,第6页)

王闻礼不以罪惩治当事人,合情合理中分均产的判决,结束了二十年的"养子分产"的法律诉讼,而成为全蜀境内流传的"名判"。虽然已无法得知这些一时传播于道路的书判内容,不过从南宋地方官擅长以"故事"劝谕解明法意的听讼方式看来,可能有大量未能收入《清明集》的"名判",也曾是当时地方官解说法意的重要来源之一。

二、"出幼"的内涵

年龄是判断行为能力的一大要件,就"狱讼"程序而言,不同年龄则有与其相对应责任能力的规定。譬如"十八岁"才可以投状论诉典卖已分田产是违法交易;"十五岁至七十岁"是完全刑事责任,犯罪处罚不得减免,若要投状告论人罪时,必须超过十五岁;⑩"八十岁以上及十岁以下"的受刑能力视同废疾者,所以入狱推鞠得"散禁",不必戴刑具。⑩ 北宋乾德元年(963)规定丁口年龄是"二十岁"⑩,宋代虽不以人丁作为征收"职役"的计算,但成丁必须缴交"身丁

---

⑩ 《攻愧集》卷101《蒋德言墓志铭》,第10页。
⑩ 参见本书第二章第一节。
⑩ 参见本书第三章第二节。
⑩ 《文献通考》卷11《户口二》,第113页。

钱",故可视作一种负担赋税的"行政责任能力"。由于传统中国有关"民事"的实定法太过于分散⑩,若将二十岁的成丁年龄推论适用于诸项民事规范,则可能失之太简。⑪

从判决的处置结果,可知"出幼"是"户婚"案中行为能力的标准(表 5-2-2)。《清明集》中 7 件提及"出幼"的判决文,除了"翁泰户绝"案(表 5-2-1b,例 13)以外,其余都是官府"检校"诉讼纠纷的财产后,判决"候及"当事人"出幼",才会给还其应得的财物,由此可见,"出幼"与"检校"有相当关联。

北宋神宗朝基于"检校孤幼财物,月给钱、岁给衣,殆其成长或罄竭,不足以推广朝廷爱民之本意",所以改革成"以见寄金银、见钱,依常平仓法贷人,令入抵当出息,以给孤幼"。⑫ 南宋绍熙元年(1190)颁布"敕"管理地方寄库钱的法条时,其中包括"出幼检校未及年格"类⑬,可见法令有"未及年格"的规定。在"叔张仲寅陈理检校张文更等卑幼财产"案(表 5-2-1a,例 45)的判决文中,叶岩峰解释"检校"的法意,是官府检校身亡而遗男孤幼者的财产,并责付可靠的亲戚领取官方度分的生活费,当孤幼"候年及格",就可以尽还财物。而本案"孤男"张文更已有三十,其年龄应是"及格",即使弟妹"未及十岁",仍可掌管家中财物,所以不应以"检校未及格"法条处置。

所谓"及格"之年,是否就等同于"成丁"之年?胡颖处理"叔父吞并兄嫂生前所养幼侄李文孜财产"案(表 5-2-1c,例 41),安顿李文孜时,认为李文孜家

---

⑩ 黄源盛:《民初法律变迁与裁判(1912—1928)》(第 371 页)指出传统中国社会习惯法种类繁多,内容丰富,极具特色。既有按属人原则,依宗族家族而形成的宗族习法,也有按属地原则,基于地缘关系而形成的村落习惯法,宗教寺院习惯法则是依据神权而形成,行会习惯法是由业缘关系形成,……依据多种社会权威而形成,但均不具有实定性的规范体系。

⑪ 叶孝信主编:《中国民法史》(第 329 页)指出,两宋主要是依据户等而不是按人丁轮派职役,所以推论成丁的年龄之意义,"从法律定男子成年的年龄,年满二十岁的男子应可作为民事行为的主体。女口虽不计入户籍,但据历代惯例,男子成丁年龄也可以认为是女子的成年年龄。"也就是说,叶孝信主张宋代法律上男女成年的年龄皆是二十岁。但愚认为男子二十岁成丁是一种缴税的行政责任,不能通指民事责任年龄。

⑫ 《长编》卷 223"神宗熙宁四年五月戊子"条,第 5418 页。

⑬ 宋代地方衙门设有"厥库",可以放贷民间,收取息钱,以为地方财用。厥库的财源中,有一些是临时性暂放的财物,日后必须归还原主或缴交中央,称之为寄库钱。参见《庆元条法事类》卷 36《库务门·给还寄库钱物》"厥库·绍熙元年九月二十九日敕",第 379—380 页,及本书第四章第二节。其余寄库钱的来源,有"有纷争未决之讼"、"取赎未定之讼"、"盗贼赃物未辨主名"、"已商失货未有所归"、"理连督责未及元数"等类。

中既无可靠托孤的亲戚，而其资质亦属可教之材，所以胡颖"颇费区处"地将李文孜交送府学，择请一位府学士友加以管教养育。因此，李文孜被检校的财物由官府代付学费、生活费之外，其余则编账册收管，"候成丁日给还"。此处但书"成丁"，而不言"及格"或"出幼"，推测是为了延长李文孜在府学的时间，乃特别指定"成丁"为终止检校监护的时日，而非"出幼"达"及格"，所以可知成丁并非"及格"的年龄。

"出幼"的年龄与进行不动产业交易的能力相关。叶武子处理"翁泰户绝田产"案（表 5-2-1b，例 13），分成三阶段认定翁泰交易田产的合法性。第一阶段是"翁泰未出幼之前，若有县判者，则宜令得业人管绍，与理为正行交易；其无县判者，方可坐以违法"。第二阶段是"翁泰出幼后所鬻者，则系交易正当，合听照契管业，此又一等也"。可见男子"出幼"之后，具有"完全意思表示"的行为能力，官府才能出给交易方面的公据证明。

寡妇不能擅自处理田产的规定，是为了禁止妇女私自典卖田产，若依此推论"出幼"的年龄：

> 寡妇无子、孙年十六以下[114]，并不许典卖田宅。（表 5-2-1c，例 12）

是以有无十六岁的子孙作为判定的要件之一。推究缘故，男性十五岁即为"出幼"[115]，拥有法定处置继承家产的能力，即使幼时家业经过官府检校，十六岁达及格就可以申请归还；或是原本由寡妇（寡母）暂时保管监护的情况亦随之改变，寡妇及诸子若要典卖家产，必须由寡母为契头，十六岁以上成年且有承分的子孙具名同意，才能构成合法的契约与买卖行为。

买卖交易时，卖方的持有分者"年未及格"，买方可以此为悔约的理由，如"卢兴词买李震卿土地而反悔"案（表 5-2-1b，例 20），李震卿连同母倪氏断卖土地给卢兴词，逾五个月后，却执白契反悔。倘若李震卿年未及格，或是幼弟未

---

[114] 滋贺秀三认为律文的意思应该是"寡妇无子孙，及子孙年十六以下，并不许典卖田宅"。参见〔日〕滋贺秀三：《中国家族法的原理》，第 430 页。又根据表 5-2-1c，例 50，则可以补述此法："诸寡妇无子孙，子孙年十六以下，并不许擅卖田宅，擅卖田宅者杖一百，业还主，钱主、牙保知情与同罪。"

[115] 参见下一段"男十五，女十三"与"出幼"的推论。又元代《吏学指南》《老幼疾病》"成丁"条，第 86 页，"男子十七岁出幼，二十已上成丁，谓可以力役也"，元代就"力役"而言，十七岁是出幼的年龄。而愚以为宋代"典卖田宅"以十六岁为限，可见交易行为的"出幼"年龄是十六岁。

及格而且非过房之子,即使契约中有李震卿的寡母倪氏共同签名押印,卢兴嗣自诉交易违法,或许可以"寡妇、卑幼擅卖众分土地"案成立。换言之,男子在十六岁以前的"未及格"年龄中,若进行不动产业的交易行为而发生纠纷时,即使契约是有连同"监护人"证明,官府也将审慎评估其意思表示的状态。

男、女的"出幼"年龄是否有不同?以"高五一婢女阿沈与高五二争租米"案(表5-2-1a,例48)为例,高五一身死无子,仅有婢女阿沈生一女公孙。阿沈从绍定五年(1232)陈乞官府检校高五一田产,同年高五一之弟高五二亦陈乞立其次子高六四为五一之后继嗣子。官府进行检校、检法指定"立高六四为后,仍令高五二同共抚养公孙"。未几,阿沈带着公孙改嫁王三,高六四于嘉熙二年(1238)向官府称"已年出幼",乞给承分田产,于是"官司照条以四分之三与高六四,存一分于公孙,令阿沈逐年收租,抚养公孙之资"。[116] 然而九年后,阿沈兴讼论诉"高五二占据田产",吴革判决由官府指示阿沈管理收租,候及公孙"出幼"[117],赴官至有关单位申请契照,可以作公孙的"招嫁之资"。可见官府的"检校"政策除了保障遗孤幼年的生活费之外,还为了提供遗孤出幼后的"婚嫁"资财[118],由此推论"出幼"与"出嫁"年龄有关。

在"吴琛未嫁女二十八娘陈词户绝"案(表5-2-1b,例29)中,司法拟笔指出法令规定:"男十五,女十三"以上,可以听任婚嫁。这条法令出自唐玄宗开元二十二年(743)的诏敕,北宋《天圣令》亦沿用此令。[119] 可见,若论"出幼"是男、女能否"成家"的生理年龄,则南宋的法令规定应是"男十五,女十三"。

总之,"男十五,女十三"是法定出幼及格的年龄,达到此一年龄以后,才可

---

[116] 此处"照条"给立继子3/4,在室女1/4,与"户绝法"(参见本书表4-2-3)规定在室女得3/4,立继子得1/4相反,目前无法证明吴革是否误用法条,也许法条规定在室女若随母改嫁后,则只能分得户绝财产1/4,其余3/4则由命嗣子继承。

[117] 高六四出幼九年后,阿沈兴讼,所以应当是宝祐七年(1247),若推算公孙的年龄,高五一死时,公孙一岁,即是绍定五年(1232),那么阿沈兴讼时,公孙约是十六岁,已达"女十三以上,听其婚嫁"的年龄。吴革的判决显示,一是狱讼过程中,都是阿沈出面,所以吴革没有仔细核对公孙的年龄;二是本书所强调"出幼检校"与"嫁资"之密切关系。

[118] 参考表5-2-1c,例30。

[119] 关于此令的年代,(1)愚考欧阳修、宋祁:《新唐书》卷51《志第四》"食货一"(第1345页),可见应该是开元二十二年的"诏"。又〔日〕池田温编辑、仁井田升著:《唐令拾遗补》亦附于"开元二十五年令",不过池田增加参考资料,指出是"(开元)二十二年二月敕"。(2)再者,仁井田升又以《司马氏书仪·婚仪上》"注":"诸男十五,女年十三以上,并听婚嫁。"推论《天圣令》亦有相同的规定。

以行使婚姻、典卖交易、处分继承产业、申请官府给还检"寄库"财物等权利。

三、"妇女"的行为能力

妇女的狱讼行为能力可以从"法条的规定"与"法官的看定"两方面着眼。所谓法条的规定，就是针对妇女的法律规范讨论妇女的"权利"，在南宋有"户绝法"中的诸女影响继嗣子的承分额度[⑳]，还有"夫亡妻在从妻"条规定夫亡之后由妻继承夫的若干权利（表5-2-2）。至于法官的看定，则指审判官员对妇女的"看法"，从而发挥对法条的解释，他们的认定与"法意"影响到有关妇女的法律在判决中之相对位阶。

就南宋的"户绝法"与女性"继承"[㉑]娘家财产的权利而言，法律是否承认女性处分家族财产的行为能力？抑只是法令成文实定化一项当时社会性的道义？一位未具名的司法参军解释"出嫁女"、"未娶者"、"姑姊妹归宗者"、"未嫁者"可分得财产数额的意义，认为"未嫁女"参与分财产就如同"给"未娶者准备"聘财"；至于姑姊妹虽出嫁有室但却归宗者，亦如同"待嫁女"给予财产，以为再嫁之资；还有错过婚期"未及嫁者"，也算是在室诸女的一员，可以分得财产但"不得超过嫁资"。[㉒]

宋人有谓"娶妇惟问资妆之厚薄"[㉓]、"娶其妻不顾门户，直求资财，随其贫富"[㉔]，皆道出宋代民间重视嫁资的风气，所以女家准备嫁资是很普遍的现象，如巴陵赵宰处理"廖万英诉奁田"案[㉕]，叔石居易交付侄石辉卖田为其侄女营办奁具，石辉却用卖出妹妹奁田的钱偿还自己的债务，于是妹婿廖万英出面"来

[⑳] 关于"户绝法"中诸女（在室女、归宗女、出嫁女）影响继嗣子的额度，请参考本书第四章第二节及表4-2-3。而"户绝法"与南宋女性财产"继承权利"的争议，请参见〔日〕大泽正昭：《南宋的裁判与女性财产权》，刘馨珺译。

[㉑] 参见袁俐：《宋代女性财产权述论》，载鲍家麟编：《中国妇女史论集续集》，台北：稻乡出版社1991年版，第173—213页。袁文中分成"女子于父家财产的继承"、"随嫁妆资"、"寡妇财产权益的得失"三大部分谈宋代女性的"财产权"，文中分析"财产继承法"的结论："大致可以说，我国封建社会女子的财产继承法，在宋代经历具有关键性的进步过程。当然，以上仅是针对女子财产继承法本身的发展而言，如另外的角度或综合的方法来评析宋代女子的财产继承权的话，则又需另当别论了。"愚以为姑不论"法"是否进步，"户绝法"中的女子份额是准备妆奁之意，恐怕不能归类于现代的"财产继承法"。

[㉒] 《清明集》卷7《户婚门·立继》司法拟笔"立继有据不为户绝"，第217页。

[㉓] 郑至道：《琴堂谕俗编》卷上《重婚姻》，第21页。

[㉔] 蔡襄：《端明集》卷34《福州五戒文》，第8页。

[㉕] 《清明集》卷6《户婚门·争田业》巴陵赵宰"诉奁田"，第184—185页。

索房奁"且无所得之后,向官府论诉石辉。虽然赵宰请妹婿省思"取妻论财是夷虏之道",不过显然无法纠正与拒绝审理,而廖万英驱俗求索奁财的做法,或许有失亲戚辑睦之义,却是合法的行为。

南宋的"未嫁均分"的"定法"着重于"给嫁资",而不是嫁资应占家产的"份额比例",所以出嫁女已为人妇,理论上更不应该分得娘家的财产。而既嫁有所归的妇女,虽然礼法重视:"夫妇,人伦之首,礼经所重,故曰妻之为言齐也,一与之齐,终身不改。"[126]不过"夫妻"的法律地位并非平等,刘克庄曾说:"夫有出妻之理,妻无弃夫之条。"[127]甚至妻的法律行为是依附于"夫"的,如法令上规定"夫妻"财产的处分权在"夫":

> 在法:妻家所得之财,不在分限。又法:妇人财产,并同夫为主。(表5-2-1a,例25)

法条明白指出夫"主"妇人财产,可见妇女的财产必须"从夫",至于夫从妻家所得的财物则属于个人财产,不必算入众分财产。

若夫身亡的情形,妇女妆奁的处置权责,其"妻"、"夫家"、"娘家"的顺位是如何?以"徐家论陈氏娘家取去媳妇及田产"案为例[128],徐孟彝娶陈氏而生女三人,男一人,共有子四人。徐孟彝身死之后,父陈文明及兄陈伯洪取陈氏及其田而归,引起徐孟彝之母与弟兴讼,黄干判决:"夫家"是妇女所归之家,妇女应该"从夫"、"尊姑"与"亲子",尤其是已育有儿女的妇女,更不能因夫亡而弃绝诸子且携奁田归返娘家。最后,黄干认为,妇人的奁田处分权仍属于夫家所有。

其实,翁甫也有与黄干相似的想法:"妇人随嫁奁田,乃是父母给与夫家田业,自有夫家承分之人,岂容卷以自随乎?"[129]但是吴知军在黄干之前审理上述案件时,有不同于黄干的判决结果,他惩罚兴讼的徐氏母子,意谓陈氏卷带奁田归返娘家,仍有其可行之地。综合黄干的论述及吴知军的做法,若徐

---

[126] 《清明集》卷10《人伦门·夫妇》胡石壁"夫欲弃其妻诬以暧昧之事",第381页。
[127] 《清明集》卷9《户婚门·婚嫁》刘后村"妻以夫家贫而佗离",第345页。
[128] 《勉斋集》卷33《徐家论陈家取去媳妇及田产》,第31页。
[129] 《清明集》卷5《户婚门·争业下》翁浩堂"继母将养老田遗嘱与亲生女",第141页。

家无儿女,则陈氏似乎是有优先权得以处置自己的妆奁。当陈氏已有儿女,则应以"夫"之"子"的养育、嫁娶资财为首要考量,所以"夫家"就拥有更优先于陈氏及其娘家的处置权。

南宋初年,制定"夫亡妻在从其妻"的法条,主要是就"立继"与"命继"的法律程序而言[39]:

> 检照淳熙指挥内臣僚奏请,谓案祖宗之法,立继者谓夫亡而妻在,其绝则其立也当从其妻,命继者谓夫妻俱亡,则其命也当惟近亲尊长。立继者与子承父分法同,当尽举其产以与之。(表 5-2-1a,例 55)

若夫亡而妻在,妻立嗣子继绝,则所立嗣子的法律权利等同夫在所立之子,是为"立继";若果夫妻俱亡时,近亲尊长立嗣子继绝,则为"命继",命继只能依"户绝法"继承财产份额。

就"立继"而言,"妻"是亡夫的代表,甚至可以超越尊长的角色,如胡颖处理一件"伯欲遣还立继子"案(表 5-2-1c,例 35)时,曾告诫兴讼的伯父若觉得立继不妥当,只能"以理训谕弟妇,俾于本宗择一昭穆相当者",与原立继子并立,如此犹出于公,否则依"在法,夫亡妻在者,从其妻,尊长与官司亦无抑勒之理",可见"妻"甚至可以排除官府命继的权力。所以当妻代表夫决定继嗣人选时,"妻"乃比尊长、官司更重要。

若"立继子"不肖的情形,"妻"有无取消立继子的身份的权责?南宋有"出继子不肖勒令归宗"的法令:

> 准令:诸养同宗昭穆相同子孙,而养祖父母、父母不许非理遣逐。若所养子孙荡破家产,不能侍养,及有显过,告官证验,审近亲尊长证验得实,听遣。(表 5-2-1c,例 29)

此一法令并不限定"夫亡妻在"的条件,只要子孙有明显过犯,如犯"决脊杖、编管"(表 5-2-1a,例 58)、"不孝"(表 5-2-1c,例 29)等罪行,就可以"告官验证",

---

[39] 参考《清明集》卷 8"命继与立继不同·再判",第 266 页;《宋会要》食货 61 之 64。相近。愚以为绍兴初年,中央订立"命继"相关规范时,着重于"户绝的承分额"的算法,尚未见"妻"、"尊长"、"官司"立嗣的法律地位之讨论。

取得"近亲尊长验证得实",由官府撤消立继子的资格。[130]

但是也有特殊判决"出继子破一家不可归宗",如"黄康功欲归宗何氏"案(表5-2-1a,例44),何存忠以庶子康功出继姑家黄氏,但何存忠本身却无后,所以有何麟夫等举斗焕为存忠之后,黄康功不仅荡破何氏之业,又以出继之子的身份欲归宗黄氏,"六年之中,讼无虚日,于是何存忠之家产,半为其女所抽拨,半为其出继之子所典卖,而所存无几"。康功生母杨氏与其亲女俱私自摽拨田业,黄康功为了掩有何家之业,甚至"讦母以暧昧之事"。黄康功为两家不孝子,实不容于天地间,但金厅还考虑两种说法:一是"与其立败家讦母出继庶子之康功,诚不落立同宗幼櫕之斗焕,犹可与母子相安,犹可望其保守门户,犹可自附于夫亡从妻之条也";一是康功"本何氏之一脉也,彼其破荡黄氏之产,了无子遗,无常产,无常心,睹其本生之家,有田可耕,有屋可居,觊觎之心由是而生,亦势之所必至"。最后拟笔分给不肖出继子一半的财产,使何氏遗孀及立继子可依法向他索回荡破的家业。纵然有"夫亡妻在从妻之条",不过官府考虑"立继子"的身份是从两"家"[132]的立场决定,而不是取决于"妻"的意志。

若"夫亡妻在"的情形,"妻"欲将立继子遣还归宗时,而"立继子"无明显罪行,官府不见得全然采信"妻"的告论,"妻"甚至受"不得非理遣逐"条以及"夫"在世意志的限制。如刘克庄审理"德兴县董觉诉立继事"案[133],刘克庄认为,董觉虽然提出论诉,但董觉见逐于母甚久,"然自始至终,止讼其仆,未尝归怨其母",所以并无"不孝"之劣迹。[134]况且董觉"尝为所养父承重,别无不孝荡破之迹",所以刘克庄折衷处理,既保持董觉"立继"的身份,又依照养母赵氏的心愿,别立一子成为"双立"嗣,他认为官府的判决是根据"父在日所立,不得遣逐"的条文,赵氏若坚持"夫亡从妻之法",而继续争讼不休,恐怕董家门户不保。刘克庄企望以"法意"说服赵氏,虽然简单的行文无法判断赵氏的法律知识,但是从判决文中还请出董、许二"士"调护看来,赵氏大概不是等闲女子。

---

[130] 不过此二例都是"夫"亡后,始告官成立的案件。另有表5-2-1b,例27,显示"祖父"(或夫)立继反悔时,取消立继者身份的手续好象比较简单。

[132] 金厅拟判认为,黄康功继立黄氏,并且荡破黄家,都是"夫"何存忠计谋所逼。

[133] 《后村先生大全集》卷192《书判》"兴德县董觉诉立继事",第11页。

[134] 如果比较"石岂子不肖勒令归宗"案(表5-2-1c,例29),石岂子亦投状官府,公然反论母与弟,所以比董觉更具有"不孝"之迹。

其实,有很多的判决文只要提到女性,就使用负面评价的用语来形容女性的行为能力:"妄一妇女,何乃变诈若此"[133];"妇人女子,安识理法"[134];"妇人无知"[135];"妇人有无耻若是"[136];"妇人何所知识"[137];"详人情深熟之旨,昧妇人不足之言,则争之端,讼之原,其殆始于是耶"[140];"妇人不贤,世多有之"[141];"女德无极,妇怨无终,其争讼未已也"[142];"观阿周状貌之间,必非廉洁之妇"[143];等等,以至于判决推理过程中,往往认定女性当事人是受到"教唆"之徒的影响才兴讼[144],所以许多官员的心理预设妇女上公堂打官司,肯定是受人鼓动。

这类"妇女被教唆兴讼"的故事,还成为民间流传的"神明"判决。例如,陆静之(1111—1187)知浙东台州宁海县时,审理"老妪诉子不孝"案:

> 有妪诉子不孝二十条,公遽呼妪问之,懵懂不能置一词。逮问为书者,则妪之女婿实为之。案验词服,一邑惊以为神。(《渭南文集》卷33《浙东安抚司参议陆公墓志铭》,第7页)

老妇人的状词中条举二十项有关不孝子的事迹,显然有违一般妇女的法律知识,所以知县很快就找出女婿是幕后的操控者。

行政官员执法书判用约定俗成的"普遍印象"[145]去推断一般女性的法律知识能力,一方面固然可是为了替女性的"妄诉"行为脱罪,但实际上却是贬低女

---

[133] 《清明集》卷6《户婚门·争田业》"争田业",第177页。
[134] 《清明集》卷7《户婚门·立继》"探阄立嗣",第205页。
[135] 《后村先生大全集》卷193《建昌县刘氏诉立嗣事》,第13页。
[136] 《清明集》卷8《户婚门·立继》方铁庵"先立一子俟将来本宗有昭穆相当人双立",第268页。
[137] 《清明集》卷8《户婚门·归宗》蔡久轩"子随母嫁而归宗",第275页。
[140] 《清明集》卷9《户婚门·争财》莆阳"掌主与看库人互争",第340页。
[141] 《清明集》卷10《人伦门·夫妇》王实斋"缘妒起争",第381页。
[142] 《清明集》卷10《人伦门·叔侄》胡石壁"叔母讼其侄打破庄屋等事",第391页。
[143] 《清明集》卷13《惩恶门·妄诉》胡石壁"邻妇因争妄诉",第505—506页。
[144] (1)《清明集》卷7《立继》仓司拟笔"双立母命之子与同宗之子",第221页。(2)卷7《孤幼》吴恕斋"欺凌孤寡",第229页。(3)卷7《检校》吴恕斋"阿沈高五二争租米",第239页。(4)卷8《立继类》胡石壁"叔教其嫂不愿立嗣意在吞并",第246页。(5)卷8《立继类》"后立者不得前立者自置之田",第271页。
[145] 李乔:《中国的师爷》(第120—121页)指出明清师爷对"若干奸案的谬论",以王树槐《办案要略·论犯奸及因奸致命案》为例,王树槐对于奸案的分析,还有其他一些荒谬的说法。如说:"妇女孤行无伴,多非贞节",这话很像阿Q的名言:"一个女人在外面走,一定想引诱男人。"以此立论,并作为断案的依据,不是很容易把本为受害者的妇女,说成与男人和奸吗?宋代的判决文虽未形成如王树槐对妇女行为能力的论述,但是愚以为"妇女法律能力低落,容易受教唆"的论述也是另一种既定俗成的偏见吧。

性的行为能力,甚至造成在运用女性相关法条时,改变若干处理原则的现象。例如,吴势卿审理"方天禄死而无子"案(表 5-2-1b,例 39),为了避免妻代夫保管的家产被王姓外人"垂涎",甚至怀疑年轻孀妇守寡的意志与能力,于是判决由官府强制检校"鳌幼"财产,以"公"的权力介入鳌幼之妻承夫财的处置。

第三节　科刑及其社会功能

《宋刑统》的"笞、杖、徒、流、死"等五刑中,县衙只有勘决杖一百以下的权力,也就是从"决臀杖七下到决臀杖二十放"的范围之内。[146] 宋代官员认为,县衙的刑罚不过杖一百而已,对于犯罪行为严重者,如吏人犯私罪"若就本县从重轻勘杖一百、勒罢,不过与之爬搔耳",[147] 所以县衙似乎难以有效惩治恶性重大的顽民,如胡颖判决"阿贺陈诉宗族亲戚与乡党邻里或抢夺其财物,或占去其田产,或抑勒其改嫁"时写道,[148] 虽然知县的拟笔案牍的分析能力得到胡颖的赏识,但是身为知府的胡石壁也慨叹知县的判决无法惩罚诸犯奸狡者,太轻的量刑无伤其毫毛,可能使之更无所忌惮。

县衙虽然只能执行杖罪以下的刑罚,但由于县衙是和庶民最亲近的行政

---

[146]《宋刑统》卷1《名例律·五刑门》。而宋代又有折杖法,五刑的折杖如下所示。(见下表 5-3-1)

表 5-3-1　宋代"五刑"与折杖法对照表

死刑	绞	斩			
折杖法/	无				
流刑	流二千里	流二千五百里	流三千里	加役流	
折杖法/脊杖	十七	十八	二十	二十	
配役	一年	一年	一年	三年	
徒刑	一年	一年半	二年	二年半	三年
折杖法/脊杖	十三放	十五放	十七放	十八放	二十放
杖刑	杖六十	杖七十	杖八十	杖九十	杖一百
折杖法/臀杖	十三放	十五放	十七放	十八放	二十放
笞刑	笞十	笞二十	笞三十	笞四十	笞五十
折杖法/臀杖	七下放		八下放		十下放

【说明】杖刑以下的折杖是"臀杖";徒刑以上是"脊杖"。

[147]《清明集》卷11《人品门·公吏》"黠吏为公私之蠹者合行徒配以警其余",第435页。
[148]《清明集》卷14《惩恶门·奸恶》胡石壁"合谋欺凌孤寡",第527—528页。

司法机关,其执行刑罚如何达到更有效维护统治秩序的目的?[149] 是值得进一步分析的问题。本书拟从了解县衙如何执行"监"还财物及其他附加刑,说明县衙的行政司法的功能。

一、"监"还财物

若犯罪行为中涉及财物者,称之为"赃",晋代律学家张斐曾说:"货财之利谓之赃。"[150]《唐律》中就有"六赃"罪,即"强盗、窃盗、枉法、不枉法、受所监临及坐赃",凡是"诸以赃入罪,正赃见在者,还官、主"。[151]而南宋的狱讼案件中(表5-3-2),官府是以监赃[152]、监还[153]、监纳[154]、监钱[155]等方式处理的,这些有问题的"财物",包括钱[156]、会等有价货币、契书文件与浮财,还有修缮[157]房屋、屋内设施及屋外围篱,以及牛只、禾谷,甚至寿木等实物[158],由公权力强制监拘入官府或追还原主。[159] 没官的钱财称作"赃罚钱",往往可以留作地方衙门自行使用的经费。[160]

从一些"免监"的案例[161],推究官府"放免监赃"的原则:一是当事人身死可

---

[149] 现代刑罚理论中,刑罚的目的有三:一、对于犯人方面:(1)社会之适合——a. 匡正作用,b. 教育作用,(2)社会之隔离,(3)惩戒的作用;二、对于社会方面:(1)一般预防之作用,(2)满足一般人对犯罪行为之报应心理;三、对于被害人方面:(1)治愈被害人及其亲属之心理上痛苦,(2)满足其复仇之心理。

[150]《晋书》卷30《刑法志》,第928页。

[151]《唐律》卷4《名例律》"以赃入罪"(总第33条),第77页,及卷26《杂律》"坐赃致罪"(总第389条)、第605页。

[152] 表5-3-2,例2、3、4、5、6、15、44、45、47、49、50、51、53、54、56、57、58、59、62、63、64、67、68。75件案例中占23件。

[153] 表5-3-2,例7、8、14、16、18、20、21、22、24、27、28、29、30、34、35、36、37、39、40、42、44、70、71、74。共24件。

[154] 表5-3-2,例9、12、19、32、39、72。共6件。

[155] 表5-3-2,例1、11、33、34、41、74。共6件。

[156] 表5-3-2,例52是惩罚当事人"殴打"的"下拳钱"。

[157] 表5-3-2,例23、24、25、65。

[158] 表5-3-2,例37、43、66、72是为牛及谷物,例65是寿木。

[159] 明代是以"监追"处理赃物,如张廷玉:《明史》卷70《刑法二》,第2311页。而南宋的"监追"之意是指强制追捕人犯。

[160] 有充作县衙及丞厅的修造费用(表5-3-2,例13);也可以作县狱的修造或粮食费用(参见本书第三章第三节);或是作为学校的经费(表5-3-2,例26)。

[161] 表5-3-2,例11、40、41、56、62、63、64。

以免科罪,而由其他家人代替完成若干法律行为[62],若给钱的一方是主要的违法者,则其钱免监,由违法双方共同来负担错误行为的后果,因为不符合"彼此俱罪"的要件,所以赃未必追没入官。[63] 如"张光瑞乘洪千二兄弟需要殡殓父洪百四之资,乃给洪家救急之财,并且私写买卖屋业契约"案(表5-3-2,例11),其中,洪千二得钱却又与出继子周千二联名陈词"张光瑞惊死乃父",致使该案演变成洪家"诬告死事",以及张家"抑勒图谋"等两局面,吴势卿判决图谋夺人屋业的张光瑞有不法的行为,所以官府不必追还他已付出的金钱。

表5-3-2 《清明集》中"监"还财物的案例

编号	卷数	门·类	作者	篇名	页数
1	一	官吏·禁戢	吴雨岩	不许县官寨官擅自押人下寨	33
2	二	官吏·澄汰	马裕斋	县尉受词	41
3	二	官吏·借补	范西堂	郡吏借补权监税受赃	49
4	二	官吏·借补	范西堂	冒官借补权摄不法	51
5	二	官吏·受赃	蔡久轩	虚卖钞	52
6	二	官吏·对移	蔡久轩	对移贪吏	56
7	四	户婚·争业上		罗琦诉罗琛盗去契字卖田	102
8	四	户婚·争业上		使州索案为吴辛讼县抹干照不当	109
9	四	户婚·争业上		胡楠周春互争黄义方起立周通直田产	113
10	四	户婚·争业上	范西堂	漕司送下互争田产	120
11	四	户婚·争业上	吴雨岩	乘人之急夺其屋业	131
12	四	户婚·争业上	翁浩堂	已卖之田不应舍入县学	133
13	五	户婚·争业下	翁浩堂	受人隐寄财产自辄出卖	137
14	五	户婚·争业下	姚立斋	重叠交易监契内钱归还	143
15	五	户婚·争业下	建阳佐官	从兄盗卖已死弟田业	146
16	六	户婚·争田业	韩竹坡	伪冒交易	172
17	六	户婚·争田业		争业以奸事盖其妻	180
18	六	户婚·争田业	叶岩峰	伪批诬赖	183

---

[62] 表5-3-2,例13。受人隐寄田产却擅自出卖的詹德兴已死,所以免科罪,不过判决文末有"詹元三"留监,愚以为此人是詹德兴的家人,因判决詹德兴卖田取得的钱"追充本县及丞厅起造,牒县丞拘监",所以詹元三成为代还监赃的家属。

[63] 《唐律》卷26《杂律》"坐赃致罪",第479页。谓"彼此俱罪",是指犯"六赃罪",而"六赃罪"。南宋的实际案例中,案主所犯之罪并非从六赃而来,就不能依此俱罪的原则处罚。如表5-3-2,例56中的"州吏曹杰与徐超受豪横骆一飞之贿"案。

（续表）

编号	卷数	门·类	作者	篇名	页数
19	六	户婚·诉坌田	巴陵赵宰	诉坌田	185
20	六	户婚·争屋业	吴恕斋	（再判）叔侄争	190
21	六	户婚·争屋业	叶岩峰	谋诈屋业	194
22	六	户婚·赁屋	叶岩峰	不肯还赁退屋	195
				占赁房（花判）	196
23	六	户婚·赁屋	叶岩峰	赁者析屋（花判）	197
24	六	户婚·争界至		争地界	199
25	六	户婚·争界至	吴恕斋	争界至取无词状以全比邻之好	200
26	七	户婚·立继	吴恕斋	吴从周等诉吴平甫索钱	204
27	七	户婚·孤幼	韩似斋	官为区处	232
28	七	户婚·女受分	吴恕斋	阿沈高五二争租米	239
29	七	户婚·义子		义子包并亲子财物	243
30	八	户婚·孤幼		监还塾宾攘取财物	285
31	八	户婚·孤幼	胡石壁	叔父谋夺吞并幼侄财产	286
32	九	户婚·违法交易	蔡久轩	出继子卖本生位业	298
33	九	户婚·违法交易	刘后村	母在与兄弟有分	302
34	九	户婚·违法交易	翁浩堂	鼓诱寡妇盗卖夫家业	304
35	九	户婚·取赎	胡石壁	典买田业合照当来交易或见钱或钱会中半收赎	312
36	九	户婚·取赎	吴恕斋	孤女赎父田	316
37	九	户婚·取赎	金厅	妄赎同姓亡殁田业	320
38	九	户婚·坟墓	莆阳	主佃争墓地	326
39	九	户婚·库本钱	胡石壁	领库本钱人既贫斠酌监还	336
40	九	户婚·库本钱	胡石壁	质库利息与私债不同	336
		户婚·争财		欠负人实无从出合免监理	338
41	九	户婚·库本钱		背主赖库本钱	338
42	九	户婚·婚嫁	刘后村	定夺争婚	349
43	十	人伦·兄弟	刘后村	兄侵凌其弟	374
44	十	人伦·乱伦	翁浩堂	弟妇与伯成奸且逐其男女盗卖其田业	390
45	十一	人品·宗室	吴雨岩	宗室作过押送司拘管爪牙并从编配	398
46	十一	人品·士人	蔡久轩	引试	403
47	十一	人品·士人	吴雨岩	士人以诡嘱受财	405
48	十一	人品·牙侩	胡石壁	治牙侩父子欺瞒之罪	410

（续表）

编号	卷数	门·类	作者	篇名	页数
49	十一	人品·公吏	蔡久轩	违法害民	412
50	十一	人品·公吏	蔡久轩	奸赃	416
51	十一	人品·公吏	胡石壁	弓手土军非军紧切事不应辄差下乡骚扰	438
52	十二	惩恶·奸秽	赵知县	士人因奸争既收坐罪名且寓教诲之意	443
53	十二	惩恶·奸秽	翁浩堂	僧官留百姓妻反其夫为盗	446
54	十二	惩恶·奸秽	婺州	兵士失妻推司受财不尽情根追	450
55	十二	惩恶·豪横	蔡久轩	豪横	455
56	十二	惩恶·豪横	吴雨岩	治豪横惩吏自是两事	461
57	十二	惩恶·豪横	检法书拟	与贪令捃摭乡里私事用配军为爪牙丰殖归己	464
58	十二	惩恶·豪横	宋自牧断罪	结托州县蓄养罢吏配军夺人之产罪恶贯盈	467
59	十二	惩恶·豪横	宋自牧	举人豪横虐民取财	468
60	十二	惩恶·豪横	胡石壁	不纳租赋擅作威福停藏逋逃胁持官司	471
61	十二	惩恶·把持	翁浩堂	把持公事赶打吏人	475
62	十二	惩恶·把持	蔡久轩	教唆与吏为市	476
63	十三	惩恶·哗徒	蔡久轩	哗鬼讼师	482
64	十三	惩恶·哗徒	蔡久轩	撰造公事	483
65	十三	惩恶·妄诉	刘后村	妄以弟及弟妇致死诬其叔	496
66	十三	惩恶·诬赖	刑提干拟	以累经结断明白六事诬罔脱判赖田业	511
67	十三	惩恶·诬赖		骗乞	519
68	十四	惩恶·奸恶	检法书拟	把持公事欺骗良民过恶山积	526
69	十四	惩恶·睹博	胡石壁	自首博人支给一半赏钱	533
70	十四	惩恶·贩生口	吴雨岩	禁约贩生口	550
71		附录二	黄勉斋	窑户杨三十四等论谢知府强买砖瓦	587
72		附录二	黄勉斋	彭念七论谢知府宅追扰	589
73		附录二	黄勉斋	陈会卿诉郭六朝散赎田	594
74		附录二	黄勉斋	陈安节论陈安国卖田地事	596
75		附录二	黄勉斋	徐家论陈家取去媳妇及田产	604

二是私债本利总合超过原有债务本金一倍以上[164]，审理官员可以"斟酌监还"，除了要求债务人先还"本金"，"利息"则不超过本金为准（表5-3-2，例39），甚至"未尽息钱"可以"免监"（表5-3-2，例41）。若是"欠负人实无从出"，官府非但"合免监理"，还会从官仓中支出米粮救济已经被"押下县监纳"数月的欠负人（表5-3-2，例40）。总之，官府强制处置民间的财物问题时，公权力绝不能放弃应当的正义性。

三是特别赦免。有以"明禋在近，特免监赃"（表5-3-2，例62），即因将有皇帝的恩赦而免监赃。虽然蠲免"赃罚钱"的赦文不多见[165]，不过高宗二十九年（1159）基于"祈福国祚"而有诏：

> 见监赃罚及赏钱并与除放，皆为东朝祈福也。（《要录》卷183"绍兴二十九年九月己亥"条，第3055页）

所以细心的地方官会考虑恩赦的时间与赃罚钱的处置。再者，因犯罪人的身份特别而赦免，如金千二与钟炎"以士友曾为之请"，以至于蔡杭"当职曾许末减"，而减轻二人的杖刑及"免监赃"（表5-3-2，例63）。[166]

官府执行"监还"财物时，会指派"当行人吏"或"监催人"承引，并于一定的时限内追足该项物件，无故违限失职者必须"均备"（均分赔偿）一半的财物。如果当事人因案在狱，则可"赃监家属纳"（表5-3-2，例58），若当事人限期无法交呈足够的赃钱，共同参与违法行为者，如"搬禾人"（表5-3-2，例43）或"牙保人"（表5-3-2，例34），则亦须"均备"，补足官府强制归还的财物。

至于追还的日程[167]，若以"理欠代支私盐赏钱"令为例，官府监出违犯贩盐者支付"赏钱"[168]的限期是"三十日"：

> 诸代支私盐赏钱，先估定犯人家业，候断讫，限三十日追还足数，当行

---

[164] 有关官府理欠私债的法令规定，参见本书第二章第三节。
[165] 除了下引"绍兴二十九年"之外，目前尚见《宋史》卷47《瀛国公·德祐元年（1275）》"放免浙西公田逋米及诸处见监赃"一条，第926页。
[166] 有关士人身份影响量刑及"金、千"二人的案情，参见本书第四章第三节。
[167] 每一案件各有其时限，如表5-3-2，例39是"限一月"，例41是"限半月"，不尽相同。
[168] 南宋法令中设有鼓励告发违法行为，并给予举发者赏钱，这些赏钱就由违法者监偿。除了举发私盐之外，又如赌博自首赏钱（表5-3-2，例69）亦是由参与赌博者及开柜坊营业者"均监"。

人吏或监催人无故违限不追者,均备五分。(《庆元条法事类》卷28《榷禁门一·茶盐矾》"理欠令",第259页)

承行监催人完成引监财物时,于当日应该申报官府。尔后,一方面由取领财物者写具"领足状"、"无词状"申官留为凭证[169];另一方面受监还财物者若还有其他如编管或刺配的刑罚,则可以押发遣送至该当场所。[170]

官府强制监理狱讼财物问题的期间,一般当事人应该不必系监,不过有的地方官为了保证取足财物,有时仍将当事人"留监"在狱中(表5-3-2,例13)。以黄干判决与谢知府违法两案为例。一件"谢知府强买砖瓦"案(表5-3-2,例71),在追证听讼的过程中,县衙将谢知府的两名干人邹彦、王明勾追到县衙与窑户们供对,当黄干判断是谢知府理亏,谢宅必须还钱给窑户时,他的做法是,由安广承监邹彦到狱外筹措归还窑户的砖钱,并将王明"寄收"县狱,直到邹彦还足货钱之后,才可以释放。

另一件"谢知府不肯支量米谷给佃户,反而骚扰甲头家属"案(表5-3-2,例72),黄干还将到官投状论告的干人睦晟"枷项"结案,在谢知府未完成监纳苗米的期间内,睦晟每天必须日呈于县衙前"枷项"示众,晚间则寄收在狱中。

二、五项附加刑

(一)"听读"[171]

蔡杭审理"操舜卿告论县官"案时,他观察操舜卿是一位粗具文采的士人,但却充当揽户而拖欠官物,并且还"咆哮"无礼县官[172],又在本县衙门受杖刑处罚之后,反而向提刑司匿名投状告论县官,蔡杭判决操舜卿的刑罚时,念及操舜卿"粗知读书",所以先"押下县学"、"习读三月",候改过之日,才纠正"身为

---

[169] 表5-3-2,例24、25、27、28、29、55。
[170] 表5-3-2,例3、4、6、46、50、51、54、60。
[171] 又可称作"习读",兹举《清明集》中六出处。关于"听读"有四例:(1)卷8《户婚门·遗嘱》蔡久轩"假伪遗嘱以伐丧",第290页。(2)卷11《人品门·士人》蔡久轩"引试",第403页。(3)卷11《人品门·士人》吴雨岩"士人以诡嘱受财",第405页。(4)卷14《惩恶门·赌博》蔡久轩"因赌博自缢",第531页。关于"习读"有二例:(1)卷11《人品门·士人》蔡久轩"士人充揽户",第404页。(2)卷12《惩恶门·豪横》蔡久轩"押人下郡",第458页。
[172] "在法:对州县长官咆哮者,杖一百",参见本章第二节。

揽户"违法的部分,即槌毁揽户的小木印。可见,官府强制押下犯法者到县学"习读"时,当事人至少是具有读书反省能力者,所以这项刑罚可以说深具"教育刑"之意味。

北宋县衙官箴的"劝谕榜"文有曰:"邑人修学者少,盖有可学之材而弃之不教也,大率愚民以经营财利为先,不知有诗书之贵。宜择其子弟有性格者,使之就学,尔之门弟光荣可待。"[173]由于当时人认为越是底层的社会,若能够读书识字者,普遍被认为改过迁善的能力优于一般的人,所以或许基于教育惜才的用意,才会设置如此强制性"读书"的刑罚。至于强制"监读"的教材包括《孝经》与《论语》等"小学"之书,以为"治善之道"。[174]

押下地方学校听读的士人,就读时间有"一月"到"半年"之久[175],还有"穷年不与归",并且"请本学轮差人监在自讼斋,不得放令东西"[176],如陈淳称赞知泉州的傅伯成(1143—1226)处置健讼士类,将他们拘处在州衙后园"自讼斋"的做法:

> 前政赵寺丞知其然,当听讼时,灼见有此等人,便严行惩断,其在士类者,则善处之自讼斋(斋在州后园),穷年不与归,人因畏戒,不敢健讼。次年所引词状,日不到三十纸。(《北溪大全集》卷47《上傅寺丞论民间利病六条》,第2页)

士人自由行动受到限制,因此知畏戒而有所节制,顿时减少许多诉状。陈淳在另一封给陈宓的信件中写道:"州闾之间所同病者,最是强梗奸憝之民,专饰虚词健讼,以挠吾善良,惟义者能深察其情状,而痛为之惩艾,或长年善闭之自讼斋,使之无复逞其爪牙,庶乎使民有可安生乐业之望矣。"[177]

押下习读的犯人若要请假,也是由学校依照手续规定向负责判决的衙门

---

[173] 《作邑自箴》卷9《劝谕榜》,第46页。
[174] 《清明集》卷10《人伦门·母子》蔡久轩"读孝经",第360页;又《北溪大全集》卷47《上傅寺丞论民间利病六条》,第2页。
[175] "一月"可参考注177;又如《清明集》卷11《人品门·士人》蔡久轩"引试",第403页:"奉台判:以诸士友之请,特免押遣,帖送州学,听读半年。"除此之外,"操舜卿案"则处以"三月"。
[176] 《清明集》卷11《人品门·士人》吴雨岩"士人以诡嘱受财",第405页。
[177] 《复斋先生龙图陈公文集》《附录》陈淳"与陈师复寺丞"。

提出申请。[179] 学校所在的地方衙门只负责"押送"犯人,所以有些衙门执行此事反而"不以为意",甚至移花接木押上"假"犯交差了事。[179]

听读的场所设在学校的"自讼斋"之内,其刑罚的目的与"自讼斋"在学校的功能有关,自讼斋本来是太学、宗学处罚"不率教者","使有过者读书其中,人人感励。"[180]宋代的《学规》中,若将学生犯错分为五等,押下自讼斋者比之"黥罪",乃属于重犯,只略较"夏楚屏斥"比之"死罪"稍轻[181],不过当行政衙门执行惩罚士子时,除了以"自讼斋"铭记其过错之外,实际"肉刑"的处罚仍不可免除,如胡颖处理"士人刘涛教唆词讼"案时说:"揆之于法,本合科断,且念其职在学校,不欲使之裸肤受杖,姑从挞记,以示教刑,送学决竹篦,押下自讼斋,仍榜县市。"[182]仍由学校执行"重究竹篦"教刑[183],才能完成结案。

(二) 示众

有些地方官个人似乎颇好用此一刑罚,如胡颖审理"郑逢吉谋夺乃兄身后财产"案(表5-3-3,例6)时[184],其实这是一件常见的立继问题,他判决定罚以非常情绪化的字眼写道:"当职平日疾恶此辈如寇雠。"虽然已经判决"杖一百",但仍"意犹未尽",又附加"枷项市曹,令众十日"的处置,显然是他借刑罚公开耻辱犯人,加以警示大众。

从22件案例综合而言(表5-3-3),这一项附加刑惩罚的犯罪行为约可分为三类:一是"妄诉"兴讼与教讼[185];二是从事侵害大众的活动;[186]三是鼓惑聚众与

---

[179] 《清明集》卷11《人品门·士人》蔡久轩"引试",第403页,"续据州学申,备据胡秘校明叔等状,陈胡大发见患,乞给假,俾归调理等事因依,申乞台旨。"

[179] 《清明集》卷12《惩恶门·豪横》"押入下郡",第458页。

[180] 关于"自讼斋"的设置,综合举几条史料:(1)《燕翼诒谋录》卷5,第51页。(2)《宋史》卷247《宗室·赵不息本传》,第8759页。(3)《水心先生文集》卷26《故昭庆军承宣使知大宗正事赠开府仪同三司崇国赵公行状》,第5页。(4)《宋会要》崇儒1之11。可知,北宋初在"太学"设有自讼斋作为教养太学生之所,惩罚不受教者,而南宋孝宗乾道八年,"宗学"亦设自讼斋。

[181] 周密:《癸辛杂识后集》《学规》,第64页。

[182] 《清明集》卷12《惩恶门·把持》胡石壁"士人教唆词讼把持县官",第478页。

[183] 《清明集》的"习读"案例中,有两例未见肉刑处罚,而"听读"四例皆处以"决竹篦二十"。至于"重究"一语则见于蔡久轩"引试",第403页。然而,在吴雨岩"士人以诡嘱受财"(第405页)中却说是从轻刑。愚以为,相对其他士人身份的健讼者,处以"决竹篦"是从轻量刑,但就士人既受"自讼斋"的处罚,又不能免除肉刑,同时施受两项刑罚,可谓"重究"。

[184] 从《清明集》中找出22件"示众"处罚的案例中,胡颖所写的判决文就有7例,占32%。

[185] 表5-3-3,例1、4、5、6、7、12、13、14、15、19、20。共11件,占50%。

[186] 表5-3-3,例3、8、9、10、16、17、22。共7件,占32%。

抗官殴人。[187] 综合这三类犯罪行为，除了被害者的个人法益受损之外，还有社会大众的法益也受到伤害，亦即"委是有伤风教"（表5-3-3，例7），如许宰惩治"再娶妻郑八娘遽以田业与庶生子（王昊）孙均分"案（表5-3-3，例5），欲以此种方式警告同类行为者，立下"示范"之例，如胡颖所说："诛之不可胜诛，不诛则无以示戒，合择其太甚者，惩治一、二，以警其余。"（表5-3-3，例3）

表5-3-3 《清明集》中"示众"处罚案例

编号	卷数	门·类	作者	篇名	页数
1	一	官吏·儆饬		惩子侄生事扰人	32
2	二	官吏·顶冒		冒解官户索真本诰以凭结断	45
3	三	赋役·税赋	胡石壁	戒揽户不得过取	63
4	四	户婚·争业上	刘后村	干照不明合行拘毁	129
5	七	户婚·孤寡	许宰	正欺孤之罪	235
6	八	户婚·立继类	胡石壁	父在立异姓父亡无遗还之条	246
7	十	人伦·兄弟	胡石壁	弟以恶名吒兄	372
8	十一	人品·公吏	蔡久轩	奸赃	416
9	十一	人品·公吏	蔡久轩	慢令	418
10	十一	人品·公吏	吴雨岩	治推吏不照例穰被	426
11	十二	惩恶·把持	翁浩堂	把持公事赶打吏人	475
12	十二	惩恶·把持	胡石壁	先治依凭声势人以为把持县道者之警	475
13	十二	惩恶·把持	方秋崖	惩教讼	480
14	十三	惩恶·妄诉	胡石壁	妄诉者断罪枷项令众候犯人替	497
15	十三	惩恶·妄诉	婺州	钉脚	504
16	十四	惩恶·假伪	胡石壁	假伪生药	529
17	十四	惩恶·赌博	胡石壁	自首博人支给一半赏钱	533
18	十四	惩恶·诳惑		说史路岐人作常挂榜县门	547
19		附录二	黄勉斋	彭念七论谢知府宅追扰	589
20		附录二	黄勉斋	徐铠教唆徐莘哥妄论刘少六	595
21		附录二	黄勉斋	劫盗祝兴逃走处斩	613
22		附录四	文文山	断配典吏侯必隆判	634

由于社会法益受损，借由此刑可使犯罪行为者向大众道歉，如蔡杭处理江东信州弋阳县两大恶吏杨宜与彭信，由于"知县再三以见起纲运护留"，所以二

---

[187] 表5-3-3，例2、11、18、21。共4件，占18%。

人得以继续霸据县权,后来弋阳县管下的大船被二吏以纲运名色,占载私人行李,而一日大水,以至于小船超载过度翻覆,造成三十余人死于船难,当蔡杭判决二吏"决脊杖"、"刺配"等重刑,并将二吏传示诸邑,"以为慢令虐民之戒"时,写道:

> 惟是当职以知县纲运之请,不能决裂,即去二凶,以病我赤子,今虽执笔书判,眼湿心痛,亦何益哉!(表5-3-3,例9)

虽无法挽救溺死的人命,但是至少仍具有"戒示"之用。又如胡颖处置"贩卖假伪生药"案(表5-3-3,例16),李百五"前后误人性命,盖不知其几矣",所以"勘杖六十"之后,还"枷项本铺前,示众三日",既是明白告示大众该铺店的违法行为,亦使李五三向误用伪药者聊表悔意。

第三类"聚众抗官"的行为直接挑战行政司法单位的威权,可以说,也损害了国家法益。其犯罪行为有"入衙催促"、"突入厅前赶打公吏"(表5-3-3,例11)、"执左道以乱政"(表5-3-3,例18),将管押人犯的寨兵"殴打逃走"(表5-3-3,例21),甚至在官府前聚众殴人成伤,如"李克义殴打诉讼对手李克刚的仆人刘七"案(表5-3-3,例2),判决文描述经过,李克义肆无忌惮,在官人面前毫不掩饰地撒野,真是令人怵目惊心。这种行为严重损害到国家法益,如判决文所说:"夫禁城之内,太守在焉。县庭之内,令尹在焉。此皆吏民之所俯伏而敬畏者也。而李克义独无忌惮如此,则是不复知守、令矣。为部民而不知守、令者,则将何事不可为哉!"(表5-3-3,例2)不过初步对李克义量刑时,却有"投鼠忌器"的疑虑[88],恐怕李克义符合"犯罪应赎,各不在令众之限"的规定[89],所以只针对受其指使而打伤刘七的徒众,"长枷仍市曹,令众五日",弥补受损的官府形象。

"示众"的受刑者,其"五刑"几乎不能免除,执行的时机应当在勘杖之后、编管之前,必须戴上刑具"长枷"束项(参见图六)[90],这就是"长枷示众"(枷

---

[88] 地方官所疑忧的是,李克义是李少卿的嫡派,事后证明李克义并非嫡系。参见《清明集》卷2《官吏门·顶冒》"冒立官户以他人之祖为祖",第44—45页。又《清明集》编纂时,两篇前判决文的顺序颠倒。
[89] 《庆元条法事类》卷73《刑狱门三·决遣》"断狱令",第501页。
[90] 在22例中,例7郑八娘只判"立视",还有例21是犯人处斩之后,其"头"号令县门三日,以上二例无刑具之外,其余应当都是"枷项令众"。

示）。主刑是流刑、徒刑者戴的枷重二十公斤，杖刑一百以内者戴的枷重十五公斤，犯人若被判处押下传示其他县邑时，遣送途中则戴上"盘枷"重十公斤。[191] 刘克庄曾说："枷项，传都号令，孰敢不畏？"[192]是说枷项之外，还得在枷上写明罪状，游行示众，这就是"枷号令众"（枷号）。[193]

既然是要展示于"众"所周知，因此处刑的场所乃在"县门"、"市曹"、"市心"、"狱前"为多，刑期从"一日"到"半月"左右（表5-3-3）。南宋法令规定："诸罪人应令众者，遇寒暑并免。"所谓"寒"是从每年的十一月至次年正月终；"暑"则是自五月至七月终[194]，这半年内触犯"令众"处罚者可免刑。又违犯"博戏赌财"、"杂言为词曲"、"蕃弈紊乱正声"等罪者，必须"令众五日"。[195] 而胡颖曾将两案判决"候犯人替"，必须等到判决同一类案犯人时，才可替换下来，一是"妄诉"案（表5-3-3，例14），一是"赌博"案（表5-3-3，例17），可说是比较特别的刑期。

（三）刺环

刺环就是对犯人黥身，乃源于古代的墨刑，"先刻其面，以墨窒之"，孔颖达认为："墨是刑之轻者。"[196]北宋用刑的原则："凡应配役者傅军籍，用重典者黥其面。"神宗时，因"以流人去乡邑，疾死于道，而护送禁卒，往来劳费"的考量，将流刑改为刺配诸军，不过后来又取消[197]，神宗元丰八年（1085）有诏曰：

> 犯盗，刺环于耳后，徒、流以方，杖以圆，三犯杖，移于面，径不得过五分。（《长编》卷362"元丰八年十二癸酉"条，第8667页）

针对犯"盗"计赃定罪后，加以"刺环"为标记，徒、流者以"方"、杖刑者以"圆"，

---

[191] 有关"枷"的重量与刑罚的关系，参见本书第三章第二节及表3-2-1。
[192] 《清明集》卷3《赋役门·催科》刘后村"州县催科不许专人"，第66页。
[193] 沈家本：《历代刑法考》（第327页）的"按语"指出："枷号之制，历代未见，周世嘉石桎梏而坐，乃其权舆也，然至少以旬有三日为限，少者三日而已。明祖《大诰峻令》，始有枷号名目，其常枷号令即今日之永远枷号矣。"从《清明集》的案例处罚中，虽然未见"枷号"一词，但其中有"枷项令众"，愚以为这可能就是"枷项号令示众"的简称，而且若再仔细分别，则"枷示"与"枷号"亦略有不同，"枷号"除了枷项示众之外，还号令游行。表5-3-3"令众"处罚有例2、4、6、7、13、14、17、18、20。
[194] 《庆元条法事类》卷73《刑狱门三·决遣》"断狱令"，第501页。
[195] 《庆元条法事类》卷80《杂门·博戏财物》"杂敕"，第599页及《杂门·杂犯》"杂敕"，第615页。
[196] 参见《历代刑法考》《刑法分考七》"墨"，第211—226页。
[197] 《宋史》卷201《刑法志三》，第5018页。

累犯三次以上则刺于"面"。胡太初曾说:"盗贼累犯,合与刺环。"⑱南宋判决文有道:"依律依条以论计赃,轻则刺环,重则刺配。"⑲而《洗冤录》中检验尚未掩埋尸首的要则之一:"剥烂衣服洗了,先看其尸有无军号,或额角面上所刺大小字体,计几行,或几字,是何军人,若系配隶人,所配隶何军州军字,亦须计行数,如经刺环,或方、或圆,或在手背、项上,亦计几个,内是刺字,或环子,曾有艾灸,或用药,取痕迹黯淋,及成疤瘢,可取竹削一篦子,于灸处,挞之可见。"⑳又道出刺环者亦多是配军隶人,而且除了辨认刺环的形状、字体大小之外,还可查其"额角面上"、"手背"及"项"等处有无刺字痕迹。㉑

刺环经常施刑于"盗贼累犯"之外,还有犯赃罪的"公吏"。尤其如公吏、保司买物,"因而妄行科配,致人陈诉",官员往往"将犯人断罪刺环"。㉒又如刘用行(1168—1249)任湖南永州零陵县令时,知州以黥面县吏威胁刘用行追讨逋税老妪:

> 零陵邑小民贫,有老妪逋畸租数百钱,州符点追,公恻然曰:"彼必毙,固留之。"守怒,黥县吏,公不为动。(《后村先生大全集》卷153《刘赣州墓志铭》,第17页)

知州"黥刺"公吏职务上的失错行为,由此可知,刺环也是一种行政刑。

这一项刑罚会烙下不可磨灭的印记,若受刑对象与社会大众的期望相符合时,执行之际颇有大畅人心的痛快感,如蔡杭处置"江东池州吏人取乞赃枉法黄德"案㉓,他先将黄德刺配,并描述州民见到他被刺黥时,莫不额手欢呼。不过,也有地方官对于使用刺环刑罚别有看法,如胡太初曾说:

> 今有初犯及盗不满疋者,一为势利所怵,便与断刺,不知鞭挞至惨,肌肤犹有可完之时,一经刺环,瘢痕永无可去之理,所犯出于一时,不得已而

---

⑱《昼帘绪论》"用刑篇第十二",第22页;又《清明集》卷14《惩恶门·奸恶》蔡久轩"元恶",第521页。
⑲《清明集》卷13《惩恶门·诬赖》刑提干拟"以累经结断明白六事诬罔脱判赖田业",第510页。
⑳《洗冤集录》卷12《十二、验未埋瘗尸》,第23页。
㉑《庆元条法事类》卷75《刑狱门五·编配流役》"断狱令",第520页。
㉒《清明集》卷1《官吏门·申儆》真西山"劝谕事件于后·禁苛扰",第13页。
㉓《清明集》卷11《人品门·公吏》蔡久轩"罪恶贯盈",第411页。

被罪,至于终身不雪,此所当戒者三也。(《昼帘绪论》"用刑篇第十二",第22页)

县衙施杖刑一百是短暂的疼痛,其皮肉之伤尚可痊愈,但是刺环的印记却是永无可去之理(方法),所以亲民县令应该戒慎运用此一刑罚,尤其是对于初犯及赃轻的盗贼,应予以改过的机会,而不可轻易刺环烙印。

(四) 押出县界

胡太初指出,县道中常见奸狡顽嚚之人平日专以唆词讼、把持公事为业,县衙应当"榜文晓谕"警告除弊,如果这些健讼之人不能改善索官的行为,"有犯到官,定行勘杖、刺环、押出县界,必惩无赦"[204]。也就是说,除了勘杖,附加"刺环"烙印之外,还得"押出县界",颇有"隔离群众"的用意。

这一刑罚不只针对"健讼"顽嚚者[205]而已,流浪四方、居无定所者若扰乱他人生活,众人则得以"起遣出离县界":

> 浮浪及行止不明,或凭恃顽恶,出不逊言语,欺陵街巷,非理搔扰,乞托为活等人,仰邻保众共起遣出离县界,如不伏起遣,密来告官,当议依法施行。(《作邑自箴》卷6《劝谕民庶榜》,第31页)

游民若有谩骂欺压街坊或是年少无残疾的男子向人乞讨[206],邻保众人共同决议后,就可以强制遣送出离县界。浮浪无行人不服众议,并向官府告诉,官府可能依"法"议罚这些流浪人。如朱熹论袁州万载范如璋"行得保伍极好",因为范县令"每有疑以无行止人,保伍不敢著,互相传送至县,县验其无他,方令传送出境"[207]。

从实际的案例中,受处罚押出县界者的职业相当纷"杂",有卖书、地客、牙

---

[204] 《昼帘绪论》"听讼篇第六",第9页。
[205] 表5-3-4,例1、4、7、9中皆有"健讼"的行为,共4件,占1/3。
[206] 《作邑自箴》卷7《榜耆壮》,第36页。
[207] 《朱子语类》卷111《论民》,第2719页。

侩、独身役吏人、卖卦人、说史路岐人[208]、梢工，等等（表5-3-4），大多是被当时社会蔑视为"贱民"、"杂类"一般。[209] 他们的犯罪行为虽以"妄占他人的财产者"居多数[210]，但还有犯其他卑劣不入流的行为，如当街辱骂缴面妇女（表5-3-4，例10）、买卖人口（表5-3-4，例3、13）、竞渡致死（表5-3-4，例12）以及犯"奸"（表5-3-4，例5、8），等等。

表5-3-4 《清明集》中"押出县界"处罚案例

编号	卷数	门·类	作者	篇名	押出""界	页数
1	八	户婚·立继	天水	已有亲子不应命继	县	251
2	八	户婚·别宅子	范西堂	无证据	县	294
3	九	户婚·雇卖	蔡久轩	时官贩生口碍法	本路	357
4	十	人伦·夫妇	胡石壁	妻已改适谋占前夫财物	本府	378
5	十	人伦·乱伦	翁浩堂	弟妇与伯成奸且弃逐其男女盗卖其田业	处州	390
6	十一	人品·牙侩	胡石壁	治牙侩父子欺瞒之罪	府	411
7	十一	人品·公吏	胡石壁	应经徒配及罢役人合尽行逐去	府界	425
8	十二	惩恶·奸秽	赵知县	士人因奸致争既收坐罪名且寓教诲之意	县	443
9	十三	惩恶·妄诉	翁浩堂	妻自走窜乃以劫掠诬人	处州	500
10	十四	惩恶·斗殴		卖卦人打刀镊妇	门*1	530
11	十四	惩恶·诳惑		说史路岐人仵常挂榜县门	本县	547
12	十四	惩恶·竞渡	蔡久轩	竞渡死者十三人	州	553
13	十二	惩恶·诱略		诱人婢妾雇卖	县*2	451

【说明】*1 疑为押出"县门"；*2 押"下"通同押"出"。

---

[208] "说史"：宋元间，说话四科之一，讲说历代兴亡和战争故事的长编平话者。相关研究参考孙楷第：《宋朝说人的家数问题》，载孙楷第：《俗讲说话与白话小说》，台北：河洛图书公司1978年版；李啸仓：《宋元伎艺杂考》，上海：上海出版社1953年版；胡士莹：《话本小说概论》第17章，北京：中华书局1980年版。"路岐人"：宋时，称流转江湖、歌唱卖艺的民间人为"路岐人"或简称"路岐"。相关研究参考冯沅君：《歧路考》，载冯沅君：《古剧说汇》，台北：作家出版社1956年版。

[209] 〔日〕高桥芳郎：《宋代的杂人、杂户的身份》，载〔日〕高桥芳郎：《宋—清身份法的研究》，札幌：北海道大学图书刊行会2001年版，第157—182页。高桥氏指出，宋代良贱制度已经消解，但是被称作"杂人"、"杂户"、"杂类"者指士、农、工、商，以及从事杂多职业的人们，他们被当时人视如对待贱民一样地记述他们的存在。又高桥氏引用《黄氏日抄》卷78《词诉约束》，第17页，"次第方及杂人，如伎术、师巫、游手、末作、牙侩、舡梢、妓乐、路岐、干人、僮仆等，皆是杂人。"而愚所收集的案例中，可以查知职业者，除了卖书、地客与役吏人之外，都是黄震所列的杂人。

[210] 表5-3-4，例1、2、4、5、6。共5例占42%。

而妇女若与三人以上通奸,或是丈夫不肯原谅、复合,则被落入杂户之流[211],如"傅十九妻阿连与陈宪、王木通奸争讼"案(表5-3-4,例8),未具名的赵知县判决阿连押出县界,是因为"所犯之迹,系是杂户"。宋代已是"良贱"制破坏的时代了,并无如唐代律令的杂户规定:"杂户者,前代犯罪没官,散配诸司驱使,亦附州县户贯,赋役不同白丁";"凡反逆相坐,一免为蕃户,再免为杂户,三免为良人,皆因赦宥所及,则免之"。[212] 在宋代称"杂户"有相对于"良民"的意思,大概是指"自景迹顽恶,载在文簿之人"[213]。

至于县"界"的范围有多大?从案例中有曰"县"、"本县"、"州""本府"、"本路"界看来(表5-3-4),若只言"县"或"州"者,是指大范围行政区的"县境";若言"本"县、府及路者,应是指本县、府及路衙所在的"城界"。[214] 由于此一处罚主要针对浮浪及无行止而从事杂业之人,与其说是一项经常使用的刑罚,不如说是为了保障地方安宁的常态性行政法则。

(五) 永锁

县令有处置"凶恶害民,合与永锁"的权责。[215] 所谓"凶民"是指严重祸害地方治安者,有的是胆敢谋杀顽抗"王官",如湖南峒民樊如彬"招诱逋逃","结党乘机,强弓毒矢",他被判处"决脊杖十五,配潭州","押飞虎军牢固收管,永不放还",其党羽省民郭念二,则"决杖脊十二,配本城,永锁土牢"[216];如湖南、江西的扶友嵩、扶如雷"父子寇攘,邀索官爵","纵寨兵劫夺",扶如雷被判处"真决刺配,永锁土牢",即"决军杖一百,拘锁飞虎军,永不疏放"[217];又如唐梓"私置狱具,纵横乡落","件件违法,事事凶强,州县公吏,皆其亲故",他被判

---

[211] 《清明集》卷12《惩恶门·奸秽》范西堂"因奸射射"。愚采前引高桥氏《宋代の杂人、杂户の身份》的解释"第三人以上,方为杂户"。高桥氏引用方回《续古今考》卷36《酒浆笾醢盐幂奄女奚》,"良人女犯三人以上,理为杂户。"

[212] 参见《唐律》卷12《户婚律》"养杂户等为子孙",第279页,及《唐会要》卷86《奴婢》,第1569页。

[213] 参见前引高桥氏《宋代の杂人、杂户の身份》。高桥氏指出杂户"出籍从良"是转变身份的重要手续。

[214] 何以"押出县界"包括"乡村"在内大行政区?愚从上引《作邑自箴》卷7《榜耆壮》中推论得知。何以"押出本县界"是指"县城"?愚从押出本路界(表5-3-4,例3)看来,此处所言是指押出本路衙所在的城界,所以依此类推,押出"本"县界,有押出本县城之意。

[215] 《昼帘绪论》"用刑篇第十二",第22页。

[216] 《清明集》卷13《惩恶门·拒追》胡石壁"峒民负险拒追",第507页。

[217] 《清明集》卷2《官吏门·受赃》宋自牧"巡检因究实取乞",第55页。

处"决脊杖二十,刺配广南远恶州军"、"永锁土牢不放",他的二个儿子是济恶爪牙"各决脊杖二十,配千里,并永锁"。

还有两名江东信州铅山县的恶吏程伟与张谨,被提刑蔡杭断配之后,乃敢"蔑视台府,窜走临安"[218],以至于各级衙门大费周章追捕二人。不只提刑蔡杭痛恨两名胥吏"犹敢卖弄"上台,"本县百姓诉之者,皆啮恨不食其肉,且伏地号涕,谕之不去"。两名已决赃吏重赂监卒"逃走"的行为,可说是罢吏中"罪不可恕"的虎兕[219],所以程伟"决脊杖十五,再加配千里,永锁棠阴寨",张谨"决脊杖十七,配二千里,永锁利阳寨",并依条刺逃走字。综合案例可见,本刑罚的目的是将顽抗官府的犯罪人"永远"与群众隔离,却又不失于过度残酷。

以上四件判决永锁的案件,皆非县衙所处断,其中"扶案"与"樊案"两件案主有永锁在湖南潭州地方武力飞虎军寨内[220],其余则有永锁在地方的"土牢"及"寨"中,因此执行此一刑罚时,州县官必须负起管理永锁人的权责。永锁人的刑期当然是无释放之时日,不过日后若有监司为久禁人求情,或许就有释放的机会,如黄震提举(仓)江西时,请求放出两案久禁人的"公牒":一件是"结关斗杀"案[221],带领斗杀的两方主嫌早已身亡,而所率之众却尚有六人锁禁在州县牢狱之中,长达二十八年,即使朝廷已实施各种"恩赦",他们亦无法得释。这一次逢国家祭祀"明禋"礼成,黄震希望为这六位老囚犯求得出狱还乡的生路。另一件则是延宕十五年不决的"放火毁屋"案[222],二名曾姓犯人并非主嫌,只是随从犯案而已,正犯已断案结绝,从犯却苦苦蹲在牢狱内,等候判决科刑。所以黄震请求让他们出狱"著家知管",免得老死狱中。

总之,以上五项刑罚是"刑律"肉刑规定之外县令可以运用的刑罚,具有教育向善、公开惩戒、铭记不灭、隔离群众等社会功能,并且透过"镂榜晓谕"或

---

[218] 《清明集》卷11《人品门·公吏》蔡久轩"责县严追",第420页。
[219] 在此之前,四名铅山赃吏已被处罚,他们是徐浩(绰号烧热大王)、张谨、周厚、程伟,其中徐、周、程曾经徒配,蔡杭判决"各决脊杖十二,加配五百里,拘锁外寨",蔡杭强调:"毋使虎兕出押(疑为柙)。"
[220] 关于荆湖南路地方武力飞虎军,参考黄宽重:《南宋飞虎军:从地方军到调驻军的演变》,载《史语所集刊》第57本第1份,1986年,第115—138页;以及刘馨珺:《南宋荆湖南路的变乱之研究》(台湾大学历史学系硕士论文)第四章第三节。
[221] 《黄氏日抄》卷79《放结关久禁人公牒》,第4页。
[222] 《黄氏日抄》卷79《放结关久禁人公牒》,第4—5页。

"榜县门"[22]等方式,遍告行政区域内的百姓。南宋县衙虽然握有这些附加刑,但仍有县令对犯人变相酷刑,如胡太初曾说:

> 今又有人求加于杖一百之外,自知徒、流以上不可用,乃辄摋折手足,尤为残忍。某事某罪,国有彝章,法外戕人,岂字民之官所当为者,戒之哉!戒之哉!(《昼帘绪论》"用刑篇第十二",第23页)

他语重心长地呼吁抚字亲民的县令科刑之际,千万不可"法外戕人",做出残忍虐民的失当行为。

三、判决的阻力

县衙是最基层的行政机关,虽然往往不是狱讼定谳的单位,却是执行判决与安置违法者的第一线,当知县进行结案时,将面临包括当事人、教唆哗徒、县吏、专人等各种人际关系的考验以及其影响力,袁采曾说:

> 居乡曲间,或有贵显之家,以州县观望而凌人者;又有高资之家,以贿赂公行而凌人者,方其得势之时,州县不能谁何,鬼神犹或避之,况贫穷之人,岂可与之较!……乡曲更有健讼之人,把持短长,妄有论讼,以致追扰,州县不敢治其罪,又有恃其父兄子弟之众,结集凶恶,强夺人所有之物,不称意则群聚殴打,又复贿赂州县,多不竟其罪。(《袁氏世范》卷2《处己》"小人作恶必天诛",第15页)

诸如"显贵之家"、"高资之家"、"健讼之人"可以透过形势、贿赂及恃众而凌人,不仅导致狱讼判决不公,州县亦不敢治其罪,诚是基层衙门司法行政上的重大阻力,以下兹就"请求"、"把持"、"豪横"与"专人"四方面进一步析论之。

(一)请求

从《唐律》以来,虽然刑律明文规范各阶段的"请求"行为,但自从宋代以后,即使加重官员无贿请求曲法的刑度,由"笞五十"改为"杖八十",已施行者

---

[22] 《清明集》中,有许多判决文书不只发给当事人,若是事干风教,就有可能被榜于公共场所(最常见的是在县门、州门),兹举三例:(1)卷8《户婚门·立继类》胡石壁"叔教其嫂不愿立嗣意在吞并",第246页。(2)卷12《惩恶门·把持》方秋崖"惩教讼",第480页。(3)卷14《惩恶门·诳惑》"说史路岐人仵常挂榜县门",第547页。

则从"杖一百"改为"徒一年",却无法阻吓请托之人,就连庶民走后门请托的风气也愈来愈习以为常。㉔ 南宋"官箴"提醒县官应该谨慎于宾朋游谒,否则"凡有诉在官,词理甚亏之人,往往辐辏其门,而请托之路开矣"。㉕ 而且统治官僚若要彻底执行刑律规定的"请求"罪,容易造成寻常百姓与基层行政吏员的不安,所以终究为了社会的安定,"请求"罪法条往往是束之高阁的,因此地方官真正依条严格惩罚请求行为的案例,并不多见。

胡颖惩治"士人刘涛教唆词讼"案㉖,指出刘涛以"请托"行为试验新任县官,所幸,从府衙到县衙暂代权县的知录,并未落入刘涛的圈套中,所以不会如以往的县官受到刘涛的把持控制。擅于请嘱的教讼哗徒往往采取迂回的请求手段,如张梦高"行赇公吏,请嘱官员,或打话倡楼,或过度茶肆,一镪可入,百计经营,白昼攫金,略无忌惮"。㉗ 从刘涛和张梦高的做法看来,县官和公吏们白天黑夜都有受人请求诱惑的可能性。

请求行为除了可能造成判决曲法之外,还有当事人以"县道受干私之请"上告监司,或当事人向官府请托施压,或多或少影响县衙追究案情与科刑的决心。以黄干审理的两案为例,一件"曾知府论黄国材停盗"案㉘,先是曾知府论黄国材停盗,黄国材之子黄景信反诉曾知府诬告,黄干依司法行政程序"申转运使,取指挥,仍备申诸司及使州",而曾知府竟然先下手为强,经转运司投状称黄景信向知县黄干私请,黄干非常不悦地指责曾知府:"其敢于蔑视上司,肆行诬罔如此,以监司委送,尚敢如此把持。"并且调整其判决:"亦欲乞将曾知府父子申奏朝廷,重加惩戒,以为士大夫敢陵驾乡里者之戒。"另一"郝神保论曾运干占据田产取赎"案㉙,黄干判决文提及若非早已洞察曾运干请嘱的行径,郝神保可能继续因"无以自伸"而饱尝官府请托风气的苦头。

㉔ 参见刘馨珺:《"请求"罪与公私之分际》及《宋代的请托风气——以"请求"罪为中心之探讨》。又关于南宋加重"请求曲法"的刑度,参见《庆元条法事类》卷36《库务门一·受纳违法》"旁照法·职制敕",第382页。
㉕ 《昼帘绪论》"远嫌篇第十五",第26—27页。
㉖ 《清明集》卷12《惩恶门·把持》胡石壁"士人教唆词讼把持县官",第478页。
㉗ 《清明集》卷13《惩恶门·哗徒》蔡久轩"撰造公事",第482页。
㉘ 《勉斋集》卷32《曾知府论黄国材停盗》,第8页。
㉙ 《勉斋集》卷33《郝神保论曾运干赎田》,第19—20页。

（二）把持

其实,请求与把持的行为经常是连续性的,也就说请求得逞,则县衙官吏将受当事人把持,故有谓士大夫居家"干请把持而时政"。[29] 此外,教唆词诉的哗徒,因为熟悉官场之道,以及打官司之术,甚至把持了县官个人的狱讼案,如高宗、孝宗朝期间,浙东温州沈纬甫的事迹:

> 沈纬甫,温州瑞安人。久游太学,不成名,罢归乡里。颇以交结邑官,顾赀谢为业。然遇科诏下,亦赴试,每不利,必仰而诟人曰:"纬甫潦倒无成,为乡曲笑,五内分裂,天亦知我乎?"乾道六年,邑尉黄君遭民讼,使者遣官按究,得实矣。尉甚恐,载酒食访沈,日夜谋所以脱免计。(《夷坚丁志》卷11《沈纬甫》,第633页)

他虽是游太学、考场失意的士子,但返乡后,以"交结邑官,顾谢赀为业"。大概从事县衙中打探公事,为人消解狱讼之灾的工作,所以连县尉有被民讼之事缠身时,也得登门求助,日以继夜谋策脱身免罪之计,沈某人可堪称是把持县官的高手吧。

县官除了受健讼人的把持之外,还有"受教于吏"之虞。如"赖进健讼其子赖信溺死"案[30],刘克庄的判决文写道:"赖进受役势家,买扑人渡,交通县吏,妄于子死一月之后,旋生枉死情节,致兴大狱。知县明不能察,受教于吏,本司隔远,止凭血属。"可见赖进交通请托县吏、县吏把持知县审察案情真相的能力。

有些乡野传奇或许过度夸张县官的无能,但从描述中却也可观察到县官受制于吏的景况:

> 昔有赵某,武人。任龙泉簿时,胡七陈状过刘产钱,乞判执照状,为他日之据。武人素不通文理,叱之于吏曰:"要如何判?"吏复云:"只判执照二字。"簿乃书为"执昭",吏曰:"尚欠四点。"赵乃书四点于"执"字下,吏曰:"此点合在昭字下。"即拂起曰:"但要不少他底。"至今以为口实。(《湖海新闻夷坚志》前集卷2《拾遗门·判执照状》,第73页)

---

[29] 《袁氏世范》卷2《居官居家本一理》,第16页。
[30] 《后村先生大全集》卷193《铅山县禁勘裴五四等为赖信溺死事》,第8页。

这位龙泉簿不通文理、不识大字,仅是书写公据,其中"执照"二字,就困难重重,必须由吏步步教导。此一故事的主人翁系是"武人"主簿,应该不至于发生在南宋科举出身的县官,不过由于县衙的狱讼业务繁琐,县官或不能事必躬亲,或仰仗某些特定胥吏完成日常行政事务[232],甚至上级长官明知众多县吏违法,却基于"念县道乏使,未欲尽情根究,仰自改过"[233],而放过贪赃县吏的法律责任,使得熟知行政流程的赃吏继续从事公吏之职,这些人难免蒙蔽把持新初上任或经验不足的县官。

（三）豪横

南宋的官户容易干扰地方官行政,印象中被视为扰民与扰官的豪横。[234] 县级的判决文中,只是处理典卖田产案件,县官就颇有权轻势弱、劝之不听的感叹。如莆阳主簿面对名宦子弟家内争财事务时,一般的"理"、"法"都没有实施的着力处,不禁顿生无力感[235];而刘克庄面对一方当事人请出形势户祖主簿时,县令对于不能替百姓主张正理,乃有空自愧颜的歉意。[236]

南宋的县官初到地方上任,往往与形势官户交结声援,促成官户自己不只积极与人争狱交讼[237],或是插手争讼的诉讼纠纷而已,在一些斗杀窃盗的刑事案件中,他们也常代当事人出头,进行私请与送贿的活动,导致有些县官左右为难,深恐稍有徇私,就无颜面对吏民。如翁甫审理"僧行满与吕千乙互相论诉"案[238],案情是僧行满诉吕千乙盗己之物,吕千乙又诉僧行满关留其妻,正当县衙追会供证阶段,居然一位徐通判出面。翁甫指责这是"妄男子",他不只是自称徐通判,宛如入无人之境,直驱公厅,扰乱官员问案的秩序,当被谕令退厅下公堂后,又迅速拿出签名"赵秘阁"的封状秘函,向审理官员施压,请求不必

---

[232] 如《清明集》卷11《人品门·公吏》吴雨岩"恣乡胥之奸",第424页。有关胥吏与县衙狱讼的综合讨论,参见本书第六章第二节。

[233] 《清明集》卷11《人品门·公吏》蔡久轩"铅山赃吏",第419页。

[234] 参见梁庚尧:《豪横与长者:南宋官户与士人居乡的两种形象》,梁庚尧:《宋代经济社会史论集》下册,台北:允辰文化1997年版,第474—536页。梁师的文章强调豪横只是官户的一面形象,应该更立体化观察。

[235] 《清明集》卷5《户婚门·争业下》莆阳"典卖园屋既无契据难以取赎",第149页。

[236] 《清明集》卷5《户婚门·争业下》刘后村"争山妄指界至",第158页。

[237] 《宋会要》刑法5之43—44。

[238] 《清明集》卷12《惩恶门·奸秽》翁浩堂"僧官留百姓妻反执其夫为盗",第445页。

勾追僧行满到衙门。之前,他甚至亲手付度官会三十贯给承牌引追的吏人,又明显制造县吏违法的事实。

南宋地方上的豪横不只形势官户一类,尚有聚众结集凶恶的豪强,其势力亦足以变乱地方秩序,威胁县官推展行政业务。[239] 他们长期纵横地方,也有和官府保持若即若离的共生关系,"奸豪玩法,睚眦微隙,必嘱县吏,差县尉捕怨之家,以快其私"[240],甚至私自处理民讼,如江东信州"顺昌官氏母子"案[241],官氏母子交结官府胥吏,营造人脉,既可以使争讼的词人莫名获罪,甚至含冤不白而死者,又可令争讼乡民听命于其家,越俎代庖执行"公"权力,三十年间,俨然是顺昌县的地下官衙。

还有些豪横悍然拒绝官府的判决结果,至于他们抗拒官府的程度,小则怙势突入县衙殴打县吏,喧竞于庭[242];大则致使县衙既无法结绝案件,连例行的赋税行政亦受阻碍,如"黄清仲与陈铁夫妇争讼田业"案[243],黄清仲强悍抗官的事件,不只争讼另一方的经济利益平白损失四年,而且国法、公府的权威形象尽扫于地,尤其明明白白暴露"县司"无力完成诸项行政业务的大问题。

小结　照条给断,镂榜遍行

高宗绍兴二十二年(1152),因为民众到临安府越诉日益增多,中央机关不堪其扰,所以颁下法令:"自今后民户所讼,如婚田差役之类,曾经结绝,官司须具情与法叙述,定夺因依,谓之断由。"自此之后,凡是在县衙打官司的案件,当事人在结绝时,应该会收到县令依据判决文书写的结案证明。县令书写的判决文必须同时具备"案情"与"法条",并且说明定夺的"理由"。因此,虽然县衙的人员有限,但是县令应该培养本身"传经而不胶纸上之言,析律而深得法外之意"的书判能力。

---

[239] 参见刘馨珺:《南宋荆湖南路的变乱之研究》第二章第一节。
[240] 《黄氏日抄》卷70《申府乞免躬亲扰民及理索(己未十二月洪发运任内)》,第771页。
[241] 《清明集》卷12《惩恶门·豪横》刘寺丞"母子不法同恶相济",第471页。
[242] 《攻愧集》卷100《朝请大夫致仕王君墓志铭》,第2页。
[243] 《清明集》卷13《惩恶门·诬赖》刑提干拟"以累经结断明白六事诬罔脱判昏赖田业",第510页。

至于上呈州衙的狱案中，县令又扮演拟笔的角色，必须谨守狱官具结狱中案款的分寸，一方面不能妄自添加案情，一方面要检查比附法条，但始终不能定夺判决。而在南宋的户婚案类判决文中，经常出现九大项不受理法条，这些法条不外有关"典卖交易"与"分割家产"的契约纠纷，可见官府基于考察契约证据性的难度高而不再予以审理，因为这类契约往往由于年代久远、证人亡故，若一再受理则徒费县衙人力而无功，官府乃以法令强制止讼。值得一提的是，南宋各级衙门的判决文引用"不受理法条"时，既是经过官府处理，也是一件判决文书，而不同于明清时期官府批给"不受状"的公据。

本章量化 200 件《清明集》"差役户婚"案判决文之后，可见官府结绝户婚差役案不以处刑为最终的目的，而且半数以上的个别案件可以检查出相关法令，并于判决文中向当事人加强说明案情与法理，所以这类判决文经常使用"法意"一词，不只是解释法条的"本意"，还有审判官员检用此法条的"用意"，即使引用刑律于判决文中，如"诱引同居亲为童行、僧道，规求财产"、"别籍异财"等敕律文，也未必处以实际刑罚。在户婚案中有极少数判处重刑的案件，推究官府毫不留情地处断，颇有严惩奸民越诉胁持、冒罔官司、咆哮县官、劫夺租赋，警告如敢顽讼，略不宽宥人命斗伤、掘墓发冢等挑战公权力的行为。当官员声称"合法意"的判决文，即意谓其亦"当人情"，甚至运用民间耳熟能详的故事解说个案。

在户婚案的判决文中，常见法官依其所认为"幼"、"妇"的行为能力作出合于社会价值观的判断，尤其是以"检校"保管打官司的案件，官府必须等待当事人"出幼"，才会归还出幼者。然而在判决文中并未指出"出幼及格"的实际年龄，若从唐宋人认为男女成家是具有相当重要的社会意义看来，则可知古人所谓"出幼"是指男女能够成婚的生理年龄，即"男十五，女十三，听其婚嫁"之意。

至于女性在判决中的待遇，在宋代的国法中，似乎不太限定妇女打官司的活动，如户绝之家尚有女性未出嫁时，法定"未嫁女"、"未娶者"皆有分得家产的权利，而且以"资嫁"为准。甚至孝宗淳熙年间法令出现"夫亡妻在从其妻"条，指出妻可以代表夫决定继嗣人选，只是"妻"不能任意遣逐父在所立之子。不过事实上，有许多官员使用负面的词语形容打官司的妇女，在他们推理的过程中，往往认定妇女是受教唆之徒的影响才兴讼，这种偏见和明清以下社会普遍认为妇女法律能力低落、容易被唆使的印象，没有太大的差别。

《宋刑统》的"笞、杖、徒、流、死"等五刑中，县衙只有判决"杖一百"以下的权责，即勘决"臀杖七下至臀杖二十"而放的刑罚。除此之外，涉及犯罪行为的财物称为"赃"，有些必须没官是为"赃罚钱"，往往可以留作地方衙自行使用的经费；有些必须还主是为"监"赃，由官府强制归还财物。但是在实际案例中，有所谓"放免监赃"的处置，即官府并未要求归还出钱的一方，这类案例大致有三种情形：一是出钱一方是主要的违法者，而受钱一方又已身亡。二是私债本利总合超过原有债务本金一倍以上，债主不得再索取未还尽的利息钱。三是特别赦免，由皇帝的恩赦而蠲免。监还的程序，由审判官员决定时限，或半月或一月，指定承行监催人吏在时限内追足该项财物，并于当日向官府申报，而由领取财物者写具"领足状"、"无词状"，才算完成监还的手续。一般被判监还的当事人应该不必系监，但是有些地方官为了取足财物，有时仍将当事人"留监"、"寄收"在县狱。

县衙所能科决的刑罚只在"臀杖二十下"以内，对于若干"情重法轻"的严重扰乱秩序者，不过与之爬搔耳，所以县衙乃使用其他附加刑，加强其行政司法的功能。本书归纳出五项附加刑，有听读、示众、刺环、押出县界与永锁。听读是针对粗知读书之人犯罪后，将其押下县学习读《孝经》、《论语》等小学，刑期由一月至一年不等，深具教育刑的意味。

示众是针对"妄诉"兴讼与教讼、从事侵害大众的活动、鼓惑聚众与抗官之人，除了被害者的个人法益受损之外，还有社会大众的法益也受到伤害，因此借由此刑令犯罪行为者向大众道歉，执刑时必须戴上枷具，有的立定于一处称作"枷示"，有的则被号令游行称作"枷号"，刑期从一日至半月左右。

刺环是较重的处罚，乃是对犯人进行黥身。国法规定犯盗者，以刺环标记，徒、流罪者刺"方"，杖罪者刺"圆"，累犯则刺于"面"。

押出县界是针对县邑内奸狡顽嚣、平日专以教唆词讼、把持公事为业，或是流浪四方、居无定所之人，以此刑隔离其对群众的骚扰，至于押出的范围，若曰"县"者是指县境，若曰"本县"则是指本县城，此方法也是一项防范浮浪流民的行政法则。

永锁是针对凶恶害民者，加以永远与群众区隔，历任县官必须负起对永锁者的管理，虽然没有释放的机会，但是有时监司念永锁时日久远，若已超过十五年以上，也许会替刑囚求情，以"著家知管"释放出狱。

这五种刑罚具有教育向善、公开惩戒、铭记不灭、隔离群众等社会功能，县令透过"镂榜晓谕"或"榜县门"等方式，遍告行政区域内的百姓，达到风行教化的目的。

县衙是最基层的行政机关，即使不是定谳的单位，却是执行判决与安置违法者的第一线，当知县进行结案时，又将面临当事人、教唆哗徒、县吏、上级专人等各种人际关系的考验，而他们的请求、把持、豪横等行为，诚是县衙司法行政的重大阻力。

第六章　县衙的"狱讼"与官民的生活

宁宗嘉定十年（丁丑，1217），真德秀初上任为泉州太守，即延见地方耆老，"问田里疾痛痾痒，与前守令之贤而可法者"。当时泉州父老有提起一位"永春大夫三山黄公"①，这位黄公名曰瑀（1109—1168），绍兴八年（1138）中进士，卸任永春知县已经六十余年，其不在人世也将近五十年了②，真德秀查读由其亲家翁朱熹撰写的《墓志铭》，才知道黄瑀为后人乐道的德泽遗爱，并且转引朱熹的记载道：

> 永春有贤令尹曰黄公。公廉强介，察见微隐，吏不能欺，而民不忍欺。他县民有冤讼，率请逮公以决，其条教科指，操验稽决，人皆传诵以为法。间尝以檄书按事涉其境，道旁小民称说令尹不容口，其禁令要束，大抵皆崇礼义、厚风俗、戢吏奸、恤民隐之意，其言明白简切，而其达之也远近幽隐无弗暨者。（《西山真文忠公文集》卷24《永春大夫御史黄公祠记》，第4—5页）

黄瑀在担任永春知县时，决冤讼的"条教科指、操验稽决"，成为远近皆知的"法则"，朱熹从临近同安县越境办理公事，沿路都听得见小民传称黄知县的"禁令要束"，甚至逐渐成为泉州地方上的庶民社会规范。

洪迈记载一件南宋初年发生在浙东婺州兰溪县的故事。距离县城有三十里之远的富人祝家水塘里发现了尸骨。当时邻保系统立即上报于里正，而里正因为民事田讼一向与祝家有怨结，于是向县令报告，并且推测命案应是祝家驱逐乞丐道士时所为。于是县衙进行一连串的逮捕、入狱、录问、检法，将"狱

---

① 《西山真文忠公文集》卷24《永春大夫御史黄公祠记》，第4页。
② 《朱文公文集》卷93《朝散黄公墓志铭》，第7页。黄瑀是黄干的父亲，黄干是朱熹的女婿。

具"案牍呈送州衙:

> 里正凤与祝氏讼田有隙,遂称祝昔尝致人至死,今尸正在其塘内,以白县。县宰信以为然,逮下狱。凡证左、胥吏讼其冤者,宰悉以为受赇托,愈加绳治,笞掠无虚日。(《夷坚丙志》卷5"兰溪狱",第407—408页)

故事中,我们看到了县宰相信里正的口头证言,进一步对祝氏笞掠无虚日,并且认定替祝氏诉冤的县吏是受祝家之赇。祝母在无奈的情况下,乃至于有迎尸骨、立赏捕盗等自力救济的活动。故事的后半段,虽然行乞的道士到事发县衙出面说明,但是县宰"犹谓其不然,疑未决"。最后,由于其他县邑捕获真盗后,从刑讯中推得案情,祝氏才得以获释。

"居官守家法,以廉自励"的石继曾(1142—1199),父祖藏书二万卷传家,继曾"自幼颖异,入家塾,日诵千言,过目不再",后来以荫入官。仕宦有治绩,在楚州任司理参军,治狱尤详明,"一路有疑狱滞,辄以委公",历迁知江东德兴县,据说他改变了当地的负气健讼之俗:

> 德兴壮县,俗喜负气,健斗而终讼。公始下车,叹曰:"是不可以柱后惠文治也。"于是为政一本教化,有兄弟宗族争讼者,辄对之泣下,多感愧而去,俗为之一变。(《渭南文集》卷36《朝奉大夫石公墓志铭》,第8页)

石继曾不是采取刑律严惩斗狠风俗的治策,而是"为政一本教化",令争讼者知愧息讼,自然远离县衙而归去。

这种"不专治三尺"的做法③,如同萧硕(1142—1205)宰江东徽婺源县,婺源一向号称难治,"县斋榜曰:止沸"。据说"士大夫以柱后惠文治之",反而"其士益哗,其民愈健",而萧硕在婺源"以县事为重,竟岁至不举酒",勤政无休,所以"居则邑人诵之,去则思之","健吏欲舞文,求之卒不能改",还有好事者将他治县的方法"汇为一编,质诸老成,究其指归,以教化厚俗为先务"。④

上述故事不过是南宋(1126—1178)约一百五十年间的沧海一粟,在狱讼

---

③ 所谓"三尺"指法律,语出《史记》卷122《酷吏列传》,第3153页;《盐铁论》卷10《诏圣》,第269页。

④ 《昌谷集》卷19《萧景苏墓志铭》,第6页。

的程序及许多官员们零散的事迹中,当时不少如黄珦、石继曾的地方官致力于狱讼业务,实是有目共睹的历史。又从零碎的故事中,可见狱讼与人民生活有相当关联,有些人即使不打官司,亦可能如"兰溪祝家"一般,突然被官事莫名缠身。本章将从"县官"、"公吏"、"庶民社会"三方面分析,进一步申论县衙的"狱讼"与南宋人生活的关系。

第一节 "狱讼"与县官的工作压力

宋代县级衙门有四位"官"员:知县(县令)、县丞、主簿和县尉。知县掌"总治民政、劝课农桑、平决狱讼,有德泽禁令,则宣布于治境"等;县丞掌"兴修山泽、坑冶之利";主簿掌"出纳官物、销注簿书";县尉掌"阅习弓手、戢奸禁暴"。⑤ 南宋的法令规定他们的职务既是分工,又是相辅相成⑥:

> 诸县主簿专掌簿书(若差出,即委县丞销凿),县尉专管教阅捕盗禁物,余事与令、丞通行(内武尉免干预县事)。

> 诸县收支钱物历,令、丞通签,其县丞所管财赋,知县检察。(《庆元条法事类》卷4《职制门一·职掌》"职制令",第24页)

县令与县丞都必须检查主簿及县尉的公文书并签章。就掌管"簿书"及"教阅捕盗"的业务而言,主簿与县尉分别是公文签呈上的"判官",县令是"长官",县丞是"通判";而就县衙的"财赋"业务而言,县丞是"判官",知县则是"长官"。若是县衙的公事有失错之处,则必须依《唐律》以来规定的四"等"官加以科罚。换言之,县令虽非直接掌管该项职务的官员,也要分担公务违失的责任,而且有"连坐"的处分。⑦

县官的"狱讼"职责亦是分工合作,例如南宋孝宗时的"淳熙令"规定:"诸

---

⑤ 《宋史》卷167《职官七》"诸县令丞簿尉",第3977—3978页。
⑥ 徐道邻:《宋的县级司法》,载徐道邻:《中国法制史论集》,第129—155页。他认为:"宋代司制度的弱点,用我们现代的眼光来看,主要在县衙门的组织在司法方面太薄弱。"徐氏认为,县衙里的其他三位佐官并非如唐代的"司法佐","他们各人都自有他们繁重的任务,不能帮县官审问公事",愚以为徐氏的说法还有商榷的空间。
⑦ 《唐律》卷5《名例律》"同职犯公坐",第95—96页。

县丞、簿、尉并日赴长官厅或都厅,签书当日文书。"⑧一县之同官签章处理的公文书中,包括县衙当日引受的词状。至于一县境内的治安问题,有地方行政长官强调:"知县系是长吏,职兼军政,巡、尉系辖弓手、土兵,与掌军事体一,合听斟酌轻重施行。"⑨法律尚有规范县令监督县尉擅置私狱的机制,对失职的县令处以"杖一百"的重刑,"非州县而辄置狱,若县令容纵捕盗官置者,各杖一百,县尉且罚俸两月。"⑩相较于其他县官,身为一县之长的县令所承担的压力更加复杂。

一、考课与对移

关峏(绍熙元年[1190]进士)知建阳令时,因为朝廷"秤提令⑪下,民间疑惧",以至于"奉新书不庆",即因为执行秤提法令的成绩不佳,而与乐安县令史本、新淦令赵崇卧等人同时被贬降。⑫由于孝宗乾道三年(1167),恢复了熙宁年间所罢废的考课制度,所以关峏等人就是依照规定而受到处罚⑬,这一项规定是要地方官员凡事都要依照"新书"法令努力办事,所谓"新书"就是朝廷随时修立的"敕、令、格、式"。⑭所以关峏遭到降徙官职,实在是考课之法的制约效果。

然而,另外有为关峏失职开说的记载,据载关峏曾任浙东庆元府慈溪尉,"秩满"升调德安府司法参军,并且还用"荐格"转任福建建宁府建阳县:

> 登绍熙庚戌进士第,授迪功郎,临安府盐官县尉,以母忧不赴。复尉庆元之慈溪,秩满,升从事郎,调德安府司法参军,终更用荐格,改宣教郎,知建宁府建阳县事。既受代,会新使者至,豪强之不得志者,共为飞语中

---

⑧《朱文公文集》卷100《州县官牒》,第1页。
⑨《清明集》卷1《官吏门·禁戢》胡石壁"约束州县属官不许违法用刑",第36页。
⑩《清明集》卷3《赋役门·催科》叶提刑笔"不许差兵卒下乡禁狱罗织",第68页。
⑪《中国历史大辞典》(宋史卷)(第386页)"秤提"条,指出南宋纸币经常贬值,朝廷采取各种办法,维持或恢复纸币与金属币的比值,谓之秤提。其法有政府以钱币、金、银等兑换贬值纸币,限制纸币发行兑额,朝廷为了弥补财政亏空而滥发纸币,又加重人民负担的各种办法以"秤提"币值。开禧(1205—1207)以后,纸币滥发太甚,各种秤提之术均以失败告终。
⑫《后村先生大全集》卷152《刑部赵郎中墓志铭》,第2页。
⑬《文献通考》卷39《选举十二》,第377页。
⑭叶适:《水心先生文集》卷3《新书》,第11页。

君,被重劾,谪三山。事既得白,许自便。复官,授江东安抚司主管机宜文字。(袁甫:《蒙斋集》卷18《抚机关君安人郭氏墓志铭》,第262页)

从关嶍的仕宦历程看来,科举中进士第后,一路平顺,直到知建阳县事,才因为得罪豪强,乃至于遭受"飞语"流言的中伤而贬谪。

所谓"豪强之不得志者,共为飞语中君"事件,或许不单只是关知县执行朝廷颁布的"秤提令"而已。因为他在处理"王昌老纠役"与"陈坦的限田"时,就和地方人士有一番交锋,这也可能是导致他知建阳县受挫的原因之一。当时应役人王昌老纠论陈坦的"限田"与"产钱"不符合规定,关嶍初拟的判决为陈某应该列入应役之名次。但是最后章都运的判决却指出王昌老健讼、乡司江壬受嘱,"本县令其(陈坦)应役,委是不公。"⑮姑不论关嶍是否受制于地方势力,但他未能依法换算陈坦的限田亩数,显然就有"理讼不平"的失误,在考课的规定上,只能落为"否"。不过,关嶍向上官申说明白后,得以平反复官。据说关嶍也是一位平时勤于读书与吏事的官员,"君天资庄重,酷嗜书,虽道涂驱驰,牒诉纷委,得休暇即挟策讽诵,作词章不俚不浮,吏事精敏,所至着能声。"⑯

县官如果公务失错时,自身的考课将出现危机。以一位受到血属投词论诉的县令为例⑰,他因为淹留"死事"案件太久,显得无能结绝时,接到上官追究查问的公文,上司先重刑惩罚推吏、典押,以示警戒县令。由此可证,县令不仅要分担其他县官的行政责任,县衙的吏员若有失职者,他也是责无旁贷接受指正。再者,这一短篇公文的用字遣词中,"索批书对移"是上司警告知县的重要用语。

"批书"是考课宋代官吏的"官府文书",统一的格式中记载了官员的劳绩推赏、请假日期、差出日期、转官起讫时间、应试刑法日期以及审理案件等六大

---

⑮ 《清明集》卷3《赋役门·限田》,第77—80页。有关本案的案情,参见本书第一章第二节、第四章第三节、第五章第一节。《清明集》收录此案共四件文书,最初的文件署名为"关宰瑢",愚以为此宰即是关瑢。
⑯ 《蒙斋集》卷18《抚机关君安人郭氏墓志铭》,第262—263页。
⑰ 《清明集》卷1《官吏门·儆饬》"因吏警令",第20页。

项目⑱,虽然《宋史》有谓:"考课虽密,而莫重于官给历纸,验考批书。"⑲不过,平时县官的批书只需要上缴给"州衙":

> 诸县令、丞及酒税官应书考者,本州取索。考内催科二税,若课利有无亏欠,核实批书。(《庆元条法事类》卷6《职制门三·批书》"考课令",第57页)

每年缴到州衙的县官批书,大多流于"行政管理"的形式而已。至于北宋时期,批书中的"对移"二字也只是调换职务后的意思。⑳

南宋时期,有"州县小官既满,而监司郡守不与批书,多致狼狈"的情形㉑,甚至也有长官"非理对移"小官,如朱熹的学生廖德明(乾道五年[1169]进士)的事迹:

> 廖子晦为小官,遭长官以非理对移,殊不能堪。朱文公以书晓之云:"吾人所学,正要此处呈验,已展不缩,已进不退,只要硬脊梁与他厮挨,看如何?自家决定不肯开口告他,若到任满,便作对移,批书离任,则他许多威风都无使处矣,岂不快哉!"(罗大经:《鹤林玉露》卷14《小官对移》,第155页)

朱熹长篇劝说廖德明应该放开心胸,坦然接受长官的调职措施,才能自得自安。但是对于大多数的读书人而言,鲜有像朱熹这种豁达的想法,一般人面对长官对移降职时,往往如廖德明一样,难免会有不堪的心情吧。

虽然"批书"考课可能流于官场形式,"对移"可能被私心误用,作为倾轧他人的工具,但是朝廷仍不遗余力改进考课制度,尤其具体化若干与狱讼有关的评鉴标准。譬如高宗绍兴十二年(1142)曾有诏"用刑残酷责降之人,并毋得堂除,止吏部与远监当差遣"。绍兴二十八年(1158)进一步定义所谓"残酷"之人,即治狱违法收禁、用刑、讯决的"残酷"者,其任官的资格将受到限制,攸关

---

⑱ 《庆元条法事类》卷6《职制门三·批书》"考课令",第58页。关于"批书"印纸的内容,本卷"考课式"有固定格式及详细规定。
⑲ 《宋史》卷155《科举上》,第3603页。
⑳ 《长编》卷458"哲宗元祐六年五月丙子"条,第10963—10964页。
㉑ 《要录》卷165"绍兴二十三年八月戊午"条,第2694页。

考课的批书当然也会留下不良的记录。②

就南宋官制的设计而言,监司可以视县政推行的情况,使用"对移"调整"县令"的职位㉓:

> 诸县有繁简难易,监司察令之能否(谓非不职者),随宜对换,仍不理遗阙(如癃老疾病愿就岳庙者,守臣结罪保明),申尚书省。(《庆元条法事类》卷8《职制门五·对移》"职制令",第103页)

监司倘若发现县官处置狱讼有违法情事,就可以主动索取其他县官的批书加以考课,例如蔡杭审理一件全家被焚杀㉔,苦主"经部有词"的案件。蔡杭根据词状及呈送的公文,判断州衙"指张千五、叶万一为行凶之人,又指灰烬二骸为二人"乃"此是臆度之说",并指出州衙之所以草率行事,除了衙门不尽力推究情节,还想把投诉人"杨珪等送狱",究其根本原因,问题在于县尉怠职,所以蔡杭已行下公文索取县尉的批书。但是文末却写着:"如更不用心,别议施行。"似乎深寓玄机。

《清明集》中收录江东提刑蔡杭多次巡行境内诸县,安抚投状哀诉的百姓、惩治恶吏等的判决文。他处理信州铅山县"配吏程伟等人"时㉕,警告知县若再祖护程伟等人,即"别议对移",此一用语与"杀人放火"案中的"别议施行"有相似的意义。不过,法令也对监司使用这项职权有相当限制,监司若不当地"对移"部属时,有私徇舞弊者,以"违制论"而可处"徒二年"㉖,所以有的监司只以"对移"恫吓下属㉗,非到必要才会使用"对移",撤换不适任县官。故此,即使蔡杭极痛恨铅山知县包庇已配的赃吏,但最后也以"仍牒州还知县批书"结案而已。

㉒ 《要录》卷179"绍兴二十八年六月癸丑"条,第2973页。
㉓ 《中国大辞典》(宋史卷),第106页。朱瑞熙:"又称对换、对易、对替、两易。宋官员注授差遣的一种方法。官员因避亲嫌或因罪被劾轻罚者,得与他任官员换任。已授差遣,愿与其他官员换任,经吏部审验亦可。已经对换者,不得再换。因犯罪应入远地者,不得对换至近地。"
㉔ 《清明集》卷14《惩恶门·奸恶》蔡久轩"杀人放火",第523页。
㉕ 《清明集》卷11《惩恶门·公吏》蔡久轩"责县严追",第419页。
㉖ 《庆元条法事类》卷5《职制门五·对移》"职制敕",第103页。
㉗ 《清明集》卷2《官吏门·澄汰》陈漕增"知县淫秽贪酷且与对移",第42—43页。

虽然"对移"只是对官员的从轻处罚,却被视为改善县政的重要制度。㉘ 尤其对于狱讼失职的县官,上司使用"对移"换掉"大辟刑名公事,件件不理"、"纵吏受赇,贪声载路"、"本县受词,贪缪无状"的知县㉙,成为官府表达积极儆饬官吏的做法,以"萧主簿对移"的公文书为例㉚,目前无法得知萧主簿不体究的案件内容,不过从上司追"推吏"看来,应该是属于刑命斗伤案。在此一文书中,最后将萧"主簿"与苏万、王昌等"吏人"同时并列,这对读书仕进的官员而言,也算是一种惩罚。又如吴势卿审理"元僚"与"上饶"两人的对移案㉛,这两位名不见史传的元僚与上饶(令),他们被对移的原因主要是"不能婉尽而判"、"狱事泛滥追扰为尤甚"。

南宋县令的工作量与工作压力已无法计算,而从监司按时访查县官处理狱讼有无冤滥,又略可推知中央重视县衙的"狱讼"。当县衙中有缺任何官员,则可视作"繁难"的衙门㉜,其新任的知县人选,将由漕、宪两大主管民讼刑狱的监司推荐符合"年未六十、曾历县令、无私罪、疾病及见非停替人"等条件者㉝,既然由漕、宪部使者选差"繁难县令",意味着繁难县份也包括词诉狱案繁重的地方。以郑噩(1129—1184)任江西临江军新淦县为例:

> 新淦素大县,诛责厚,往往失施置,累令坐不良去,吏部榜阙于亭甚久,人莫敢当。君叹曰:"吾欲无待阙,而畏其难可乎?"单马之县,尽疏邑病,陈义引古,以撼诸使,使稍为动得,颇有蠲损,既不迫于期会,然后调柔其嚣者以寡讼,矫强其愿者以趋学,三年之间,县以大治,声流江西。(《水心先生文集》卷15《郑仲酉墓志铭》,第1页)

又如吴懿德(1168—1228)知广东广州新会(古冈)县时,"县无正官久,弊端如毛,民狃于讼,吏黩于货贿,且濒海,盗多弗可制。君自力不辟寒暑,事亡细巨

㉘ 《清明集》卷2《官吏门》中有一类为"对移",收集了七篇文书:"对移贪吏"、"对移司理"、"对移县丞"、"对移县丞"、"对移赃污"、"监税迁怒不免对移"、"缪令",其中有五篇与县衙官员有关。
㉙ 《清明集》卷2《官吏门·对移》"缪令",第59页。
㉚ 《清明集》卷1《官吏门·儆饬》"县官无忌惮",第20页。
㉛ 《清明集》卷2《官吏门·澄汰》吴雨岩"汰去贪庸之官",第40页。
㉜ 《庆元条法事类》卷5《职制门五·到罢》"杂令",第44页。
㉝ 《庆元条法事类》卷6《职制门三·权摄差委》"职制令",第70页。

必亲,凡罢行视理当否"㉞。

其实,阙县正官的繁难地方,往往也是狱讼、治安问题较多的地方。如《州县提纲》建议治理繁剧的县衙时,"被底放衙,昔者尝以为戒。凡当繁剧,要须遇鸡鸣即起,行之有常,则凡事日未昃俱办,而一日优游闲暇矣。"㉟又如曾炎(1141—1211)奉诏上便民事时,主张奉部使者(监司)"以翻诉之多寡当否,为县令殿最"㊱,县令必须在"听讼"方面下工夫。

南宋知县听讼治狱的业务相当繁重,所以刘一止(1078—1160)曾申论县令埋头"朝受牒诉,暮夜省按牍"、"力办狱事、讯鞫得情"的辛苦,并且主张"县狱之事,宜专委丞"。㊲这项建议虽然得以施行,但是到了嘉定十年(1217)左右,即使制度上已经规定县丞必须分担县令处理狱政,但是长年留心于地方事务、勤写官箴的"名公"真德秀仍不放心县丞的治狱能力,而要求知县必须"专任其责"。㊳另外一"名公"胡颖也要知县不能"等闲狱事"。他说,自幼接受圣贤文章熏陶的官僚应该多学习伊尹、诸葛亮等圣贤用心狱事,他们决不以人命为轻,随便羁押遣送"无罪"之人,让胥吏有邀索、捶打百姓的机会。㊴

南宋的县令听理词诉、亲督鞫狱之职,不仅难以让其他县官分担,如黄干说:"佐官不得受状,近降指挥甚严。"㊵反映县令处理狱讼的实际困顿。而县令的繁重事务,有时也得不到其他县官的帮助,如陈宓曾说:

> 夫州有曹掾各司其职,太守挈纲而振领焉。令以身任一县之责,赋不登则有罪,讼不决则有罪,刑不当则有罪。所谓丞、簿、尉,号有分职,乃若越人视秦人之肥瘠。故令虽有闳辩通敏兼人之才,亦未有久而不困者。(《复斋先生龙图公文集》卷6《安溪代人拟上殿札》)

县令除了担负一县的行政职责之外,其在狱讼事务方面,却常见到拥有地方防

㉞ 《西山真文忠公文集》卷45《通判广州吴君墓志铭》,第12页。
㉟ 《州县提纲》卷1《晨起贵早》,第8页。
㊱ 《攻愧集》卷97《集英殿修撰致仕光禄大夫曾公神道碑》,第18页。
㊲ 《历代名臣奏议》卷217《慎刑》"刘行简乞令县丞兼治狱事",第6—7页。
㊳ 《清明集》卷1《官吏门·申儆》真西山"劝谕事件于后",第11页。
㊴ 《清明集》卷1《官吏门·儆饬》胡石壁"具析县官不留意狱事",第27页。
㊵ 《勉斋集》卷33《邹宗逸诉谢八官人违法刑害》,第11页。

卫武力的县尉或巡检"非法受词"㊶,"而狱卒例是尉司弓手,往往迎合,逼令招承"㊷。县尉职责只在究查事实,提供知县进行判断,"故狱具于县,成于州,上于省部,及其致刑也,皆不出于一尉之初词"㊸,颇有越俎代庖的问题。

县尉有责勾追人证,调查案情,以佐助县令决狱讼,但县尉的专职毕竟不在于判决狱讼,所以行政上是绝对禁止县尉逾越的行为。马光祖曾指谪一位县尉任意接受词讼㊹,知县若遇上这类"受状批判,不经县道"、"追捉拷掠,追令通拟"、"博戏乞食,男女悉擒"的县尉,可想见一县的狱讼问题更难处理。

南宋末年,黄震谈论县尉越职害民、成为地方狱讼之政乱源的状文中,其中有一项就是"两词互诉,必属差尉司躬亲追捕,以规破坏其家产",所以他请求申免先前尉所接受的"诬告状"。㊺可知县官"分工"的事权不一,使县级衙门的狱讼有改进的空间,又因"合作"的责任落在县令的身上,应是县令的工作压力的来源之一。

杨简(1141—1226)对于日益繁重的县衙狱讼业务提出"改制"的建议,他认为县令的任期与职权应该"久任"与"升级":

> 居官不为长久之计,贪墨以为待阙之资。虽间有贤者,方谙物情利病,又已将代而治归装。守御无素备,寇至辄溃,民知其不久于位,不服从其教令。奸顽好讼,俟新更诉,幸至未谙情伪,姑肆其欺,扰害善良,无有已时,使久任则不敢矣。……当治务择贤,久任为急,宜升县为州,大州为监司,各辟其属,谨简乃僚,先王令典,县称百里,奚止百里,久任虽非世继,亦几于古之侯国,事力不可太厚。(《慈湖遗书》卷16《家记十》,第3—4页)

在宋代中央防范地方事权过度扩张的理念之下㊻,杨简的想法显然难以实践。

㊶ 《清明集》卷13《惩恶门·诬赖》"骗乞",第517页。
㊷ 《宋会要》刑法3之55。
㊸ 《复斋先生龙图陈公文集》卷17《送赵县尉时楝》。
㊹ 《清明集》卷2《官吏门·澄汰》马裕斋"县尉受词",第41页。
㊺ 《黄氏日抄》卷70《申转运司乞免行酒库受诬告害民状(辛酉七月)》,第6页。
㊻ 参见刘馨珺:《南宋荆湖南路的变乱之研究》,其中论述地方变乱不断的产生,以及中央军力的调遣与考量,以至于地方武力如飞虎军无法发挥作用。

不过由他的建议中可知,因为繁重的诉讼业务,县衙的行政层级与僚属规模有必要加以重视与强化。

从县官奉行新书的责任看来,县级衙门的官吏是一个工作团体,所有业务的缺失必须由官与吏共同来承担。而在重视人命与冤情的理想之下,朝廷又有许多法令加以规范县官在狱讼上的失职;文官体系也对县官听讼治狱赋予更多的期许。若论惩处官员怠职的方式,重则被降贬及罚俸,轻则批书对移,因而留下仕宦的污点。从一些处罚看来,其严厉的程度虽不及吏员直接受到肉刑杖罪的身体痛楚,但若以读书人好面子的心态而言,即使是"对移"二字,都可能造成无法抹灭的耻辱。

二、官箴与世范

"官箴"一词最早见于《左传》:"昔周辛甲之大史也,命百官,官箴王阙。"[47]意指史官作百官词,以为劝戒帝王的过失。而宋代的"官箴"使用于皇帝的诏书之中,其意则指居官职者应具备的操守及行事规范[48],位列士林的为官者应"只惕官箴,敦修儒业",绝不可以"未尝身服于官箴,而乃岁縻于廪粟",流于尸位素餐。北宋的梅尧臣(1002—1060)认为,仕官之途是"我怀何所畏,所畏在官箴"。[49]

早在宋太宗(976—997)就以"尔俸尔禄,民膏民脂,下民易虐,上天难欺"颁布天下。高宗绍兴年间(1131—1162)更以黄庭坚的书法,命州县长吏刻铭右。这十六字"箴言"石立于地方衙门之前,以后历代相继,至清季仍相沿不改。[50] 宝祐四年(1256),理宗"御制字民训",令吏部书于改官的印纸上,州县守令并于阁门引见日必"宣示"。[51] 可见宋朝皇帝要求凡抚字亲民的州县守令,

---

[47]《春秋左传正义》卷29《传四年》,第507页。
[48]《宋大诏令集》卷204《祖士衡落知制诰知吉州制》,第762页及《鹤林集》卷40《张镇降授朝奉郎制》,第398页。
[49] 梅尧臣:《宛陵先生集》卷4《道傍虎迹行》,第12页。
[50] 参见《容斋随笔续集》卷1《戒石铭》,第2页;孙奕:《复斋示儿编》卷17"太宗戒官吏"条,第173—174页;《吏学指南》"戒石铭"条,第19页。
[51]《玉海》卷31《宝祐字民训》,第32页。

除了时时牢记皇帝朝廷的深切期许(52)，还要熟悉推行实际业务的方法与程序。而“治理”的场域不容大量或严重的错误，所以南宋官僚自觉性的紧张时常表露无遗，如绍熙四年（1193），周必大致书信给刘光祖（1142—1222，乾道五年进士）时，写下“今时作县不易”的感叹(53)，而繁难县令更容易产生“作邑为难”的无力感。(54)

宋代的士大夫兢兢业业于“官箴”，或以亲身经历告诫门人后学，或是访问乡先生论为政之要，从而著成“规矩”、述以“劝戒”，作为自勉或勉人的几案手则，所以广义的官箴，不只是皇帝朝廷颁布的“御制戒铭”，尚有流传于官员之间的治县箴言。编辑成帙传世的宋代官箴，有李元弼的《作邑自箴》、旧题陈襄的《州县提纲》、吕本中的《官箴》、胡太初的《昼帘绪论》以及明人彭韶（天顺元年[1457]进士）编的《朱文公政训》及《真西山政训》，等等。(55) 在这些官箴中，所谈论的层级以地方官为多，内容上可以概括出两大焦点：一是如何“正己”，一是如何“处事”。“清廉”是正己的原则，“勤慎”则是处事的态度。

从南宋的《州县提纲》及《昼帘绪论》中，渐趋圆熟的官箴体例(56)，可见“为官守则”具有时代的迫切性，以及宋代行政事务日益复杂的倾向。所以南宋地方官往往必须勤读与记录各种职官的经验，如黄仁俭（1114—1196）“及见前辈，逮事直阁，公典刑具，具存多记”，而能“确守官箴，廉勤自将，不为矫激沽名事，韬晦恬淡，不与物竞，人莫窥其际”，当他调任浙东严州淳安县主簿，“淳安俗犷悍，竞渡多致杀伤，尉惧而在告，君摄事处之以术，帖然不哗，邑人谓未有也”(57)。

县官们除了勤奋读书、确守官箴之外，更有“摭前辈贤令嘉言善行，与法令

---

(52) 北宋以来，皇帝就不断颁下类似“官箴”的诏书，如《宋大诏令集》卷191《诫饬二》（第701页）中有不少申明各类职官应该遵守本分的敕文。

(53) 《文忠集》卷195《刘秘书光祖书·又（绍熙四年十一月）》，第24页。

(54) 《攻愧集》卷101《蒋德言墓志铭》，第10页。

(55) 参考刘馨珺：《“宋代官箴研读会”报导与展望》，载《法制史研究》2000年12月创刊号，第331—344页。

(56) 虽然宋代的官箴比不上清人黄六鸿的《福惠全书》有成套做官的相应办法，但是《州县提纲》的“条目”式及《昼帘绪论》的“议论”式写作方法，相较于《作邑自箴》及吕本中的《官箴》就显得条列层次分明。

(57) 《攻愧集》卷103《奉议郎黄君墓志铭》，第18页。

之所当守者”，编成有关“邑政”的类书(58)，以受到张缜、陈傅良等人赏识的张祖顺（1137—1197）为例，诸位长官曾“稽其簿书，条目虽多，撮为一编，上收下支，日总其最，简单精密，无所容奸，委之决狱，酌情参法，随手剖析，人称平允，相率列其状于上”，他还编有《治县捷径》等书。(59) 楼钥认为，张祖顺治理浙东衢州龙游县的政绩可以不朽传世，而《治县捷径》一书则是他亲身试验可行的处事规则。

就地方官的业务而言，狱讼与催科固然是地方州县的治事之最(60)，而来自朝廷催科期会的压力或许更大，如知成都府路简州灵泉县的高载（嘉泰二年[1202]进士）曾说：“今之为令者，率以簿书不报，期会为大，故漫不省讼。”(61)就治民的理想而言，或许“正名分”与“厚风俗”才是县官们值得举扬传世的政绩。(62) 换言之，官僚所遗留的经验谈不限于官府人士间的读物，倘能成为公众流传的典范，更能达到“官司理对公事，所以美教化，移风俗”的实质效果。(63)

虽然南宋“世之作邑者，往往困于文书之期会，窘于财赋之煎熬，齐民之道，惟知有刑罚而已”，不过仍有致力于“以教化为先务”的仁民县官。(64) 如五任浙东婺州金华县主簿、邑人称赞的戴机（1135—1201）“喜作七字诗，多关风教”(65)。

南宋县令编纂“厚人伦而美习俗”、“息争省刑，俗还醇厚”的“俗训”而广为流传者，以曾四任县令于浙东温州乐清县、浙东婺州婺源县、福建建宁府政

---

(58) 兹举编藏“邑政”之类两例：（1）《文忠集》卷71《京西转运判官方君崧卿墓志铭》，第10页。墓主方崧卿是叶颙（1100—1167）的女婿，知上饶县时，颇能遵行叶颙的“治县法”。（2）《攻愧集》卷97《集英殿修撰致仕赠光禄大夫曾公神道碑》，第21页。墓主曾炎有《觉庵集》与《邑政总类》藏于家。

(59) 《攻愧集》卷104《知梅州张君墓志铭》，第6页。

(60) 《庆元条法事类》卷5《职制门·考课》“职制令”，第50页。

(61) 《鹤山先生大全文集》卷88《知灵泉县奉议郎致仕高君（载）行状》。

(62) 《清明集》卷1《官吏门·申儆》真西山“咨目呈两通判及职曹官”（本文亦编入《真山政训》），第2页。《清明集》卷1《官吏门·禁戢》沧州（史弥坚）“禁戢部民举扬知县德政”（第37—38页）指出风俗不美的地方才会夸大举扬知县政绩。

(63) 《勉斋集》卷33《郭氏刘拱礼诉刘仁谦等冒占田产》，第37页。

(64) 应俊：《琴堂谕俗编》《原序》，第1页。

(65) 《攻愧集》卷106《戴伯度墓志铭》，第3页。

和县的袁采的《袁氏世范》最为著名。(66) 袁采的《世范》(67)成书于淳熙五年(1178)任乐清县令时，重新刊刻于绍熙元年(1190)任婺源县令时，他用字遣词偏于通俗易懂，如其《跋》曰："前辈之语录固已连篇累牍，姑以夫妇之所语知能行者，语诸世俗，使田夫野老、幽闺妇女皆晓然于心目间。"(68)显示他寄望扩大阅读《世范》的群众，不只是在士大夫之间流传而已(69)，本书在刊行之初，确实就已具相当影响力。(70) 从《世范》中强调"讼不可长"、"争讼连年，妨废家务"、"国家法令，百端不能禁"、"有卖假药者，出榜戒约"、"争讼已有百千之费"(71)，可见袁采苦口婆心地教谕地方。这些想法，一方面是他的心得，另一方面也是他遏止诉讼日益增加的方法。

《官箴》和《世范》的内容虽然未必都谈论狱讼，但是息争止讼却是美化风俗的目标之一。当其他官员将自己的经验撰写成官箴之类传世，一方面提供了后世官吏行事的依据，一方面也树立官员自省的准则。更有甚者，在公暇之余，编撰这类书籍，对官员而言，未尝不是工作与身体的压力。尤其在繁剧的县邑，更需要使用各种风教训俗的方法，以彭合(1093—1161)知江西赣州信丰县为例，据说"赣之民俗健于争讼，轻为盗贼，信丰其甚者"、"自艰难以来，凡为邑宰，未有以理去"。彭合凭着"令者，百里之望，当摘奸礼良，先怀危惧之心，使奸者无所畏，良者无所恃，吾不能也"的态度，做到"县之政一切治理"。除了"讼牒鼎来，专裁风生"、"申保伍画一之法"、"建学县"等措施之外，如彭合在

(66) 本书广为流传，兹举两例说明：(1) 胡次焱(1229—1136)：《梅岩文集》卷5《论过房》，第4—5页。(2) 乾隆五十三年(1788)，杨复吉：《重刊袁氏世范序》，第1页。

(67) 关于本书的书名，参考当时人刘镇的序及袁采本人的跋语，袁采的跋语："余目是书为俗训，府判同舍人刘公更曰世范，以过其实，三请易之不听，遂强从其所云。"

(68) 《袁氏世范》卷3后《跋》，第29页。

(69) 《复斋先生龙图陈公文集》卷23《蜀郡夫人赠东平郡夫人黄氏行状》。墓主黄氏"一见袁氏世范曰美哉！律身齐家，待人接物，尽在是矣。自是成诵而服行之终身"。

(70) 以往将《袁氏世范》视为宋代重要的"家族"研究的史料，愚以为除此之外，亦不能忽略袁采写作《世范》的动机。以下兹举若干有关《袁氏世范》的研究：(1) Ebery, Patricia Buckley, *Family and Property in Sung China: Yuan Ts'ai's Precepts for Social Life*, Princeton Library of Asian Translations; Princeton: Princeton University Press, 1984. (2) 陈智超：《〈袁氏世范〉所见南宋民庶地主》，载中国社会科学院历史研究所宋辽金元史研究室编：《宋辽金史论丛》第1辑，北京：中华书局1985年版，第110—134页。(3)〔日〕古林森广：《南宋の袁采〈袁氏世范〉について》，载〔日〕古林森广：《宋代社会史の研究》，东京：国书刊行会1995年版，第62—85页。

(71) 《袁氏世范》三卷题名为"睦亲"、"处己"、"治家"，而各篇章中却散见关于官府处理民讼的态度。

乡村的做法:"又刊孝经□之村落,盖公儒者,不专以吏事为能,以经术润饰之也。"[72]

彭合"所至辨治,开其善意"的治理之道[73],通同于元人宜丰县令应俊收集北宋郑至道[74]与南宋彭仲刚[75]二县令"谕俗"文字,纂辑《琴堂谕俗编》目的:"大意在于先教化,后刑罚,使风俗知劝,人皆为士,君子之归。"[76]可见编纂者的苦心。

试想,一位时时刻刻惦记着官箴示训的官员,内心既惧于朝廷的期许,又忧心百姓的疾苦,尤其是"断狱不公、淹延囚系、泛滥追呼,招引告讦"等大害[77],其为官的良心所承受的压力,自不在话下。

三、狱空之美

两宋常有州县奏上"狱空"而降诏奖谕(参见表 6-1-1)。所谓"狱空"是自北宋太宗淳化三年(992)以来逐渐成形的一项制度,规定诸州所奏狱空,"须是司理院、州司倚郭县俱无狱囚。如逐司官吏自勤发遣致狱空者,仰长吏勘会诣实,批书印历,更不降诏奖谕,并依编敕施行"[78];"诸路自今狱空更不降诏奖谕,奏至刑部,以逐处旬奏禁状,点勘不缪,即具以闻";"州司司理院、倚郭县全无禁囚及责保寄店之类,方为狱空,委提点刑狱司据等第目数,勘验诣实,书于卯历"。[79] 即诸路管辖的州衙司理院(州狱)和县狱若都不淹留系囚,而且亦无隐寄在邸店的责保知在者,经由提刑司查实,上报刑部检查合格,就可以称为"狱空"。

---

[72]《江西出土墓志选编》,宋似孙拟《户部郎中彭合行状》,第 129 页。
[73]《文定集》卷 22《户部郎中总领彭公墓志铭》,第 268—269 页。
[74] 郑至道是元丰三年(1080)进士,历知天台(浙东台州)、乐昌二县,参见王梓材、冯云濠编:《宋元学案补遗》卷 5,第 15 页。
[75] 彭仲刚(1143—1194)的事迹参见《水心先生文集》卷 15《彭子复墓志铭》,第 4 页。
[76]《四库全书总目提要》,第 2546 页。
[77]《名公书判清明集》卷 1《官吏门·申儆》真德秀"咨目呈两通判及职曹官",第 2 页。亦载于《西山政训》中,可视为官箴之类。
[78]《宋会要》刑法 4 之 85。
[79]《文献通考》卷 166《刑考五》"刑制",第 1445—1446 页。

表 6-1-1　目前查见宋代上报朝廷的"狱空"

编号	时间	狱空的地区	结果	资料来源
1	太祖开宝八年（975）	开封府		《长编》卷 18
2	真宗咸平三年十二月（1001）	开封府	嘉之	《长编》卷 23
3	咸平五年（1002）	开封府诸司	诏奖	《长编》卷 53
4	景德初（1004—1007）	澶州	诏嘉	《宋史》卷 264
5	景德二年（1005）	江南诸州		《长编》卷 59
6	景德四年（1007）		诏奖	《长编》卷 65
7	大中祥符元年（1008）	衮州		《宋史》卷 63
8	大中祥符三年（1010）	两浙	妄奏徒降	《长编》卷 73
9	大中祥符四年（1011）	开封	诏奖	《长编》卷 75
10	大中祥符五年（1012）	天雄军	诏奖	《长编》卷 79
11	大中祥符六年（1013）	河南府		《长编》卷 80、卷 82
12	大中祥符七年（1014）	博州	诏奖	《长编》卷 83
13	天禧四年（1020）	杭州	诏奖	《长编》卷 96
14	天禧四年（1020）	开封	诏奖	《长编》卷 96
15	天禧五年（1021）	河南	诏奖	《长编》卷 97
16	天禧五年（1021）	开封	诏奖	《长编》卷 97
17	神宗元丰五年（1082）	开封府、右军巡院、纠察司三院	落职	《长编》卷 324、卷 325《旧闻证误》卷 2
18	元丰五年（1082）	大理寺	减磨勘	《长编》卷 325
19	元丰五年（1082）	大理寺	吏量与支赐	《长编》卷 329、卷 330
20	元丰六年（1083）	开封府三院	推恩迁官	《长编》卷 335、卷 342、卷 343
21	元丰八年（1085）	大理寺	诏奖	《长编》卷 354
22	哲宗元祐三年（1088）	开封府	违法罚降	《长编》卷 409、卷 413、卷 414
23	哲宗绍圣二年（1095）	司录司、左右军巡院	磨勘	《宋会要》刑法 4 之 86
24	绍圣二年（1095）	殿前司	诏赐银绢	《宋会要》刑法 4 之 86
25	哲宗	开封		《宋史》卷 320
26	元符三年（1100）	开封府	勒停	《宋史》卷 377
27	徽宗崇宁年间（1102—1106）	大理	进官	《宋史》卷 211

（续表）

编号	时间	狱空的地区	结果	资料来源
28	崇宁四年（1105）	开封府	转官减磨勘	《宋会要》刑法4之86
29	崇宁五年（1106）	大理寺	转官	《宋会要》刑法4之87
30	大观三年（1109）	淮南东路		《宋会要》刑法4之87
31	大观三年（1109）	陕州	各指射差遣	《宋会要》刑法4之87
32	徽宗政和初（1111）	开封府		《宋史》卷311
33	徽宗政和三年（1113）	诏大理寺、开封府	推恩	《宋史》卷21
34	政和四年（1114）	淮南东路及高邮县	理当立法	《宋会要》刑法4之87
35	政和四年（1114）	开封府	转官减磨勘	《宋会要》刑法4之87
36	政和六年（1116）	大理寺	依崇宁四年制	《宋会要》刑法4之87
37	政和七年（1117）重和元年（1118）	开封府	转官	《宋会要》刑法4之89
38	宣和五年（1123）		赐宴犒设	《宋会要》刑法4之89
1	高宗绍兴六年（1136）	大理寺	嘉奖	《要录》卷102
2	绍兴十三年（1143）	临安府	诏奖	《要录》卷156
3	绍兴十七年（1147）	台州黄岩	降官	《要录》卷156
4	绍兴十九年（1149）	湖、广、江西建康府诸郡		《要录》卷159
5	绍兴二十二年（1152）	大理寺	免上表称贺	《宋会要》刑法4之89
6	绍兴二十六年（1156）	大理寺	降诏奖谕	《要录》卷172《宋会要》刑法4之89
7	绍兴二十九年（1159）	大理寺	降诏奖谕	《要录》卷181《宋会要》刑法4之89
8	绍兴三十一年（1161）	大理寺	免上表称贺	《要录》卷190《宋会要》刑法4之89
9	孝宗隆兴元年（1163）	盱眙军及大理寺	称贺不允	《宋会要》刑法4之89
10	隆兴二年（1164）	荆门军、荆湖北路、福建路		《宋会要》刑法4之89
11	乾道二年（1166）	兴化军		《宋会要》刑法4之90
12	乾道二年（1166）	扬州		《宋会要》刑法4之90
13	乾道四年（1168）	大理寺	称贺不允	《宋会要》刑法4之90
14	乾道四年（1168）	临安府	降诏奖谕	《宋会要》刑法4之90

（续表）

编号	时间	狱空的地区	结果	资料来源
15	乾道五年（1169）	扬州		《宋会要》刑法4之90
16	乾道五年（1169）	大理寺及庐州	降诏奖谕	《宋会要》刑法4之90
17	乾道七年（1171）	临安直司三院	上表称贺	《宋会要》刑法4之90
18	乾道八年（1172）	荆门军		《宋会要》刑法4之90
19	乾道八年（1172）	赣州		《宋会要》刑法4之90
20	乾道八年（1172）	大理寺	免上表称贺	《宋会要》刑法4之90
21	乾道八年（1172）	赣州		《宋会要》刑法4之90
22	乾道九年（1173）	临安府	免上表称贺	《宋会要》刑法4之90
23	乾道九年（1173）	宁国府、荆门军、赣州、成都府	降诏奖谕	《宋会要》刑法4之90
24	孝宗淳熙十三年（1186）	大理寺		《宋史》卷35
25	淳熙十六年（1189）	大理寺	上表称贺	《宋会要》刑法4之90
26	光宗绍熙以前（1189）	大理		《宋史》卷36
27	绍熙三年（1192）	临安府	降诏奖谕	《咸淳临安志》卷41
28	绍熙五年（1194）	大理		《宋史》卷36
29	宁宗庆元五年（1199）	临安府	降诏奖谕	《咸淳临安志》卷41
30	嘉泰二年（1202）	临安府	降诏奖谕	《咸淳临安志》卷41
31	嘉泰四年（1204）	临安府	降诏奖谕	《咸淳临安志》卷41
32	开禧元年（1205）	临安府	降诏奖谕	《宋会要》刑法4之91
33	开禧元年（1205）	大理寺	未蒙赐赏	《宋会要》刑法4之91
34	开禧二年（1206）	临安府	降诏奖谕	《咸淳临安志》卷41
35	开禧二年（1206）	大理寺	降诏奖谕	《宋会要》刑法4之91
36	嘉定六年（1213）	临安府	降诏奖谕	《宋会要》刑法4之91
37	嘉定九年（1216）	大理寺	令上表称贺	《宋会要》刑法4之91
38	嘉定十一年（1218）	临安府	降诏奖谕	《咸淳临安志》卷41
39	嘉定十六年（1223）	临安府	降诏奖谕	《咸淳临安志》卷41
40	嘉定以后	临安府		《宋史》卷413
41	理宗绍定元年（1228）	临安府	降诏奖谕	《咸淳临安志》卷41
42	淳祐元年（1241）	临安府	降诏奖谕	《咸淳临安志》卷41
43	淳祐十一年（1251）	临安府	降诏奖谕	《咸淳临安志》卷41
44	度宗咸淳五年（1269）	临安府	降诏奖谕	《咸淳临安志》卷41
45	咸淳六年（1270）	临安府	降诏奖谕	《咸淳临安志》卷41
46	咸淳七年（1271）	临安府	降诏奖谕	《咸淳临安志》卷41

第六章 县衙的"狱讼"与官民的生活

虽然记载朝廷降诏奖谕的"狱空"对象大多是中央机构，如开封府、临安府及大理寺等处，不过有狱空政绩的官员往往能够得到"转官"、"减磨勘"、"支给食钱"等实质鼓励（参见表6-1-1）。[80] 迄南宋，法令中明定奖励"狱空"的地方衙门，州衙的两院只要"狱空"三日，就可使用官钱设道场。[81] 这项规定不是强制性的政策，而是以优厚的赏赐吸引官吏清理监狱。若再配合知州、县令考课格中有"狱讼无冤、催科不扰"一项[82]，知州、县令自不能无视于"狱空"的规定，尤其当监司极力争取"全路狱空"的表现时，北宋甚至有将大辟死囚一夕即决而草率结案的情形。[83]

南宋重视"狱空"的程度不减于北宋（参见表6-1-1），以临安府为例，每隔三五年就颁下一次奖谕狱空的诏敕。虽然诏敕的内容流于形式，但每每不忘提及"京师众大之区，狱事繁多，刑书填委"，有赖"通务之儒"才得以称狱空。[84] 或许为政者希望通过这类奖励的方式，改善宋代的"律令烦多，吏或深文"的弊病[85]，建立庶民对官府处理纠纷与维持秩序的信心。当官员们达到狱空标准并且获得赏赐时，他们所得最大的鼓励莫过于仕宦能力受到肯定：

> 折狱而无宿诺，言足以示民信也，用刑而不留狱，明足以尽事情也。（《咸淳临安志》卷41《理宗皇帝奖谕狱空・淳祐元年》，第9页）

至于一般县民也会传颂这类县官的政迹，如李炎震（1151—1241）宰潼川资州资阳县，"裁听健决，狱无系囚，邑人称之"[86]。

不过实际上，"狱空"政策也带来若干不良影响，譬如"诸州申奏狱空，是将见禁罪人于县狱或厢界藏寄"[87]，于是县狱必须隐寄州衙所送来的囚人。由于

---

[80] 又《宋会要》刑法4之85设有"狱空"一门，累牍记载当时历次狱空及朝廷的奖谕。
[81] 《庆元条法事类》卷75《刑狱门五・刑狱杂事》"断狱令"，第537页，及"给赐格"，第538页。
[82] 《庆元条法事类》卷5《职制门・考课》"知州县令四善四最"，第50页。
[83] 《长编》卷72"大中祥符二年十一月壬子"条，第1640页；《文献通考》卷166《刑考五》"刑制"，第1445页。
[84] 《咸淳临安志》卷41《诏令二》收录了从光宗到度宗（1190—1274）的若干诏书。其中包含了"奖谕狱空"的有：绍熙三年（1192）、庆元五年（1199）、嘉泰二年（1202）、嘉泰四年（1204）、开禧二年（1206）、嘉定十一年（1218）、嘉定十六年（1223）、绍定元年（1228）、淳祐元年（1241）、淳祐十一年（1251）、咸淳五年（1269）、咸淳六年（1270）、咸淳六年（1270）、咸淳七年（1271）。
[85] 《宋会要》刑法4之91。
[86] 《鹤山先生大全集》卷71《朝奉郎权发遣大宁监李君炎震墓志铭》，第11页。
[87] 《宋会要》刑法4之89；《要录》卷159"绍兴十九年三月丙申"条，第2578页。

此项政策是融合上位者对地方官的期许,拟出具体评量州、县的风教政绩,州衙为了达到两院不留系人的目标,反将人犯或狱案寄留在县衙,于是造成县官结绝"公事"的压力。

"狱空"成为县官处理狱讼得宜的美谈,如何才能得到名符其实的美名?如《昼帘绪论》第一要目"尽己"篇中,开宗明义"莅官之要曰廉与勤,不特县令应尔也,然县有一州之体,而视民最亲,故廉勤一毫或亏,其害于政也甚烈"[88]。县令之职责如此重大,所以南宋的县令"催科听讼,鸡鸣漏尽,坐曹未休"[89]。尤其是面对攸关廉勤名声的"狱讼",虽然县官的法定年休假日至少有 94 天[90],但是县令只要稍有怠惰,不能及时结绝,词诉案牍堆积,最容易招致名声败坏的恶名:

> 聪明有限,事机无穷,竭一人之精神,以扼众人之奸诡,已非易事,况有愚暗无庸者,一切听可否于吏手,苟且取具者,率多黜智能于不用,甚则衔杯嗜酒,吹竹弹丝,图享宦游之乐,遂至狱讼经年而不决,是非易位而不知,词诉愈多,事机愈伙,卒不免于司败之见诘。(《昼帘绪论》"尽己篇第一",第 1 页)

所以胡太初劝勉聪明与精力有限的县令,既要防范听命于县吏,更不应图享个人"宦游之乐"的休闲生活。

四、阴骘之谴

江东提刑刘克庄处理"徐云二因讼自杀"一案,在分析案情与判决刑罚时,指责"元判轻易"的知县未能"谨刑"后[91],他处置知县的判语曰:

> 知县在任三年,亦廉谨无过,但此等事,累盛德,害阴骘,亦不少矣。帖报,今后听讼更须仔细。(《后村先生大全集》卷 192《饶州州院申徐云

---

[88] 《昼帘绪论》"尽己篇第一",第 1 页。
[89] 《后村先生大全集》卷 133《答刘嵊县书》,第 7 页。
[90] 《庆元条法事类》卷 11《职制门八·给假》"假宁格",第 144—145 页,合计 94 日。
[91] 本案缘起于江南东路饶州乐平县的王枢密府图谋县人徐云二义男徐辛所买的山地风水,所以向县投词曰"斫木盗谷"。本县受词之后,当事人徐云二不堪吏卒追扰,自刎而死。因此,江东提刑收到饶州州院的公文时,不免对执笔前判的知县训戒。

二自刎身死事》,第 14 页)

知县身为县衙的行政长官,为了了解案情而追证,当事人不堪官司究实追会等行政程序而自杀,知县并不算犯有严重公务疏失,所以刘克庄仅能以损害阴鸷来谆谆告诫,企望地方官莫伤"朝廷之仁厚"。⑫

宋人有谓:"囹圄之事,深可畏哉。"⑬官员治狱讼所衍生的"阴德之说",虽未具备实质的行政处分,却颇有箴言的效果。南宋的"官箴"亦谓:"其咎必属之令,纵可逃阳罚,亦必损阴德。"⑭为县令谨慎治狱的戒惕。袁采的《袁氏世范》强调仕宦"治狱多阴德",并反省"士大夫试历数乡曲,三十年前宦族今能自存者,仅有几家",规劝延长家族命脉的道理。他说:

> 子弟有愚缪贪污者,自不可使之仕宦。古人谓治狱多阴德,子孙当有兴者,谓利人而不知所自则得福。今其愚缪,必以狱讼事悉委胥辈,改易事情,庇恶陷善,岂不与阴德相反。(《袁氏世范》卷1《睦亲》"子弟贪缪勿使仕宦",第 20 页)

若有子弟愚缪贪污,是不适合令这些子弟从事仕宦一途,因为这样的人一旦为官动辄将狱讼事务交给胥吏,既损害当事人的现实利益,亦损害官宦家族的阴德福报。

"阴鸷"是一种心情上的压力,比较容易见于民间的传说记载中。⑮如洪迈的《夷坚志》中记载北宋"张成宪"的故事,因为他阻止县尉"不合理"并两案盗贼为一,以冀升为京朝官的企图,而在 12 年后得到善报。⑯ 故事中,县尉为了

---

⑫ 目前关于判决文书中,出现"阴鸷"一语,皆是刘克庄的用词,兹举两例:(1)《清明集》卷1《官吏门·儆饬》"催苗重叠断杖",第 26 页。(2)《后村先生大全集》卷192《太平府通判申追司理院承勘僧可谅身死推吏事》,第 1—2 页。
⑬ 《夷坚乙志》卷20《祖寺丞》,第 354 页。洪迈记载该故事之后,发语感叹。
⑭ 《昼帘绪论》"治狱篇第七",第 11 页。
⑮ 兹举两例:(1)《夷坚丙志》卷8《黄十翁》,第 432 页,"为吾口达信于我家,我在公门,岂能无过,但曾出死罪三十一人,有此阴德,故得为神。"(2)《湖海新闻夷坚续志》卷1《前集·报应门》"受赂杀人",第 122—123 页,已死之囚,冤魂随之。陆在司中写发,每遇阴雨,常见立于前,对语之曰:"汝且去,我自会来。"自此精神恍惚,至数年,饥饿而死。
⑯ 《夷坚乙志》卷17《张成宪》,第 330 页。

符合法定捕盗升官以"七"为倍数的基准⁹⁷，竟然想运用私人关系，擅改"公牒"与实情，以增加自身仕进转官的条件。其实，像故事中的县尉捕盗求赏是可见的事例⁹⁸，一般人也习以为常，若稍具自省能力而有所不为者，是值得记上一笔的。⁹⁹ 至于张成宪极力与郡守争辩，又不畏惧与尉结下仇恨，在在展现抗拒官僚恶习的勇气，这一点或许令洪迈深感难能可贵，所以"嘉述"他的传说之后，并附记他的家庭情况，显示来者福报子孙。相对地，县官的恶报也见于民间流传的故事中，有些故事的果报时间甚至长达二百年之久，洪迈也以此类记载深警为县令者。⁽¹⁰⁰⁾

宋代的官僚大多历经州县幕职佐官、亲民官，从历来的职务中深知狱讼与人命大有关联，有的官员以慈悲精神书写判牍，如曾任福建汀州连城令、知浙西湖州归安县的黄荦(1151—1221)的事迹：

> 公念省司繁重，日力不逮，率以清夜，端居静室，秉烛炷香，躬阅狱案，默祷之曰："若有冤，当使我心目豁然，尽得其情。"至操拟笔，则又曰："汝当死矣，信其然否？"取案再阅之，犹幸其可生也。(《絜斋集》卷14《秘阁修撰黄公行状》，第236页)

他拟笔审罪于清夜，炷香祷告，以求得冤情大白，这种精神也许与阴骘之说并无太大的关系，但是官员在面对谳罪的虔敬态度，却犹如宗教家一般。⁽¹⁰¹⁾

悲悯狱讼者的情怀也见于仕宦者的家属，如赵彦赴任抚州录事参军时，他的父亲戒之曰："汝任治狱，人死生所系也，不可不勉乎！"⁽¹⁰²⁾又如陈宓的母亲聂氏(1120—1200)对仕宦诸子的期许：

> 夫人每戒以勤治郡，少宴集。又言："州县财赋分毫皆取诸百姓，惟撙节用度，可以宽民力。"每见治狱讼，若有所矜贷，则喜溢颜间。(《复斋先

---

⁹⁷ 《庆元条法事类》卷6《职制门三·批书》"捕亡令"，第59页；又《夷坚丁志》卷2《李元礼》，第554页。

⁹⁸ 仅举两例：(1)《夷坚甲志》卷5《林县尉》，第43—44页。(2)《文忠集》卷63《中大夫秘阁修撰赐紫金鱼袋赵君善俊神道碑》，第20页。

⁹⁹ 《水心先生文集》卷17《陈叔向墓志铭》，第9页。

⁽¹⁰⁰⁾ 《夷坚乙志》卷19《吴祖寿》，第348页。

⁽¹⁰¹⁾ 有的记载将善报解释为"事佛"的关系。如《渭南文集》卷33《陆孺人墓志铭》，第5—6页。

⁽¹⁰²⁾ 《渭南文集》卷34《知兴化军赵公墓志铭》，第19页。

生龙图陈公文集》卷 23《魏国太夫人聂氏行述》)

一方面勉励他们"勤"治公事,一方面警戒他们"节"用民财,尤其听到他们治狱讼有所矜贷时,则"喜"形于色。聂氏的慈悲善心使得她的一生充满传奇,譬如当她的丈夫陈俊卿(1136—1186)"每迁官,夫人率豫梦神人以告",而她最后以年过 80 的高寿安享天年,这些或多或少都是她教育诸子做好亲民官,所累积的福报吧!

南宋县官在"狱讼"方面的工作压力,除了有遵守法律、尽力风教、力求狱空、趋恶得福等问题之外,还有"经济"的压力。被朱熹誉为"真廉吏"的吴居仁(1126—1206)一生只担任州县幕职佐官,但他"勤于职业"并全力以赴,努力成为具有真才实干的"儒吏",其于听讼拟断的案牍,甚至成为地方州县的"式样"范本。不过他却贫穷得无法筹措旅费赴任广西的新职,虽然攸县(湖南潭州)的县令嘱咐他承办"富民讼产"的官司,以为如此一来,吴居仁就可以从狱讼得到若干好处,未料吴居仁宁愿徒步从湖南走到广西,亦不愿以讼事索贿。事实上,吴居仁身为县丞时就曾不同流合污,拒绝了听讼受财的诱惑,被监司视作一种守本分的义行,展现了县官个人超俗的修养。[103]

"博极群书,老不释卷"、"所为制词,人多传诵"的汪藻(1079—1154)[104]为曾任饶州乐平县主簿及宣州南陵县知县的北宋人许几(1054—1115)撰写墓志铭,称赞许几担任各种官职皆不苟且,尤其不将勾追庶民及狱案推诿于吏,于是民众知道他的风范而不敢偷怠,胥吏也没有谋逞奸计的机会,所以三十多年以来,乐平县及南陵县的父老仍乐道至今。[105] 汪藻特别强调"官"与"吏"的互动,影响到人民对地方官的风评。

北宋以后,地方官确实面对"受制于吏"的问题,所以有些县令"处法务自我出,不以委吏"[106],躬亲诸项县务。以抚字劳累而卒于淮东濠州钟离县厩内的姜柄(1154—1201)的事迹为例,他处理"盗马者就逮已得其情而辄翻异(供)"案,

---

[103] 《勉斋集》卷 38《吴节推墓志铭》,第 22 页。
[104] 《鸿庆居士集》卷 34《汪公墓志铭》,第 23—32 页。
[105] 《浮溪集》卷 26《户部尚书许公墓志铭》,第 8 页。
[106] 范浚:《范香溪先生文集》卷 19《与林权县书》,第 11 页。

姜知县即曰："必吏教之也。"经由他亲自鞫狱之后，盗马者才伏首认罪。[107] 可见，县案定谳之前，知县必须与县吏斗智一番。

有些地方胥吏甚至就是地方治安的祸源[108]，如"于刑狱尤尽心，凡所以要束防察甚备"的樊光远（1102—1164）提点福建刑狱时，"闽多盗，类与州县吏相表里，不即获，闻有在官者，吏辄并财主系之，以是无敢愬者。"[109] 又如程卓（1153—1223）摄福建帅事时，"健吏武谲，宿奸如山"，他除了刻意"公事无落吏手"外，"又条便宜数事，欲以治邑之殿最上之铨部，为升黜复狱之能否，载之印历"[110]。虽然胥吏的管理问题丛生，但是县官不能不仰赖他们运作诸务，尤其当法规愈来愈多的情形下，忙于应付考课的官僚们听命于吏的情形更加严重，如朱熹的好友孙应时（1154—1206）曾说：

> 但今县邑权轻法密，莫措手足。奸宄日滋，自行其意者，其过易见，听命于吏者，文致反优，此则有志扶世者；所当念耳。（《烛湖集》卷6《与徐检法书》，第16页）

县令若自行揣度法意，则容易出现过失，如果听命于胥吏，批阅公文时，反而表现优异，所以有志仕宦求进者，应该注意这一点。孙应时的感慨，道出南宋以来县官与县吏间的微妙关系。而县官治狱讼时，不被胥吏拖累或有损阴骘，亦是生活上的一大课题。

第二节 "狱讼"与县衙公吏的专职化

宋代县衙的胥吏中虽然有公人、吏人之分，但合称"公吏"。[111] 自北宋康定二年（1042）以后，因为"召有产业人投名，试书算，不足则抽差税户"[112]，所以投

---

[107] 《攻愧集》卷106《知钟离县姜君墓志铭》，第23页。
[108] 甚至有谋害知县的传说，如《夷坚乙志》卷3《王通直祠》，第210页，记载福州人王纯以通直知建州崇安县，被吏人与庖厨毒死的命案。
[109] 《文定集》卷22《吏部郎樊茂实墓志铭》，第272页。
[110] 《后乐集》卷18《故特进资政殿大学士程公墓志铭》，第21—22页。
[111] 《作邑自箴》卷2《处事》，第7页；《庆元条法事类》卷52《公吏门·解试出职》"名例敕"，第495页。
[112] 陈耆卿：《嘉定赤城志》卷17《吏役门》"县役人"，第5页。

名应役的吏人有愈来愈普遍的趋势。[113] 至于公吏的数目,则视县衙所统辖的区域大小、人口多寡为准,大致而言,约一百人至一百二十人左右。县吏的职称有"人吏、贴司、手力、解子、医人、杂职、拦头、斗仓子、库斗子、秤子、所由、乡书手",等等。[114]

在南宋《琴川志》(淳祐辛丑[1241])中,有关于"县役人"的名称还多达24种。[115]而宋代县衙公吏之专职化虽然不及州衙明显[116],不过与"狱讼"相关的公吏们,其职责有朝制度化发展的趋向,如李心传曾说:

> 旧制,诸县不置推法司,吏受赇鬻狱,得以自肆。绍熙间,议者始请万户以下县各置刑案推吏两名,五千户以下一名,专一承勘公事,不许差出及兼他案。仍免诸色科敷事件,月给视州推吏减三分之一。(《建炎以来朝野杂记》乙集卷14《诸县推法司》,第21页)

他认为,县衙没有设置"推勘"与"检法"单位时,吏人的职务混杂,导致县吏任意受贿而且拘监庶民。

迄光宗绍熙年间(1190—1194),朝廷为了改善县吏不法置狱推鞫的问题,于是设置一至两名的"刑案推吏",专门承行"推勘"的职务,在狱中负责推勘的"推吏"不可以差出,亦不能够兼职其他"案"[117],只能属于"刑"案吏人。由此可知,宋代大部分的县吏或多或少从狱讼得到好处,因而促成南宋县衙公吏"专职化"制度的形成。以下兹就若干公吏的工作、公吏的生计及罢吏役人的出

---

[113] 黄繁光:《宋代民户的职役负担》,中国文化大学博士论文,1980年,第42页。〔日〕周藤吉之:《宋代州县职役胥吏发展》,第765—813页。

[114] 〔日〕梅原郁:《宋代官僚制度研究》,第550—552页。根据梅原氏统计,福州12县的县役吏人数:闽(118)、候官(113)、连江(98)、长溪(113)、长乐(75)、福清(121)、古田(107)、永福(94)、闽清(77)、宁德(101)、罗源(76)、怀安(114);台州五县:临海(121)、黄岩(121)、天台(97)、仙居(100)、宁海(100)。

[115] 孙应时、鲍廉:《琴川志》卷6《县役人》,第17—18页,"押录(旧额二人,今以县事繁冗,增差不定)、手分(随手所分差,无定额)、贴司、引事、厅子、书司、手力(即厅子引事名字,请给于丞厅)、乡司、乡夔、当职人(据轮番、散差等请给于县库)茶酒、帐设、邀喝请给于税务)、杂职、弓手(旧额一百六十五名)、牢子(弓手轮差,每月轮差一名充狱具)、市巡、所由、斗级、斗子、拦头、务司、酒匠、栅子、直司(在县承催正追苗税而已)、脚力(凡保正追诉之事)、僧直司(承受寺院事件)"。

[116] 〔日〕梅原郁:《宋代官僚制研究》,第548—596页。梅原氏认为,州衙吏人已经专业化,县衙的吏人专业化则不算多。

[117] 《宋史》卷20《徽宗崇宁四年》,第373页,即以吏、户、礼、兵、刑、工分案。

路，综观南宋县衙公吏的专职化。

一、与狱讼有关的公吏工作

县衙有"县门子"当差守卫衙门，他们大多是一般的户等较低的"白直"差役人[118]，虽然只是看守门户，但不能随便放行闲杂人等进入衙内。细心的县官会下"知委状"给门子，特别留意影响狱讼的"形势"户，以及"司狱"吏人的进出情形。[119] 所谓"形势户"就是指"州县及按察官司吏人、书手、保正。其户长之类，并品官之家，非贫弱者"。[120]

当收禁人的家属送衣物到衙门时，也得通过"门子"这一关，送来的物品必须登录在簿历上，由门子押送到衙门的厅堂检验押印后，才可以送到监狱里：

> 禁囚家属送到衣被等物，置历抄上，仰门子先押来，当厅上历呈押讫，方得转入狱中。其给出者，责领状附案，仍批销文历。（其历押节级专掌）（《作邑自箴》卷5《规矩》，第27页）

若有该物品送出牢房，要书写"领状"公据附在案牍上，至先前送来填写的簿历，也得标示注销的文字。

如果遇上有"公事入县门，门子不得阻节"，但是"或有酒醉并心恶，及持棒杖之类投衙，即不得放入"、"不得缚打"，向县令报告后，才可以有所行动。[121] 由此可知，县衙门子的看门工作和县狱的管理、衙门的安全及投词报案的秩序等问题相关。

到了"引状日"，县衙才允许庶民投递一般"听讼"的诉状，为了管理秩序，有"排状之吏，吏略加检视"[122]，有的县令甚至派遣资深可靠的吏人把关，负责开拆词状的工作。职司开拆的吏人对于前来投状"有挟诈奸欺者，以忠言反复晓

---

[118] 《作邑自箴》卷2《处事》，第7页。
[119] 《作邑自箴》卷2《处事》，第9页。
[120] 《庆元条法事类》卷47《赋役门一·税租簿》"赋役令"，第432页。并参见〔日〕柳田节子：《宋代形势户の构成》，载〔日〕柳田节子：《宋代乡村制の研究》，东京：创文社1986年版。
[121] 《作邑自箴》卷5《规矩》，第27页。
[122] 《州县提纲》卷2"受状不出箱"，第13页。

第六章 县衙的"狱讼"与官民的生活

之。曰：公门不可容易入，所陈既失，空自贻悔，何益也"。[123] 这一类的吏人在州衙及提刑司称作"开拆司"[124]，县衙则往往由"押录"担任，县衙的押录相当于"州衙的职级"，也掌管县衙法司"封锁"朝廷颁下的制书一职。[125] 南宋法令对于押录的降黜是相当严格的，若犯罪而应勒停者，则"永不收叙"：

> 诸县吏人犯罪，应降等者，免降。其押录应勒停者，永不收叙。(《庆元条法事类》卷52《公吏门·停降》"吏卒令"，第496页)

相较于其他县吏人应降等而可以免降处罚，押录的处罚似乎严重许多，可见押录是县吏人中的重要角色。

县衙对简单的案件采取"当厅果决勘状"的原则，只对当事人"面谕罪名"。审断的时候，未经呼唤的"厅子"、"典押"不得上厅。[126] 不能一日结绝的案件，县官必须检查法令，仔细写下"书判"，所以往往需要一名吏人在案旁轮值：

> 逐日轮贴书一名于案侧，执笔抄节所判出状词，其判语则全录。(《作邑自箴》卷2《处事》，第10页)

"贴书"就是"贴司充书吏"[127]，是"贴司"的别称，乃指官衙编制名额内的私名书手。[128] 成为县衙贴司的条件则是"召主户三人，保有行止、立籍"。[129] 北宋真宗景德二年（1005）以前，"诸县人吏正名外，不许更置贴司、抄状司。景德二年，诸官司私名书手，并量人数，立额"，到了南宋绍兴年间，县衙贴司的编制又有所增减，如绍兴五年（1135），"县贴司，每案不许过五人"；绍兴二十七年（1157），"增上县人吏三十人，贴司二十人，下县贴司同人吏。"[130] "贴司"

---

[123] 《夷坚癸志》卷1《余杭何押录》，第1228页；亦参见《咸淳临安志》卷93《纪事》，第1页。
[124] 宋代中央设有"三司开拆司"，参见《宋史》卷162《三司使》，第3810页。至于地方州衙设有"开拆司"，参见《朱子语类》112《论官》，第2726页。《清明集》有两例：(1) 卷11《人品门·公吏》宋自牧"办公吏摊亲随受略"，第429页。(2) 卷14《惩恶门·奸恶》蔡久轩"一状两名"，第525页。
[125] 《庆元条法事类》卷16《文书门一·诏敕条制》"职制令"，第225页；又参见本书第五章第一节。
[126] 《作邑自箴》卷5《规矩》，第23页。
[127] 《宋会要》职官19之7。
[128] 若非官府籍定编制内的贴司，其犯过的处置与私名书手相同，参见《庆元条法事类》卷52《公吏门·停降》，第496页。
[129] 《作邑自箴》卷3《处事》，第14页。
[130] 《淳熙三山志》卷13《诸县人吏》，第10页。

主要的工作,是与"手分"负责重新编排县衙内的架阁文书[131],或者是登录县内的租税产簿,是属于管理文书的吏人。[132] 贴司是衙门里的基层人员,他们的阶级高于门子,次于手分。如果有表现良好者,就可以升等为手分。[133]

"手分"则是县衙吏人的基本资历之一[134],他们每日有固定的工作量。北宋的"官箴"认为,应该"手分各置逐日工课历子,分受公事,了即勾销,日下实不能了者,批凿行遣因依,呈押"[135],以确实管理手分的工作进度。手分是必须在架阁簿书上签名的吏人[136],所以可说是管理文书的主要典吏。宋代将"讼牍"归于为架阁文书之一类[137],尤其是南宋视"狱囚案款"为重要的架阁文书,吏人若管理不当时,依"粘贴、印缝、藏匿、弃毁、拆换"等犯罪情节,处以徒一年至盗罪;若是遗失一般的听讼案牍,县吏人至少必须入狱"枷锢"推勘、断罪;若亡失已编号上架阁的狱讼文书,不仅要入狱枷刑问罪,且断罪之后,并于限时内追寻该件文书,若再限满百日尚未能寻获,又得受处杖八十。[138]

---

[131] 《作邑自箴》卷2《处事》,第8页。
[132] 《庆元条法事类》卷47《赋役门·匿免租税》"诈伪敕",第430页;卷47《赋役门·赋役式》,第433页。可见贴司也负责租税等第产业簿的登录。而元代胡祗遹:《紫山大全集》卷23《吏治杂条》(第24页)强调贴书的文书的速度。
[133] 宋代许多衙门都设有贴司与手分,如中央的"文思院",而从迁转的方式可知贴司与手分的阶级高低。参见《宋会要》职官29之5。至于被选入编录司的贴司,如果三年表现良好者,可以升等为手分,参见《庆元条法事类》卷52《公吏门·解试出职》"选试令",第493—494页。
[134] 《作邑自箴》卷3,第14页。从"公人家状式"的条件中,可知必须载录"投充某役"或"投充手分",因此愚以为手分是最基本的资历。参见《作邑自箴》卷8"公人家状式",第43页,如下:
　　　　公人家状式
　　某人乡贯系第几等户,
　　三代(逐代开说,并年甲,母在亦具年甲)
　　某年几,在身有无疾患,别无籍荫亲戚。
　　一、亲兄弟几人(某作某业,次如一人已以,各开说)。
　　一、妻某氏系某人女。
　　一、男几人(亦依兄弟开说)。
　　一、女几人(长嫁某人,已次亦开说)。
　　一、某于某年月日投充某役,或投充手分,某年月日行甚案,实及若干月日替罢,见行甚案。
　　一、有无功过。
　　一、祖父母、父母曾未迁葬。
　　右所供并是指实,如后异同,甘伏深罪不词,谨状。
　　　　　年　月　日
[135] 《作邑自箴》卷3《处事》,第15页。
[136] 《庆元条法事类》卷16《文书门一·文书》"职制式",第236页。
[137] 吴曾:《能改斋漫录》卷1《事始·立千丈架阁》,第11页。
[138] 《庆元条法事类》卷17《文书门·架阁》"杂敕",第239页。

第六章 县衙的"狱讼"与官民的生活

案件成立之后,若有追会查证的工作,指派县衙役人"脚力"督催[139],或是县衙各厅的"厅子、吏贴"承行[140],若是出城验尸,就差丞厅的厅子称"手力"五名当班。[141] 若是追捕罪人、押送重要公文匣上州衙时,就以防盗的"弓手"、"土军"、"寨兵"承引。[142] 不论基于哪一种事由外出公差,必须在限定的时间内回衙门报告:

> 典押、诸色公人等,被差或随官员出外,归县并须画时公参,不得托故因循在外。(《作邑自箴》卷5《规矩》,第27页)

典押[143]及诸色公人等县衙公吏因事差出,必须限时回衙门报到,不能无故在外逗留。此一管理原则乃广泛包含办理狱讼业务的各种公吏。

"狱卒例是尉司弓手"[144],造成追捕、禁系、推鞫同出一批人之手,其实是不合法的安排,有的县衙乃规定"押狱节级"与"狱子"共同管理收禁罪人的入狱诸事宜[145],所谓"押狱节级"是指狱子中的班头[146],他们必须在收禁罪人的名单上系书签名,又得时时"不辍高声提举"狱子夜间看守工作[147],若是系狱人数很多,狱子不可轻易请假,即使有要事告假,则需由位阶更高的"典押节级"担保说明请假事宜。[148] 南宋的法令惩罚狱中有系囚而狱吏不守宿者:

> 诸囚在禁,吏人、狱子不守宿,杖八十(吏人听分番),夜有死失、杀伤

---

[139] 鲍廉:《琴川志》卷6《县役人》,第18页:"脚力(凡保正追会之事)。"
[140] 从《清明集》卷1《官吏门·儆饬》"责罚巡尉下乡"(第28页)及"后据两尉回府具析"(第29页),《朱文公文集》卷99《公移》"约束检旱"(第27页),推论"厅吏"可能是厅子与吏贴的合称。
[141] 《庆元条法事类》卷11《职制门八·差破当直》"吏卒令",第133页;卷75《刑狱门五·验尸》"吏卒令",第534页;又《琴川志》卷6《县役人》,第17页。
[142] 《朱文公文集》卷100《公移》"约束榜",第19页,"照对诸县弓手、土军系专一教阅,以备弹压捕盗";又《黄氏日抄》卷84《书》"钟运使季玉",第17页。
[143] 愚以为押录主典某事时,称典押。兹举《清明集》三例:(1)卷1《官吏门·儆饬》"因吏警令",第20页。(2)卷11《人品门·公吏》蔡久轩"奸赃",第416页。(3)卷11《人品门·公吏》蔡久轩"慢令",第417页。
[144] 《宋会要》职官5之48"淳熙三年大理寺张维"奏言。
[145] 《作邑自箴》卷3《处事》,第15页。
[146] 〔日〕佐竹靖彦:《作邑自箴译注稿(その一)》,载《冈山大学法文学部学术纪要》1973年3月第33号。"治家"第六条:"衙役系统中的头名称节级。"有所谓手力节级、弓手节级、斗子节级、狱子节级。又谈钥:《嘉泰吴兴志》卷7《归安县》,第5页,可见手力节级厅子7名,长行(即手力)43名的记载,所以归安县衙手力编制共50名,分成7班,由7位节级分掌之。
[147] 《作邑自箴》卷3《处事》,第15页。
[148] 《作邑自箴》卷5《规矩》,第26页。

之类。应下者，不坐。(《庆元条法事类》卷75《刑狱门·刑狱杂事》"断狱敕"，第537页)

不论吏人或狱子皆一视同仁，夜不守宿重囚者，处罚杖八十。

徒罪以上的"狱"案或是"由讼转狱"案，在县衙完成了推鞫之后，便由县吏解送"狱案"到上级衙门，上级衙门若将该案发还时，则仍由"原解人"继续"管押"。就以一件"赌博"案为例[149]，虽然在农业社会中赌博被视作如同盗贼重案，而有谓："始而赌博，终而盗贼"[150]；"严赌博之禁，与禁盗同，盖以赌博不已，必至为盗故也"[151]。但是本案的词人、停赌人（经营赌场柜坊）、被告论人等累累解送到级衙门，知县显然有无能结绝公事的失职之处，所以一干人又原案押回县衙，上司警告负责解送管押的"承行人"，日后县衙若在时限内仍无法结案，承吏必须勾追至上司接受处罚。

公事出错的承行吏人之处罚与否，是由县衙的上司决定的，如范应铃处理一件淮西蕲州蕲春县的"比并张世昌、明现、谢通等八名白脚差役"案[152]，当事人"辗转供牵，淹延逾岁，讫无定说"，"及送狱司责据，呈上明现情愿承认，众户各有陪贴"，县衙才押送"案牍"呈给范应铃，他的判决文指出典押失职之处，主典此案的押录明知已有知县的书判，却未唤上当事人张世昌随案移赴上司，所以典押明显受嘱而失职，罪应"勘杖"。不过范应铃判决典押"且免追上"，也就是说，典押不必赴上司，听任知县处理。

至于杖一百以下的"讼"案，县衙若无法在限期内完成听讼结绝时，诉讼当事人径往州衙投诉，不算触犯越诉法条，若是上级衙门追究县衙的行政责任，县衙必需先将"承行"人送往州衙推勘处罚，并且重新进行审理该案件。如果县衙又无法完成判决，县衙的"押录"就必须送上治罪，如朱熹的榜文规定：

应诸县有人户已诉未获，盗贼限一月，斗殴折伤连保辜通五十日，婚田之类限两月，须管结绝。行下诸县遵从外，如尚有似此民讼，亦照今来

---

[149] 《清明集》卷1《官吏门·儆饬》"贬知县"，第21页。
[150] 《清明集》卷14《惩恶门·赌博》方秋崖"禁赌博有理"，第533页。
[151] 《清明集》卷14《惩恶门·赌博》胡石壁"自首博人支给一半赏钱"，第533页。
[152] 《清明集》卷3《赋役门·差役》范西堂"比并白脚之高产者差役"，第74页。

日限予决。若县道违期不行结绝,方许人户赴州陈诉,切待先追承行人勘断,再立限驱催,其县道又不了绝,致人户再有词诉,定追押录科断。(《朱文公文集》卷100《公移》"约束榜",第15页)

这是朱熹知潭州时,对辖区内"长沙等一十二县"所颁的约束榜[153],类似地区机关的行政法规。"承行人"包括贴司在内的县吏[154],而承行典押就是"押录"主典本案,所以朱熹强调押录必须负起比承行人更重的责任。在南宋"沈押录"的故事中,押录因为"公事"被追赴郡狱,关了"两个月"之久[155],可见"押录"担负县衙狱讼结绝时限的职责。

宋代县吏的职务虽已有分工的趋势,但是县衙书吏经常因为"承行"而涉猎不同的业务,如绍兴年间,发生雷击江西南康军大庾县衙造成四人死吏的事件,其中有两名"录事"以及两名"治狱",而他们又都曾经办理"经界"业务。[156]尤其是怠惰的县令更容易造就县吏成为真正的狱讼判决者:

> 但自知县懈怠,多令吏人纳案,俟暇隙看阅,或呼吏人入与评议,或令吏人拟撰判稿,于是或者得以疑其受成吏手矣。(《昼帘绪论》"远嫌篇第十五",第27页)

知县避免受制于胥吏,成了南宋地方官员的重要课题,一方面有赖官箴的自我教育,一方面则积极着手改进胥吏管理制度。

二、公吏的生计

不论知县怠惰、严谨与否,都有可能为胥吏制造得财的机会,譬如"知县不理民事,罕见吏民,凡有词诉,吏先得金,然后呈判,高下曲直,惟吏是从"[157];"郡县长吏间有连日不出公厅,文书讼牒,多令胥吏传押,因缘请托,无所不至。乡

---

[153] 《宋史》卷88《地理志四·荆湖南北路》"潭州",第2199页:"县十二:长沙、衡山、安化、醴陵、攸、湘乡、湘潭、益阳、浏阳、湘阴、宁乡、善化。"
[154] 《清明集》卷13《惩恶门·诬赖》"骗乞",第519页。
[155] 《夷坚丙志》卷7《沉押录》,第425页。
[156] 《夷坚甲志》卷11《大庾震吏》,第95—96页。
[157] 《清明集》卷2《官吏门·澄汰》陈漕增"知县淫秽贪酷且与对移",第42页。

民留滞,动经旬月。至有辨讼终事而不识长官面者"[158];"故吏大率多欲,长官用严刑,则人畏其不测,彼得乘势挟厚赂"[159]。何况有些县官还不自觉顺理成章促成狱吏的邀索:

> 访闻县道间有轻寘人囹圄,而付推鞫于吏手者,往往写成草子,令其依样供写,及勒令立批出外索钱,稍不听从,辄加箠楚,哀号惨毒,呼天莫闻。(《清明集》卷1《官吏门·申儆》"劝谕事件于后·清狱犴",第11页)

所以庶民为避免牢狱之灾,极尽可能贿赂拿着衙门"判状"(搜索牌子)的承行吏卒,县官"若不自我点追,而一付之于吏,则吏必据状悉追,亡一人得免,卒辈追一人,则有一人赂。执判在手,引带恶少数辈,名曰家人,骚动乞觅,鸡犬一空"[160]。

县吏承引县令的判状之后,依合法的程序得以勾追干证人到官府,由于一般人对监狱推鞫充满恐怖感,所以也有干证人都得送钱消灾,如洪迈记载"受雇其鄱阳族祖家小民失金"的故事[161],小民费了一年的舂米力气,才存下十四千(贯),只因为目睹一场发生自家门口的斗殴意外,就被县吏当作证人,连同斗殴的两造一同入狱,又由于小民甚愚,不能回答县吏的提问,不仅平白受杖,还花尽所有的积蓄才得以平安回家。从故事中,虽然无法得知这笔钱由多少县吏分得,但是相对于出卖劳力的小民,县吏从"狱讼"获得额外收入,大概不薄。小吏往往喜见富人的狱讼案,甚至有入狱者一出手便是五十万钱(五百贯)的赇金[162]。

县吏中的狱子虽然职务很低下,但是受贿的机会也不少,有的还可能因此致富,如浙西平江府长洲县人"尤二十三"的故事:

> 长洲人尤二十三者,富民也。居于大漊村,绍兴三年(1133)感疾死。初无他异,即而邻邑昆山之东家牛生白犊,肋下黑毛成七字曰:"尤二三曾

---

[158] 《宋会要》职官47之30"高宗绍兴二十五年"。
[159] 《州县提纲》卷1《吏言勿信》,第7页。
[160] 《州县提纲》卷2《判状勿多追人》,第1—2页。
[161] 《夷坚丙志》卷11《钱为鼠鸣》,第462页。
[162] 《盘洲文集》卷73《先君述》,第1页。

作牢子"。盖尤始贫时,曾为县狱吏,有隐恶云。(《夷坚丙志》卷7《大渎尤生》,第429页)

短短的因果记述中,说出尤二十三的贫富转变在于为"县狱吏"。狱子或许比不上承行吏人在外招摇,但是也会有不错的收入,不过若是发生受贿纵囚的事实,狱吏的刑罚也不轻。[163] 由于狱吏合法握有"杖打"囚人的机会,也包办监牢里的刑求的工作,所以这些行杖吏人往往"接受贿赂,行遣之时,殆同儿戏"[164],甚至接受打官司一方的厚赂,而"拷缚词人,变造词讼"。[165]

县吏除了从承行狱讼案件中累积个人的财富之外,有些层级较高的县吏甚至变造官府文书,因而影响民户之间的狱讼秩序,如福建建宁府建阳县的押录徐安的犯案[166],有"引诱人妻、欠百姓钱、取受税户钱、移用本县官钱"等,而在受税户钱物之后,以"私立遗嘱"、"伪造前官批判"、"盗用官印"等方式协助委嘱人,制造县衙的"脱判"文书。

"乡司"掌管县衙的租税籍簿、编排差役等项目[167],南宋的差役纠纷也占县衙狱讼案中的一大类,虽然县衙若催役不着时,乡司就有代役之累,但是乡司从中"舞弄吏奸"而获利,蠹害县衙的簿书管理由来已久:

> 自前两乡催科,皆勒乡司为之代,其乡司者亦乐为之,互相表里,名有代役之苦,实滋舞弄之奸,非惟所催官物诈冒入己,而省簿姓名半入逃亡,此弊相传,已非一日。(《清明集》卷3《赋役门·限田》范西堂"提举再判下乞照限田免役状",第90页)

乡司催追不到役人,只好一直代役,执行编排差役与登录籍簿时,"乡典受赇,随时更改,或续添收一项,不见其多,或续再推一项,亦不见其寡,况既收矣,续

---

[163] 《清明集》卷11《官吏门·公吏》"责县严追",第419—420页。蔡久轩惩治铅山县吏,将囚犯押往永丰县,狱子王辛受赂纵囚,据查出的贿钱有七百余券。王辛后来被判脊杖十二,配一千里。

[164] 《昼帘绪论》"用刑篇第十二",第22页。

[165] 《清明集》卷12《惩恶门·豪横》检法书拟"与贪令捃摭乡里私事用配军为爪牙丰殖归己",第463页。

[166] 《清明集》卷11《人品门·公吏》"黠吏为公私之蠹者合行徒配以警其余",第434—435页。

[167] 张谷源:《宋代乡书手的研究》,中国文化大学硕士论文,1997年;王棣:《宋代乡司在赋税征收体制中的职权运作》,载《中州学刊》1999年第2期;《宋代乡书手初探》,载《宋代历史文化研究》,北京:人民出版社2000年版。

受嘱辄注云误收,既推矣,续受嘱辄注云误推,或于误推误收之下,又有的推的收。"⑱

由于乡司卖弄职权,导致县衙有关"财赋、簿书"的错误百出,引起百姓越诉投状,有的诉状内容写着乡司如何"重催白敷,胁取钱物,无异虎狼之吞噬,盗贼之劫掠"。⑲ 县衙处置这类掌管簿书县吏时,有时尚且从轻处置,如乡司"周森"案⑳,周森的罪行昭彰如牛毛,地方州县衙门却对周森予以包庇,实乃因为县衙仰赖周森熟知各乡人户的税产簿书,深恐失去周森,往后就无人可以整理地方的租税、差役等簿书。

有些县吏借由公权力私自动刑、捉缚狱讼词人,自定各项价码勒索百姓,甚至因此经营致富,例如弋阳百姓所不堪的"孙回、余信"二吏㉑,他们入狱供招受取金额都在"一万贯"以上,尚且不包括没有证据而难以估计的"现钱"浮财。提刑蔡杭还认为这些金额未及他们不法所得的"万分之一"。最后,提刑司将执行判决时,却因为孙回负责押解纲运的工作,在"众论"与"知县"求请之下,暂缓流配"累经编管,冒置充吏"的孙回之徒刑。若以孙回广大的神通,难保他不再潜逃而继续充当吏人扰害地方。

究竟"狱讼"能够提供县吏多少收入来源? 虽说但凭本事,不过县衙吏人应当视庶民到衙门打官司为收受钱财的好时机,也有县衙发不出县吏们的月给雇金时,就放纵吏役人利用本身的职权向民间寻觅厚赂,如弓手"假捕盗乡间,执缚良民",手力则"假监系害民",这些都是常见的手段,形成胥吏"以狱为货"的问题,县令实在难逃其咎。㉒ 迄南宋末年,县吏以"推狱"威吓取财的情况未见改善,如黄震通判江东广德军时,向中央争取榜放辖境县吏"日纳白撰钱"㉓,曾说:

---

⑱ 《州县提纲》卷4《整齐簿书》,第2页。
⑲ 《清明集》卷11《人品门·公吏》"乡司卖弄产税",第423页。
⑳ 《清明集》卷11《人品门·公吏》吴雨岩"恣乡胥之奸",第424页。
㉑ 《清明集》卷11《人品门·公吏》蔡久轩"违法害民",第412页。
㉒ 《州县提纲》卷2《月给雇金》,第21页。
㉓ 所谓"白撰钱",如黄震这一篇文书提及地方官必须筹措"纲解遣人"、"诸司缴匣"、"迎新迓使"、"地里口券"、"国忌行香"、"五更灯烛院子、茶酒司之有逐日油炭"、"笔墨纸札"、"邸报承受茶汤、厨传、过客"等费用。

盖凡官司之钱，无一不出于民。明取于民者，是为科敛，其害犹小。不明取于民，而取之吏者，是为推剥，其害极大。每见县吏之钱，全出于推狱之手，拷掠人肌肤，破坏人家业，然后仅得之，分文以上，皆是冤痛，此正官司所当时时禁戢，安有为官反与日日分赃，岂惟分之是，又倡之，使之借为话柄，肆行无忌。(《黄氏日抄》卷74《榜放县吏日纳白撰钱申乞省罢添倅厅状》，第2页)

州衙要求县吏筹措经费，于是县吏往往从推勘狱案而得民钱财，这项事实乃众所皆知，这些钱虽有应付地方衙门的支出费用，但亦有县吏中饱私囊。又如，江东信州铅山县有号称十虎的县吏，其中三名吏人居然将转运司以犯人张炤的家业押送提刑司之际，"但当来本县吏人辄以私意煅炼，希冀财物，抄估家业，乃并他人行李欲掩而有之"[114]。

三、狱讼吏人的新制

宋初，司法制度的系统中，县衙不过做些调查与预审的工作，惟有在各州或各府才有分工的司法单位。[115] 但是，随着县衙受理日益增多的户婚田土、差役词状，以及南宋地方官讲究程序的司法态度下，县衙撰写的各类判决文就不再只有预审参考作用而已。县令的御吏之道，除了强调吏人必须尽责守职份[116]，朝廷也注意到县吏繁杂业务及承行吏人有分工化的必要，自南宋中期（绍熙年间[1190—1194]）以后，朝廷统一命令设置"县衙推法司"，以及推吏重禄法等，显示中央重视狱讼县吏的生计与县衙狱讼案的优劣与否。

县吏分工化的发展，正是南宋史家李心传所注意到"诸县推法司"的设立。大约是在高宗绍兴晚期，何逢原（1106—1168）任潼川路提点刑狱使时，曾经在合州审理了一件"县吏受赇而释重囚枷械"案，他随后向朝廷申明："县吏行常禄，虽枉法而罪不重，故狱多冤滥，乞自县吏掌狱者亦重禄。"朝廷从其所奏。[117]

---

[114] 《清明集》卷11《人品门·公吏》蔡久轩"十虎害民"，第413页。
[115] 参考徐道邻：《翻异别勘考》，载《中国法制史论集》，第157页，及本书第一章第一节。
[116] 《勉斋集》卷33《为人告罪》，第13页。
[117] 《梅溪后集》卷29《何提刑墓志铭》，第5页。

所以自高宗、孝宗朝之后，县狱中的推吏就领有"重禄"月给[178]，而"特练吏术"的姜处度（1136—1191）经历知京西南路随州随县、淮东滁州清流二县，又守广东惠州，当他任职亲民官时，将重禄法扩大应用于结款的"款司"，他的理由是："款司善出入人罪，宜同推吏，厚给禄。"[179]不过一般官僚未必知用此术，所以县衙款司吏人有无实施月给重禄，则不得而知。

光宗绍熙元年（1190）制定的县衙刑案推吏法，与其职务迁转相关的法规至少有三项要件：一是推行重禄法；二是以一年为界；三是如因勘公事而受财以私罪论：

> 绍熙元年七月十八日，敕：诸路万户县以下，置刑案推吏两名，五千户县以下置一名，专一承勘公事，不许差出及兼他案，与免诸般科敷事件。每月请给，以本州州司理院推司所请参分为率，月给二分，有米或酒醋处，依此支给，推行重禄。委自令佐公共选择有行上无过犯，谙晓勘鞫人充，以一年为界，候满或迁补，依此差人更替，如因勘公事受乞财物之类，并依重禄公人受财条法断罪。（《庆元条法事类》卷52《公吏门·差补》"职敕"，第492—493页）

由县令、佐官共同选择品行为上者，并且有入狱推鞫经验者充当"推吏"，满一年可以迁补。关于县衙刑案吏人依据重禄法支给，是自高宗以来就已实行的制度，绍熙立法后，又将县衙推吏的薪水比照州衙司理院推吏的三分之二支给。

如果推吏有受财违法的事实，则必须依照"重禄公人因事受乞财物"的处分，此一法律乃从北宋哲宗元祐五年（1030）确立之后[180]，百年来，一直保留于南

---

[178]《庆元条法事类》卷52《公吏门·差补》"随敕申明·职敕"，第492页。
[179]《水心先生文集》卷25《朝奉大夫知惠州姜公墓志铭》，第2页。
[180]《长编》卷450"哲宗元祐五年十月乙丑"条，第10810页。

表6-2-1 重禄公人受乞财物数值与徒刑

受财数值（贯）	4—				
配广南（不以赦原）	加役流				
受财数值（单位/贯）	1	2	3		
流行+配五百里	二千里	二千五百里	三千里		
受财数值（单位/文）	100	200	300	400	500—999
徒刑+配邻州	一年	一年半	二年	二年半	三年

宋所颁行的条法中：

> 诸重禄公人因职事受乞财物（酒食亦是）徒一年，一百文徒一年半，一百文加一等，一贯流二千里，一贯加一等，共犯者并赃论（酒食共费者止计己分）。徒罪皆配邻州，流罪配五百里，惯配广南，不以赦原减。其引领过度者，各减罪人罪二等，即罪人已受应配而罪至徒者，皆配邻州。与者依别条罪，轻者杖八十。（《庆元条法事类》卷36《库务门一·仓库受乞》"职制敕"，第382页）

换算重禄人受财与刑度，只要受财四贯以上，就是加役流的徒刑，除了决脊杖二十、配役三年外，还得流配到广南险恶州军牢城，遇赦亦不得原减罪刑。

光宗初年，新制虽然促成县衙推吏迈向专职化，而且借着重禄与迁转吸引刑狱吏人，并提高吏人的素质，但是县衙的公吏人反而产生抗拒的态度，于是绍熙四年（1193），中央又申明"重禄"与"职责"的关系与规定：

> 绍熙四年二月二日，尚书省批状、婺州申，县刑案人吏承勘公事，行重禄。往往计会所属，不即帮支，及有已帮去处，亦不支请，遇有罪犯避免罪名。刑部大理寺看详，今后须管勒令请领从重禄法，如故不受请，及所不与帮支，各从例受制书而违，杖一百；其不受请人仍勒停，别差人承替，下诸路州军照应遵守施行。（《庆元条法事类》卷52《公吏门·差补》"随敕申明·职敕"，第493页）

由于狱讼过程中，吏人收受好处，在所难免，法制化后的"县衙刑案吏人"因事受财的处罚，不可谓不重，所以婺州辖境内的县吏不愿承接此务，或已经任职推吏者，亦不愿支领"禄薪"，因此中央只好颁下强制性规定，县衙吏人若不接受为推吏的任命，其罪是受制书而违，其刑处"杖一百"，并且"勒停"吏人的资格。

南宋的县衙狱讼吏人的专职化，除了推吏之外，负责检法的吏人之迁转制度亦有所发展。在宋代的司法制度上，推勘官吏必须入狱勘罪，检法官吏则是在层层的架阁上翻找各种法条。南宋中期以后，县衙协助检法的书吏也有升迁的机会：

> 诸县典押保举有行止、不曾犯赃私罪手分、贴司三两人，就编录司习学。遇编录司有阙，县申州，州委官比试断案，取稍通者充，候及三年检断无差失，升一等名次（谓元系贴司即升手分，元系手分即升上名之类）若遇典押阙，即先补试中编录司人。（《庆元条法事类》卷52《公吏门·解试出职》"选试令"，第493页）

"编录司"就是各个衙门中管理新书、法例的单位[181]，编录司的书吏来源是由押录保举推荐手分、贴司成为习学吏人，若遇编录司的书吏有缺，县衙完成通报州衙的程序后，由州委派官员考试挑选"断案稍通"的"习学"[182]手分、贴司补缺，不然，若是习学三年后，没有失误的手分、贴司还可以升一等，而且如果典押有缺职者，则从编录司补试合格者，可见一朝成为编录司的手分、贴司，成为县衙最高等级的典押吏人的机会就愈高。

宋代司法制度中，"鞫"与"谳"是同等重要，所以既然有光宗朝改革"县衙推吏"的重禄法，随之而来，就是制定"法司吏人"重禄请给的规定，如"庆元元年（1195）五月四日"的敕文：

> 敕：诸县编录司请给断罪，并合比照绍熙元年七月十八日，又绍熙四年二月二日指挥，推行重禄施行。（《庆元条法事类》卷52《公吏门·差补》"职敕"，第493页）

编录司负责"断罪"吏人的月给，比照绍熙以来"推吏重禄法"的制度。从"推法吏人"的重禄制度中，可见县衙推鞫与检法工作的重要性与日俱增。在各个环节中，不只是官员必须依法办理，亦期待相对提升手下工作的胥吏之素质与待遇。

中央予以县吏"重禄"的厚赏，是吸引狱讼县吏专职化的要素，至于这一笔钱的筹措，就成了县衙的任务。推法司吏的赏钱来源是取自官府经营的"酒课

---

[181] 参见本书第五章第一节。
[182] 法司习学吏人的年资计算又较为优遇，如《庆元条法事类》卷52《公吏门·差补》"赏令"，第492页。

钱"[183]与"抵当钱"[184]：

> 又诏：用旧法取量添酒钱，赢数给推法司吏餐钱；不足则抵当钱亦许贴用。(《宋史》卷178《食货志·役法》，第4328页)

又自从绍兴三十一年（1161），赵密（1095—1165）以六十六处"军中及私家所买酒坊于户部，由是县官始得以佐经费"。[185] 此后，酒课钱成为地方县衙的重要收入。而南宋末年县衙的诉牒纠纷中，追捕逃漏"酒钱"是县尉的工作之一，在法令开放告论私沽者并与赐予赏钱之下，所以县衙收获有关诬告"酒钱"的词诉，亦不在少数，甚至"闾里睚眦细故必诬告沽买嘱酒库，脱申上司，牒尉司寄追，以凿空张大其事"[186]，造成冤滥。而地方官吏积极办理民众告论私自酿酒案件的吸引力，或许是这笔钱的收入有关他们的薪水。

四、罢役配吏的出路

虽然南宋的轮差职役的人户长年为了催督赋税、承受文引而奔命于道途，沉重的负担几乎形成农家惮畏受差的状况。[187] 不过另一方面，高龄执役县吏亦有所闻。[188] 可见执役充吏似乎也有吸引人之处，若推究吏人长年执役的原因，或如范应铃所说："名有代役之苦，实滋舞弄之奸。"故而造就"霸役年深"的县吏向百姓索取高额钱物。蔡杭曾整肃治一批曾经被断罪的铅山县"配吏"[189]，其中仅一名"民惧如虎"而号为"烧热大王"的徐浩，就是长期霸役为吏者[190]，才累计三件告论徐浩取乞金额，至少就高达官会八百贯以一千余缗，如此祸害地方的"霸役吏人"却仍可躲避监司的追捕，逍遥法外。

---

[183] 《建炎以来朝野杂记》甲集卷14《东南酒课》，第442—443页。从李心传的记载看来，北宋仁宗时期，开始将酒课钱拨为中央财政收之一，南宋初年一度因为军费所需而加重其价，直到乾道年间，中央所收的酒课钱才成为定数。
[184] 所谓"抵当钱"是指官府经营质库借贷给人民，两年为一期，收取"利息"，南宋的法令规定利息是"四分"。参见《庆元条法事类》卷30《财用门·经总制》，第305—310页。
[185] 《建炎以来朝野杂记》甲集卷14《东南酒课》，第444页；《宋史》卷185《食货下》，第4522页。
[186] 《黄氏日抄》卷70《申明转运司乞免行酒库受诬告民状》，第6页。
[187] 黄繁光《宋代民户的职役负担》，第436页。
[188] 《夷坚甲志》卷7《仁和县吏》，第60页。
[189] "配"是指"流刑加配役"之刑，关于重禄吏人的"配刑"，参见本书表6-2-1。吏人若犯"徒"刑以上罪，就必须"配邻州"或"配五百里"。
[190] 《清明集》卷11《人品门·公吏》蔡久轩"铅山赃吏"，第418页。

早在高宗朝,就有臣僚注意到配吏人影响地方狱讼的问题,如张嵲(1096—1148)的奏言及主张:

> 臣犹有言者,欲望陛下明敕监司,申严失按之科,遍委州县籍记放停之吏,遇其身与教其他人妄起讼诉者,重加之罪。此亦清刑之原,庶有裨乎!(《紫微集》卷26《八月一日视朝转对奏状》,第4页)

他希望朝廷能够加重"放停吏人"投讼或教令词讼的罪刑。孝宗淳熙四年(1177),前知常州晋陵县的叶元凯(绍兴十八年[1148]进士)亦上奏言:

> 州县形势官户及豪右之家,多蓄停罢公吏,以为干人,恃其奸恶,持吏短长,官物抵赖不输,词诉则变白为黑,小民被害。乞立条制行下禁止。(《宋会要》刑法2之119)

于是有诏:"曾经编配吏人及见役吏人并不许充官民户干人,如违,许人陈告,依冒役法断罪、追赏。"[191]自宁宗庆元二年(1196)以后,明定刑律规范"编配吏人"及"罢役"、"见役人"充当民户干人者,处刑"徒二年",告获者给赏"十至三十贯"钱[192],而"罢役弓手"及"放停土军"在当地涉犯贩榷货者,罪亦"加凡人一等"。

由于充当吏人的好处无限,南宋民间还产生一批以代役为业的吏人[193],这一批冒役者有更多的机会控制地方衙门,"所以行案贴写,半是黥徒,攫拿吞噬,本无厌足。既经徒配,愈无顾籍,吮民膏血,甚于豺虎。"[194]有时他们即使已被揭露犯罪事实,但因县官与他们形成犯罪一体,各级官府对他们的犯罪处罚往往从轻,或是"不欲穷究",或是"名曰罢逐,暗行存留",或是"念县道乏使"[195],而未必会依"重禄吏人法"加以追究。

这一等霸役投充的县吏往往以其专长而受到县官的庇护,而且他们长年

---

[191] 《宋会要》刑法2之119。
[192] 《庆元条法事类》卷80《杂门·杂犯》"职制敕",第615页及"赏格",第616页。
[193] 连保正副与户长也有代役之人。《勉斋集》卷25《拟奏》"代抚州陈守",第8页。
[194] 《清明集》卷11《人品门·公吏》蔡久轩"冒役",第414页。
[195] 兹举《清明集》三例:(1)卷2《官吏门·澄汰》陈漕增"知县淫秽贪酷且与对移",第43页。(2)卷11《人品门·公吏》蔡久轩"冒役",第414页。(3)卷11《人品门·公吏》蔡久轩"铅山赃吏",第419页。

在官府行走，"出入案分，教新进以舞文，把持官司，诱愚民以健讼。"[196]加上熟悉狱讼的各种流程，进而左右知县的判决，其中又以推吏与狱讼最有直接关系，推吏受嘱而错失公事的惩罚较重，有时必须送到州狱别案推鞫。[197]但是受惩的吏人或许只占少数，所以有时士大夫也以"果报说"约束审理狱讼的吏人，如洪迈记载绍兴十九年（1149）的"大庾疑讼"案[198]，县吏黄节之妻与人私通，携子离家，半途将幼子弃于路，为县手力李三拾回收养，后来黄节寻获李三与幼子，连同邻人捕执李三送县衙，县吏"穷鞫甚苦，李诬服"，后来因一场雷电劈死重罚制造冤狱的推吏，李三获释。于是民间传说，雷电神迹是以摘吏巾警告参与狱讼的县吏，并显现长官坐青纱帐的图像，借以提醒县令适时使用职权放免无罪之人。

县吏以其专长而教导县官，并进而主导县政之外，现役或罢役吏人受嘱于诉讼当事人，利用"承行"之便，破坏诉讼程序，假造公文[199]，或是影响衙门间公事送匣的行程[200]，有些罢配县吏更将累积的人事资源，"结党害民，流毒一县"，"甚至拆开文案，藏去县丞所申，假作缴案申状，伪称县丞差出。"[201]在在使得南宋末年的地方人事行政管理中，必须妥善安顿配吏与罢役人，而知府胡颖的做法：

> 应经徒配吏，有老小三人以上，而有田宅在城十里外者，许指去处居住。城外无田宅，而有老小三人以上，而并老小无而及六十以上，容貌委是衰老者，许离城二十里外居住。其单独无行止人，并押出府界，罢役人准此。（《清明集》卷11《人品门·公吏》胡石壁"应经徒配及罢役人合尽行逐去"，第425页）

指定服刑完毕的配吏的居住地点，如果家有田宅在城十里外，又有老小三人以上者，可以住在离城十里外之田宅，而无田宅却有老小三人，或配吏本人容貌

---

[196] 《清明集》卷11《人品门·公吏》胡石壁"应经徒配及罢役人合尽行逐去"，第424页。
[197] 《后村先生大全集》卷193《铅山县禁勘裴五四等为赖信溺死事》，第8页。
[198] 《夷坚丁志》卷7《大庾疑讼》，第598—599页。
[199] 《后村先生大全集》卷193《乐平县汪茂元等互诉立继事》，第18页。
[200] 《清明集》卷1《官吏门·儆饬》"慢令"，第21页。
[201] 《清明集》卷11《人品门·公吏》蔡久轩"受赃"，第421页。

衰老者,则可以住在离城二十里以外的田宅,至于独身的吏人,则押出城外,以隔离其与人群的接触。

总之,宋代县衙公吏的人数与工作虽然未必是固定,不过与狱讼业务相关的吏人则将受到特别法规的限制。自南宋高宗绍兴朝(1131—1162)之后,县衙狱吏可以领取较多的薪资,归属于"重禄吏人"的管理。自光宗、宁宗朝(1190—1224)之后,县衙的狱中"推吏"属于"刑案"吏人,不得兼任他案,亦不能任意差出,至于经过挑选到编录司的手分与贴司可以学习并参与断案,因而取得较好的升迁机会。而南宋高宗朝,就开始注意配吏役人的约束,自孝宗淳熙四年(1177)以后,更颁下法规,遏止配吏役人充当民户的干人,以免这一类人协助形势豪强拒纳官物,或是进行变黑为白的官司诉讼。

第三节 "狱讼"与南宋庶民社会

宋元之间流传着教人勿兴讼的故事,甚至搬出了前世因缘与禅佛度化的宗教说理:

> 文光赞父,自少至老,每岁狱讼连绵。以宿因问昙相禅师,曰:"汝父前生本写词状人,故令反受其报。"光赞恳求禳度。师教以纸黏竹篾为桎梏,令先自囚,三日后忏悔。今之世有教唆兴讼者,宁免乎此?姑录为戒,宜猛省焉。(《湖海新闻夷坚续志》卷2《警戒门·教唆词讼》,第103页)

故事的主人翁文赞光的父亲是元初的平民百姓,每年都受到狱讼之苦,禅师的指点文赞光之父应该"桎梏自囚三日"才能还报,并告以因果,其父前生教人词讼,陷人于狱,才换来此生几乎都是在牢里过生活恶报。这类业报的形成反映出从南宋以来,常见到代笔写状替人兴讼的情形,乃至于平民年年打官司,亦大有人在。本节将从"保人制度"、"宗族组织"、"地方豪强"等方面检讨"狱讼"如何影响南宋庶民生活。

一、保人的强化制度

南宋中期,真德秀所写的劝农、谕俗文中,总不免有一项"好讼终凶"、"乐词讼者,破家之基"的劝谕。[202] 连朗朗上口的劝农诗亦有云"莫入州衙与县衙,劝君勤理旧生涯"[203],陈宓的劝农诗中,也有一首"劝息讼":

> 田夫所入最为艰,终岁辛勤不得闲,劝尔小争须隐忍,破家只在片时间。(《复斋先生龙图陈公文集》卷4《安溪劝农诗·右劝息讼》)

要求父老教劝子弟必须隐忍小争,莫逞一时的斗讼,以免破家在片刻间。由是推想,在一个以农业为重的国度里,官僚们咸以劝戒息讼为劝农增产的大事(参见表6-3-1),似乎意味着当时"打官司"之事对于一介小农而言,亦属稀松平常。[204]

表 6-3-1 目前可见南宋劝农文中的"息讼"

时间	作者	地点	资料来源
	吴儆	安仁(衡州·荆湖南)	《竹洲集》卷14《劝农文》
孝宗淳熙八年(1181)	朱熹	南康军(江西)	《晦庵集别集》卷6《辛丑劝农文》
	袁说友	池州(江东)	《东塘集》卷16《池于辛丑劝农文》
	李石	眉州(成都府)	《方舟集》卷18《眉州劝农文》
	陆游	夔州(今湖北)	《渭南文集》卷25《夔州劝农文》
淳熙十四年(1187)	陆游	严州(浙西)	《渭南文集》卷25《丁未严州劝农文》
光宗绍熙三年(1192)	周必大	潭州(荆湖南)	《文忠集》卷37《潭州劝农文》
	陈造	定海县(庆元府)	《江湖长翁集》卷30《定海劝农文》
宁宗	陈傅良	桂阳军(荆湖南)	《止斋集》卷44《桂阳军劝农文》
	黄干	新淦县(临江军·江西)	《勉斋集》卷34《新淦县劝农文》
	卫泾	潭州(荆湖南)	《后乐集》卷19《潭州劝农文》
	卫泾	隆兴府(江西)	《后乐集》卷19《隆兴府劝农文》

---

[202] 《西山真文忠公文集》卷40,收集了多篇真德秀在福建地区劝农文与谕俗文,难免提及"狱讼"。以下兹举六篇:(1)《福州谕俗文》,第25—26页。(2)《泉州劝农文》,第28—29页。(3)《劝农文》,第29页。(4)《隆兴劝农文》,第30页。(5)《劝农文》,第32页。(6)《再守泉州劝农文》,第39页。
[203] 《鹤林玉露》卷16,第174页。这是一首光宗朝(1190—1194)的劝农诗。
[204] 〔日〕宫泽知之:《南宋劝农论——农民支配イデオロギ——》,载中国史研究会编:《中国史像の构成—国家と农民》,京都:文理阁1983年版,第215—253页。从南宋的地方官诸多劝农论中,可见词讼损害生产所带来的社会问题。

（续表）

时间	作者	地点	资料来源
	陈宓	南剑州（福建）	《复斋先生龙图陈公文集》卷20《南剑州劝农文》
嘉定	杨简	永嘉（温州·浙东）	《慈湖遗书》卷5《永嘉劝农文》
嘉定二年（1209）	真德秀	隆兴府（江西）	《真西山文集》卷40《隆兴劝农文》
	蔡戡	永嘉（温州）	《定斋集》卷13《永嘉劝农文》
	蔡戡	隆兴府（江西）	《定斋集》卷13《隆兴劝农文》
	刘宰	镇江府	《漫塘集》卷18《劝农文》
	刘宰	泰兴县（泰州·淮东）	《漫塘集》卷18《泰兴县劝农文》
宁宗嘉定五年（1212）	程珌	富阳（临安府）	《洺水集》卷19《壬申劝农文》
理宗宝庆二年、三年（1226）	方大琮	将邑	《铁庵集》卷30《将邑丙戌劝农文》、《将邑丁亥劝农文》
	魏了翁	潼川（今四川）	《鹤山集》卷100《潼川府劳农文》
理宗绍定六年（1233）	魏了翁	潼川	《鹤山集》卷100《绍定六年劳农文》
端平元年（1234）	魏了翁	潼川	《鹤山集》卷100《端平元年劝农文》
	吴泳	宁国府（江东）	《鹤林集》卷39《宁国府劝文》
	吴泳	隆兴府（江西）	《鹤林集》卷39《隆兴府劝农文》
	许应龙	潮州（广东）	《东涧集》卷13《潮州劝农文》
淳祐	方岳	扬州（淮东）	《秋崖集》卷34《扬州劝农文》
淳祐	阳枋	夔州（今四川）	《字溪集》卷9《夔州劝农文》
	高斯得	宁国府（江东）	《耻堂存稿》卷5《宁国府劝农文》
	高斯得	严州（浙西）	《耻堂存稿》卷5《严州劝农文》
	高斯得	福建	《耻堂存稿》卷5《福建运司劝农文》
	陈著	嵊县（绍兴府）	《本堂集》卷52《嵊县劝农文》

　　打官司固然不是件好事，但是总比变乱造反有理可通。所以有些官僚对于好讼之风，反能予以体会，而有谓"湖南之盗贼，多起于下户穷愁，抱怨无所伸"[209]。所以从打官司中留下一条疏通民怨的管道，或许也是南宋以来传统中

---

[209] 《清明集》卷12《惩恶门·豪横》宋自牧"与贪令捃摭乡里私事用配军为爪牙丰殖归己"，第464页。并参见刘馨珺：《南宋荆湖南路的变乱之研究》第一章第二节。

国的"治理"之道。如江右素称健讼,看在官府的眼里,是风俗强悍的表现:

> 江右之俗悍强,小辄尚气好胜,以珥笔为能,大或依险负固,以弄兵为常。吾有司小失牧驭,则易动为难安。(《后村先生大全集》卷61《郑逢辰直宝章阁依旧江西提刑兼知赣州》,第5页)

若是形成动乱,也只能归咎于官司处理失当之罪。

一般农民所难以隐忍的"小争",无非就是赖以为生的田土发生纠纷,地方官一面劝农息讼,一面又不能拒绝合于程序的诉讼,所以南宋县衙的滞讼情形愈来愈严重,乃至于"有田讼更数令不得辨枉直"。[206] 况且南宋末年,一般人竞相争讼告罪,利用到县衙打官司取索佃租,又有些县衙听凭田主派遣干人到尉司告论,如黄震在浙西吴县申牒提刑司所言:

> 近年县道并不曾唤上两词对定监还,却听强干脱差尉司,用久例傍官行劫。人名猊猖之船,盛载军器,率五七十人为群以追之。每一户被追,则一保被劫,生生之计悉为一空。既捕到解县,则断讫,再押下尉司,托名监租,强干遂阴嘱承监弓手,饥饥杀之,以立威乡落。以故乡落之被追者,但见百人往,不见一人还,其所以群起而拒捕者,非拒捕也,为必死之性命争也。(《黄氏日抄》卷70《再申提刑司乞将理索归本县状》,第5页)

官府基于征赋而出面催租,是不得不然的做法。[207] 但是催租的过程之中,造成地方上的不安,"每一户被追,则一保被劫"是何等严重的事态。

田土纠纷算是南宋县衙很普遍的案件,其纠纷的类型也不仅仅止于租税的问题而已,如卫泾(淳熙十一年[1184]举进士第一)简分为"金钱借贷而相杀害"、"典卖"、"争田"、"放债"与"诱略人口"等类。[208]

在陈傅良(1137—1208)的桂阳军劝农文中,则共条列8项,其中有5项规劝的内容与农民诉讼相关,可以看出诉讼之所以妨农的原因不外是"争讼界至

---

[206] 《西山真文忠公文集》卷44《叶安仁墓志铭》,第16页。

[207] 〔日〕高桥芳郎:《宋代の抗租と公权力》,载《宋代社会文化》宋代史研究会研究报告第1辑,东京:汲古书院1983年版,第86页。并参本书第二章第三节。

[208] 《后乐集》卷19《潭州劝农文》,第23—24页。其实农民之间的诉讼,如卫泾所说:"其他讼事未能悉举。"

……因讼耗财自取狼狈"、"陂塘水利……甚者到官,期集邻保,追逮证佐,动经旬月,方得事明"、"生借种粮……富者贪婪已甚,日致兴讼,罪有所归"、"此间典卖产业……比至到官,惟凭契约,往往得产之家,虽用见钱,反以违法失理遭罪"、"此间多有无籍之人告人绝产,及至到官……本知来由,须至行遣,甚者抄估,比至给还,动经年岁,以此失业"。²⁰⁹ 涉讼的农民,又可分成"主动"的争界、争水利、争典卖田业,与"被动"的无力还债而赖账、被人告绝产等。从农民主动投诉官府之行为,可以认识南宋以来县衙力求狱讼制度化的成果。至于迫使农民被动涉讼者,往往被描写成豪强健讼的形象。

在"豪强"违法的案件中,有些人具有特殊身份的保障,平日作威于乡里,一旦被农民诉讼后,不见得有罪可惩,除非闹出人命,如"宁细乙自杀于揽户张景荣楼下"案²¹⁰,张景荣平日不仅胆敢以揽户而行官称,甚至行下书判,或任意监禁讯决乡人,被害者不一,却没出什么纰漏,直到发生宁细乙命案,才受到法律的制裁。宁细乙虽不是直接死于揽户张景荣之手,但因自杀于张景荣的楼下,而且张景荣还将尸首藏匿于初检官未检之时,这样的行为固然是出自心虚。

明清的律文规定"凡因户婚、田土、钱债之类的事情,威逼人致自尽者,必须先杖一百",判决后,还得追埋葬银一十两。²¹¹ 这一条律文可以溯至《唐律》的"恐迫人致死伤"条,而找出"逼人自杀者的真凶"之特殊法律文化背景,及法律上对逼人自杀者的重罚,绝不自明清时期才始然²¹²,如上述"揽户张景荣逼死细宁乙"案,张景荣就被判以"决脊杖、刺配邻州",相当于重禄县吏违法的重刑。

从南宋判决文书中,可以看出"在法,恐迫人畏惧致死,以斗杀论"已经适

---

²⁰⁹ 《止斋先生文集》卷44《桂阳军劝农文》,第6—8页。
²¹⁰ 《清明集》卷12《惩恶门·豪横》吴雨岩"诈官作威追人于死",第459—460页。
²¹¹ 吴坛律注:《大清律例通考》卷26《威逼人致死》。
²¹² 〔日〕高桥芳郎:《明律"威逼人致死"条の渊源》,载《东洋学报》1999年第81—3期,第27—53页。反驳清末以来的法学家认为"威逼人致死"条是因为明清时期的经济发展形成之法律,如(1)薛允升:《唐明律合编》卷18"威逼人致死":"虽为慎重人命起先,究非古法。"(2)沈家本:《寄簃文存》卷3"论威逼人致死":"恐迫而致死,非其人之自尽者也,唐律有甲自尽,而乙抵命之文,盖非亲手杀人,难科以罪。自明律威逼致死之条,嗣后条例日益加重,虽为豪强凶暴起见,然非古法也。"(3)日本学者滋贺秀三与中村茂夫等人也都认为从比较法制史而言,追究造成自杀者的刑责之法律,这是中国传统法律的特色,世界上绝无仅有。这些前辈学者着眼于"民事纷争"是明清时期的社会特色之一。

用于自缢的案件[213]，并且以案情解释《唐律疏议》中的"若因斗、恐迫而致死伤者，依斗杀伤法"的意义。[214] 又从官府主动使用法律介入"自杀"案件中可以看出，一方面当时社会确实有豪强逼债的情况；另一方面则是民间最常进行的诬告就是人命案件，如丁南一（1197—1266）于宝祐元年（1253）以特奏名授福州怀安县尉，处理过"公族有僦居，以妇堕胎诬屋主者"、"民有负逋自经者，子讼债主"、"某家女奴溺死，父讼主家"等案件，都和诬告人命相关，考验着初任官员的"清谈书生"之"吏事能力"。[215]

诬诉的风气绝非法制化过程所乐见的结果，但是制度中的理性原则却是不可以轻易放弃的，若是因为受词、追证、鞫狱等程序而影响结案的时间，官府只好采取非常手段加以处理。以"羊六与杨应龙因醉争道"案为例，"羊六素挟狡猾之资，遽兴罗织之讼，谓应龙等白昼行劫，夺去财物凡十余项，正经陈于本县，又越诉于宪台，牵连追呼，不一而足。""正经陈于本县"、"兴罗织之讼"的羊六显然是位擅于诬诉者，当提刑司押羊六到府衙结绝时，羊六却中途逃脱，府衙为了追捕羊六以完成两造、干证人录供对证的手续，只好"将其父锢身"[216]，由于羊六逃避对证结案，导致府衙追缉经过四十余日，他才到衙门与证人对词。而在知府胡颖的眼里，羊六只不过是"蕞尔村夫"，却不惜花费了三年的时间"缠讼"，此一案例除了证明羊六的妄诉狡猾之外，亦说明衙门虽然一时被欺罔而留滞狱讼，但终将使罪人伏罪。

宋代的狱讼讲究证据性，除了物证之外，"人证"亦不可忽略。所以上述案件中，羊六在尚未"对证"前逃脱，于是府衙就不惜拘留老父以诱其现身。南宋重视程序的司法制度影响社会上普通百姓作证的意愿，而即使发生命案，也可

---

[213] 前引高桥氏的文章中，举出《清明集》《惩恶门》中的几例：（1）卷12"结托州县蓄养罢吏配军夺人之产罪恶贯盈"，第465—466页。（2）卷14《惩恶门·赌博》蔡久轩"因赌博自缢"，第532页。（3）卷12《豪横》蔡久轩"豪横"，第457—458页。（4）《后村先生大全集》卷192《饶州州院申徐云二自刎身死》，第13页。

[214] 《清明集》卷14《惩恶门·赌博》"因赌博自缢"，第532页。经过潘司理的检法断案之后，蔡久轩的判文也说："在法，恐迫人畏惧致死，以斗论。余济造谋恐迫陆震龙致死；正合上条。"此案例说明《唐律》卷18《贼盗律》"以物置人人耳"（总第261条，第409页）的运用。如（1）律文："恐迫人，使畏惧致死伤者，各随其状，以故、斗、戏杀伤论。"（2）疏议："若因斗，恐迫而致死伤者，依斗杀伤法。"

[215] 《后村先生大全集》卷164《丁宋杰墓志铭》，第5页。

[216] 《清明集》卷13《惩恶门·妄诉》胡石壁"以劫夺财物诬执平人不应末减"，第498页。

能视若无睹,以逃避作证人的负担。㉑⁷ 然而官衙不可能放弃"证据"的调查与司法制度的发展,因此"保人"的制度也将日趋重要与完整。

保人除了在狱讼过程中具有证人的意义,在平时也有预防社会脱序的功能。强调"邻保"的作用,使得传统中国庶民社会中难以摆脱相互依存的关系,譬如地方官拿取人户的文状、查证文书时,必须呼及邻保当众供写文状内容,最后不只是书状人要签字,连邻保也得签字,当然保长等承行人,也得签字以资证明。㉑⁸ 而邻保对于乡间缉私或是人户动态,也有相互保申纠论的法律责任。㉑⁹ 官衙与庶民间依靠着"保"人保证社会秩序的稳定,不只是在地方的强化邻保组织而已,就连买卖的契约上,也要有"保"人担保:

> 说谕客旅不得信凭牙人说作,高抬价钱,赊卖物色前去,拖坠不还,不若减价见钱交易,如是久例赊买者,须立壮保,分明邀约。(《作邑自箴》卷7《榜耆壮》"知县约束客店户如后",第38页)

一般的经营客店者必须留意在店内的商业活动,要告诉买卖双方不可以听信牙人的说词,如果要用赊买的方式交易,则必须找有力的保人(壮保)。

乡村各种证明工作需要保人,商业行为也需要保人,各种契约文书必须由"保识"人印押以防诈伪。㉒⁰ 南宋时期,书铺、茶食、安停人的工作就愈来愈显重要,文书保证人倾向于专业化㉒¹,尤其是"书铺"的功能与地方衙门愈来愈密切,如在江西地区,书铺的茶食人不只下乡卖缴税的钞旁印纸㉒²,也出现"茶食引保人"影响刑狱的处理,如黄震所说:

> 茶食引保人指定保正,通行打话,将来系人㉒³,视货轻重,为操纵出入。

㉑⁷ 参见本书第二章第二节。
㉑⁸ 《清明集》卷4《户婚门·争业上》"缪渐三户诉祖产业",第105页。
㉑⁹ 《庆元条法事类》卷28《榷禁门·酒曲》"斗讼敕",第265页。
㉒⁰ 法令文书常见的保识人有时与仕身份保明有关。如《庆元条法事类》卷15《选举门·试武艺》"诈伪敕",第212页。又本卷有"将校职员保识武艺人状",第214页。必须有保人具职次姓名书字,所以保识是一种为了"防伪"的措施。
㉒¹ 〔日〕高桥芳郎:《务限法と茶食人——宋代裁判制度研究(一)》,载《史朋》1991年第24期。并参见本书第二章第一节。
㉒² 参见本书第二章第一节,愚以为茶食人是书铺里的营业者。《文忠集》卷193《又乞与王弱岳祠札子》,第3页。
㉒³ 四库全书本的《黄氏日抄》则写成"将干系人"。

(《黄氏日抄》卷79《江西提刑司·交割到任日镂榜约束》,第6页)

茶食引保人指定保正,一起商量抓拿关系人,并且以带来关留人有无贿赂,来操纵其日后有罪或无罪。

保人的法律责任由来已久,早在五代左右就已形成。不过南宋的"法令"出现许多周延的规定,尤其在"赔偿"的问题上[24],如有亏欠官物时,保人必须均贴分担。若从南宋判决文中引用:"交易诸盗及重之类,钱主知情者,钱没官,自首及不知情者,理还。犯人偿不足,知情牙保均备",或是"盗典卖田业者,杖一百,赃重者准盗论,牙保知情与同罪"[25]。则可以补充说明官府与庶民之间需要"保人"分担各项行为风险。

南宋末年惯用的租佃契约"范本"中,除了规范租佃双方的权利与责任之外,往往也加上保人的法律责任之文字:

> 即不敢冒称水旱,以熟作荒,故行坐欠。如有此色,且保人自用知当,甘伏代还不词。(《新编事文类要启札青钱》外集卷11《公私必用》"当何田地约式",第1—2页)

佃人不可以诓骗地主,倘若保人知道佃人的意图,还促成典当租佃契约的成立,则必须依规定代还欠租,不得有任何的怨言与词讼。虽然有些案件的保人是由官府下令"召保"指定[26],不过大部分的保人是出于自愿的,而他们成为社会上各种契约行为的保障,拥有某些领域的利益,如牙人的中介费,但是在某些领域上却也显得责任重大,如均赔制度。

对于县衙监狱管理人手不足的情况而言,将留狱或待审的诉讼当事人交给乡保与保人的知管制度,实乃回应日益众多人户词讼的策略。南宋中期,县令黄干曾说:"人户词诉颇多,率是累月不肯出官,且疏枷召保案刷,具本户词诉来日唤上供,候理对毕方放。"[27]但是,由官方指定负责承行"保识"的保正、保

---

[24] 《庆元条法事类》卷32《财用门三·理欠》"理欠令",第347—350页。
[25] 《清明集》卷5《户婚门·争业下》建阳佐官"从兄盗卖已死弟田业",第145页。
[26] 有时官府以"取保知在"暂时释放系监人归家,参见本书第三章第一节。又如《夷坚丁志》卷20《姚师文》,第704页。
[27] 《勉斋集》卷33《陈希点帅文先争田》,第26页。

长,有时候也无法发挥作用,如黄干在"豪民龚仪久追不出"案,写道:

> 今乡村豪民遇有词诉追逮,率是累月,以致年岁不肯出官,保正虚受杖责,使人户词诉无由结绝,官吏文移日见壅滞。(《勉斋集》卷33《龚仪久追不出》,第28页)

即使保正受杖责,亦无法遏阻官府行政效率的壅滞情形。如何缩短从官府到庶民之间的距离,又能在合于官府作业程序中,使庶民纠纷得到合情、合法的处理,应当是南宋县衙的一大课题。

二、宗族的公私分际

宗族组织的作用大致有三项:一是维护宗族的伦常关系,二是维护国家法纪和稳定社会秩序,三是维护族众的利益。[28] 虽然男性是宗族制中祭祀传承香火的主体,但是女性成员亦受到宗族法的保障。不过在南宋重要的训俗作品《袁氏世范》中,却有一条告诫若有收养女性亲戚时,必须关防日后可能衍生的财物纠纷,袁采写道:

> 人之姑姨姊妹及亲戚妇人,年老而子孙不肖不能供养者,不可不收养,然又须关防。恐其身故之后,其不肖子孙却妄经官司,称其人因饥寒而死,或称其人有遗下囊箧之物。官中受其牒,必为追证,不免有扰。须于生前令白之于众,质之于官,称身外无余物,则免他患。大抵要为高义之事,须令无后患。(《袁氏世范》卷1《睦亲》"收养亲戚当虑后患",第28页)

袁采告诫,如果发生亲属纠纷,官府接受词状之后,"必为追证",所以不免有扰。在实际案例中,也有"祖母生不养,死不葬,反诬诉族人"者,如"胡师琇论诉族人迁葬祖母"案[29],方岳的判决:"迁葬者本自无罪可科,今所司既为将两人勘锢,监迁原处。"即使官员知道迁葬者是出自善意,仍无法免除他们被"狱讼"

---

[28] 李文治、江太新:《中国宗法宗族制和族田义庄》,北京:社会科学文献出版社2000年版,第133—155页。
[29] 《清明集》卷10《人伦门·不孝》方秋崖"祖母生不养死不葬反诬诉族人",第386—387页。

官司所累的灾难,迁葬者既被监锢狱中,又被强制命令迁葬族妇坟墓。由此略可看出南宋宗族狱讼案件的复杂性。

南宋将同姓之讼又分成立继、归宗、检校、孤幼、孤寡、女受分、遗腹子与义子[20],在这类判别文书中,往往是肇因家族的身份继承,以及继承者所得到的实质利益,亦即是家业的处置权力。"财产"可说是兄弟、同气、骨肉交争之祸根,此等案件攸关地方风化。[21]即使是亲生的母子、兄弟,透过诉讼的过程,往往形成"外证愈急,而狱词愈刻以深,于是不孝诬告之罪,上闻于省部"的丑事。[22]地方官有鉴于"血缘亲情"不能化解这类争讼的发生,一方面只能从种种的教化措施,进行委曲开谕[23];一方面则积极宣扬同居的真义,袁采曾说:

> 兄弟义居,固世之美事,然其间有一人早亡,诸父与子侄其爱稍疏,其心未必均齐,为长而欺瞒其幼者有之,为幼而悖慢其长者有之,顾见义居而交争者,其相疾有甚于路人,前日之美事,乃甚不美矣。故兄弟当分,宜早有所定,兄弟相爱,虽异居异财,亦不害为孝义,一有交争,则孝义何在?(《袁氏世范》卷1《睦亲》"兄弟贵相爱",第14页)

初看此段文字,或许会惊异于地方官竟然不鼓励"义居",反而讲述无争的异居异财之"孝义"。不过,如果理解南宋的地方官案牍劳形于这类的讼牒中[24],就不难了解宗族聚居的复杂人际关系,以及其所造成地方官维持地方秩序上的难处。

南宋时期,浙东庆元府鄞县汪大猷(1120—1200)是出身四明的大家族。从乾道、淳熙年间以来,汪大猷、史浩与沈焕推动乡曲义庄的活动,这些社会公益事业,使得汪大猷被认为是"建立以民间为主,官方为辅的运作模式"之代表

---

[20] 《清明集》卷7与卷8的"类"称。
[21] 《鹤山先生大全集》卷100《绍定六年劳农文》,第4页。
[22] 《清明集》卷10《人伦门·母子》吴雨岩"母子兄弟之讼当平心处断",第361页。
[23] 教化措施除了止于已然,若有所争讼,就当厅说教"折争",或是颁下戒约,读孝经,榜县门,乃至于乡饮酒礼的活动。有的官员以"旌表"割股救母者,希望达到"闻者当知有所劝"。如《清明集》卷10《人伦门·孝》"割股救母",第385页。还有透过"乡饮酒礼"的仪式,达到"风俗之劝"的积极目的。如《清明集》卷10《人伦门·乡里》胡石壁"勉寓公举行乡饮酒礼为乡闾倡",第396页。
[24] 《清明集》卷10《人伦门·兄弟》"兄弟能相推逊特示褒赏",第368页。

者。㉟事实上,汪大猷不仅于团结地方性的家族组织有如此的表现,他早年任浙东婺州金华县丞时(绍兴十五年[1145]),其治讼的态度也颇值得注意。㉖他的处理要点上,约有两大项:一是分业问题,长子与诸弟的田土之方位,有不公平;二是嫁姑问题,嫁资的准备,不得要法。这两件事是南宋人的治家之难㉗,汪大猷的处理方法看似简单,不过陆氏官司"案牍纷积",一定令他花费不少力气,而汪大猷最后以告诫当事人"若送有司"可想见的"破家后果",才终于平息嚣讼。

宗族制度中的"宗法"思想如何伸展到平民阶层的家族组织中,需要更多家族制度的研究基础,并不是本文深论的重点。㉘本文反复思考的焦点是,这些具有实务经验的地方官提倡家族宗法,与其仕宦经历间的关联。如淳熙六年(1179),朱熹"比阅词诉,有建昌县刘琥兄弟、都昌县陈仁由兄弟,并系母亲在堂,擅将家产私下指拨分并,互相推托,不纳赋税,争论到官,殊骇听闻",所以榜贴"晓谕兄弟争财产事"于建昌县市及星子县门(南康军),既"照对礼经"又征引"律文"劝谕这一股"别籍异财"的兄弟争财风潮。㉙当时,地方上这类诉讼是很常见的,并不是朱熹治理的江西较为特别。又如淳熙四年(1177),新知绍兴府新昌县(浙东)的史浚就受到朱熹的委任,到临近的台州处理滞讼㉚,是一件中产之民"王乌头分析家产"案,拖延了三十六年。虽然"案牍山积",但是史浚的处理方法是"尽召其党,谕之曰至亲终讼,未有不破家者",不仅化解中产之民的家族官司,也成为日后朱熹审理此类案件的模式,而史浚的言论深入劝谕族党的内涵中,透露出县衙既耗时费力处理家族纷争,却又不忍以强制威迫的方法,进行惩罪止讼。

以朱熹为首的理学家们若出仕任地方官,则将"孝悌之训"作为推广教化

㉟ 黄宽重:《人际网络、社会文化活动与领袖地位的建立——以宋代四明汪氏家族中心的观察》,载《台大历史学报》2000年第24期。
㉖ 《攻愧集》卷88《敷文阁学士宣奉大夫致仕赠特进汪公行状》,第3页。
㉗ 《后村先生大全集》卷165《陈光仲常卿墓志铭》,第8页。
㉘ 李文治、江太新:《中国宗法宗族制和族田义庄》第二章指出,宋代是中国宗法宗族制向一般的士人和庶民户类型发展的过渡期。
㉙ 《朱文公文集》卷99《晓谕兄弟争财产事》,第6—7页。
㉚ 《攻愧集》卷105《朝请大夫史君墓志铭》,第4页。

的重要项目之一,他们揭示"讼庭所断,则必以人伦为重"的榜示。[241] 若在地方讲学,则积极推动"民生秉彝,以人伦为重,治民听讼亦以人伦为本"的理念[242],不仅影响当时代,也成为明清审判类似宗族案件的处理依据之一。[243] 县令虽然必须遵守司法、行政的程序及规定,有时必须将延宕案件及当事人送往上级,不过一般人在面对这种家族纠纷时,由于牵连众多,多有恻隐与求情之心,何况是理学家任地方官,更是本于仁心而悉心治讼。如江西临川知县黄干处理"王氏饶珉"案时[244],致书监司转运使表达转运司要求将一干人等送往州衙审理的难处。就亲民第一线的县衙而言,不只是加重县令的行政负担,而且县境内的百姓因此十数家辗转路途中,其中所必须忍受的痛苦[245],身为亲民的知县"不容不为百姓虑"。

南宋以来,地方官的工作深受小民争讼案件所困,长年累于受词、追证、判决与相关司法行政业务,又有狱讼的考课压力,因此当事人若有"宗族亲戚、族长、尊长、房长、门长"[246]可以处理者,判决结果往往指定官府人员前往一同作业,并赋予族长们"公正"的合法性,以配合官吏达到"公论允协"。[247] 以一件"江姓家族立继"案为例[248],原本州衙拟笔:"帖本县知县,请亲诣侍郎宅,禀白上项,仍与其族长折衷,定为一说。回申本府,却与从公照余施行。"[249]但是知县拜访争讼人的外家游侍郎时,并未取得定说,"今本县缴申侍郎之回札,族长之陈

---

[241] 《北溪大全集》卷17《侍讲待制朱先生叙述》,第8—9页。
[242] 《北溪大全集》卷47《上傅寺丞论告讦》,第11页。
[243] 参见李乔:《中国的师爷》,北京:商务印书馆1995年版,第95—96页,指出师爷断案的依据除了律例、成案以外,还有经史之书,即儒家经典和史书。李乔以汪辉祖断过一件"争继案"为例,汪辉祖根据宋儒陈淳《北溪字义》中的"系重同宗,同姓不宗,即与异姓无殊"作出最后的判决。
[244] 《勉斋集》卷7《上江西运使书》,第3—4页。
[245] 衙门勾追民众,其对于农业社会的生产力之伤害,如《漫塘集》卷18《泰兴县劝农文》(第2页),强调劝农是县令之职,而"农有三害"即"一曰夺其心;二曰夺其力;三曰夺其财"。第二项,"工役繁兴,狱讼滋炽,事虽微而追逮者众,理虽明而淹延弗决,一事未了而一事继之,吾民赴期会之时多,而治稼穑之时少,或耕而弗种,或种而弗耘,此之谓夺其力。"
[246] 兹举《清明集》卷7、卷8《户婚门·立继》中四例:(1)卷7"先立已定不当以孽子易之",第207页。(2)卷7吴恕斋"生前抱养外姓殁后难以摇动",第203页。(3)卷7"官司干二女已拨之田与立继子奉祀",第215页。(4)卷8"立继营葬嫁女并行",第257页。
[247] 《清明集》卷8《户婚门·立继类》李文溪"利其田产自为尊长欲以亲孙为人后",第258—259页为例。
[248] 《清明集》卷8《户婚门·立继类》"命继与立继不同·再判",第267页。
[249] 《清明集》卷8《户婚门·立继类》拟笔"命继与立继不同",第265页。由于游侍郎与当事人有"婿"及"外孙"关系,所以拟笔者希望有"官"身份,且侍郎素有"硕德雅望",能够出面息党之纷诉。

词,其说犹未一",经过州衙几番检法与调查之后,察推再度拟判时,州衙基于"争诉日久",如果再交由县尉检校,恐怕节外生枝,所以直接由府衙委托官员"集本族尊长"从公点对,完成财产清点与分配之后,相干人等在具备公正空间性质的"县厅",由具备公正角色的"官"与"房长"抽签决定命继子。从此一案例可见官员的做法是,由官府带领着族长一起作出"公正"的判决,借以平息族党之纷诉。

三、土豪的游走法治

绍兴二十一年(1151),刑部虽已颁下法令"籍记"曾犯"诉不干己"、"诬告"与"教唆词诉"的健讼之徒[29],但是健讼之徒对于地方官的困扰,似乎没有减轻。从孝宗以后,可以看到地方官多少都有民众健讼、行政滞讼的问题(参见表6-3-2)。而有的官员甚至认为籍记做法并不太实际,如绍兴二十年(1157)登进士、曾历知泰州的吴儆(1125—1183)[30],他一向与朱熹、张栻和吕祖谦颇有往来,他的看法是:

> 今夫豪民……患其为害于民而官之不能制也,则使之籍其好讼而数犯法者,重罪而迁徙之。其法非不善也,而未闻有以是罪而丽于法者。夫小人之为奸,其类何可以尽去,而其为罪,亦何可以籍按也。彼之武断于乡者,株连蔓结,非一日之故,而其为横也,目指气使,阴挤而阳善之,未尝以身自名于官也。夫惟其类不可以尽去,而其罪不可以籍按,故曰豪民之为横,莫若阴求主名而默识之,以待其犯而重真之法也。(吴儆:《竹洲集》卷3《豪民》,第10页)

他认为,籍记好讼者的法律并非不善,只是真正以此获罪者,实在是少数,因为健讼的豪强早在地方上是"株连蔓结",往往是暗地里颐指气使手下排挤官吏,所以有经验的地方官应该找出健讼之徒背后的指使主人,这些人称得上是真正的豪民。

---

[29] 参见本书第四章第三节。
[30] 《吴文肃公文集》附录"竹洲先生吴公行状"。

表 6-3-2 目前可见南宋"健讼"的区域

年代	人名	职称	县名(州、路)	资料来源
北宋末—南宋初	张甸(1081—1153)	知县	桐卢/严州	《苕溪集》50《宋故左朝请大夫致全张府君墓志铭》
绍兴年间	方扩(1107—1166)	知县	平阳/温州	《艾轩集》9《巴陵方公墓志铭》
孝宗	徐森	县令	乐清/温州	《梅溪集》卷22《答清徐令》
淳熙元年(1174)	黄中立(绍兴二十年进士)	知县	建阳/建宁府	《南涧甲乙稿》卷9《荐崇安、建阳两知县状》
孝宗朝	魏叔介(1140—1177)	主管临安府南左厢	临安府	《南涧甲乙稿》卷21《朝奉大夫军器监丞魏君墓志铭》
孝宗朝	潘时(1126—1189)	知军	莆田/兴化军	《朱文公文集》卷94《直显谟阁潘公墓志铭》
淳熙十五年(1188)	杨王休	知州	洋州/利州东路	《攻愧集》卷91《文华阁待制杨公行状》
宁宗	陈耆卿(1180—1236)	主簿	青田县/处州	《筼窗集》卷4《请罪健讼疏》
理宗	阳枋(1187—1267)	昌州酒正	昌州/夔州路	《字溪集》卷12《字溪先生阳公行状》
理宗	陈大用(1183—1253)		高安/筠州	《雪坡集》卷49《陈允中墓志铭》
理宗	汪	给事中	黟歙之间/徽州	《洺水集》卷12《祭汪给事中》
理宗	苏	提刑	新安桐汭/徽州	《洺水集》卷15《代贺苏提刑》
理宗	晏大正(1178—1227)	永州司户	零陵/永州	《昌谷集》卷2《朝奉郎致仕晏子中墓志铭》

初以恩荫入官的赵必夫(1189—1256)于嘉定十年(1217)中第后,历利县(江陵监)县令,因擅长处理地方秩序问题,受到长官推荐而转知江西南丰县,据说他相当有办法对付善讼者:

> 里中哗而善讼,悍而梗化者,皆知姓名。他日听讼,摘语之曰:"此非某人之笔乎?"皆顿首,愿改过,两造无翻憗者。(《后村先生大全集》卷142《虚斋资政赵公神道碑》,第11页)

熟知地方上一批专门代人写状者的笔法,这一类人才是"悍而梗化者",如果他们不是直接与地方官对簿公堂,只是操纵别人打官司而已,身为爱民如子的县官是很难惩罚操纵者,亦不忍对上衙门打官司者过度科刑。如同赵必夫所面临的情形,在江西临川县早就"民有曰十虎者,持官吏短长,聚空舍,醵金钱为讼费"。㉒ 又如,和赵必夫同年登科的赵希静(1194—1251)日后知福州时,也面临类似的问题,他的做法与赵必夫大同小异,"部内臣猾主民讼、持吏短长者,皆知姓名,捕治其尤,余皆扫迹。"㉓

即使地方官吏如此重视健讼之徒的处置,健讼之徒何以不畏法律的处罚,不断地困扰着官府?北宋以来民间学习讼学的风气很盛,而且时人也留下了诉讼教科书—《邓思贤》,在民间"村校"中流传着。㉔ 南宋士人有系统开班授徒,成为求科举之路以外的谋生之道,导致朝廷颁布条令规范。如绍兴十三年(1143),礼部臣僚以江西教儿童"四言杂字"等词诉语而要求有关单位追查禁止,教育行政机关国子监还重申聚徒教授词讼文书者"杖一百"、学习者"杖八十"的刑罚。㉕ 但是法令仍无法遏阻教习讼学的活动,推究其原因,宋代经济发展固然是要素之一,如果一般人学习法律,当然有助于自身的官司胜诉,如"吴琛立异姓子的立继"案中㉖,他的长女嫁石高,次女嫁胡阐,虽然兴讼的是未嫁幼女,但是司法拟笔的判决文中,虽警告两位女婿不可"见利"忘义,但终究未对两位半子赘婿处刑。既然有利可图,所以在南宋的衙门诉讼中,不难看到诉讼当事人颇具法律知识,并且"摇五寸笔"挠乱官府。

事实上,一般人罕有能力分辨官府所能够接受诉理的案件,甚至长期受到某些困扰,却无法请求官方仲裁,如北宋末年"不孝子杜三"的故事㉗,母亲长期遭受酗酒长子的恶言拳脚,后来邻人看不过去,"导其母使讼",只是还没告到官府里,杜三就中毒身亡。从故事中看来,若无"导讼"的邻人,这一位可怜的母亲大概也很难知道有此一途。而这样热心导讼的乡人,未必就是健讼之徒,大约是"知道"如何进行诉讼。

㉒ 《诚斋集》卷119《奉议郎临川知县刘君行状》,第22页。
㉓ 《后村先生大全集》卷155《安抚殿撰赵公墓志铭》,第11页。
㉔ 沈括:《梦溪笔谈》卷25《杂志二》,第167页。
㉕ 《宋会要》刑法3之26。
㉖ 《清明集》卷7《户婚门·立继》司法拟"立继有据不为户绝",第217页。
㉗ 《夷坚乙志》卷7"杜三不孝",第242页。

第六章 县衙的"狱讼"与官民的生活

大多数的乡民可能都是"自幼之老,足未尝至官府,事切于己,尚且隐忍",相对地,"健讼之民,朝夕出入官府,词熟而语顺,虽诟诟独辩庭下,走吏莫敢谁何"[28]。于是地方上对这种有能力健讼之人自然敬畏三分:

> 俞一公,字彦辅,徽州婺源人,使气陵铄乡里,小民畏法不敢与之竞者,必以术吞其赀,年益老,不改悔。(《夷坚甲志》卷4"俞一公",第31页)

这位俞一公算来是地方横行乡里的豪霸,他捉住"小民畏法"上衙门打官司的心理,所以"术"侵吞他人之财产。豪家大姓显然比村民更有能力提起诉讼,进而与官府打交道,游刃于其间。[29]

若转换思考的角度,健讼之徒的技术亦顺应"法"的规定而发展,他们鼓煽"不晓理法"者进行官司[30],虽然事后被视为钻营法律漏洞,或许也表示当时法律有不周全之处,经过他们的教讼,百姓才知道如何打官司,官府才进一步合法化若干与诉讼相关的业务,譬如书铺、写状人、认证文书等。不过,民间教唆词讼者总是承接官方所允许之外的业务,于是官方就将滞讼的责任归诸此辈之身,由其承担诉讼的后果,例如一件"十二岁小孩拦道控告"案[31],从判决文中,得知有易百四者以教讼代笔为业的书铺,他犯了业务上的三项错误:一是状首年龄;二是被告者与状首的关系;三是投词时间。因而易某被当作惩一儆百的对象,官方还鼓励他改业。而综观此一判决文书,居然完全没有提及十二岁小孩所越诉上告的案件内容,假设他所告之事是攸关自己与继父的财产权利,而且家里也没有合适的对象可作为状首,若不是易百四的教讼,岂不是永远无法获得让自身的权利得到官方认定的机会。

其实,官府更担心擅于打官司的无赖之辈以及替换罢役的公吏,以其熟悉县衙的行政业务向庶民勒索财物、教唆论诉、代写词状等,普遍造成县城里的"公"、"私"祸害:

---

[28] 《州县提纲》卷2"告讦必惩",第7—8页;"通愚民之情",第5页。
[29] 《夷坚丁志》卷17《淳安民》,第681页。
[30] 《清明集》卷8《户婚门·立继类》刘后村"继绝子孙只得财产四分之一",第252页,"通仕、刘氏皆缘不晓理法,为讼牙讼师所鼓扇,而不自知其为背理伤道。"
[31] 《清明集》卷12《惩恶门·把持》方秋崖"惩教讼",第479—480页。

> 所在多有无图之辈,并得替公人之类,或规求财物,或夸逞凶狡,教唆良民,论诉不干己事,或借词写状,烦乱公私,县司不往察探,追捉到官,必无轻恕。(《作邑作箴》卷6"劝谕民庶榜",第30页)

于是地方行政效率的问题就弊病丛生。更令人忧心的社会问题是,当见役人吏、有力之家与健讼之人结合在一起,在县衙的司法行政里应外合,必然使庶民受害更深:

> 而见役人吏及虽横有力之家与健讼之人阴为援奥,致使善良之人深被其害。(《宋会要》刑法3之27)

所以官府必须积极地制定法令,以遏止具有行政经验的人与地方势力的合流。

不过南宋法律内容的变化,却也成为投机者"有利可图"的谋生之道,例如法律上许人告论"冒占逃绝户产"、"若匿牙税"、"逃漏酒课钱"之类,并且赐给赏钱,健讼者若知晓法律的规定,就可以游走于官、民之间,邀挟钱物。㉒ 再者,地方的监察制度中,监司每年巡行访察州县的行政失误,于是知晓法律者便可以"挟官吏之短长",向监司进行合理的冤讼越诉,更是造成县衙官吏们的莫大压力,有的如王方父子"以识字健讼为家学,每遇监司按部,则胁持公吏,欲以可过诬诉,吏辈恐其生事,皆以钱私与之","纵使有词,吏不敢承行"。㉓ 还有些土豪仿造衙门的牢狱,"私置惨酷牢房"、"杖直枷锁,色色有之"、"私行文引,捕人拷掠,囚之牢房,动经旬日"㉔,南宋的敕律有禁:

> 诸形势之家(豪民同)辄置狱具而关留人者,徒二年。情理重者,奏裁,许彼关留人越诉。(《庆元条法事类》卷75《刑狱门五·刑狱杂事》"断狱敕",第537页)

豪民、形势户若私置牢狱而关留人者,必须处刑"徒二年",受关留的庶民可以"越诉"。不过,南宋中晚期,还有地方官说:"此邦僻在一隅,风俗悍戾,豪富之

㉒ 《州县提纲》卷2《禁告讦扰农》,第6—7页。有关酒课钱,参见本书第六章第二节。
㉓ 《清明集》卷13《惩恶门·诬赖》天水《王方再经提刑司钉锢押下县》,第517页。
㉔ 兹举《清明集》卷12《惩恶门·豪横》中三例:(1)蔡久轩"豪横",第452页。(2)胡石壁"不纳租赋擅作威福停藏逋逃胁持官司",第473页。(3)刘寺丞"母子不法同恶相济",第472页。

家率多不法，私置牢狱，擅用威刑，习以成风，恬不为怪。"㉕

更有甚者，豪猾恶少们长期威胁知县的治绩，所以有干吏之才的县令在上任之初，就会采取一些对付之术，如邵骥（1130—1193）知浙东衢州开化县时，"先是县有恶少年，比为十友，持吏长短，公摘其渠长前后所坐上之州，不为竟治，又上于监司、于台、于省，凡三置狱，卒论如法，俗为之变。"㉖又如高崇（1173—1232）知成都府路汉州什邡县："县有猾胥，持吏短长，兄弟盘结，久不能去。公至，白诸刑狱使者，迸之远方，人谓非洁己者不能为县！"㉗而有号为难治的县邑，县令往往"鲜以善去"，地方官治理俗喜终讼地域时，若能"惩其发踪者，讼以是简"㉘，又要平心处之，"既不吐刚茹柔以自欺，亦不专抑扶强以自异"㉙。官员若未能锻练本身的法治能力，则面对染珥笔之俗，逞强好讼之民时，可能"三省考满未得代，遭诬成狱，以囚服往"，仕宦前程毁于地方土豪飞语中伤。㉚

小结　尔俸尔禄，民膏民脂

县衙的县官是一个工作团队，若在狱讼事务上有公事失错的情形发生时，诸县官也将受"连坐"处分。不过，相较于其他县官，身为一县之长的县令所承担的压力则更加复杂。有的县令在地方行政业务时，甚至会被擅于打官司的民众越诉监司论其苛刻暴政，以致考课不佳，于是县令不仅无法完成中央所交派的新政令，还因考课得"否"而被降贬。

县令面对日益增多的行政业务，以及朝廷要求官僚敦修儒业，以免岁靡于廪粟，因而宋代士大夫兢兢业业于官箴，并勤于著作成规矩、作县箴言，又鉴于庶民好兴狱讼，所以有以厚人伦而美习俗为目的，编纂训俗的《世范》劝谕群众。两宋朝廷重视"狱空"政绩，一方面县令不能无视其规定，努力做到"裁听

㉕《清明集》卷9《户婚门·库本钱》"背主赖库本钱"，第337页。
㉖《鹤山先生大全文集》卷75《知南安军宗丞都官邵公墓志铭》，第2页。
㉗《鹤山先生大全文集》卷88《知黎州兼管内安抚高公（崇）行状》，第9页。
㉘《漫塘集》卷33《故吏部梁侍郎行状》，第2页。
㉙《絜斋集》卷14《秘阁修撰黄公行状》，第233页。
㉚《盘洲文集》卷75《郑宜人墓志铭》，第8页。

健决，狱无系囚"，一方面当州、监司积极争取"全路狱空"的表现时，县令不仅必须隐寄来自州衙的系囚，还得受到限期结绝的压力，所以县令只有勤劳不可怠惰，毫无个人的休闲生活可言。何况宋人常说："治狱多阴德"、"治狱，人死生所系"，县令要有悲悯人命的情怀，审理任何案件都可能攸关子孙的祸福。除此之外，狱讼的过程中，不论鞫狱或定谳，县令都得时时刻刻防范吏人的作弊，他们既要仰赖县吏，又得加强对吏人的行政管理，负起县衙全体业务的行政责任。

虽说南宋县衙公吏役人的工作分工情形不如州吏，但与狱讼相关的公吏职务有若干受重视的管理发展，譬如"县门子"必须留意影响狱讼的形势户与司狱吏人的进出，有的县衙会指派资深可靠的县吏职司诉状"开拆"的工作，或是县令书判时，只以一位轮职"贴司"书吏在旁写所判出状词，将判决文归类架阁档案时，则委派"手分"编号上架；若需查对法条，则要由掌管编录司之锁的"押录"开启架柜。至于追会查证的工作，由"脚力"、承行厅子、吏贴"督催；若是出城验尸，就差"手力"五名当班；若是追捕罪人或押送重要文件，以防盗的"弓手"役人承引。在监狱中，则由狱子与押狱节级共同管理。县吏役人因公事失误，若不属私罪者，则处以"杖六十"至"杖一百"的刑罚。而县官稍不自觉便易造成县吏犯罪，譬如县令轻易出示"判状"，顺理成章让县狱公吏握有向庶民邀索的公文，任意勾追词人、干证人上衙门，还有证人因事入狱乃向吏人行贿求出，可想见南宋以下的中国人不愿上衙门作证的历史原因。

自高宗、孝宗以来，县狱中的推吏就领有比照州衙狱吏的三分之二资薪（重禄），光宗绍熙元年（1190）更制定县衙"推吏法司"，除了行重禄法，又以一年为期，以及因公事而受财者以私罪论，法令规定只要受财四贯以上就是加役流的徒刑，除了决脊杖二十、配役三年，还得流配到广南险恶州军的牢城。由于重禄法不可谓不重，所以有些地方的推吏不愿支领薪水，于是朝廷更下令以"违制论"。法司是指编录司，南宋中期亦规定协助检法的书吏也有升迁的机会，被县令挑选的手分、贴司在编录司习学三年，可以升一等，若遇州衙编录司有阙，他们也可经由考试递补缺职。由于县衙公吏役人比一般人熟悉衙门的行政流程与其中人事，所以孝宗淳熙四年（1177）以后，有诏："曾经编配吏人及见役吏人,并不许充官民户干人。"宁宗庆元二年(1196)以后,则明定违者处刑"徒二年"之法条,避免这一类人与豪强形势户勾结,进行变黑为白的官司诉讼。

从南宋地方官的劝农文和谕俗文中,总不免有"好讼终凶"、"乐词讼者,破家之甚"的规劝,似乎意味着当时打官司之事对于一介小民而言亦属稀松平常。由于农民一遇难以隐忍的小争便投诉官府,若合于程序的诉讼,县衙又不能拒绝审理,于是县衙滞讼的情形愈来愈严重,甚至有"田讼"更经数县令而无法结绝。而庶民的官司中,又有豪强逼债而自杀的案件,于是地方官引用《唐律》:"恐逼致死伤者,依斗杀伤法"制裁逼债导致人命的债权人,如此对刑律的扩张解释影响明清律:"凡因户婚、田土、钱债之类的事情,威逼人致尽者,必须先杖一百"的制定,并透露出南宋迄明清在以农立国的国度里庶民的经济生活与法律文化的互动。

传统中国在狱讼制度中相当讲究"证据",宋代的制度与执法的地方官亦不例外。不过在南宋的"狱讼"中,就连证人在诉讼过程中也得遭受如时间、入狱及精神等的磨难,颇令人同情。然而官衙又不可能放弃证据的调查与司法制度的发展,因此"保"人的制度将日趋重要与完整。两人殴杀成命时,"邻保"要出面作证;投词人到衙门告重罪,必须找"投保"人为证;入狱鞫勘之后,亦需"取保"知在;地方官到乡村拿取文状或查证时,也必须呼及邻保当众供写、读示与系书(签字);发生买卖交易的纠纷时,在契约上押印的"牙保"不只作证人,还得与违法者均罪与赔偿;若是当事人无力找保人,却又贫病交迫不堪系狱,县衙还要指定"保识"的保正与保长。自此以后,乡村中的各类"保"人或许也是一种保障社会秩序的机制。

南宋地方审判的户婚案类中,出现不少"立继"争讼及其相关问题。如果案件已告到官府,官府就要依法定程序判决,而有亲属血缘的两造对簿公堂,就儒家所提倡的亲亲相爱、长幼孝悌之社会伦理而言,实在是风教的大事。因此地方官往往在"公"与"私"之间折衷一番,打官司者若有"宗族"组织,则可指定一名官员前往,并赋予族长们"公正"的合法性,以配合官府达到"公论允协"的要求。

宋代以下,庶民好讼、健讼已造成地方衙门滞讼的行政问题,甚至有些豪强利用越诉陈雪控告县官失职。土豪狱讼的案别,不论是县官推行中央政令或是个人恩怨,其经济能力足以长期打官司,或运用地方罢役配吏充作个人打官司的干人,洋洋得意于地方官衙,或监司面前投词喊冤,致使县令遭受监察考课而降贬。而县官三年一次迁转,在处理地方滞讼案件时,新兴土豪把持地方事务确实是一大障碍。

结　　论

综合上述六章所论,南宋县衙处理狱讼业务时,不只是官府与打官司人之间的司法活动而已,就县衙官吏而言,也必须考虑行政、监察等相关法令的制约。就民众而言,如果懂得法律与衙门的行政流程,更能掌握争取自身利益的机会。而南宋地方官僚虽然有相当大的行政压力,但他们孜孜于讨论狱讼的原则与态度,努力建立县衙狱讼的合理性,可说是宋代士人实践"理"的重要成就,值得大书特书。

本书从南宋人民投讼牒、打官司的情形开场,看到当时一方面有人借诉讼来扩张自身的利益,另一方面有人借诉讼来维护自己的权益,所以造成县衙的狱讼事务增加。无论是以哪一方面的原因打官司,都和地方上基层衙门狱讼制度的运作及狱讼制度提供民众各种不同的机会有关,当时的地方官僚面对狱讼案件时,实在感受"亲民之官,作县不易"的压力,因此铺陈深入分析县衙狱讼制度的实际程序,从而观察南宋的经济、文化和社会的各项发展。

第一,在受词与追证的程序阶段中,南宋县衙致力于明确化"狱讼"案成立的要件,使人民到衙门打官司可以依循理则,有些地方官也力图减轻打官司者在勾追验证中的负担,所以努力制定原则化追证的程序,也是官府常向民众榜示"词诉次第,追会供证"的用意。可是当官府规定与处事朝向理性发展时,却看到民间的打官司愈来愈倾向争讼告罪的方式,呈现出与官府的用意背道而驰的倾向。这些现象固然反映出地方官若干失败之处,但是南宋官僚们所建立的治理方针,即使南宋末年的社会逐渐发生脱序的状况,仍可保持亲民官衙正常运作的能力,不容一笔抹灭。

第二,在进一步追查与推鞫中,牢狱是一个重要的场所,由于县狱是县衙的行政机构之一,所以不只是拘系"狱"或"讼"者,还关留其他遭受行政处分者。南宋县衙的讼牒业务日益增加，相对提高入狱的人数。又因为南宋末年的诬告风气很盛，虽然真正的刑案不算太多，但是涉嫌"刑狱"者却不少。此外，县狱负责监拘逋逃租欠税者，这些逋欠租税的人数往往又高达数百人。总之，县衙里人满为患、湿澳致死的情况，可想见一斑。而县令的"治狱"职责不仅止于为了侦办"刑狱"案、厘清"讼牒"案的相关事宜而已。南宋官箴提醒官员设想"一夫在囚，破家灭身"的处境，县狱的管理与维持秩序亦是县令日常政务的重要项目之一。

第三，在县衙的听讼判决过程中，县令不能"独"断判决，徒罪以上的重大狱案必须"聚录"共审，繁多的户婚案则可以"聚厅"商量。而且审理官员"引问"当事人，"公心"面审两造，并且应该加以劝谕因小事上衙门的庶民，凡此皆是听讼对待当事人的重要法门。行政官员处理狱讼案件不应以"严刑定罚"为目的，就朝廷统治的理念而言，"原情定罪"是要考虑"情轻法重，取旨奏裁"、"罪疑惟轻"、"情理重害"等恤刑的理想。就亲民官的知识背景而言，其读圣贤书推论道理，实践"听讼，吾犹人也"的古训，是士大夫抚民的目的，所以审理狱讼的官员心中经常持有一把秤，衡量着"酌人情、合天理、依国法"的适当位置，有道是"原情定罪，援法据理"，而不是将上衙门求诸公断的投词者都看成待罪之人。因此，即使遇到难以管理约束的健讼之徒，他们若只是依法理打官司的百姓，县令亦没有理由拒绝听讼，更不能贸然定罪处刑。

第四，在县衙结绝狱讼案件时，县官拟笔书判必须具"情与法"，检法与查情的工作缺一不可，所以即使"户婚差役"案有"不受理"法条的规定，亦需耗费时间与人员进行调查案情，最后还得以交付当事人一份断由，说明不受理的司法立场。而县官书写断由与其他衙门制作书判并无二致，皆需充分理解案情与社会人情，从而提出"法意"解释，以法条说服当事人息讼。而科刑时，除了勘杖一百以内的肉刑之外，县衙也必须强制"监"理两造纠纷中的"赃"物，并且以"听读"、"示众"、"刺环"、"押出县界"与"永锁"等附加刑，恢复失衡的社会秩序。县官身兼行政与司法等多重业务，执行狱讼判决的结果，除了顾及行政人手的充足，也得端看地方势力的态度，处理稍有不得当，官员非但落入无吏人可用的困境，更容易发生地方社会的造次，终将使各项行政业务沦于滞碍难行的地步,遑论司法的正常运作,所以结案时的阻力,如何"照条给断,镂榜遍行",则又考验着县官的行政能力。

分别论述四项县衙的狱讼程序后,可知各个程序中难免衍生出当时代相对应的风气。除此之外,整个狱讼制度与官民生活亦是值得再作综合讨论。

就官而言,县令处理狱讼时,县令必须他佐官相配合的职责,才能把单一的诉讼案件结绝得当。而县官受俸禄于朝廷,必须遵守朝廷的官箴,况且读书人普遍具有入仕天下的精神与责任感,所以尽职于教化息讼、求取狱空之美誉,都是亲民县官应该实践的"狱讼"之具体目标,乃至于"治狱多阴德",更是与家族子孙的祸福相报,不可不谨慎。

就吏而言,县吏的工作与组织虽不及州衙完备,但是与狱讼相关公吏的工作必须井然有序,至于推吏、编录司的手分与贴司等直接处理狱讼的县吏,也愈来愈讲究专职化。而县吏在庶民狱讼中收取好处,又是众所皆知的问题,所以从南宋高宗、孝宗之后,县衙狱吏就领有"重禄";光宗以下,县衙设置刑案推法司,制定推法吏员的选任与迁转相关法条,并且遏止有行政经验的罢役配吏成为形势官户的干人,以免紊烦县衙的狱讼秩序。

就大多以农为生的庶民而言,打官司的程序严重妨害农业生产,所以南宋地方官的劝农文不断强调健讼终凶,又加强"保人"与邻保制度,以"均赔"来保障与日俱增的交易行为,因此稳定地方治安。另外,利用民间既有的家族组织,赋予宗族族长处理继承与分产的权力,减轻县衙的行政负担。从宋代以来,庶民若具备法律知识,一方面可以自我保护,防范他人的诬告行为;一方面可以从事谋生,不论是代笔人,或包揽词讼的哗徒,甚至牟取暴利、透过越诉监司把持威胁三年一次迁转的县官而成为新兴的豪民。当县官处理狱讼业务时,必须时时谨记"尔俸尔禄,民膏民脂"的官箴,不能回避任何庶民诉诸官府的难题与新兴豪民的重大挑战。

从南宋县衙的"狱讼"制度研究来了解"人"的生活秩序,可见打官司的程序是复杂而繁琐的,而且审理狱讼又只是衙门众多业务中的一项而已。就诸多事例中,可以看到南宋的县官们在案牍累形之际,仍坚持许多狱讼之"理",努力改善地方衙门的行政,平息两造的纷争,尽力于安定庶民的生活与秩序,如《清明集》卷1《官吏门·申儆》中,开宗明义收录真德秀致书湖南潭州的"两通判及职曹官"文章中说道:"狱者,民之大命,岂可少有私曲。讼有实有虚,听之不审,则实者反虚,虚者反实矣,其可苟哉!"而即使当南宋末年逐渐脱序的时代里,许多县官还是坚守职分,不会放弃"据理"、"原情"以治狱讼,这种士大夫"公心执法"的精神是可以肯定的。

以上是本论文的主轴与论点,以下将略述完成这一篇论文的心得与若干成果。

一是有关县衙的狱讼的研究成果

在以往的法制史研究书籍中,如徐道邻撰《中国法制史论集》或王云海编《宋代司法制度》等,咸以为县衙是宋代诉讼行政制度中最薄弱的一环,最无法实践"鞫"与"谳"分司的理想的单位。这类论述早已是学界的定见,然而却和我所理解宋代文官们兢兢业业的工作态度,或是理学家、道学家所要建立的社会秩序,实在有相当的落差。而当深入"制度史"的探索之后,我发现以往研究者强调"鞫与谳分司的理想,无法在县衙的行政落实",乃是指职官的设置,而"鞫"、"谳"乃至于"捕"都必须分司,由不同人负责的理想,则落实到"吏"的工作安排。另一方面"官"的职能也因这一理想而有若干变化,譬如从南宋孝宗以后,一度指定县丞佐助县令鞫狱的规定中,或许可以观察出制度如何去实践"理想"。总之,县衙的司法行政组织虽是最薄弱的一环,但是南宋县官们坚守职责,改进业务与保障庶民的生活,仍有其重要的历史意义。

二是有关南宋史研究的承先启后

这一篇论文虽以"南宋"作为研究的时代,但所举证的事例与案件,大多使用南宋的史料,而追溯制度的源流时,则不将时代断裂成北宋、南宋,所以整理了《唐律》甚或更早的法律沿革。我认为,在中国的法制思想的演变中,其实并没有太大的变化,可以说是具有延续性的,但因为社会演变而引起的制度变化,则可从"县衙狱讼"的课题得出南宋是一个承先启后的时代。譬如"取保知在"的规定,大概自汉晋以来就已有发展,即便有人系狱滞留不出,官府可以召"保识"释放出狱。迄南宋以后,尚有更完善的保人制度、病囚保外就医的种种细节规范。

又如,高宗绍兴二十二年(1152)规定官府授给有婚田差役官司的当事人一件"断由",以此为结案的凭证,审理衙门也会将断由视为重要的档案,加以保存与管理。朝廷制定"断由"法令的原因,一方面是南方人擅于打官司;一方面则是因为南宋版图缩小,所以许多打官司的人一下子就到临安越诉告状,使得中央不胜其扰,于是订出这项规定。此外,譬如书铺代笔人、写状保识的规定,亦是从北宋末年逐渐因为地方衙门的狱讼业务愈来愈多,官府为维持受词追证的秩序,而发展出这些制度。在探讨这些制度的演变时,本书既要关照到前代的"法理学说",以及宋朝当代的"国法"规定,还要对个案的判决文进行深入理解,并且处处提醒自己千万不可以落入"见树不见林"的格局中,不只发掘南宋在唐宋变革时期的特殊性,更注意时代因素与法制精神的传承。

三是有关法制社会史的材料

一般人乍看本论文的题目,都以为是"法制史"的研究,但如我在绪论中提及所关怀的四大层面,除了法律本身的逻辑与沿革之外,对于使用法律的人、法律产生的时代、法律发生的效果等相关的社会史更有兴趣。为了克服只囿于研究法制或法律一项问题中,我运用了宋代法制必备的史料之外,每写一项制度时,总不忘"徒法不足以自行"一言,所以各式各样的人与法制的互动事迹,都是我不能错过的史料。在本论文所使用的史料中,有影印京都大学从静嘉堂皕宋楼得来《复斋先生龙图陈公文集》(即陈宓的文集),是台湾罕见的一本文集。而为了考证衙门中合法的刑具,我也运用南宋明州地区画工绘制的地狱"十王图"中图像,具体说明衙门里的枷、杻、钳、锁和盘枷等禁系刑具之功能。

四是有关方法论的运用

本论文主要是以归纳分析为主,为了呈现推论的周密与完整,所以本文附上许多大篇幅的资料分类表格。另一方面,本论文也尝试"量化"分析。譬如在第五章第二节中,本文质疑以往学者称传统中国的判决大多是一种"自由惩罚"的态度,愚在南宋的判决文有区处而不处刑的现象,则省思学者声称传统中国的审判官员是相当"自由心证"的说法,因此本论文将《清明集》户婚门及赋役门中的200件判决文分成"不处刑"与"处刑"的两大类,统计引用法条、引用刑律、指出法意、"出幼"、"妻在从妻条"等类目,从中得出判决文不是以"处刑"为主要目的,而执法官员引用法条,必须说明法条本意及法官的用意,而这就是"法意",也就是审判官员的"法律解释"是相当重要的。从若干量化的数字中,还可说明审判官员提出法意时,包括他本身的法学素养、官职角色、个案的人情考量、各种法令与刑律的交互斟酌等。

再者,本论文的辩证对清末法学大家沈家本的看法有些修正。举例而言,"示众"是县衙可以使用的附加刑之一,其实就是明清使用的枷示或枷号,而沈家本曾指出枷号之制,历代未见,只有明太祖《大诰峻令》始有枷令名目。而从南宋的判决文中则可以得出"令众"时必须戴枷具,所以南宋判决这一项刑罚时,并不以枷令为名目,而是以令众为名,于是又可以进一步从《庆元条法事类》中发现对赌博者施以"令众五日"的惩罚法条,由此驳正沈家本论证枷号之制的出现、运用等问题。

此外,在南宋地方官的墓志铭、传记中记载地方官拟判的态度,可以补充说明《清明集》判决文的书写者之心理状态,除了考察地方官在个别案件的审判做法,也尝试了解地方官处理"狱讼"的一贯做法,所以本论文运用以朱熹为中心的理学家,如黄干、陈宓、陈淳、真德秀、宋慈、魏了翁、刘克庄等人的事迹,加以证明南宋道学官僚们的治县理想。而在写作过程中,还考证出《清明集》卷3的"关宰璠"就是"关璠",并从关璠之妻的墓志铭中发掘关县令初上任建阳县处理"狱讼"的考课压力,以及当地豪强不可忽视的实力。

五是有关探索法制史的研究趋向

本论文的内容中,包括法哲学、实体法、制度运作、司法程序、人员配置、社会基础、历史演变等,并非只是单一的法条或制度的研究,而是全面性地进行"法与社会"(Law and Society)的探讨。就我个人而言,这种企图心与研究方向尚在摸索的阶段,所以关于这类作品的写作技巧与法学入门,日后都将列入个人有待琢磨与培养的生涯规划中。

至于在结束本论文的研究后,继此则有三大方面将是促使愚继续研究工作的主要方向。

一方面是研究幕职州县佐官的制度

宋代以下的科举制度与文官体制,是近千年中国制度史、文化史的一大课题。当我在进行地方衙门的狱讼官员组织概况分析时,从所阅读的墓志铭、传记资料中,粗略地得到一点想法,那就是宋代的科举与出仕的关联,譬如科举中进士甲科的举子,大多分配至州衙担任幕职诸曹官中的推官、司户参军、司法参军。成绩其次的考生,则担任职主簿或是县尉。这些初任僚属者,他们既有本身的行政职务,如司户、主簿分别掌管州、县的钱粮,又有机会与义务接手州县地方衙门的狱讼业务,如果表现良好者,还由州衙长吏或是诸监司的荐举,进一步转任他职。一般而言,凡是亲民的知州、通判以及县令都是经过幕职州县佐官的历炼。我认为,宋代没有出现如明清时期师爷的原因之一,可能和州县幕职佐官的制度设计有关,拟于日后对此一课题进行更为细致的研究。

二方面是法制与社会的研究

虽然我一再强调个人的研究兴趣在于社会史,但从本论文的研究后,我将和法制史的"专业领域"结下不解之缘。换言之,从今以后,我将以法制、法律作为切入的依据与技术来观察社会史。举例而言,在本文的绪论中,我采用陆九渊对于衙门事务的分类,而将县衙的日常公事分成四大项目,除了"狱讼"之外,还有"簿书"、"期会"与"财计"等,这些研究议题看似各有其专业,例如财计是属于财政经济的领域,但我认为若要研究这一个题目,其中相关的"律文"与"程序"是不可以忽略的。

三方面是士大夫的精神与统治理念

这是一个属于研究士人、士大夫团体的自觉意识的问题,关于"士人的自觉"的研究成果,多半是集中在魏晋南北朝的世族社会时代。相对于其他时代,魏晋南北朝的皇权是处于较低落的状态。而一般认为宋代以下,皇权逐渐升高,尤其到明清发展出不可抗拒的"绝对皇权"。明清的士人似乎为了应举出仕,以至于逐渐不谈"自觉"或是"对抗皇权"的问题。相较于前朝,宋代的皇权固然是愈来愈集权化,不过,这一个现象和监察制度的设计有相当密切的关系。除此之外,跻身士大夫之列者,既要受国家法制的监察,又会受制于读书人的道德良知,那么宋代士大夫的精神是如何实践的,也值得再由法制的角度加以追问与研究。

总而言之,博士论文是个人未来研究的开端,愚将自我期许如南宋人所秉持"穷研道理"的态度,分别是非曲直的历史真相,在"古今之民同一天性"的信念中,探究有助于社会人群理性发展的制度。

引用及参考书目

史　料

（一）经、史、子

《周易》，阮元校注，《十三经注疏》，台北：艺文印书馆1989年版。

《尚书》，十三经注疏本。

《毛诗正义》，十三经注疏本。

《周礼注疏》，十三经注疏本。

《礼记注疏》，十三经注疏本。

《春秋左传正义》，十三经注疏本。

《孟子》，十三经注疏本。

《全唐诗》，北京：中华书局1996年版。

中国科学院历史研究所辽金元史研究室：《名公书判清明集》（明版），北京：中华书局1987年版。

（宋）王溥：《唐会要》，北京：中华书局1985年版。

（宋）王栐：《燕翼诒谋录》，台北：木铎出版社1982年版。

（清）王梓材、冯云濠：《宋元学案补遗》，收入《四明丛书》，台北：新文丰出版社1988年版。

（宋）王应麟：《玉海》，台北：鼎文书局1975年版。

（清）王懋竑、何忠礼点校：《朱熹年谱》，北京：中华书局1998年版。

（宋）王辟之：《渑水燕谈录》，丛书集成简编。

北京图书馆金石组编：《北京图书藏中国历代石刻拓本汇编》，郑州：中州古籍出版社1989年版。

（宋）司马光著、胡三省注：《资治通鉴》，台北：华世出版社1987年版。

（宋）司马光撰、邓广铭、张希清点校：《涑水纪闻》，北京：中华书局1989年版。

（汉）司马迁：《史记》，台北：鼎文书局1979年版。

(宋)任广编、(明)乔应甲校、〔日〕长泽规矩也编:《书叙指南》,上海:上海古籍出版社1990年版。

(明)何乔远:《闽书》,福州:福建人民出版社1994—1995年版。

(清)余丽元:《石门县志》,台北:成文出版社1975年版。

(宋)吴曾:《能改斋漫录》,上海:上海古籍出版社1979年版。

(宋)吴自牧:《梦粱录》,丛书集成初编本。

(宋)吕本中:《官箴》,丛书集成初编本。

(宋)宋慈:《宋提刑洗冤集录》,丛书集成初编本。

(宋)李昉:《太平御览》,台北:台湾商务印书馆1968年版。

(宋)李昉等编:《太平广记》,北京:中华书局1961年版。

(宋)李焘:《续资治通鉴长编》,北京:中华书局1979年版。

(宋)李元弼:《作邑自箴》,丛书集成续编本。

(宋)李心传:《建炎以来朝野杂记》甲集、乙集,台北:文海出版社1980年版。

(宋)李心传:《建炎以来系年要录》,北京:中华书局1988年版。

(唐)李延寿:《北史》,台北:鼎文书局1980年版。

(唐)杜佑撰、王文锦等点校:《通典》,北京:中华书局1988年版。

(宋)沈括:《梦溪笔谈》,台北:鼎文书局1977年版。

(宋)周密:《癸辛杂识》,北京:中华书局1988年版。

(宋)周密:《齐东野语》,北京:中华书局1985年版。

周绍良编:《唐代墓志汇编》,上海:上海古籍出版社1992年版。

(宋)周应合:《景定建康志》,台北:大化书局1980年版。

(唐)房玄龄:《晋书》,台北:鼎文书局1979年版。

(宋)林駉:《古今源流至论》,四库全书本。

(唐)长孙无忌等撰:《唐律疏议》,北京:中华书局1985年版。

(宋)施宿:《嘉泰会稽志》,台北:大化书局1980年版。

(宋)洪迈:《夷坚志》,台北:明文书局1982年版。

(宋)洪迈:《容斋随笔》,上海:上海书店,1984年。

(清)纪昀:《阅微草堂笔记》,上海:上海古籍出版社1995年版。

(宋)耐得翁:《都城胜纪》,杭州:浙江人民出版社1983年版。

(宋)胡太初:《昼帘绪论》,百川学海本,丛书集成初编本。

(宋)胡继宗编、(明)陈玩直解、(明)李明机校、〔日〕长泽规矩也编:《书言故事大全》,上海:上海古籍出版社1990年版。

（南朝宋）范晔:《后汉书》,台北:鼎文书局1979年版。

（宋）孙奕:《履斋示儿编》,丛书集成初编本。

（宋）孙应时、鲍廉:《琴川志》,台北:大化书局1980年版。

（清）徐本:《大清律例》,天津:天津古籍出版社1993年版。

（清）徐松辑:《宋会要辑稿》,台北:新文丰出版社1976年版。

（元）徐元瑞:《吏学指南》,杭州:浙江古籍出版社1988年版。

（汉）桓宽:《盐铁论》,丛书集成初编本。

（汉）班固:《汉书》,台北:鼎文书局1979年版。

（宋）祝穆:《方舆胜览》,上海:上海古籍出版社1991年版。

（宋）祝穆:《古今事文类聚》,四库全书本。

（宋）袁采:《袁氏世范》,知不足斋丛书本。

（元）马端临:《文献通考》,台北:新兴书局1963年版。

（清）张廷玉:《明史》,台北:鼎文书局1982年版。

（宋）梁克家:《淳熙三山志》,台北:大化书局1980年版。

（宋）梅应发:《开庆四明续志》,台北:大化书局1980年版。

（元）脱脱:《宋史》,台北:鼎文书局1983年版。

（宋）陈均:《九朝编年备要》,四库全书本。

（宋）陈襄:《州县提纲》,丛书集成初编本。

（宋）陈元靓:《事林广记》,北京:中华书局1999年版。

陈柏泉编:《江西出土墓志选编》,南昌:江西教育出版社1991年版。

（宋）陈耆卿:《嘉定赤城志》,台北:大化书局1980年版。

（宋）陆游:《家世旧闻》,台北:新兴书局1985年版。

（宋）章如愚:《群书考索》,台北:新兴书局1972年版。

（明）冯梦龙:《醒世恒言》,台北:桂冠书局1984年版。

（明）黄淮、杨士奇编:《历代名臣奏议》,上海:上海古籍出版社1989年版。

（宋）黄震:《黄氏日抄》,台北:大化书局1984年版。

（明）黄宗羲撰、（清）全祖望补修:《宋元学案》,台北:华世出版社1987年版。

（明）雷梦麟:《读律琐言》,北京:法律出版社2000年版。

（宋）熊克:《中兴小纪》,台北:文海出版社1968年版。

（宋）赵彦卫:《云麓漫钞》,北京:中华书局1985年版。

(后晋)刘昫:《旧唐书》,台北:鼎文书局1979年版。
(魏)刘徽:《九章算经》,济南:山东人民出版社1994年版。
(清)刘于义:《陕西通志》,四库全书本。
(宋)欧阳修、宋祁:《新唐书》,台北:鼎文书局1981年版。
(宋)潜说友:《咸淳临安志》,台北:大化书局1980年版。
(清)潘永因编、刘卓英点校:《宋稗类钞》,北京:书目文献出版社1985年版。
潘鸣凤编:《昆山见存石刻录》,《石刻史料新编》,台北:新文丰出版社1977年版。
(宋)谈钥:《嘉泰吴兴志》,大化书局1980年版。
(宋)郑至道、(元)应俊:《琴堂谕俗编》,四库全书本。
(宋)鲁应龙:《闲窗括异志》,丛书集成初编本。
(宋)黎靖德编、王星贤点校:《朱子语类》,台北:华世出版社1987年版。
(清)薛允升:《唐明律合编》,北京:法律出版社1999年版。
(宋)薛居正:《旧五代史》,台北:鼎文书局1985年版。
(清)谢旻等监修、陶成等编撰:《江西通志》,四库全书本。
(宋)谢采伯:《密斋笔记》,丛书集成初编本。
(宋)谢深甫等撰:《庆元条法事类》,台北:新文丰出版社1976年版。
(宋)谢维新:《古今合璧事类备要》,台北:鼎文书局1975年版。
(北齐)魏收:《魏书》,台北:鼎文书局1979年版。
(宋)魏泰:《东轩笔录》,上海:上海古籍出版社1991年版。
(唐)魏徵:《隋书》,台北:鼎文书局1980年版。
(宋)罗大经:《鹤林玉露》,丛书集成初编本。
(宋)窦仪等撰、吴翊如点校:《宋刑统》,北京:中华书局1984年版。
(宋)释文莹:《玉壶清话》,台北:新兴书局1985年版。
(清)顾炎武:《日知录》,台北:台湾商务印书馆1978年版。
(明)顾应祥:《大明律例附解》,收入中国珍稀法律典籍集成,北京:科学出版社1994年版。
(宋)不著编人:《名公书判清明集》,北京:中华书局1987年版。
(宋)不著撰人:《宋大诏令集》,台北:鼎文书局1972年版。
(宋)不著编人:《新编翰苑新书》,四库全书本。
(宋)不著撰人:《壶山四六》,四库全书本。
(元)不著撰人:《宋史全文》,台北:商务印书馆1981年版。

（元）不著撰人、金心点校：《湖海新闻夷坚志续集》，北京：中华书局1986年版。
（宋）不著编人：《新编事文类要启札青钱》，台北：大化书局1980年版。
不著编人：《居家必用事类》，京都：中文出版社1979年版。
《云梦秦简》，收入《中国珍稀法律典籍集成》，北京：科学出版社1994年版。

（二）集

文天祥：《文文山集》，四部丛刊正编本。
文彦博：《潞公文集》，四库全书本。
方岳：《秋崖集》，四库全书本。
王柏：《鲁斋集》，丛书集成初编本。
王十朋：《梅溪集》，四库全书本。
王之望：《汉滨集》，四库全书本。
王禹偁：《小畜集》，四库全书本。
王庭珪：《卢溪文集》，四库全书本。
包恢：《敝帚稿略》，四库全书本。
朱熹：《朱文公文集》，四部丛刊正编。
吴泳：《鹤林集》，四库全书本。
吴儆：《竹洲集》，四库全书本。
吕祖谦：《东莱集》，四库全书本。
李纲：《梁溪先生全集》，台北：汉华文化1970年版。
李昴英：《文溪集》，四库全书本。
汪藻：《浮溪集》，四部丛刊初编本。
汪应辰：《文定集》，聚珍版丛书本排版，新文丰出版社1984年版。
周必大：《文忠集》，四库全书本。
林之奇：《拙斋文集》，四库全书本。
林光朝：《艾轩集》，四库全书本。
林希逸：《竹溪鬳斋十一稿续集》，四库全书本。
林表民编：《赤城集》，四库全书本。
姚勉：《雪坡集》，四库全书本。
洪适：《盘洲文集》四部丛刊初编本。
胡次焱：《梅岩文集》，四库全书本。
胡祇遹（元）：《紫山大全集》，京都：中文出版社1985年版。

范浚：《范香溪先生文集》，四库全书本。

唐士耻：《灵岩集》，续金华丛书本。

孙觌：《鸿庆居士集》，四书全书本。

孙梦观：《雪窗集》，四库全书本。

孙应时：《烛湖集》，四库全书本。

真德秀：《西山真文忠公文集》，四部丛刊初编本。

袁甫：《蒙斋集》，聚珍版丛书本排版，新文丰出版社 1984 年版。

袁燮：《絜斋集》，聚珍版丛书本排版，新文丰出版社 1984 年版。

袁说友：《东塘集》，四库全书本。

高斯得：《耻堂存稿》，四库全书本。

张守：《毗陵集》，四库全书本。

张栻：《南轩集》，长春：长春出版社 1999 年版。

张嵲：《紫微集》，丛书集成续编本。

张纲：《华阳集》，四部丛刊广编本。

曹彦约：《昌谷集》，四库全书本。

梅尧臣：《宛陵先生集》，四库全书本。

许应龙：《东涧集》，四库全书本。

陈宓：《复斋先生龙图陈公文集》，日本：据静嘉堂藏皕宋楼本影照本。

陈淳：《北溪大全集》，四库全书本。

陈造：《江湖长翁集》，四库全书本。

陈著：《本堂集》，四库全书本。

陈文蔚：《克斋集》，四库全书本。

陈耆卿：《筼窗集》，四库全书本。

陈傅良：《止斋文集》，四部丛刊正编本。

陆游：《陆放翁全集》，台北：中华书局 1981 年版。

陆九渊：《象山先生全集》，四部丛刊正编本。

彭龟年：《止堂集》，四库全书本。

程珌：《洺水集》，四库全书本。

舒璘：《舒文靖集》，四库全书本。

阳枋：《字溪集》，四库全书本。

黄干:《勉斋集》,四库全书本。
黄仲元:《莆阳黄仲元四如先生文稿》,上海:上海书店,1985年。
黄彦平:《三余集》,四库全书本。
黄庭坚:《山谷集》,四部丛刊初编本。
黄庭坚:《豫章黄先生文集》,丛书集成初编本。
杨简:《慈湖遗书》,四库全书本。
杨万里:《诚斋集》,四部丛刊正编本。
叶适:《水心先生文集》,四部丛刊初编本。
赵鼎:《忠正德文集》,四库全书本。
赵必𤩅:《覆瓿集》,四库全书本。
刘宰:《漫塘集》,四库全书本。
刘一止:《苕溪集》,四库全书本。
刘克庄:《后村先生大全集》,四部丛刊初编本。
慕容彦逢:《摛文堂集》,四库全书本。
葛胜仲:《丹阳集》,四库全书本。
楼钥:《攻愧集》,四部丛刊初编本。
欧阳澈:《欧阳修撰集》,四库全书本。
蔡戡:《定斋集》,四库全书本。
蔡襄:《端明集》,四库全书本。
郑兴裔:《郑忠肃奏议遗集》,四库全书本。
戴栩:《浣川集》,四库全书本。
薛季宣:《浪语集》,四库全书本。
韩元吉:《南涧甲乙稿》,四库全书本。
魏了翁:《鹤山先生大全文集》,四部丛刊初编本。
罗愿:《罗鄂州小集》,四库全书本。
释居简:《北磵集》,四库全书本。

近 人 论 著

(一) 专书

孔庆明、胡元留、孙季平编著:《中国民法史》,吉林:吉林人民出版社1996年版。
王云海编:《宋代司法制度》,开封:河南大学1992年版。

王德毅:《宋史研究论集》第 2 辑,台北:鼎文书局 1972 年版。

白钢、朱瑞熙主编:《中国政治制度通史》,北京:中华书局 1996 年版。

〔日〕衣川强:《宋代文官俸给制度》,郑梁生译,台北:台湾商务印书馆 1977 年版。

吴廷燮撰:《南宋经抚年表》,北京:中华书局 1984 年版。

宋代官箴研读会编:《宋代的法律与社会——〈名公书判清明集〉讨论》,台北:东大图书公司 2001 年版。

李乔:《中国的师爷》,北京:商务印书馆 1995 年版。

李文治、江太新:《中国宗法宗族制和族田义庄》,北京:社会科学文献出版社 2000 年。

李弘祺:《宋代官学教育与科举》,台北:联经出版事业公司 1994 年版。

李啸仓:《宋元伎艺杂考》,上海:上海出版社 1953 年版。

沈家本:《历代刑法考》,北京:中华书局 1985 年版。

胡士莹:《话本小说概论》,北京:中华书局 1980 年版。

徐道邻:《中国法制史论集》,台北:志文出版社 1975 年版。

高明士主编:《唐律国家与社会研究》,台北:五南图书公司 1999 年版。

张晋藩:《中国民事诉讼制度史》,成都:巴蜀书社 1999 年版。

梁方仲编著:《中国历代户口、土地、田赋统计》,上海:上海人民出版社 1980 年版。

梁庚尧:《南宋的农村经济》,台北:联经事业出版公司 1984 年版。

郭建:《帝国缩影——中国历史上的衙门》,上海:新华书局 1999 年版。

郭东旭:《宋代法制研究》,保定:河北大学 1997 年版。

陶希圣:《清代县衙门刑事审判制度及程序》,台北:食货出版社 1972 年版。

〔日〕滋贺秀三等著、王治平等编:《明清时期的民事审判与民间契约》,王亚新等译,北京:法律出版社 1998 年版。

冯沅君:《古剧说汇》,北京:作家出版社 1956 年版。

〔美〕黄宗智:《民事审判与民间调解:清代的表达与实践》,北京:中国社会科学出版社译本 1998 年版。

黄源盛:《沈家本法律思想与晚清刑律变迁》,台湾大学法律学研究所博士论文,1991 年。

黄繁光:《宋代民户的职役赋担》,中国文化大学博士论文,1980 年。

叶孝信主编:《中国民法史》,上海:上海人民出版社 1993 年版。

贾玉英:《宋代监察制度》,开封:河南大学出版社 1996 年版。

刘子健:《两宋史研究汇编》,台北:联经出版社 1987 年版。

刘俊文:《唐律疏议笺解》,北京:中华书局 1996 年版。

刘俊文主编：《日本学者研究中国史论著选译》第 2 卷"专论"，黄约瑟等译，北京：中华书局 1992 年版。

刘宗荣：《民法概要》，台北：三民书局 1996 年修订版第 3 版。

刘馨珺：《南宋荆湖南路的变乱之研究》（硕士论文，1992 年），台北：台湾大学文史丛刊 1994 年版。

薛梅卿：《宋刑统研究》，北京：法律出版社 1997 年版。

蔡墩铭：《唐律与近世刑事立法之比较研究》，台北：中国学术著作奖助委员会，1968 年。

邓小南：《宋代文官选任制度诸层面》，石家庄：河北教育出版社 1993 年版。

戴建国：《宋代法制初探》，哈尔滨：黑龙江人民出版社 2000 年版。

〔日〕井手诚之辅：《日本の美术第 418 号——日本の宋元佛画》，东京：至文堂 2001 年版。

〔日〕仁井田升：《中国法制史研究》，东京：东京大学出版会 1959—1964 年版。

〔日〕仁井田升：《唐令拾遗》，东京：东京大学出版会 1983 年版。

〔日〕仁井田升：《唐宋法律文书の研究》，东京：东京大学出版会 1937 年初版，1983 年复刻。

〔日〕周藤吉之：《唐宋社会经济史研究》，东京：东京大学年版会 1965 年版。

〔日〕柳田节子：《宋代乡村制の研究》，东京：创文社 1986 年版。

〔日〕高桥芳郎：《宋—清身份法の研究》，札幌：北海道大学图书刊行会 2001 年版。

〔日〕梅原郁：《宋代官僚制度研究》，京都：同朋舍 1975 年版。

〔日〕滋贺秀三：《中国家族法の原理》，东京：创文社 1977 年版。

〔日〕滋贺秀三：《清代中国の法と裁判》，东京：创文社 1984 年版。

〔日〕滋贺秀三编：《中国法制史——基本资料の研究》，东京：东京大学出版社 1993 年版。

Brian E. McKnight, *Law and Order in Sung China*, Cambridge University Press, 1992.

Brian E. McKnight, *The Quality of Mercy: Amnesties and Traditional justice*, Honolulu: University Press of Hawaii.

Ebrey, Patricia Buckley, *Family and Property in Sung China: Yuan Ts'ai's Precepts for Social Life*, Princeton Library of Asian Translations; Princeton: Princeton University Press, 1984.

Fong, Wen C., *Beyond the Representation: Chinese Painting and Calligraphy 8th-14th Century*, The Metropolitan Museum of Art, 1992.

Hansen, Valerie. *Negotiating Daily Life in Traditional China: How Ordinary People Used Contracts 600-1400, Yale University Press, 1995.

Lo, Winston Wan, *An Introduction to the Civil Service of Sung China*, University of Hawaii Press, 1987.

Macauley, Melissa, *Social Power and Legal Culture: Litigation Masters in Late Imperial China*, Stanford, California: Stanford University Press, 1998.

（二）论文

王棣:《宋代乡司在赋税征收体制中的职权运作》,载《中州学刊》,1999年。

王棣:《宋代乡书手初探》,载《宋代历史文化研究》,北京:人民出版社2000年版。

王志强《〈名公书判清明集〉法律思想初探》,载《法学研究》1997年第5期。

王志强:《南宋司法裁判中的价值取向》,载《中国社会科学》1998年第6期。

王曾瑜:《宋代的吏户》,载《新史学》1993年第4期。

王善军:《从〈名公书判清明集〉看宋代的宗祧继承及其与财产继承的关系》,载《中国社会经济史研究》1998年第2期。

朱苏力:《秋菊的困惑和山杠爷的悲剧》,载李楯编:《法律社会学》,北京:中国法政大学1999年版。

柳立言:《从官箴看宋代的地方官》,载《国际宋史研讨会论文集》第1集,台北:中国文化大学1988年版。

柳立言:《养儿防老:宋代的法律与社会》,载汉学研究中心编:《中国家庭及其伦理研讨会论文集》,台北:汉学研究中心1999年版。

孙楷第:《宋朝说人的家数问题》,载孙楷第:《俗讲说话与白话小说》,台北:河洛图书公司1978年版。

〔日〕宫泽知之:《宋代地主与农民的诸问题》,载刘俊文主编:《日本学者研究中国史论著选译》第2卷"专论",北京:中华书局1993年版。

袁俐:《宋代女性财产权述论》,载《宋史研究集刊》第2辑,杭州市:浙江古籍出版社1988年版。

康豹:《汉人社会的神判仪式初探:从斩鸡头说起》,载《民族学研究所集刊》第88号,"李亦园院士荣退特刊（一）",台北:"中央"研究院民族学研究所2000年版。

张谷源:《宋代乡书手的研究》,中国文化大学硕士论文,1997年。

梁庚尧:《从田宅交易纠纷的防治看宋代的庄宅牙人》,载《薪火集:传统与近代变迁中的中国经济·全汉升教授九秩荣庆祝寿论文集》,台北:稻乡出版社2001年版。

梁庚尧:《豪横与长者:南宋官户与士人居乡的两种形象》,载梁庚尧:《宋代社会经济史论集(下)》,台北:允辰文化1997年版。

陈俊强:《刑讯制度》,载高明士主编:《唐律国家与社会研究》,台北:五南图书公司1999年版。

陈景良:《试论宋代士大夫司法活动中的德性原则与审判艺术——中国传统法律文化研究之二》,载《法学论坛》1997年第6期。

陈景良:《试论宋代士大夫司法活动中的人文主义批判之精神》,载《法商研究61》1997年第5期。

陈景良:《试论宋代士大夫的法律观念》,载《法学研究》1998年第4期。

陈智超:《〈袁氏世范〉所见南宋民庶地主》,载中国社会科学院历史研究所宋辽金元史研究室编:《宋辽金史论丛》第1辑,1985年版。

陈智超:《宋代的书铺与讼师》,载宋史研究论集委员会编:《刘子健博士颂寿纪念宋史研究论集》,京都:同朋舍1989年版。

陈智超:《宋史研究的珍贵史料——明刻本〈名公书判清明集〉介绍》,载《名公书判清明集》附录七,北京:中华书局1987年版。

〔美〕黄宗智:《中国法律制度的经济史、社会史、文化史研究》,载《北大法律论评》1999年第1—2期。

黄源盛:《唐律刑事责任的历史考察》,载《现代刑事法学与刑事责任——蔡教授墩铭先生六秩晋五华诞祝寿论文集》,台北:国际刑法学会中华民国分会、财团法人刑事法杂志基金会1997年版。

黄宽重:《人际网络、社会文化活动与领袖地位的建立——以宋代四明汪氏家族中心的观察》,载《台大历史学报》2000年第24期。

黄宽重:《南宋飞虎军:从地方军到调驻军的演变》,载《史语所集刊》1986年第1期。

杨廷福、钱元凯:《宋朝民事诉讼制度述略》,载《宋史论辑》,郑州:中州书画社1983年版。

齐觉生:《北宋县令制度之研究》,载《政大学报》1968年第18期。

齐觉生:《南宋县令制度之研究》,载《政大学报》1969年第19期。

刘子健:《略论南宋的重要性》,载刘子健:《两宋史研究汇编》,台北:联经出版1987年版。

刘后滨:《论唐代县令的选授》,载《中国历史博物馆馆刊》第29卷,1997年。

刘馨珺:《"请求罪"与公私之分际》,载高明士编:《唐律与国家社会》,台北:五南图书公司1999年版。

刘馨珺:《宋代的请托风气——以"请求"罪为中心之探讨》,载宋代官箴研读会编:《宋代社会与法律》,台北:东大图书公司2001年版。

刘馨珺:《南宋狱讼判决文书中的健讼之徒》,载中国历史学会编:《中国历史学会史学集刊》2001年第33号。

戴建国:《宋代刑事审判制度研究》,载《文史》第31辑,1988年。

戴建国:《宋代的公证机构——书铺》,载《中国史研究》1988年第4期。

戴建国:《宋代的提点刑狱司》,载《上海师范大学学报》1989年第2期。

谢稚柳:《论梁楷〈黄庭经神像图卷〉》,载《艺苑掇英》1987年第34期。

〔日〕小川快之:《〈清明集〉と宋代史研究》,载《中国一社会と文化》2003年第18期。

〔日〕三木聪:《伝统中国における图赖——明清时代の福建の事例について一》,载历史学会编:《纷争と诉讼の文化史》,东京:青木书店2000年版。

〔日〕大泽正昭:《〈清明集〉的世界——定量分析の试み》,载《上智史学》1997年第42期。

〔日〕大泽正昭:《南宋の裁判と女性财产权》,载《历史学研究》1998年第717号。中文译本:《南宋的裁判与女性财产权》,刘馨珺译,载《大陆杂志》2000年第101卷第4期。

〔日〕川村康:《宋代折杖法初考》,载《早稻田大学》1990年第66号。

〔日〕川村康:《宋代断例考》,载《东京大学东洋文化研究所纪要》1995年第126号。

〔日〕古林森广:《南宋の袁采〈袁氏世范〉について》,载〔日〕古林森广:《宋代社会史の研究》,东京:国书刊行会1995年版。

〔日〕平田茂树:《南宋裁判制度小考——"朱文公文集"卷百"约束榜"を手挂かりとして》,载《集刊东洋学》,第66号,仙台:中国文史哲研究会1990年版。

〔日〕寺田浩明:《清代听讼における"逆说"的现象の理解について》,〔日〕东洋文库编:《中国一社会と文化》1998年第6期。

〔日〕佐立治人:《〈清明集〉の"法意"と"人情"——诉讼当事人による法律解释の痕迹》,载〔日〕梅原郁编:《中国近世の法制と社会》,京都:京都大学人文科学研究所1993年版。

〔日〕佐伯富:《宋代における重法地分について》,载〔日〕佐伯富:《中国史研究》(一),京都:京都大学文学部东洋史研究会1969年版。

〔日〕赤城隆治:《南宋期の诉讼について——"健讼"と地方官》,载《史潮》1985年第16号。

〔日〕冈野诚:《宋刑统》,载〔日〕滋贺秀三编:《中国法制史——基本资料の研究》,东京:

东京大学出版社 1993 年版。

〔日〕青木敦:《北宋末—南宋の法令に附された越诉规定について》,载《东洋史研究》1999 年第 58 号。

〔日〕柳田节子:《宋代乡原体例考》,载《宋代の规范と习俗·宋代史研究会研究报告(第五集)》,东京:汲古书院,1995 年。

〔日〕宫崎市定:《宋代州县制度の由来とその特色——特に衙前变迁について—》,载《アジア史研究第四》,京都:同朋舍 1980 年版。

〔日〕宫崎市定:《东洋の近世》,载〔日〕宫崎市定:《アジア中论考》,东京:朝日新闻社 1967 年版。

〔日〕宫泽知之:《南宋劝农论——农民支配のイデオロギ》,载中国史研究会编:《中国史像の再构成——国家と农民》,京都:文理阁 1983 年版。

〔日〕高桥芳郎:《宋代の士人身份について》,载《史林》1986 年第 3 期。

〔日〕高桥芳郎:《宋代の抗租と公权力》,载《宋代の社会と文化·宋代史研究会研究报告(第一集)》,东京:汲古书院 1983 年版。

〔日〕高桥芳郎:《明律"威逼人致死"条の渊源》,载《东洋学报》1999 年第 3 期。

〔日〕高桥芳郎:《务限の法と茶食人——宋代裁判制度研究(一)》,载《史朋》1991 年第 24 号。

〔日〕斯波义信:《南宋における"中间领域"社会の登场》,载〔日〕佐竹靖彦等编:《中国史基本问题 3·宋元时代史の基本问题》,东京:汲古书院 1997 年版。

〔日〕植松正:《务限の法と务停の法》,载《香川大学·教育学部研究报告》,1992 年。

〔日〕滋贺秀三:《清代の民事裁判について》,载东洋文库编:《中国—社会と文化》1998 年第 6 期"后期帝政中国における法·社会·文化",1998 年。

〔日〕德永洋介:《南宋时代の纷争と裁判——主佃关系の现场から——》,载〔日〕梅原郁编:《中国近世の法制と社会》,京都:京都大学人文科学研究所 1993 年版。

Bridge, Bettine, *Levirate Marriage and the Revival of Widow Chastity in Yuan China*, Asia Major, 3 series, vol. 8:2.

(三)工具书(包括美、日译注成果)

王德毅等编:《宋人传记资料索引》,台北:鼎文书局 1974—1976 年版。

袁宾编:《宋语言词典》,上海:上海教育出版社 1997 年版。

张伟仁主编:《中国法制史书目》,台北:"中央"研究院历史语言研究所 1976 年版。

陶百川编:《最新六法全书》,台北:三民书局 1985 年版。

邓广铭、程应镠主编:《中国历史大辞典》(宋史卷),上海:上海辞书出版社1984年版。

龙潜庵编著:《宋元语言词典》,上海:上海辞书出版社1985年版。

龚延明编著:《宋代官制辞典》,北京:中华书局1997年版。

日本清明集读书会译注:《清明集》(明版)卷11—14"惩恶门"(1995年)、卷11"人品门",东京:汲古书院2000年版。

〔日〕高桥芳郎译注:《清明集》卷6、卷7"户婚门",《北海道大学法学部纪要》1999—2000年第102、103号。

〔日〕梅原郁译注:《清明集》(宋版),京都:同朋舍1986年版。

〔日〕佐竹靖彦:《作邑自箴译注稿》(その一一三),载《冈山大学法文学部学术纪要》,33—35,1973—1975年。

文华馆编:《元时代の绘画—モンゴル世界帝国の一世纪一》,奈良:大和文华馆1998年版。

Brian E. McKnight and James T. C. Liu, *The Enlightened Judgment*: *Ch'ing-ming Chi*. State University of New York Press, Albany. 1999.